高齢社会
―どう変わる，どう生きる―

二塚 信・嵯峨 忠 編著

九州大学出版会

編著者

二塚 信（ふたつか まこと）　熊本大学医学部公衆衛生学教授
嵯峨 忠（さが ただし）　熊本大学生涯学習教育研究センター教授

執筆者一覧（掲載順）

嵯峨 忠	....	序　章
山本悦夫（やまもと えつお）	熊本大学法学部法学科教授	第 1 章
山下 勉（やました つとむ）	熊本大学法学部公共政策学科教授	第 2 章
小野義美（おの よしみ）	熊本大学法学部法学科教授	第 3 章
窪田隆穂（くぼた たかお）	熊本大学高齢社会総合研究集団幹事・熊本大学非常勤講師 ...	第 4 章
上田 厚（うえた あつし）	熊本大学医学部衛生学教授	第 5 章
宮北隆志（みやきた たかし）	熊本大学医学部衛生学講師	第 6 章
下地明友（しもじ あきとも）	熊本大学医学部神経精神医学助教授	第 7 章
田中紀美子（たなか きみこ）	熊本大学医療技術短期大学部助教授	第 8 章
尾山タカ子（おやま たかこ）	熊本大学医療技術短期大学部助教授	第 8 章
里中 忍（さとなか しのぶ）	熊本大学工学部知能生産システム工学科教授	第 9 章
村山伸樹（むらやま のぶき）	熊本大学大学院自然科学研究科教授	第 10 章
位寄和久（いきより かずひさ）	熊本大学大学院自然科学研究科教授	第 11 章
山鹿眞紀夫（やまが まきお）	熊本リハビリテーション病院副院長	第 12 章
二塚 信	....	第 13 章
岡部紘明（おかべ ひろあき）	熊本大学医学部臨床検査医学教授	第 14 章
大塚雅巳（おおつか まさみ）	熊本大学大学院薬学研究科教授	第 15 章
大塚洋子（おおつか ようこ）	福島大学教育学部助教授	第 15 章
清田武俊（きよた たけとし）	医療法人社団清心会春日クリニック理事長	第 16 章

まえがき

二 塚 信

　高齢社会は21世紀社会のキーワードである。医療や福祉にとどまらず，高齢者の心の問題，QOL，法的な権利擁護の整備，社会政策，テクノロジーの支援など学際的な研究と実践が求められている。

　欧米ではジェロントロジー，老年学が多くの大学で開講されている。長寿社会の人間学として，急速に展開された研究領域である。老化のメカニズム研究を中心にした老年医学から，社会保障，心理学，社会学，法学，人間工学，情報処理，社会政策学とまさに学際的な広がりをみせている。こうした展開は，高齢者に対する誤った知識や偏見を覆し，高齢者対策の基本認識を支える原動力になっている。

　他方，わが国では世界史上稀にみる速さと高さで高齢社会を迎えるなかで，学問としてのジェロントロジー，講座として老年医学，老年学を確立しようとする動きはきわめて弱い。これは，わが国の研究展開の方法が，統合より分析へというデカルト的思考に根強くとらわれていることと無縁ではないだろう。

　熊本大学でも人文科学，自然科学を問わず高齢者，高齢社会について直接的，間接的に研究・教育・実践の面でとりあげている研究室は少なくない。

　私どもは，総合大学として持つ潜在的なパワーを結集すべく，全学部の参加による総合的な取り組みが必要だと考え，熊本大学高齢社会総合研究プロジェクトの発足をみた。このプロジェクトは学部横断的な，さらに学内・外の情報交換や研究成果の相互提供，共同研究のプロジェクトの遂行により，高齢社会の総合的研究を行うことを目指した。併せて，地域に根ざした視点を重視し，学外からも多くの同学の士に参加を頂いている。

　本書はこの総合研究プロジェクトの研究例会及び教養教育の一環として開講

した総合科目の講義・討論を基調としたものである。

　第1編は人権，構造改革，成年後見制度など人文・社会科学分野，第2編はヘルスプロモーション，医学，人類学・ケアを中心とする分野，第3編は工学技術，居住問題，ユニバーサルデザイン等，医・工学分野，第4編は老人医療，介護保険など医療分野から構成されている。まさに熊本大学の老年学における全学的な学際的共同研究の成果を世に問うものである。時代の要請に応えるべく努力している過程をお読み取り頂ければ幸いである。

　なお，私どもの研究プロジェクトは熊本大学地域連携フォーラムの一翼を構成して活動しているものである。本書は熊本大学々長裁量経費により同フォーラムのご支援を受けて刊行に至ったことを記し謝意を表するものである。

目　次

まえがき ……………………………………………… 二塚　信　i

序　章　21世紀──尊厳が問われる時代 ……………… 嵯峨　忠　1

第1編　高齢社会の諸相

第1章　高齢者の人権──生存権と自律権 ………… 山本悦夫　19
　　　　はじめに ……………………………………………………… 19
　　　1．生存権と高齢者 …………………………………………… 20
　　　2．自己決定権と高齢者 ……………………………………… 25
　　　3．生活保護制度における自己決定権 ……………………… 30
　　　　おわりに ……………………………………………………… 35

第2章　高齢社会と構造改革の遅れ ………………… 山下　勉　39
　　　　はじめに ……………………………………………………… 39
　　　1．成熟社会への過程 ………………………………………… 39
　　　2．時代の転換点(1980年代央) ……………………………… 43
　　　3．予想以上に速く進む少子化 ……………………………… 51
　　　4．経済成長を維持できない社会とは ……………………… 57
　　　5．少子高齢社会の抱える課題を乗り切るために ………… 58
　　　6．少子化に歯止めはかかるのか …………………………… 60

第3章　成年後見制度の成立と課題 ………………… 小野義美　63
　　　　はじめに ……………………………………………………… 63
　　　1．高齢社会と成年後見制度の必要性 ……………………… 63

2. 成年後見制度の成立 ……………………………………… 66
　　3. 地域福祉権利擁護事業(福祉サービス利用援助事業) ………… 75
　　4. 成年後見制度の運用状況 ………………………………… 77
　　　おわりに——今後の課題 …………………………………… 79

第4章　地域学 Gerontology の扉 ……………………… 窪田隆穂 85
　　1. 「同じ老人は一人もいない」……………………………… 85
　　2. ジェロントロジーの潮流 ………………………………… 87
　　3. 老いの多様化・老いの価値 ……………………………… 90
　　4. 地域に学び立つ実学 ……………………………………… 94

　　　　第2編　高齢社会の自助・共助・公助システム

第5章　ヘルスプロモーションの理念と手法 ………… 上田　厚 101
　　　はじめに …………………………………………………… 101
　　1. ヘルスプロモーションの背景 …………………………… 102
　　2. ヘルスプロモーションの理念と展開 …………………… 107
　　3. ヘルスプロモーションの進め方 ………………………… 115
　　　おわりに …………………………………………………… 117

第6章　地域におけるヘルスプロモーションの実践 … 宮北隆志 119
　　　——高齢者の社会参加と耳のバリアフリー・プロジェクト——
　　　はじめに …………………………………………………… 119
　　1. 耳のバリアフリー・プロジェクト：その背景 …………… 120
　　2. 「参加行動型研究」とヘルスプロモーション …………… 122
　　3. 生活に根ざした情報の共有からアクションへ ………… 124
　　4. 耳の遠い地域高齢者に対する社会的支援の可能性 …… 131
　　5. 生活福祉(地域でつくる福祉)の考え方 ………………… 135
　　6. 「地域力」が生み出す「小さな変化」とパートナーシップ … 139

第7章　世に棲む老い人の臨床人類学 ………………… 下地明友　147
―〈共にある身体〉あるいは〈関係性の詩学〉の人類学にむけて―

  はじめに ……………………………………………………… 147
 1. ミクロな「行為空間」――〈共にある身体〉 ……………… 147
 2. 老いの〈身体消失〉から〈再―身体化〉へ ……………… 154
 3. 老いの身体のイメージの歴史的一瞥 ……………………… 158
 4. 痴呆老人との会話:〈会話〉の人類学 …………………… 161
 5. 医学・精神医学は科学か …………………………………… 162

第8章　高齢者のケアの要 ……………… 田中紀美子・尾山タカ子　169

  はじめに ……………………………………………………… 169
 1. 事例紹介: 重度の難聴で孤独な生活を送っていた90歳の
  O老人 ………………………………………………………… 171
 2. O氏との交流をあきらめなかった学生の関わりからケアの
  真髄を学ぶ …………………………………………………… 173
 3. 終わりに代えて:「高齢者の心に届くケア」………………… 180

第3編　医・工学技術による支援

第9章　工学技術の医療・介護・福祉への応用 …… 里中　忍　185

  はじめに ……………………………………………………… 185
 1. 医療・福祉と工学 …………………………………………… 185
 2. 工学技術の医療福祉機器への応用 ………………………… 192
 3. これからの医療・福祉と工学 ……………………………… 211

第10章　非侵襲的診断技術の開発 ………………… 村山伸樹　215

  はじめに ……………………………………………………… 215
 1. 上肢運動機能評価システムの開発 ………………………… 215
 2. システムの概要 ……………………………………………… 217
 3. 運動課題 ……………………………………………………… 218

4. 解析方法および結果 …………………………………… 219
　　5. 評価事例 ………………………………………………… 225
　　　おわりに ………………………………………………… 230

第11章　情報社会と高齢者の居住 ……………… 位寄和久　233
　　　はじめに ………………………………………………… 233
　　1. 情報化の進展 …………………………………………… 233
　　2. 暮らしの中の情報 ……………………………………… 235
　　3. 高齢化の進展状況 ……………………………………… 236
　　4. 高齢者の生活と通信・情報システム ………………… 238
　　5. 高齢者住居のケーススタディ ………………………… 240
　　　おわりに ………………………………………………… 245

第12章　ユニバーサルデザインの新局面 ………… 山鹿眞紀夫　247
　　1. バリアフリーからユニバーサルデザインへ ………… 247
　　2. 暮らしの中でのバリアフリー，ユニバーサルデザイン … 251
　　　　―意識されていない偏見，盲点，勘違い―
　　3. 地域社会の中でのバリアフリー，ユニバーサルデザイン … 262
　　　おわりに ………………………………………………… 268

第4編　高齢社会の医療の課題

第13章　老人医療と介護保険 …………………… 二塚　信　271
　　1. 介護保険制度の社会保障に与えるインパクト ……… 271
　　2. 介護保険の医療保険制度にない特徴 ………………… 275
　　3. 介護保険が医療の世界に与える影響 ………………… 276
　　4. 介護保険の問題点と見直しの方向 …………………… 278
　　5. 介護保険制度の将来予測 ……………………………… 280

第 14 章　長生きの秘訣
　　　　——熟年老年者の検査基準値の設定 ……… 岡部絋明　283
　　　プロローグ ……………………………………………………… 283
　　1. 老化の機序と定義 ……………………………………………… 284
　　2. 老化を診る ……………………………………………………… 288
　　3. 高齢者の基準値の決め方 ……………………………………… 292
　　4. 高齢者の健康状態の予測 ……………………………………… 302
　　5. 健康日本 21 …………………………………………………… 304
　　　エピローグ ……………………………………………………… 306

第 15 章　高齢社会における医薬品の開発と
　　　　適正使用 ………………………… 大塚雅巳・大塚洋子　311
　　1. 社会の高齢化と疾病構造の変化 ……………………………… 311
　　2. 高齢者のための医薬品の適正使用 …………………………… 314
　　3. 高齢者向きの医薬——アルツハイマー病治療薬の開発 ……… 318

第 16 章　高齢者在宅医療の課題 ……………………… 清田武俊　323
　　　—終末期医療も含めて—
　　　はじめに ………………………………………………………… 323
　　1. なぜ在宅医療か ………………………………………………… 324
　　2. 死を学ぶ ………………………………………………………… 328
　　3. 死への準備 ……………………………………………………… 332
　　4. 目標をもち責任ある老後へ向けて …………………………… 337
　　　おわりに ………………………………………………………… 339

■ 序 章 ■

21世紀──尊厳が問われる時代

嵯 峨　　忠

はじめに

　各方面で時代の変化の方向が見通しにくいと言われながら迎えた21世紀の幕開けに、これから半世紀を予感させる事象が起きている。

　まず第一に、今にはじまったことでもないが、情報技術のめざましい発展と様々な分野への応用の展開である。

　二つ目は、先進各国での先端生命科学分野での協働と競争を通して具体化してきた、より高度で広汎な生命操作技術の開発・応用である。

　三つ目は、2001年オランダで、2002年ベルギーで、正当な医療行為として人を殺してよい「安楽死」が合法化されたことである。

　四つ目は、ニューヨーク国際貿易センタービルへの自爆攻撃とその後の展開である。

　いずれも以下に述べるように、人間の尊厳が改めて問われる問題を含んでいる。

尊厳が問われる脈絡

　第一の、情報技術の発達は、情報通信分野をはじめ今日の社会生活に既に多様な便宜を供与しているのみならず、研究開発や産業生産現場、流通活動の現場にも増幅的な機動力を発揮しており、その貢献度は現在でも計り知れないほどのものがあり、更に今後、その影響度は益々高まっていくことが予想されるが、どのような社会システムの変更を迫ってくるのか、まだ充分見通せないところもある。現在でも既に、汎用性やシェアをめぐる技術開発に関わるモラルが問われ、情報の扱いや技術の行使方についても倫理が求められ、法規制が必

要な場面が出てきているが，今後は更に情報化社会システム，情報技術システムから，人間に関する差別現象が，つまり人権や人の尊厳の浸食現象が起こってくることも考えられる。いわば，総体としての情報化社会システムの将来像が確定して見えてこないことと，その情報化社会システムの中に，人間社会が調和ある姿でセットされる在り様が，まだわかっていないのである。

現に，競争社会においては，情報や情報技術は武器となっている。それらを駆使できず成果を出せない会社はつぶれていく。情報及び情報技術に弱い組織は再編を迫られる。再編できない組織は選別される。個人もしかり。情報弱者や情報メカ弱者は排除されていく。これが技術システムが社会化していく時の必然性であり，技術システムの合理性が競争社会において支配力を発揮するまぎれもない姿である。先進国のデフレ不況下での失業者増の内には，このような社会システム再編化を迫る圧力（これは後で見るように情報社会化からだけ来ているのではないが）からくる弱者排除が働いていると思われる面もある。

第二番目の問題は，わが国でもミレニアムプロジェクトの中心に位置づけられ，個別具体的な研究の推進が期されるとともに，その前提として先端的な生命科学・医療にかかわる倫理的な諸問題の検討が行われている。例えば「ヒト胚性幹細胞」や「クローン」の研究は，発生・再生研究から生殖医療や移植医療への応用のみならず，遺伝子解析・改変研究の要に位置し，それらの研究指針の策定や倫理問題の検討は，「ヒトの生命」と「人間の尊厳」の関係について改めて明確にすることを要求されている[1]。

また先端的であると同時に，今後プライマリヘルスケアの領域でも大きな関与と役割が期待される遺伝医学においても，各国人類遺伝学会，国際人類遺伝学会連盟は，WHOとの相互交流を重ねながら，「遺伝医学と遺伝サービスにおける倫理的諸問題に関するガイドライン」の検討を精力的に進めている。遺伝医学，遺伝サービスに関する倫理的な問題を殆ど網羅している検討内容の核になる視点が，「人間の尊厳」を守る姿勢，「人間の尊厳」を侵害するアプローチを避けるという姿勢で一貫されている[2]。

これらの先端的な研究・活用がこれから人間と人間社会の福利の向上に大きく貢献することが期待されるが，他面，一般の生活世界を先端技術の社会システム化によってより一層「医療化 (medicalization)」しないような抑制的なシ

ステムの構築も，社会的側面から「人の尊厳」を低めない工夫として求められる。「生命への操作技術の適応が，ともすれば手段から目的をさがす逆順を招き，場合によっては人間の尊厳をかつてない仕方で脅かす事態を招来する」からである[3]。

　第三の安楽死合法化の提示する問題は，次の第四に挙げた出来事から出てくる貧困による命の疎外とは対照的に，つまりプライマリヘルスケア支援資源の不足から多くの子供たちの命が失われている途上国の状況とは対照的に，医療福祉の充実した先進諸国の共通に抱える高齢社会の現実が背景にあっての問題である。死亡率の高位にガン死があることも共通している。高齢者，不治の患者の終末期医療・福祉の問題と言ってもいいが，そのような状況での「尊厳ある生を完うすること」と「殺してもらうこと」「殺してやること」との区別がつかなくなった社会と，そこに住む人々の生命観の戸惑いがなかみとなっている。いたずらな延命治療や長期ケアの問題から，死に際の難儀を避けるべく，自己決定に基づく尊厳ある死の選択とか，医療福祉資源の配分適正化の問題が云々されるが，殺してもらわなければ尊厳が保てない生とはどういうなかみのものか。最後まで尊厳ある生を完うする，そういう生を支えるプライマリヘルスケアのシステム実現と政策の課題を問う問題でもある[4]。本書各節は，その課題に多角的に照明を与え，具体的な施策としてとられつつある手法，制度，その背景についての考察を展開している。

　第四に挙げた事象が示している問題は，先進国の不況打開のためにとられてきた，スーパーパワーの世界再編戦略が，「南北問題」に与え続けてきた強圧への反発から突発した異変であり，新たな「南北問題」の激化した現れである。「文明の衝突」論が指摘するレベルよりももっと次元の違う，世界的規模での政治システム，経済システムの矛盾激化から起こっている。おそらく500年単位で見なければならない問題かもしれない。遡れば，ヨーロッパ近代を形成してきた背景となった，大航海時代に続くヨーロッパ諸国の独善と奸知と暴力による他国支配，植民地支配政策から根を引いている問題である。そして傍観的に言えば，人類に，近代とは何であったか，近代をこえるとは，人間にとってどういう世界を形成していくことをいうのかと問いかけている問題でもある。

　国際的に先進諸国で新保守主義が台頭し，市場グローバリズムが席巻しはじ

める1980年代，世界の動向が見通しづらいと苦労しながらも，ハーバマスらはシステム論を展開しながら近代の成熟を見届けようとしていた[5]。その彼らが提供していた，ポストモダンのパラダイム転換の理念を，この度のまだ継続していく事変の底にある流れは，底から突き破った感がある出来事である。

競争原理か調和原理か

　ハーバマスは近代社会の進化を，システムと生活世界という二つの秩序への分化と把える。物質的再生産の機能を担うシステムは，貨幣を媒体とする経済システムと権力を媒体とする政治システムとしてシステム統合を達成し，生活世界は象徴的再生産の機能を担って社会的統合を行う。社会的秩序は，生活世界とシステムにおける多層の分化，相互連関の在り方によって決まってくるが，政治システムと経済システムのそれぞれの媒体となる権力と貨幣の関係が，生活世界の内部に浸透し，コミュニケーションに基づく日常の実践に戦略的な網の目を張りめぐらし，生活世界のすみずみにまで貨幣関係や権力関係が浸透して，コミュニケーションもそのような関係がめざす成果のための手段とされてしまうように，システム合理性が生活世界を従属させていく，この過程の徹底化を「生活世界の植民地化（Kolonialisierung der Lebenswelt）」という。このシステム合理性による生活世界の支配とは逆に，権力の創出過程や貨幣に媒介される契約関係を正当な法的規範によって枠づけ，この規範の正当性を公共的な実践的討議というコミュニケーションによって根拠づけていくことができれば，「生活世界の合理化（Rationalisierung der Lebenswelt）」が成り立つ。システム固有の合理性が生活世界におけるコミュニケーション合理性によって枠づけられることになれば，コミュニケーション合理性に特有の妥当請求と相互承認に基づく，真に公正な社会秩序が成り立ち，政治システムと経済システムが，理性によって統御されるという，近代が可能性として含みながら実現できなかった世界が実現できるというのである[6]。

　力の拡大を志向する貨幣や権力の自己増殖の原動力である競争原理を，普遍的な公正と納得を志向する理性的な調和原理が統御できるかできないかの問題を巡って，人類はどれほどの辛苦を味わってきたであろうか。そこには，人間の尊厳を確立するという課題が常にあったと思われる。

序章　21世紀——尊厳が問われる時代

発展と互恵主義

　20世紀は一望して戦争の世紀であった。第一次大戦から湾岸戦争へと，様々な曲折がある中で，世界を巻き込んだ第二次大戦後は，その愚行と悲惨の反省から，東西勢力対立が緊張を作り出してくる中でも，国連の活動を中心に平和と互恵がめざされて，世界は大旨，国々の自決権と人々の人権の確立，順調な経済復興，成長の時代を迎える。米ソ対立を軸とした緊張関係や代理戦を交えつつも，植民地宗主国からのアジア各国の独立（アフリカ地域は，60年代になる）を含む国家間の関係更新を背景に，国際機関の支援貢献もあって，紛争と紛争地域の拡大を極力収める努力と共に，平和の実現と貧困の克服をめざす経済の成長，人々の健康と福祉の増進に努力が尽くされていたのが，第二次大戦後の世界の大きな一面であった。

　そのような背景があって，第二次大戦後の初期にあっては，東西勢力双方のイデオロギー戦略も，政治宣伝を含む政策アピールも，ヒューマニズムの強調と，それぞれの体制からする互恵の宣伝（それぞれの体制への組み入れのための武力行使もあったが）の時代であった。発展と互恵主義がそれぞれの体制によって宣伝された。

　そのような歴史的政治的背景のもとに，旧宗主国対新独立国，東西体制間の利害の衝突にもかかわらず，この時期に国際機関の果たした役割は極めて大きく，全世界に向けて平和と人権確立の促進，福利の実現に効果的な働きを示してきた。

　国連は，国際社会の平和維持に関しては，戦争の違法化を明示し，自衛以外の他国への武力行使を禁止し（2条4項），紛争の平和的解決を勧め（3条2項），安全保障の面でも武力行使を防ぐ措置を定め（39条，41条，42条），困難な軍備削減のためにも包括的核実験禁止条約，核不拡散条約，非核地帯の設置，生物化学兵器や環境破壊兵器に関する諸条約を定め，平和維持活動としては，武力衝突を収拾しやすくするため中立の立場から，平和維持軍や監視団の派遣を行っていることは周知のことである。

　また，経済的・社会的分野では，植民地住民の自決権擁護にはじまり，人権の国際的保障や経済開発援助を漸次進めてきている。人権保障に関して見ると，48年「世界人権宣言」採択，51年「ジェノサイド条約」発効，65年「市民

的・政治的権利に関する国際規約」、「経済的・社会的及び文化的権利に関する国際規約」、「人種差別撤廃条約」、76年「国際人権規約」発効、79年「女子差別撤廃条約」、89年「子どもの権利条約」などで人権と人の尊厳を守る方向を示し続けてきている他、具体的なそのための条件を整えていく関連専門諸機関の活動を推進してきている。中でも人々の命を守り育て健やかに生きることを支援するWHO(世界保健機構)やUNICEF(国連児童基金)は貴重な活動を展開している。

その間、東西それぞれの体制が、戦後初期には発展と互恵主義の旗印のもとに、経済力(社会維持力)と互恵のシステムを形成することに、片や自由主義の活性を原動力とした発展と互恵の実現を、片や社会主義の調和的計画性と平等原理に基づく互恵実現をめざしているように見えた。ところがやがて両陣営の軍拡競争も影響して、社会主義体制下にあっては、人々の平等をめざすはずの体制が、衛星国も従え内部的にも強権的支配の構造をシステム化し、総体として社会構造の硬直化と生産性の低下という内部矛盾を深めるプロセスとなっていたことが、やがて明らかとなる。

他方、自由主義世界にあっては、戦後の経済復興が市場の新たな拡大も伴って、広い範囲に亘って一定の成果をもたらすが、自由な経済活動の規模拡大と生産性の向上が豊かさを広く浸透させていくという理論とは裏腹に現実には富と力の偏りを顕在化させ、いわゆる「南北問題」に対応を迫られることとなる。

開発と保護と効率主義

第二次大戦終結からオイルショックに端を発する景気後退期(1974〜80年代)前までが、大まかに第一次成長時代とされるが、まだ余裕のある、ないしはこれからの市場の拡大も見込んだ、先進工業国の余力に乗って、1961年ケネディの国連での宣言(国連開発の10年宣言)で、国連の経済的・社会的分野での新興国支援活動が具体的にスタートする。62年にはまた、国連総会は〈天然の富と資源に対する恒久主権〉に関する決議を採択、すべての国が自国内の天然資源を自由に処分できる権利を承認した。同じ年の新興国=発展途上国(developing countries)会議に続き、64年には三大陸77ヵ国(90年代には170余地域国に)が、国連貿易開発会議(UNCTAD)に集い、先進国側の反対にも拘

わらず，UNCTADを国連に常設化し，それまでの国際経済理論の常識であった，世界の同質性・国際分業論を否定する立場を鮮明にして，「南の三大要求」[7]を出すに至る。しかし，南北格差は一段と広がり，世界貿易に占める南のシェアは伸びず，南諸国の困難はより深まる。73年の第四次中東戦争をきっかけに，アラブ石油輸出国機構が原油価額を4倍に引き上げ，産油会社への経営参加を決め，石油危機が騒がれる中，74年には，4月の国連資源特別総会，12月の29回総会で「新国際経済秩序に関する宣言」「諸国家の経済的権利義務憲章」を採択，「新国際経済秩序（NIED）」が樹立され，先進国出自の多国籍企業に代わって資源保有国の天然資源に関する主権が重ねて（62年国連決議に）承認され，南諸国の国内経済の自立と発展が期されることとなった。

このような拡がりをもった経済ナショナリズムの高まりの結果，旧来の国際分業体制の変更を余儀なくされた北の諸国は不況を招き，南北交流が停滞し，南諸国間の有資源国と無資源国の格差が拡大し，独立も遅れ資源もないアフリカ地域や後発途上国は極端な困難に陥ることになった。

70年代から80年代以後，難民問題に象徴される貧困，紛争，人口，食糧問題，資源，更に富の配分の不均衡問題は，南北問題への一層複雑な対応を要求する，政治的・経済的な世界規模での社会問題としての新たな側面を見せてきていたのである。

グローバリズムの流れの中で

1980年代半ば以後，北の諸国の経済成長の停滞，資本メカニズムの空転（資本市場の虚業化に伴う不活性化）が先進諸国の財政逼迫を来し，政治的には新保守主義の立場を強めて，国内的には小さな政府と公金出資の縮減をめざす行財政改革と金融システム保全と労働市場の組み換え（効率化）を促進する。この立場からする社会的枠組み（経済システム，行政システム，法体系）の再編によって，新たな成長時代（これを第二次成長時代とすると，ここでは必ずしも平等と公正を保障する社会秩序が実現されるとは限らない）を迎えようとする動きを招来している。

南北問題に関しては，南からの要求通りの援助はできない。たとえ医療や保健や食料の援助であっても，無条件な援助はしない。自由市場メカニズムに

則った経済的な開放体制を促し，世界市場への統合(グローバル化)を条件として融資も行い償還させる。植民地時代より強力な北の諸国によって支配されてきた南諸国の債務国は，緊急財政援助を受けるため「世銀」と IMF が提示する構造調整政策を受け入れた結果，国内の貧富拡差を生じ，大量の貧困層を生み出し続けることとなる。国連の四次にわたる開発支援遂行も三次，四次と世紀末へ向けて，スーパーパワー(具体的には米国の政策推進力)のグローバル化方針に大きく規制され，国連とその関連専門機関が半世紀かけて推進してきた，人道支援による福利実現は変質の危機に直面している，とさえ言われる[8]。経済・政治の支配的地位が一極に集中して，地球規模での市場世界に拮抗する勢力がなくなった今，社会的公正や調和とか人間の条件(尊厳)よりも市場の要求が優先され，人類が長年かけて達成しようとしてきた「人」としての在り様を支える条件が一挙に後退を余儀なくされはじめている。90年代までで南北の一人あたりの所得格差は10倍に拡がり，南の国内での悲惨は大衆貧困と命の浸食をきたしているのみならず，スーパーパワーの国内でも，先進各国でも資産・所得の格差が拡大し，驚くべきことに世紀末短期好況に沸いたかに見えた米国で，貧困ラインを割る大衆が激増している[9]。富の一極集中であり，米国でも国民多数は却って貧しくなっているところへ不況の実態が露見しはじめた時の9・11事変であった。

　第二次成長をめざす社会枠組みの再編が，どのような方向をたどるのか，明確な見通しもなく大きな不安の中で模索を強いられているのが，今の世界の状況のようである。自由市場メカニズムのグローバル化の徹底を通して，多国籍資本の支配による枠組み再編が成り，貧富格差の拡大固定化による人間の生命の軽視，人権の浸食，地球環境破壊のグローバルな常態化，同時に一極集中的に支配的地位に立った「力」の権益保守とそのための帝国主義的支配戦略のために，常時その「力」の都合に合わせて好む所で戦火を起こす，といった，一部の者だけが住みやすい世界を築く未来にするのか。逆に根気強い努力と困難を伴うが，国内的にも国際的にも，社会的公正の実現を機軸として，より調和ある世界秩序を実現する手がかりを積み重ねていくか，つまり，ハーバマスのいう公正に基づく妥当請求と相互承認による新しい公共性と共同性を実現し，「力」のシステムによる人間支配を克服して，「人間」が尊重されるバランスを

理性的に確保していけるか。そのような岐路に立たされて，様々な分野での努力も重ねられているのが現代である。

本書第1編第2章は，特にグローバル化の流れを誇大に強調せず，経済政策専門家の視点で，少子高齢化の進展するわが国の現状と予測，対応課題を冷静に指摘し，懸念事項としては経済成長の低下，教育レベルの低下，社会資本維持のための負担増，社会保障制度の破綻，赤字国への転落(国の信用喪失)，競争力の低下に伴う既得権益保守と規制の強化，世代間対立，人材の流出等をあげ，少子高齢社会を活力のある魅力的な社会にするためには，高齢者が意欲を持って働き，女性が働きやすい社会の構築，生涯学習社会の実現を目指す教育改革，企業や社会の意識改革と国を挙げての構造改革が急務であると，その処方箋を提示している。

自由と公正・公平の論議

ひるがえって，現在の南北問題の再極端化と一極中心からするグローバリズムの強調推進(80年代末から90年代に露骨になってきた)に先立つ，70年代半ばには，第一次成長時代の功罪(成果と行きづまり)が，先進国ではまた，別のいくつかの問題を典型化してきていた。高度成長の副産物としての公害問題，医療費の高騰や社会の高齢化への対応，社会保障も含んだ福祉国家としての存立の程度問題，医療技術の進歩がもたらす人命の扱いに関する倫理問題，生産消費の活発化に伴う消費者の権利と製造者の責任の問題，性による差別や人種差別の問題である。

背景にはやはり経済成長は遂げても克服されない貧富格差や差別と共に，即ち，生産関係における所有・無所有に基づく労働の疎外や階級の対立という古典的な社会問題の側面を含むとともに，社会の多層分化，複雑化に伴ってくる諸システムそのものによる人間への侵襲という意味もある。これらは，部分的には環境倫理や生命倫理の俎上に乗せられ，例えば，関連立法の制定やガイドラインの策定によって，環境の質や人間の生活の質を高め守る社会の在り方が求められ整えられてきているが，全体として社会政策のシステムの中に，どのような「正しさ」が規範として成立しうるかという問いを提示し続ける諸問題であり，その規範は法的規制でカバーし尽くせない，人の尊厳をいかに守るか

という倫理的吟味を要する問題の側面を残し続けていく。

　本書第1編第1章に人権の問題に関して展開されているように，また第3章に詳説されている成年後見制度のように，規制が厳しく求められる部分や擁護が明確に保障さるべき部分はやがて法に反映されていくが，政策の倫理的吟味や生存の倫理議論として，開かれたコミュニケーションの場で，問題の展開に応じて持ち耐えて論議していかねばならない諸問題が残っていくのである。と共にこのような議論には，後に各章で見るように，問題ごとに社会の現状や生活に即した多面的な評価の視点が常に要求される。本書の各論は，高齢社会の直面する避けられないそのような議論や問題の評価視点の形成にとって多くのヒントを与え，諸制度の構造理解とそこになお課題として含まれている論点の提示を行っている。

　80年代，先進工業国に共通して，これまで肯定的に評価されてきた高福祉政策の見なおしを意図する新保守主義の台頭と，フェミニズム運動の具体的要求運動やエコロジー運動のような新しい社会運動が出てくる。小さな政府をめざす行財政改革，国際競争力の回復，民活政策，税制改革，防衛費の増大などがはかられる一方，新しい社会運動も，時に行政レベル（自治体でも国でも）でも無視できない説得力を持つほどになってきた。かつては，社会運動といえば，そのまま労働運動を意味し，その意味での「戦線」が社会全体にまでわたって展開されていたのに，こうした図式に代わって，ある意味ではもっと社会的に普遍性をもつ問題提起型の社会運動が展開されてくる。労働運動が制度化され，専門化，職業化していったのに対して，新しい社会運動は草の根住民運動的な型をとり，地域づくり活動へと結びついていく傾向もあるが，これらはハーバマスの視点で，生活世界とシステムとの対立を示す新たな戦線の形成とも解釈されうる。民主的であること及び公正と平等の理念に基づき生活者のエンパワーメントを志向するこれらの運動に，ハーバマス自身も，80年代後半には大きな可能性を見ていた。これらの運動は，物質的分配の公平そのものを要求するものではないが，職業化，専門化というパラドクスに常につきまとわれる点を指摘している。新しい社会運動も政党化したり，既存の政党や制度化された運動がこの新たな運動を取り込もうとしないならば，あるいは，こうしたところからできるだけ自由であれば，その時はじめて新しい社会運動には，自立的な公

共性を作り出し，これを確立して，システムの力に対して強力な橋頭堡を築く可能性を期待できるという[10]。

確かに政治色のない非政党的な地域エンパワーを志向する活動は，受け容れられやすいし生活世界が危機に曝されているところではなお更貴重な活動となる。例えば UNICEF の活動はその好例である。生活世界の基本的でより普遍的なテーマに対応し，人々を支援する活動は公平であるほど受け容れられやすく，たとえ組織機関化した上での活動であっても，人間の基本的ニーズに対応する，人権や尊厳の成り立つ条件を整える活動であれば，なお更である。WHO や UNICEF の活動は，そのような活動に他ならない。ところが，最も基本的な人間の条件を支えようとする，ないしは最も緊急なニーズ支援の，非政治的で公正な活動が，政治・経済システムの方からは攻撃のターゲットとされることが起こるのである。例えば，世界銀行・国際通貨基金が構造調整政策を通して，「南」の債務国に対して経済「改革」を矢継ぎ早に迫っていることにより，貧しい国々では，保健・教育・福祉予算の削減，貧しい人々への援助プログラムの縮小が強要され，健康・教育，飢餓からの解放や，生命それ自体が基本的人権として保障されなければならない流れを押しつぶしているという[11]。システムと生活世界のきびしい対立の構図というより，政治システムと経済システムが合体して強引に巧妙に人々のいのちを浸食する構造が，21 世紀に入った今，近代の超克どころではない問題を引き起こしているのである。

新世紀に入った日本では，例えば，フェミニズム運動の提起した問題に応ずるかのように，男女共同参画社会の実現が国レベル地方レベルでも積極的に志向されている。また，環境保護運動は，公害問題が環境立法を次々と実現させてきた後を受け，それに続いて様々な地域での条例制定にまでつながっている。これをどう見るかが問題である。男女共同参画社会への志向のうちに，政治・経済システムからする家庭という生活世界への浸食現象を読み取ることもあながち的はずれでない面もある。また，逆に公正と人間的ニーズに応ずる適切な課題対応と見ることもできる。環境保全の課題も，持続可能な開発と社会資本の形成課題として，国家のシステムや地方行政システムの中に自己再生課題として担われてきている。このような推移の中に，政治・経済システムが生活世

界を浸食するのではなく，公正の原理と適正の評価によって，市民の生活条件の質を高める方向での法や条例の制定や制度の策定につながれば，コミュニケーション合理性によるシステムの統御が可能となる。その過程で新しい共同性が獲得されてくることになる。

新しい社会運動の提起したテーマが法定や条例制定や制度の策定につながる場合，制度そのものの評価には多面的な評価視点が必要になることは言うまでもないが，特に公正保持の視点が大事になる。その時，「社会的・経済的不平等，たとえば富や権威の不平等が，すべての人，特に最も不偶な立場にある社会構成員の利益（benefits for everyone, and in particular for the least advantaged members of society）を，結果的に補償する場合にのみ正義にかなうと主張する」ロールズの格差原理は最も有効な原理となりうる[12]。また，制度化されていくプロセスの評価では公開性や公共性の条件が満たされることや，そのプロセスが市民主体の公共性実現のエンパワーになっているかの視点も落とせない。これがシステムからの浸食を防ぐ。一般市民や地域住民のエンパワーメントと結びついた法制の整備となる場合，コミュニケーション合理性によるシステムパワーの統御が成立する例と見てよかろう。そこでは，行政の役割は，地域住民の自助，共助の営みを支援する望ましい公助の働きを発揮できる。本書第2編において展開されているヘルスプロモーションの理念と実践は，そのような自助・共助・公助の連携した地域形成を根拠に基づく（evidence based）手法によって実現し，将来へ向けてもエンパワーする活動として注目に値する。しかも個々の人間のニーズを重視するという尊厳を守るスタンスも貴重である。

QOL（Quality of Life＝生命の質）と DOL（Dignity of Life 生命の尊厳）

さて，高齢社会の現実は，わが国ではどうなっており，どのような制度的対応が取られ，その対応理念は，何が支えとなっているのであろうか。本書において，多面的に吟味されていく課題であるが，人間の尊厳の保持という問題の構造だけ簡単に見ておこう。

本書各編各章において様々な角度からその支援策が検討されている人間的ニーズは，「人の尊厳」を支えるのに欠くべからざる諸条件であり，尊厳を適正に支えるという意味で評価されているのであるが，QOLの向上や改善は究極

的には DOL の保持・実現をめざして努力されるのである。その意味で,「人間の尊厳」は, 第一に侵されないように守られ, 第二に要求しつつ確保さるべき, 人間の根本価値である。というのは, 人間は現実には組織や集団の一員として社会的関係において価値づけられ, 手段化されてはならない人格が社会的評価の功利性尺度である有用性によって計られるとき常に尊厳の危機が生じる状況に置かれうるからであり, 尊厳を守るはずの条件の改善手法が逆に尊厳を浸食することが起こりうるからである。尊厳そのものは「人間であること」と同体であり,「人間であること」に相応しく人間を処遇することが尊厳を尊重することに他ならないが, 根本的価値としての尊厳を現実に成立させるものとして, 中山將は「人格」と「人権」,「身体」と「生命」という四つの基本的要件をあげ, それらがそれぞれ独自に, 且つ相互に関連しながら尊厳を支える構造を示している[13]。「人格」は人間の本質的主体として, 人間の尊厳を内から支え,「人権」は他者, 社会との関係において生得の資格として, 人間の尊厳に基づき, それをいわば前から支え, 人格が現実世界に存在するための基盤としての「身体」は, 尊厳を後から支え,「生命」は身体の基盤として, 尊厳にとってはいわば下からの支えであるとして,「人格」「人権」「生命」「身体」が円環をなしつつ相互に支え合うとともに, 向かい合う人格と生命, 身体と人権のそれぞれが密接に関わり合いつつ, その全体が「人間が人間であること」を支えていると指摘し, 詳細な考察を展開している。

　人間の尊厳という根本価値は, 上記のように基本的な支えを基盤として成り立つ。と同時に, この支えの価値が人格無視, 人権侵害, 生命の阻害, 身体への危害などのように, 具体的な侵害の危険に晒されうるのである。高齢社会の現実の中で「人間の尊厳」を守るという根本命題に沿って, 尊厳を支える「支え」を支えるための様々な工夫(知見と実践)が各専門分野に求められる所以である。

　本書第3編は, 第9章「工学技術の医療・介護・福祉への応用」, 第10章「非侵襲的診断技術の開発」, 第11章「情報社会と高齢者の居住」, 第12章「ユニバーサルデザインの新局面」という内容で, 基礎的な工学技術をベースとしながら高齢社会を支える専門性の特化した応用分野への展開, 医療工学, 福祉工学, 情報工学, 居住工学, ユニバーサルデザインなどの分野からする支援研究の現状と課題, 最新の取り組みを紹介する。

特に第10章に紹介されている運動機能の変調を非侵襲的に診断するエキスパート診断技術は、大学発のベンチャー企業設立に結びつき、既に全国15の医療機関に導入され、今後多方面への応用が期待されている。また、第12章執筆者は、整形外科医の立場から、早くより県のバリアフリー町作り企画を指導すると共に、主宰する「ユニハウス研究会」の活動は高く評価されている。

　第4編はGeriatrics分野として、第13章「老人医療と介護保険」、第14章「長生きの秘訣―熟年老年者の検査基準値の設定―」、第15章「高齢社会における医薬品の開発と適正使用」、第16章「高齢者在宅医療の課題―終末期医療も含めて―」という内容で構成した。特に最終章は、長年、信念を持って在宅医療に積極的に取り組み、洗練された訪問看護チームも育てて、地域医療に貢献している、清田武俊医師に、たっての執筆を乞うた。多忙の中、貴重な原稿を寄せて頂き、プロジェクトメンバー一同、深謝している。

　紙数の関係で各章各節の要点紹介も省略したが、高齢社会を安心のあるその上で創造的な社会としていくヒントやそのための課題を本文各論からくみ取り頂きたい。

注

1) 髙橋隆雄編『ヒトの生命と人間の尊厳』九州大学出版会、2002年参照。
2) Review of Ethical Issues in Medical Genetics (WHO/HGN/ETH00.4)「遺伝医学における倫理的諸問題の再検討 (WHO/HGN/ETH/00.4)」松田一郎監修、福嶋義光編集、日本人類遺伝学会会員有志翻訳、2002年参照。
3) 中山將「人間の尊厳について」、髙橋編、前掲書参照。
4) 本書第2章及び第5章及び嵯峨忠「高齢社会とケア――その倫理的側面」、髙橋隆雄・中山將編『ケア論の射程』九州大学出版会、2001年所収参照。
5) 藤原保信・三島研一・木前利秋編著『ハーバーマスと現代』新評論、1987年参照。
6) 藤原・三島・木前編著、前掲書参照。
7) 一次産品問題に端を発して発展途上国から先進国に出された代表的な三つの要求。途上国支援のために一次産品価格安定化を保障する国際商品協定、途上国の工業製品・半製品に先進国が一般特恵を与えること、先進各国がGNP 1％の援助を途上国に与え成長(特に工業化)を支援すること。
8) David Werner, David Sanders, *Questioning the Solution. The Politics of Primary Health Care and Child Survival with an in-Depth Critique of Oral Rehydration Therapy*, 1997, 池住義憲・若井晋監訳『いのち・開発・NGO』新評論、1998年参照。

9) 大塚秀行『現代アメリカ社会論——階級・人種・エスニシティーからの分析』大月書店，2001年参照．
10) 藤原・三島・木前編著，前掲書参照．
11) 池住・若井監訳，前掲書参照．
12) John Rawls, *A Theory of Justice* (Revised Edition), The Belknap Press of Harvard Univ. pr., 1999, p. 13 及び pp. 65–73, 78–86, 263–267, 301–308 参照．また pp. 242–251 の分配の正義と諸制度，pp. 251–258 世代間正義の問題も本書との関連で示唆するところあり．
13) 中山，前掲論文参照．

第1編

高齢社会の諸相

■ 第1章 ■

高齢者の人権──生存権と自律権

山 本 悦 夫

はじめに

　国連の World Population Prospects の定義によれば，65 歳以上の高齢者が総人口の 7% 以上を占めて高齢化しつつある社会を高齢化社会（aging society）といい，高齢化が進行して総人口の 14% 以上を占め，それが持続している社会を高齢社会（aged society）という。2000 年に実施された国勢調査によれば，わが国は 65 歳以上の高齢者の全人口に占める割合が 17.5% を占め，スウェーデンと同水準の高齢社会である。7% から 14% に倍加するまでの年数を倍加年数というが，わが国は 1970 年に 7%，1994 年に 14% になり，わずか 24 年で高齢化社会から高齢社会となっている。先進諸国において倍加年数がフランスで 115 年，スウェーデンで 85 年，アメリカで 71 年，イギリスで 47 年，ドイツで 40 年かかったのと比較すると，いかに日本の高齢化が「史上空前のスピード」で進んだかが認識できる。国立社会保障・人口問題研究所によれば，2050 年に高齢化率は 32.2% となって，超高齢社会が到来することさえ予測されている[1]。

　憲法学においては，基本的人権の保障を日本国憲法の基本原理としてとらえ，様々な理論化を試みてきたが，高齢者の人権保障については，その重要性を意識しつつも，これまで体系的な検討を行ってこなかった。学説は，基本的人権が誰に保障されるのかという点で，国民を前提として，日本にいる外国人にもどのように基本的人権が保障されるのかについては，近年の定住外国人に対する地方参政権の保障を中心として理論を深化させてきた[2]。これに対して，人権の主体としての高齢者は，そのほとんどが日本国民であること，また，少年や女性と同様に国民の部分集合を意味するものであることから，「高齢者の人権」

という固有の領域を形成することが困難であった。むしろ，学説では個々の問題ごとに行うことが一般的であった。

　この問題はむしろ国際機関において先駆的に論じられてきた。1982年にウィーンで開催された高齢者問題世界会議が採択した「高齢者問題国際行動計画」の前文は，世界人権宣言に謳われた基本的で奪うことができない権利が，高齢者に完全かつ無制限に認められることを述べた。また，1991年に国連総会は「自立」，「参加」，「ケア」，「自己実現」，「尊厳」の5項目からなる「国連高齢者原則」を採択して，各国の国内計画に取り入れるべきであるとした。翌1992年の国連総会でも，国際社会に対して1982年の「高齢者問題国際行動計画」の実施の促進と，前年の「国連高齢者原則」の普及を要請している。さらに，2002年4月には2度目の国連主催の「高齢化に関する世界会議」が20年ぶりにマドリードで開かれた。会議では，「国際行動計画2002」を採択して，各国は高齢者に政策決定過程への参画を認め，働く意思と能力のある者が仕事を続けられる環境を整備すべきであるとした。

　先端的な高齢社会であるわが国も，これらの流れを受けて，1995年に高齢社会対策基本法を制定して，高齢者の就業・所得の確保，健康及び福祉の増進，学習と社会参加の増進，住宅などの生活環境の確保を行うこととしている。特に注目に値するのは，2001年12月に採択された高齢社会対策大綱である。ここにおいては，高齢者が弱者であるという画一的な高齢者像を見直し，高齢者の社会貢献や権利を積極的に認めようとしている[3]。

　従来は高齢者は社会的弱者とみなされて，ただ保護の対象とされてきた。それにより，保護する側に決定権があるとされて，保護される側の自由がないがしろにされてはならない。本章では，高齢者の保護と自律性の確保をいかに調和的に行うかということを取り扱う。

1. 生存権と高齢者

　高齢者がすべて社会的弱者であるとすることは行き過ぎであるとしても，高齢者を社会的弱者として位置づけることが間違っているわけではない。たとえば，1999年度に生活扶助，教育扶助，住宅扶助などの扶助を内容とする生活保護を受けた703,072世帯のうち，高齢者世帯は315,933世帯で全世帯の44.9%

を占めている[4]。生活保護受給世帯として高齢者世帯が多いことは客観的事実であり，その意味で高齢者世帯の保護の必要性を否定することはできない。ただ，その保護のあり方については，世帯ごとにまちまちであり，一律の保護を行うことは困難なことを認識すべきである。

(1) 社会権の保障

1) 社会権の歴史

高齢者の保護は，「すべて国民は，健康で文化的な最低限度の生活を営む権利を有する」と定める憲法25条の生存権の保障に基づくものである。しかし，生存権の考え方は，18世紀末以後の近代憲法には存在しなかった。1789年のフランス人権宣言(人及び市民の権利宣言)や1791年のアメリカ合衆国憲法の修正で追加された人権宣言をはじめとする近代憲法は，基本的人権を「天賦にして不可譲の人権」(フランス人権宣言2条)であるとした。その根底には，「自由とは他人を害しないすべてのことをなし得ることをいう」(同4条)，「所有権は不可侵であり，また神聖な権利である」(同17条)という考え方があった。経済的自由を中心とする自由権は，それまでの封建的な身分制支配を否定すると同時に，市民革命後に権力を握った有産者たる市民の利益を擁護するものであった。そして，このような近代憲法の下で資本主義が発達し，それによって様々な社会的矛盾，とりわけ社会・経済的弱者の増大がもたらされるようになっていった。

資本主義による多数の国民の貧困は，一方で1917年のロシア革命という形で，他方で第一次世界大戦において敗戦国となることが不可避となったドイツにおける1919年のワイマール憲法の制定という形で解決されようとした。ロシア革命下の人権宣言は，近代憲法における人権宣言とは異なり，土地などの生産手段の国有化，労働者だけに対する人権保障，権利実現のための物質的保障を内容とするものであった。これに対して，ワイマール憲法の人権保障は，資本主義経済体制を維持しつつも，社会・経済的弱者の生存を強く保障するものであった。具体的には，ワイマール憲法151条は「経済生活の秩序は，すべての者に人間たるに値する生活を保障する目的をもつ正義の原則に適合しなければならない。この限界内で，個人の経済的自由は確保されなければならない」，152条の2は「所有権は義務を伴う。その行使は，同時に公共の福祉に役立つ

ものでなければならない」と定めていた。特に，ワイマール憲法151条は「すべての者に人間たるに値する生活を保障する」ことを，それまで不可侵とされてきた経済的自由を制限することによって，保障しようとしたことで，社会権を最初に明文で定めたものである。

わが国においては，1890年に公布・施行された明治憲法(大日本帝国憲法)は，天皇主権の下で憲法の形式をとったものであり，社会権の考え方は当然のこととしてみられなかった。むしろ，そこでの権利も封建制を前提とした臣民の権利というかたちで保障されていた。現行の日本国憲法はワイマール憲法151条と同様に，その25条1項で生存権を定めている。さらに，25条の生存権以外にも，26条で教育を受ける権利，27条で勤労の権利，28条で労働基本権を定めている。なかでも，経済的弱者たる高齢者の保護に有益なものが生存権である。

2) 社会権の保障のかたち

社会権の保障のかたちは，自由権の場合と異なる。精神的自由権，身体的自由権，そして経済的自由権など自由権は，国家からの自由を保障することにある。自由権は，国家が個人の領域に権力的に介入することを排除して，個人の自由な意思決定と活動とを保障するもので，防御権ともいう。したがって自由権は，国家が個人の自由な領域に介入すること(作為)によって侵害され，逆に，国家が個人の領域にかかわりをもたないこと(不作為)によって保障される。これに対して，社会権の保障のかたちは異なる。すなわち，生存権の「健康で文化的な最低限度の生活を営む権利」が保障されるために，生活保護制度が設けられているように，国家が何らかの活動を行うこと(作為)が必要であり，また，国家が何もしなければ(不作為)生存権は侵害されることになる。

人権と国家のかかわりにおいて重要なものが国会による法律の制定，あるいは法律に委任されて行われる行政機関の立法(命令)である。自由権の場合，法律・命令による制約を排除することで自由権の保障がかなえられる。しかし，生存権の場合，生存権を具体化する法律がない場合，あるいは生存権を具体化する法律・命令が不十分な場合には，生存権の保障はないか，あっても不十分となる。すなわち，生存権の保障のためには，法律を制定し(憲法41条)，また，法律の内容を具体化する命令を定めて(憲法73条6号)，法的な制度を作る

ことが必要である。その場合，法律を制定することが唯一の立法機関としての国会の任務であるため，生存権をどのように保障する制度を設けるかについて，国会に広い判断権(立法裁量権)が認められる。

このような立法裁量権の考え方は，憲法25条1項の生存権の法的性質の理解とも結びつく。生存権の法的性質について学説は，プログラム規定説，具体的権利説，そして抽象的権利説に分かれる。

プログラム規定説は，①憲法25条の条文内容が抽象的であること，②資本主義の経済体制の下では生存権を実現する経済的基盤が欠けていること，③生存権実現の程度を具体的に確定するには国会による各種の判断基準が必要であることなどを理由として，生存権は法的権利ではなく，国政の目標ないし方針を宣言した規定であり，国はそのように努力すべき政治的・道徳的義務を負うにすぎないとする[5]。具体的権利説は，生存権が直接に個々の国民に対して金銭などの具体的な給付請求権を与えたものではないが，国会が生存権を具体化する立法を行わないときには，その違憲性を確認する訴訟を提起することができるとする。その理由として，①憲法25条が権利主体・権利内容・規範の名宛人などにつき明確に定めていること，②今日の科学技術の進歩により，特定期間における「最低限度の生活」の内容は客観的に確定できることをあげる。抽象的権利説は，生存権の法的権利性を認めつつも，国民は直接に憲法25条を根拠として具体的請求権を裁判所で主張することはできず，法律が制定されてはじめて裁判所で救済を求めることのできる具体的な権利となるとする。プログラム説に対しては，資本主義の経済体制を理由として生存権の法的権利性を否定することは，本末転倒であることなどが批判される。具体的権利説に対しては，立法の不作為の違憲確認訴訟を認めることは立法権の侵害となることなどが批判される。学説の多くは，抽象的権利説に立って，生存権の法的権利性を認めつつも，裁判所による救済には法律の制定を必要とすると考える。しかし，法律の制定にあたり，いかなる限界があるのかが問題となる。

(2) 生存権を具体化する制度

1) 社会福祉，社会保障および公衆衛生の制度

憲法25条1項の国民の生存権に対応して，国は社会福祉，社会保障および公衆衛生の向上・増進に努める責務を負う(憲法25条2項)。具体的には，社会保

障としては,生活保護法などによる社会扶助や,国民健康保険法などによる社会保険がある。社会福祉としては老人福祉法や児童福祉法などによるものが,公衆衛生としては医療法や公害対策基本法などによるものがある。

  2) 高齢者に対する制度

  高齢者の生活を保障する制度としてあげられるものとして,まず,保険料の納付による老齢年金給付制度がある。この制度は,65歳から支給される老齢基礎年金と老齢厚生年金からなる。前者は40年間の保険料納付を行った場合,満額で804,200円(2002年度)が支給される。後者は前者に加えて,被用者に過去の報酬に比例して支払われる。したがって,主婦など勤務先から報酬をもらっていない者や自営業者には,老齢厚生年金は支給されない。次に,高齢者医療制度がある。この制度は健康保険や国民健康保険に加入する75歳以上の住民に対して老人保健法により医療給付を一定割合での一部負担金の支払いによって行うものである。さらに,2000年に始まった高齢者介護給付制度がある。この制度は,65歳以上の住民で,要介護状態になったとき,居宅介護サービスと施設介護サービスによる介護給付または予防給付を行うものである[6]。

  これら3つの制度は高齢者の生活を保障するものではあるが,それには限界がある。老齢年金給付制度において老齢基礎年金しか受給できない場合,最高額でも年804,200円では生活はできない。また,高齢者介護給付制度においても,給付内容には上限があり,それを超えた部分は自己負担とならざるをえない。これらで不十分な場合,生活保護制度によらなければならない。生活保護制度は,国が生活に困窮するすべての国民に対し,その困窮の程度に応じて必要な保護を行って,最低限度の生活を保障するものである(生活保護法1条)。保護には,生活扶助,教育扶助,住宅扶助,医療扶助,介護扶助,出産扶助,生業扶助,葬祭扶助の8つがある(生活保護法11条1項)。保護は,生活に困窮する者がその利用し得る資産,能力その他あらゆるものを,その最低限度の生活の維持のために活用することを要件とする(生活保護法4条1項)という保護の補足性の原則[7]による。年金と違い,全額を公費に依存している生活保護は,あくまで最低限度の生活を営むのに足りない分を補うことが原則となるからである。

(3) 生活保護制度と高齢者の生存権

  生活保護制度で当初問題となったのが保護基準の内容であった。生活保護法

8条は保護の基準を要保護者の「最低限度の生活の需要を満たすに十分なものであって，かつ，これをこえないものでなければならない」として，その設定を厚生大臣(当時)に委ねている。朝日訴訟事件では，生活扶助基準で定められた最高金額たる月600円の日用品費の額が低額であって，生活保護法の規定する健康で文化的な最低限度の生活水準を維持するに足りない違法のものであるかが争われた。最高裁判所は，「何が健康で文化的な最低限度の生活であるかの認定判断は，いちおう，厚生大臣の合目的的な裁量に委されており，直ちに違法の問題を生ずることはない」[8]として，厚生大臣の判断を容認した。一人暮らしの世帯が増大している高齢者についていえば，「健康で文化的な最低限度の生活」をおくるためのいかなる基準がありうるのかが検討されなければならない。

その後，1980年以後になって，暴力団員の不正受給が発覚したことを契機に，積極的に給付の適正化が求められることとなった。たとえば，1981年の厚生省社会局保護課長・監査指導課長による123号通知は，保護の申請時，また，保護受給中で不明な点がある場合，保護の実施機関が調査を行うことに予め同意する旨の包括的同意書の提出を求め，これに申請者が応じないときは申請却下や保護の廃止を検討することを内容とした[9]。あわせて，生活保護費の国庫補助率が，1985年度に80％から70％に引き下げられた。その結果，生活保護の現場では，稼働能力の活用と親兄弟など義務者への扶養の義務づけを通じて，申請自体を受付けない保護申請の締付け(水際作戦)によって，被保護者数が大幅に減少することとなった。しかし，高齢者にとっては，稼働能力の活用自体多くの場合不可能であり，また，平均寿命の延長により，保護受給期間も長期にわたることとなって，生活保護受給の割合は増大している。高齢者の生存権を保障するためには，憲法25条の生存権が実体法的な給付請求権を保障するだけでなく，手続法的にも保障すると解すべきである。

2. 自己決定権と高齢者

(1) 自己決定権

1) 根拠としての幸福追求権

憲法13条は，「すべて国民は，個人として尊重される。生命，自由及び幸福追求に対する国民の権利については，公共の福祉に反しない限り，立法その他

の国政の上で，最大の尊重を必要とする」と定めて，幸福追求権を保障している。幸福追求権は，ロックの『政府論』における「生命，自由および財産」や，アメリカの独立宣言における「生命，自由および幸福の追求」の権利に由来するもので，ここでいう「幸福の追求」とは，幸福そのものの他に，幸福を追求する場の確保にかかわるものを意味する。

　幸福追求権は，憲法13条前段の「個人の尊重」から導き出される。「個人の尊重」の意味としては，戦前の全体主義の否定という意味で，「個人の尊重」，また，人権の基礎にある理性的な人格を備えた個人の自律的生活を保障するという意味での「人間の尊厳」，さらには，社会権の保障にみられるような現実生活における「人間存在の尊重」という3つの意味をもつ。幸福追求権についての学説は，幸福追求権が個人の人格的生存に不可欠な権利・自由を内容とする包括的な権利であるとする見解（人格的利益説）と，幸福追求権があらゆる生活活動領域に関して成立する一般的な行動の自由であるとする見解（一般的自由説）に大別される。人格的利益説に対して，① 人間を人格的存在と考えることが適切でないこと，② 人格的生存に不可欠か否かの二分法は危険であること，③ 人格概念が不明確であることが批判される。確かに，一般的自由説がむやみに新しい人権を憲法13条の幸福追求権から導き出すことは，人権のインフレ化状況をもたらし，結局，人権の保障の効果を希薄にする危険性がある。そこで，新しい人権を認めるとしても，その成立には，人権としての成熟度や社会における認容の程度などから慎重な検討を要する。現在，新しい人権として認められるものは，プライバシー権，名誉権，自己決定権などである。

　最高裁判所は警察官が違法なデモ行進の証拠を集めるために，行進参加者の写真を無断で撮ったことにつき，「警察官が，正当な理由もないのに，個人の容ぼう等を撮影することは，憲法13条の趣旨に反し，許されない」[10]と述べて，憲法13条の幸福追求権が裁判所で救済を受けることのできる権利であることを認めている。

2）自己決定権の保障

　幸福追求権は，個人が一定の私事について，公権力から干渉されることなく，自ら決定することができる権利，すなわち，自己決定権を保障する。この権利は，J・スチュアート・ミルの「彼にとって，あることをすることがよりよいか

ら、あるいはそれが彼を幸福にするから、または他人の意見によれば、そうすることがより賢明であり、正義にかなっているからといって、あることをすること、またはしないことを強いるのは正当であるとされえない」[11]という言葉によく表されている。私事の範囲については、学説において争いがある。第1の見解は、私事とは人格的生存にかかわるものに限定されるとする。第2の見解は、個人人格にかかわるものの他に、単なる趣味・嗜好まで広範囲のものを含むとする。このことは幸福追求権の性質論とも関係して、幸福追求権を人格的生存にかかわるものに限定しないとすれば、自己決定権は個人人格にかかわるものの他に広く保障されることになる。では、そのように理解する場合の自己決定権によって何が保障されるのか。これには、大きく ①生命・身体に関わるもの、②家族関係に関わるもの、③ライフ・スタイルに関わるものに分けることができる。

　第1に、生命・身体に関わるものとして、治療拒否権がある。これには自分の信仰に反する行為として治療行為をとらえ、その治療行為を拒絶する場合や、ガンなどの末期患者が延命治療を拒否して、人間らしい生き方(死)を求める場合(尊厳死)がある。最高裁判所は、「自己の宗教上の信念に反するとして、輸血を伴う医療行為を拒否する」権利を認めている(輸血拒否訴訟——最判平12.2.29)。

　さらに、人間の最も根源的な自己決定として、積極的に死を求める権利(安楽死の権利)が考えられる。しかし、嘱託殺人罪や自殺幇助罪(刑法202条)は、事実上安楽死を禁止している。横浜地方裁判所は、患者の自己決定権にふれながら、医師による安楽死の要件として、①耐え難い肉体的苦痛があること、②その死期が迫っていること、③肉体的苦痛を除去・緩和するための方法を尽し、他に代替手段がないこと、④生命の短縮を承諾する患者自身の明示の意思表示があることをあげた(横浜地判平7.3.28)。なお、1997年に制定された臓器移植法6条3項は、法的に脳死も人の死であると認めたが、脳死かどうかの判定は、自己決定権を前提として、本人が臓器提供の意思と共に、脳死判定に従う意思を書面で表示し、かつ、家族がそれを拒まないか、家族がいないときだけに行われると定めている。

　第2に家族関係に関わる自己決定権は、婚姻の自由、出産の自由や子どもの

教育の自由に具体化する。非嫡出子への法定相続分(民法900条4号)や子どもの戸籍の記載により，事実婚に不利益な取扱いがなされており，このことによって法律婚が事実上強制され，法律婚をしない自由の侵害が問題となる。出産の自由についても，刑法212条の堕胎罪によって，女性の人工妊娠中絶の自由が侵害されていると主張される。ただし，これについては，中絶が胎児の生命を奪うものである以上，母親の中絶の自由と胎児の生命権との調整が図られなければならない。また，第3にライフ・スタイルに関わるものとして，髪型の自由，バイク運転の自由，喫煙・飲酒の自由などが問題となる。

3) 自己決定権の制約

自己決定権は，憲法上保障されているといっても，無制限ではない。一般的に基本的人権は，他者の権利を侵害する場合には一定の制限を受ける(内在的制約)。ある人への基本的人権の保障は，他者の基本的人権の侵害をも容認するものではないからである。各自に自己決定権を与えれば社会に無用の混乱を引き起こすので，国家は行動の基準を示して指導的措置を行うべきとするパターナリズムの考え方もある。しかし，この見解こそ自己決定論が否定しようとする考え方である。自己決定権の場合は，もともとこの権利が他者との関わりのない私事についての決定権であることから，他者の基本的人権を侵害することは想定していない。しかし，社会生活にあっては，他者と無関係な事柄というものはほとんどありえない。たとえば，喫煙行為は私的な行為であるが，タバコの煙が環境に与える悪影響や，本人のみならず他人の身体に与える悪影響とそれに対する経済的コストなどを考えれば，それが他者との関わりのない私事ともいえなくなってくる。むしろ，他者の利益を侵害する場合とは，他者の生命や財産を奪うといった直接的な事柄を意味するというように，他者との関わりをもつ範囲を限定すべきであろう。したがって，それ以外の範囲では，私事として自己決定権が保障されるべきことになる。

では，他者の基本的人権を侵害しない以上，自己決定権は無制限に保障されるのか。確かに，判断能力を有する人間は他者に不利益を与えない限り，あらゆることをなしうることが原則である。しかし，問題となるのは，精神障害者など十分な判断能力を有しない者の自己決定権である。パターナリズムはこのような場合，これらの者に対する国家の広範囲の介入・指導を正当化する。し

かし，この場合も本人に対する介入は必要最小限度のものに限ることが必要である。なお，生命の問題に限定して国家の介入を正当化する見解[12]もあるが，医学の発達した現代において，生命が個人から医療者側の手に移っていることから，なお生命についての自己決定権を保障することが必要であり，国家の介入を正当化することも認められない。

私法取引において，かつての民法における禁治産制度は，① 対象者がある程度重い精神上の障害のある者に限定され，また保護の方法も画一的・硬直的であること，② 禁治産・準禁治産の宣告を受けると戸籍に記載されたため，利用に抵抗があったこと，③ 本人の保護体制が不十分であったことなどが指摘されていた。そのため，2000年に民法が改正されてノーマライゼーション[13]と自己決定権の理念の下に，成年後見制度が導入された。とりわけ，本人があらかじめ代理人(任意後見人)に，自己の判断能力が不十分になった場合の財産管理，身上監護の事務について代理権を与える「任意後見契約」を，公証人の作成する公正証書で結んでおくことができる任意後見制度は，被後見人の自己決定権を尊重するものである。

(2) 高齢者の自己決定権

高齢者にとっての自己決定権とは何か。上述の3種類の自己決定権から検討していくと，次のように考えることができる。生命についての自己決定権は安楽死のように死ぬ権利という形であらわれる。この権利自体は，憲法上の自己決定権から引き出される。しかし，高齢者について，この権利を無限定に保障することは問題である。というのは，経済的に自立できない高齢者が，この権利を家族のために行使する危険性がある。昔の「姥捨て山」の再現にならないよう留意する必要がある。高齢者の場合，たとえ安楽死の要件を満たす場合であっても，真摯な本人の意思を確認できる一層厳格な要件が必要である。

家族関係に関わる自己決定権について，高齢者にとっても婚姻の自由，出産の自由が問題となる。これまで性や恋愛の問題は高齢者には無関係とされてきた[14]。高齢者は「枯れた」存在であって，その性や恋愛を語ることはタブーとされてきた。しかし，高齢者といっても，若者や壮年と同様に恋愛感情や性欲はある。また，高齢者である親の婚姻についても，その子どもにとって相続についての重大な問題とされる。確かに，親の財産を相続することは子どもに

とって期待できる。しかし，その期待権と親の残された人生において良き伴侶を得て満たされた人生を送る権利とは比較できない。さらに，出産の自由については，最近の生殖医療の発達により，高齢の女性でも出産が可能となっている。わが国でも，2001年に国内で60歳の女性がアメリカで卵子の提供を受け，体外受精で出産したことが報じられた。生まれた子どもとの関係で，女性の出産の自由をどこまで保障すべきか難しい問題である。

ライフ・スタイルに関わる自己決定権につき問題となるのが，自動車の運転の自由である。2001年の道路交通法の改正で，高齢者の自動車の運転に，高齢者講習が必要となる年齢が75歳から70歳に引き下げられ，高齢運転者標識(高齢者マーク)の年齢も70歳に引き下げられた[15]。これは，高齢者運転者による事故の増大に対応するものである。しかし，この講習には一般の講習と比べて高額の費用がかかることなどから，高齢者運転者に運転免許証の返納を暗に促しているとも評価できる。これは，高齢者の差別につながりかねず，車により広がった高齢者の行動の自由を奪うものとなりうる。他者の生命の安全の確保という観点から，高齢運転者の規制は必要であるとしても，高齢者の行動の自由を侵害しないような方法も必要である。

3. 生活保護制度における自己決定権

生活保護制度の中では，保護と自己決定はどういう関係にあるのか。家庭における子どもの親による保護と子どもの自立がしばしば対立するように，生活保護制度においても保護と自己決定権とは対立することが多い。というのは，この制度において，国家権力が社会・経済的弱者に対して保護をなす際に，被保護者に対して法律上さまざまな監督権を行使するだけでなく，事実上被保護者は保護を行う国家に従属的にならざるをえないからである。かつては，生活保護は恩恵的，慈恵的なものであるとする考え方があり，保護機関も被保護者の人格を軽視して必要以上の指導・指示を行い，被保護者も屈辱感をもってそれに唯々諾々と従うということがあると指摘されている[16]。

(1) 生活保護法における自立性の確保

生活保護法は，扶助にあたって，いくつかの原則を定める。まず，生活保護法は保護が「国が生活に困窮するすべての国民に対し，その困窮の程度に応じ，

必要な保護を行い，その最低限度の生活を保障するとともに，その自立を助長することを目的とする」(法1条)と明記し，その目的として困窮者の保護だけでなく，その自立の助長をも目的としている[17]。ここでの自立とは，経済的自立だけを意味するのではない。自己決定権の考え方からすれば，自立とは，社会生活の自立なども意味する広範な自律と考えるべきである。また，法7条は，「保護は，要保護者，その扶養義務者又はその他の同居親族の申請に基づいて開始する」[18] (申請保護の原則)と定めて，保護を受けることについて，本人の意思があることを前提とする。さらに，法9条は，「保護は，要保護者の年齢別，性別，健康状態等その個人又は世帯の実際の必要の相違を考慮して，有効且つ適切に行う」(必要即応の原則)と定める。この規定の趣旨は，被保護者の生活保障と自立をはかるために，母子世帯や高齢者世帯といった被保護者の特殊性を考慮した保護がなされることを意味する。

　また，「保護は，生活に困窮する者がその利用し得る資産，能力その他あらゆるものを，最低限度の生活の維持のために活用することを要件とする」(法4条)という補足性の原則における「利用し得る資産，能力その他あらゆるもの」とは，現実に使用，収益，処分の権能をもって，本人の意思で行うことができる土地，家屋をはじめとする貨幣，債権，無体財産などプラス財産の総称である資産や，自己の勤労の能力，そして，確認を受けていない恩給権など，現実に資産になってはいないが自らのわずかな努力で資産とすることのできるものをいう。とりわけ，「資産」の解釈につき，事務次官通達は収入として認定しないものとして，餞別や社会事業団体から恵与される慈善的金銭など社会通念上収入として認定しないものの他に，① 自立更生を目的として他法，他施策等により貸し付けられる額，② 恵与される金銭のうち当該被保護世帯の自立更正のために当てられる額などをいう[19]。したがって，一定範囲においては，保護の目的にかなう預貯金の保有についても認められることになる。このように，保護の目的，保護の開始，そして保護内容について，生活保護法は被保護者を国から一方的に扶助を与えられる存在として位置づけるのではなく，独立した存在として位置づけている。

(2) 生活保護における自己決定権

　近年，判例において，被保護者の自己決定権を積極的に認めるものがみられ

る。

1) 加藤訴訟事件

訴えを起こした者(原告)は,高齢者で生活保護を受給していたが,同時に身体障害者手帳2級の重度の身体障害者であることから障害年金も受給していた。その妻も高齢で病弱であり,入院した場合の付き添い費用の出費を心配して,収入として認定されている障害年金と生活保護費の一部を貯蓄して,81万2,753円以上の預貯金を保有することになった。仙北福祉事務所長(被告)は生活保護法28条1項の調査により,原告の預貯金の存在を知って,補足性の原則に基づいて,そのうち約27万3,407円を収入であると認定して,原告世帯の生活扶助費を減額する保護変更処分を行った(法25条2項)。また,残金のうち45万7,000円の使途を弔慰に限定するという指導指示を行った(法27条1項)。これに対して,原告は保護費の使途の自由を主張して,被告を相手として保護変更処分の取り消しと指示指導の無効確認を求める訴訟を提起した。

秋田地方裁判所は,「収入認定を受けた収入と支給された保護費は,国が憲法,生活保護法に基づき,健康で文化的な最低限度の生活を維持するために保有を許したものであって,こうしたものを原資とする預貯金は,被保護者が最低限度の生活を下回る生活をすることによって蓄えたものということになるから,本来,被保護者の現在の生活を,生活保護法により保障される最低限度の生活水準まで回復させるためにこそ使用されるべきものである。したがって,このような預貯金は,収入認定してその分保護費を減額することに本来的になじまない性質のものといえる」[20]とした。ただ,「その目的が,特別な理由のない一般的な蓄財のためであったり,不健全な使用目的のものであるなど,生活保護費を支給した目的に反する場合」や,「預貯金が国民一般の感情からして違和感を覚えるような高額なものである場合」には,その保有を許す必要はないが,本件はそのような場合にあたらないとし,さらに,本件指示指導の無効を認めた。

本件は,保護における指示指導と被保護者の受給費の使途についての自立の対立をどのように解決するかが主たる争点として争われた事件である。国家と被保護者との両者を憲法の観点からみると,被保護者は保護受給権を国家に対する憲法上または法律上の権利として有するだけでなく,自己決定権を国家に

第1章　高齢者の人権——生存権と自律権

対する基本的人権として有している。それに対応して，国家は生活保護を行い，自己決定権を侵害しないという法的義務を負うことになる。生活保護法が可能性として期待している経済的自立性は，本件のような高齢者世帯の場合，将来的に見込むことはいっそう困難である。とすれば，高齢者の生活自体の中に，経済的自立以外の自律性を生活保護を通じて持ち込む必要がある。高齢者世帯の自己決定権においては，「生活保護を受けながら自分の暮らしを設計することを自立と位置づける必要がでてくる」[21]。

なお，本件で問題となった指導指示の制度(法27条)は，被保護者を単なる救護の客体とみて広範な干渉権限を認めていた戦前の救護法の名残りだといわれる[22]。その意味では，被保護者の自己決定権を侵害するものとして許されないことになろう。

2) その他の自己決定権についての訴訟

加藤訴訟で高齢者世帯の自己決定権の容認は，受給した生活保護費の使途に関するものであった。しかし，高齢者世帯にとって受給した生活保護費の使途以外に自己決定権の行使がありうるのか。また，自己決定権は経済的自立性の見込めない高齢者・高齢者世帯にだけ認められるのか，それとも同様に経済的自立性が見込めない障害者世帯にも，さらには経済的自立性の見込める一般世帯にもありうるのか。これらの点について，判例は容認しつつある。

中島訴訟事件

本件の原告世帯の世帯主は生活保護を受給中にその子どものために学資保険を積み立てていた。学資保険が満期になったとき，満期保険金44万9,807円が収入と認定され，生活保護費の減額の変更処分を福岡市福祉事務所によって受けた。これに対して，世帯主とその子どもは原告として，本件の変更処分とこれに先立って学資保険の解約をさせた行為が違憲，違法であると主張し，処分を行った福祉事務所長に対して右変更処分の取消し(①事件)を求めると共に，市と国に対して国家賠償請求(②事件)を求める訴訟を提起した。1審の福岡地方裁判所は，①につき原告の世帯主が1審係属中に死亡したため，その子どもに訴えを係属する地位にないとして訴訟を終了させ，②については被告の変更処分についての裁量権を認めて請求を認めなかった[23]。

2審の福岡高等裁判所は，加藤訴訟の考え方を採用して次のように判示した。

すなわち、① 保護費が最低限度の生活を維持するために用いることが前提となっているので、保護実施機関がそれを収入認定することはできないこと、② 法も保護費を一定期間内に使いきることを要求していないこと、③ 貯蓄もその目的や金額などから収入認定の対象とならない場合がありうるとした。さらに、注目されるのは、貯蓄の許容性について、「憲法 25 条の生存権保障を具体化するものとしての生活保護制度は、被保護者に人間の尊厳にふさわしい生活を保障することを目的としているものであるところ、人間の尊厳にふさわしい生活の根本は、人が自らの生き方ないし生活を自ら決するところにあるのであるから、被保護者は収入認定された収入はもとより、支給された保護費についても、最低限度の生活保障及び自立助長といった生活保護法の目的から逸脱しない限り、これを自由に使用することができる」とし、その上で、本件変更処分を取消した[24]。

本判決は、自己決定権を憲法 25 条から引き出している点が論理として不十分であるとはいえ、自己決定権に基づいて、被保護者に貯蓄の自由を条件付で認めたことが重要である[25]。

高訴訟事件

原告は完全四肢麻痺で身体を一人で動かすことのできない身体障害者手帳 1 級の身体障害者で 24 時間介護を必要としていた。1976 年に金沢市内で自立生活をし、翌年から生活保護を受けていた。母親が死亡した 1988 年から、母親が生前加入していた石川県心身障害者扶養共済から月額 2 万円の心身障害者扶養共済年金を受給していた。そのため、1994 年に金沢市社会福祉事務所長(被告)は、生活保護費を減額する保護変更処分を行った。これに対して、原告は、支給額算定の根拠となる最低生活費の認定に当たり、他人介護費として認定した額が著しく低廉であること、原告の心身障害者扶養共済年金を収入認定したことや、生活扶助に加算された他人介護費[26] が著しく低額であることなどを理由に、その処分が生活保護法と憲法に違反するものであるとして、処分の取消しを求めた。

1 審の金沢地方裁判所は、生活保護制度は、沿革的には経済的最低生活の保障のための制度との側面が強かったが、現在の社会状況においては、生活保護法 1 条の目的とする「自立」の概念も、「単なる経済的自立(施しを受けない生

活)にとどまらず,たとえば他人の介護なくして生きることのできない障害を有する要保護者との関係では,その自律的な生活を助長するとの意をも含めた,より広い概念と捉えるのが相当である」とした。その上で,心身障害者扶養共済年金を収入認定したことについて,本件年金が「経済的生活保障というよりは,むしろ,障害者の福祉増進,自立助長の面の強いものと」解すべきで,生活保護法4条1項の資産とみるべきではないとした[27]。ただ,他人介護費については他人介護費特別基準の設定は,厚生大臣の合目的的な裁量に委ねられているとして主張を認めなかった。2審の名古屋高等裁判所も1審判決を支持した[28]。

本判決は,障害者の自己決定権,とりわけ施設介護ではなく在宅介護を選択する自由を容認したことが評価される。また,生活保護法1条の「自立」概念を経済的自立に限定せず,自宅で自律的な生活を営むことをも意味するとしたことも評価できる。

(3) 高齢者の生活保護における自己決定権

上述の判例でみてきたように,生活保護における被保護者の自己決定権は,生活保護法1条の「自立」の概念を通じて容認されつつある。被保護者の中での割合の高い高齢者にとって,この自己決定権の容認は重要である。この変化の契機となった,加藤訴訟で争点となった生活保護費からの貯蓄の容認は,それが一定の条件付であるとはいえ,一層高額になりつつある老人医療,介護の場面において,非常に意味があるといえる。また,高訴訟で争点となった障害者の施設介護と在宅介護の選択の容認も,高齢者にとっても同様に意味があると考えられる。

とはいえ,勝訴した加藤訴訟と高訴訟の両方においては,従来給付されていた保護費の減額処分が問題となった事件である。その意味では,生存権から積極的給付を求めた事例ではなく,減額によって生存権自体が侵害されている事例である。したがって,生活保護制度において,自己決定権を理由に給付を積極的に認めた事例はいまだ存在しない。

おわりに

本章では,高齢者の人権を生存権と自己決定権という2つの視点から検討し

てきた。とりわけ，社会的弱者としての高齢者にとって最後のよりどころとなる生活保護制度は，当初の経済的自立性の確保というまさに最低限度性の確保から，どのように生きるかという自己決定権の観点によって，それ以上の自立性を確保すべきものと解されるようになってきている。その意味では，1991年の加藤訴訟はその画期的な契機となった判決といえよう。その後，下級審ではあるが，判例は着実に進展してきている[29]。現代の国家財政状況が厳しいとはいえ，さらに進んで高齢者の自己決定権が充足されることが期待される。

注

1) 国立社会保障・人口問題研究所『日本の将来推計人口(平成14年1月推計)』(2002年)参照。
2) http://www.maff.go.jp/soshiki/keiei/jyosei-syunou/josei/koureitaikou.pdf.
3) 「年齢だけで高齢者を別扱いしていることが結果的に高齢者が就業その他の多様な社会的活動に参加することの妨げになっていないかという観点から，就業における年齢制限その他の制度，慣行等について見直しを行うものとする」(2001年12月28日閣議決定)。
4) 厚生労働省社会・援護局保護課監修「生活保護の動向平成13年版」(2002年)参照。その他の構成としては，母子世帯が58,435世帯で全世帯の7.1%を，傷病者世帯が10,223世帯で全世帯の14.5%を，障害者世帯は70,778世帯で全世帯の10.1%を，その他の世帯が207,742世帯で全世帯の10.1%を占めている。
5) 最高裁判所は，「憲法25条1項は，すべての国民が健康で文化的な最低限度の生活を営み得るように国政を運営すべきことを国の責務として宣言したにとどまり，直接個々の国民に対して具体的権利を賦与したものではない。具体的権利としては，憲法の規定の趣旨を実現するために制定された生活保護法によって，はじめて与えられている」と述べて，プログラム規定説にたつことを認めた(朝日訴訟事件(最大判昭42.5.24))。
6) 良永彌太郎「高齢者の人権」中川義朗編『現代の人権と法を考える』(法律文化社，1998年) 137頁以下参照。
7) 補足性の原則とは，資本主義社会における自己責任の原則を生活保護制度が補うということと，生活保護制度が他の公的扶助制度を補足するということを意味する。なお，「利用し得る」とは，現実に使用，収益，処分の権能をもって，本人の意思で行うことができることをいう。小山進次郎『改訂増補・生活保護法の解釈と運用(復刻版)』(全国社会福祉協議会，1975年) 119頁以下。
8) 前掲，最大判昭42.5.24を参照。
9) 尾藤廣喜，木下秀雄，中川健太朗編著『誰も書かなかった生活保護法』(法律文化社，1992年) 26頁以下参照。
10) 京都府学連事件(最大判昭44.12.24)。

11) J・S・ミル『自由論』（岩波文庫）24 頁。
12) 山田卓夫『私事と自己決定』（日本評論社，1987 年）345 頁。
13) この考え方は，障害などをもっているということを特別視することなく，ほかの人と共に生活していこうというものである。
14) たとえば，朝日新聞 2000 年 2 月 28 日「高齢者の『性』と向き合う / 体触られたら対応は / ヘルパーの教材にも」，同 2000 年 9 月 16 日「恋愛と性 / 見守りたい性への欲求 / カップル同室で生活・表情生き生き」参照。
15) 道路交通法 71 条の 5 および 101 条の 4 を参照。
16) 小山，前掲書 414 頁。
17) ここで，自立を助長するとは，「公私の扶助を受けず，自分の力で社会生活に適応した生活を営むことのできるように助け育てていくことである。助長という以上そういう内在的可能性を有つている者に対し，その限度において云われるものであつて，そのような可能性の態様や程度を考えず，機械的画一的に一つのことを強制するものでない」。小山，前掲書 121 頁以下。
18) この原則を採ったのは，「この法律において国民に保護請求権を認める建前をとつている」ことによる。小山，前掲書 162 頁。なお，保護の申請には意思能力だけで足りる。小山，前掲書 164 頁。
19) 河野正輝「生活保護世帯の預貯金と収入認定」ジュリスト 1039 号 87 頁以下参照。
20) 秋田地判平 5.4.23（判時 1459 号 48 頁）。
21) 大谷強「障害者の所得保障をめぐる問題点」法律のひろば 46 巻 8 号 13 頁。
22) 中山勲「秋田生活保護費預貯金訴訟」『平成 5 年重要判例解説』（有斐閣，1994 年）33 頁。
23) 福岡地判平 7.3.14（判タ 896 号 104 頁）。
24) 福岡高判平 10.10.9（判時 1690 号 42 頁）。
25) その他に，本判決の問題性を述べるものとして，河野正輝「中島訴訟」法律時報 71 巻 6 号 96 頁以下参照。
26) 他人介護費とは，一定以上の障害を有する要保護者が世帯員以外の介護人を雇う費用を要する場合，生活扶助に加算される。これは生活保護法 8 条の厚生労働大臣の定める保護基準中に根拠がある。
27) 金沢地判平 11.6.11（判時 1730 号 11 頁）。この判決については，西埜章「生活保護受給者が取得する心身障害者扶養共済年金を生活保護法 4 条 1 項及び 8 条 1 項に基づき収入認定してなされた保護変更決定が，違法とされた事例」判例評論 509 号 30 頁以下参照。
28) 名古屋高判平 12.9.11（判タ 1056 号 175 頁）。この判決については，倉持考司「生活保護費減額処分取消請求事件」法学教室・判例セレクト 2000 年 11 頁以下参照。
29) なお，高訴訟と同様に，介護人費用の申請拒否処分の取消しを求めて争われた岩田訴訟では，処分の取消しが最高裁でも認められている。最判平 10.4.30。

■ 第2章 ■

高齢社会と構造改革の遅れ

山 下　勉

はじめに

　わが国社会は目下急速に進展している高齢社会のただ中にある。2003年時点で65歳以上人口が総人口の19%と，ほぼ5人に1人が高齢者であるが，2015年には4人に1人，さらに，2030年代には3人に1人が高齢者となると推計されている(国立社会保障・人口問題研究所「日本の将来推計人口」2002年1月推計の中位推計による。なお，以下，社人研推計と略する)。20世紀は人口爆発の世紀であったが，21世紀は人口高齢化への対応が人類に課せられた大きな課題で，わが国は目下人口構造的にはそのトップランナーである。また，21世紀の比較的早い時期に先進諸国の多くは人口減少社会となる。社人研推計によると，わが国は2006年をピークに以降人口が減少に転じ，経済社会構造は大きな転換を迫られることとなる。以下では，わが国の成熟社会への移行と高齢・人口減少社会との関係，わが国の高次成熟社会への対応の遅れ，高齢・人口減少が経済社会に与える影響，その影響への対応(構造改革)を考えていきたい。

1.　成熟社会への過程

(1)　超高齢社会を迎える先進諸国

　何故，わが国をはじめとして多くの先進諸国が高齢社会を迎えているのであろうか。その最大の要因が，私は経済成長の成果だと考える。わが国の場合，戦後の高度成長期を経て欧米先進諸国へのキャッチアップを果たし，成熟社会を迎えた。何をもって成熟社会と定義するかは難しいが，ここでは経済水準がトータルとして世界のトップクラスにある社会と考える(経済計画などで用いられた成熟社会と同様の概念で，あくまでも相対的な概念であり，1人当たり所

表 2-1 主要先進国の人口動態

国 名	65歳以上人口比率		合計特殊出生率		国 名	65歳以上人口比率		合計特殊出生率	
	2000年	2015年	1970–75	1995–2000		2000年	2015年	1970–75	1995–2000
日本	17.4	26.0	2.1	1.4	オランダ	13.6	17.8	2.1	1.5
アメリカ	12.3	14.4	2.0	2.0	スイス	16.0	22.1	1.8	1.5
ドイツ	16.4	21.0	1.6	1.3	スウェーデン	17.4	22.3	1.9	1.5
イギリス	15.8	18.9	2.0	1.7	ノルウェー	15.4	18.2	2.2	1.8
フランス	16.0	18.6	2.3	1.7	フィンランド	14.9	20.7	1.6	1.7
イタリア	18.1	22.4	2.3	1.2	デンマーク	15.0	19.5	2.0	1.7
カナダ	12.6	16.1	2.0	1.6	オーストリア	15.6	20.0	2.1	1.4
オーストラリア	12.3	15.2	2.5	1.8	ベルギー	17.0	19.9	2.1	1.5
ニュージーランド	11.7	14.5	2.8	2.0	ルクセンブルグ	14.4	16.0	2.0	1.7

出所: 人間開発報告書2002年版（UNDP）による。ただし，日本は国立社会保障・人口問題研究所推計（2002年1月）による。

得水準などは容易に比較可能な指数の1つである）。

表2-1でみるように，ヨーロッパ諸国の多くが1970年代前半に合計特殊出生率（1人の女性が生涯に産む子供の数で，15歳から49歳の女性の年齢別出生率の合計値，人口を維持するには2.08程度が必要とされる）が2.0以下と少子化が進んでおり，わが国よりも早い戦後復興と医療の進歩もあって高齢化社会（総人口に占める65歳以上人口比率が7%以上の社会を高齢化社会，同比率が14%以上の社会を高齢社会，と称する）がいち早く進展している。成熟社会と少子化との関係については必ずしも明確ではないが，OECD加盟30ヵ国の中で1995–2000年平均の合計特殊出生率が2.0を上回っている国はアメリカ，アイスランド，メキシコの3ヵ国にしかすぎない。いずれにしろ，先進諸国のほとんどで少子化が進み，多くの諸国が今後10–20年の間には人口減少社会，かつ，超高齢社会を迎えることになる（便宜的に総人口に占める65歳以上人口比率が20%を上回った社会を超高齢社会という）。

今から30年ほど前になるが，ローマ・クラブから「成長の限界」というレポート（日本語版はダイヤモンド社から1972年に同名で出版）が報告された。爆発的な人口増や高い経済成長の中で，「人口の増加や経済成長を適切に抑制しなければ，地球と人類は，環境汚染，食料不足などによって破局の道を突っ走ることになろう」と警告を発したのである。当時の国際社会は主として途上国の人口

爆発に大きな危機感を持っており，わが国も同時期ごろから，途上国の人口爆発を抑制するために，家族計画等人口増抑制を目標とした様々な経済協力を推し進めてきた歴史がある。その後の途上国の人口動向をみていくと，経済成長率が高まり，教育水準が向上した国においては人口増加率が低下しており，これらには高い相関性があることが認められている。特に，女性の教育水準が向上した途上国では，自我への目覚め，社会への関心の高まりなどから人口増加率は急速に低下している。

ちなみに，「成長の限界」が発表されたころのわが国では，すでに団塊の世代が社会に進出してきており，高度経済成長の終わりごろであったとはいえ，若い，活力に満ちた時代で，その当時，わが国が近い将来急速な少子・高齢社会を迎えるとは考えられなかった。とはいえ，そのような活力に満ちた時期にすでに合計特殊出生率は 2.1 程度にまで低下していた。

ローマ・クラブの考え方，あるいは，将来世代のための持続可能な成長，の視点から考えると，人口減少は好ましいことである。ただ，そのためには，社会構造を大きく転換していかねばならず，この点でもわが国の経済社会構造改革は他国から注目されている。以下，わが国の成熟社会への過程を整理する。

(2) 戦後の困難からの出発

わが国にとって終戦直後からの 5~6 年は極めて苦しい時期で，1947 年に政府が発表した経済白書の総説(いわゆる総論)において，"政府も赤字，企業も赤字，家計も赤字" と，わが国の経済部門すべてが赤字である，とその苦境を分析している。この時期は，現在の東南アジア諸国以上に厳しい状況にあったのではないかと考えられる。

すべての国内経済主体が赤字の場合，その苦境から脱出するためには外国等からの資金援助に頼るしかない。わが国の苦境を救ったのは，アメリカからの援助と世界銀行からの借入れであった。特に，アメリカからの援助は終戦から 1953 年までの間に 22.3 億ドル(1 ドル = 360 円換算で約 8,030 億円，経済企画庁資料)の巨額にのぼり，これは，わが国の 1946–1953 年度までの一般会計予算累計額 4 兆 9,657 億円の 16.2% に相当する。また，世界銀行からの借入れは新幹線や東名高速道路建設が有名であるが，その他電力，製鉄，自動車，造船等の基幹産業が設備投資のためにその資金を利用した。1960 年当時においても

なお，日本はインドと並んで最大の借入国であり，この世界銀行からの借入の返済が終了したのは1990年である。日本の戦後復興と高度成長の過程には，このような事情がある。

(3) わが国の成長過程

表2-2でみるように，戦後から15年経った1960年当時においても日本の名目GDP（国内総生産）は，アメリカの10分の1以下，ドイツ（旧西ドイツ），イギリス，フランスと比べても遙かに少ない。当然ながら，1人当たりGDP（表2-3）は，1960年において日本は477ドルとアメリカ（2,841ドル）の約6分の1，イギリス，ドイツ，フランスに比べても，3分の1程度の水準にすぎない。

戦後の日本経済は，戦前の経済水準にいち早く復帰させ，その後は，欧米諸国の経済水準に追いつくことが最大の目標であった。この目標をほぼ達成したのが1980年代半ばである。特に，85年は1つの大きな転換点で，この年の秋にはプラザ合意によりドルの大幅引下げが行われた。これは，アメリカが経常収支の大幅悪化からその改善を図るために，国の信用を下げることと同義である自国通貨の切り下げを図った。この結果，プラザ合意以降円の対ドルレート

表2-2 主要国の国内総生産（名目GDP）　　　　　　　　（10億ドル，暦年）

	1960年	70年	80年	86年	90年	2000年
アメリカ	513.4	1,008.6	2,686.1	4,176.1	5,554.1	9,810.2
日本	44.4	203.7	1,068.3	2,003.0	3,077.7	4,764.2
ドイツ	72.1	184.5	813.9	889.6	1,411.3	1,866.1
イギリス	72.4	123.8	537.9	560.0	924.0	1,427.5
フランス	60.9	142.9	664.5	731.9	1,100.0	1,294.2
(中国)		121.8	267.8	295.7	415.9	1,080.0
(ロシア)						184.6
OECD計	961.7	2,138.3	7,796.6	10,788.0	15,874.5	24,337.6

出所：国民経済計算年報各年版（内閣府），海外経済データ（内閣府）による。
注1：ドイツは，1990年までは西ドイツの数値である。
注2：一部，年度及びGNPを含む。

表 2-3 主要国の1人当たり国内総生産(名目 GDP)　　　　(ドル, 暦年)

	1960年	70年	80年	86年	90年	2000年
ルクセンブルグ	1,663	3,238	12,489	13,585	29,010	42,961
日本	477	1,967	9,140	16,492	24,931	37,556
アメリカ	2,841	4,919	11,794	17,283	21,810	35,619
スイス	1,594	3,308	15,917	20,580	32,250	33,327
イギリス	1,383	2,225	9,552	9,886	18,410	23,888
ドイツ	1,300	3,042	13,213	14,569	22,360	22,711
フランス	1,333	2,814	12,333	13,213	19,590	21,417
中国		160	270		370	847
ロシア					3,430	1,726

出所: 国民経済計算年報各年版(内閣府), 海外経済データ(内閣府)による。
注1: ドイツは, 1990年までは西ドイツの数値である。
注2: 一部, 年度及び GNP を含む。

は急速に強くなり, 翌年の1986年にはドル・ベースでみた経済力は主要先進国の中でもトップクラスとなっている。

このように, わが国の成長は極めて速く終戦から1960年頃までのわが国の経済水準は途上国並の水準であったのが, その後25年ほどで世界のトップクラスの経済水準にまで到達した。わが国が目標とした欧米諸国へのキャッチアップが終了し, 発展段階はより高次な成熟社会への転換期へと入った。しかし, 同時に成長率は大きく鈍化してきた。その理由には様々な理由があるが, その1つに, より高次な成熟社会への転換を図るための構造転換の遅れがある。また, 人口増加率も経済成長率に併せるように大幅に鈍化してきた。

2. 時代の転換点(1980年代央)
(1) 世界のトップクラスへ

1980年代央には, 前述のようにわが国の経済水準は欧米諸国と肩を並べるにいたった。もう少し丁寧にみると, 例えば, アメリカ経済と比較すると, GDP総額では86年にアメリカの半分ぐらいの規模, 1人当たり GDP ではほぼ同じレベルにまで到達した。因みに, 2000年の GDP でみても, アメリカの9

兆8,120億ドルに次いで日本は4兆7,642億ドルと世界第2位の経済大国であり，日本のGDPはドイツ，イギリス，フランス3国のGDP合計額を上回っている。

また，2000年の世界のGDP合計額は約30.9兆ドルに達し，このうち，アメリカが約31.9%，日本が15.7%とこの両国で世界のGDPの48%を占める。日本とアメリカが世界経済の大きな機関車となっており，国民が意識していなくても，わが国はその経済規模に応じた国際的役割を担わされていることとなる。EUの通貨統合は経済的覇権争いと考えることができ，EU15ヵ国の経済規模は2000年時点で世界全体の25.4%を占める。

1人当たりGDPで比較すると，2000年時点で日本は，ルクセンブルグに次いで世界第2位の高所得国である。ただ，ルクセンブルグは人口44万人ほどの小国で東京都の港区と新宿区を合わせた人口より少なく，実質的には日本がトップといっても過言ではない。かつて，追いつき，追いこしたいと願ったイギリス，ドイツ，フランスなどの所得を，長期景気低迷下にあってもなお4〜5割も上回る高所得国である。

因みに，高成長を続け，このところ脅威論が高まっている中国やかつての大国であるロシアの所得と比較すると，中国は上海など都市部の所得は高いものの，貧困な農村部の人口が多いことから，1人当たりGDPは847ドル，ロシアは80年代後半には社会主義経済体制が崩壊して以降，90年代に入ってからも経済の混乱が続き，1人当たりGDPは1,726ドルと途上国並の所得水準にまで低下している。両国ともに経済的な影響力からみると，過大に脅威論をいうのは言いすぎで，国内には貧富の格差等多くの課題を抱えている。

(2) 急速に増加した対外純資産

フロー(所得)面で経済大国となったわが国は対外資産面(純資産)ではどうであろうか。

表2–4は主要国の対外純資産の状況をみたものである。1980年当時のアメリカは最大の純資産国であり，円ベースで換算すると約24兆円程の対外純資産を保有していた。これに対し，日本は，イギリス，ドイツよりも対外純資産額は少なく，また，この3国の純資産合計額よりもアメリカは多額であった。このアメリカがそれからわずか5年後の1985年には負債が資産を上回り，赤字国に

表 2-4　主要国の対外純資産　　　　　　　　　　　　　　　　（億ドル）

	1980 年末	85 年末	90 年末	2000 年末
アメリカ	1,063	−1,114	−2,117	−15,832
ドイツ	330	580	2,825	610
イギリス	406	1,115	−100	−1,782
日本	115	1,298	3,398	12,345

出所：海外経済データ（内閣府）及び各国資料による。

転落している。このことが，アメリカをしてドル切り下げを行わざるを得なくなった要因である。一方，日本は1985年には最大の対外純資産国になる。これは，アメリカの経常収支が国際競争力の低下から大幅な赤字を続けてきたことによるもので，以降も経常収支赤字は続き，結果としてアメリカの対外純資産額は2000年末時点にはマイナス1.6兆ドルに達し，なお赤字額は増大している。これに対し，日本は経常収支（特に貿易収支）は黒字が継続していることから2000年末の対外純資産額は1.2兆ドルと引き続き最大の対外純資産国である。日本経済が長期間停滞しているにかかわらず，円の対ドル相場が大幅に下落しないのは，両国の経常収支が黒字か赤字であるかの違いが影響している。いずれにしろわが国は，1980年代央以降はストック面でも経済大国となった。

（3）　経済計画における時代認識

日本の経済水準が欧米諸国に追いつき，追い越した1980年代後半における"時代の転換点における認識"はどのようなものであったろうか。これを確認するのに最適な資料が経済計画である。

その前に，わが国の経済計画の歴史と役割を簡単に整理しておく。

わが国においては，1955年に閣議決定による経済計画を策定して以降，これまでに経済審議会の下で14本の経済計画が策定されてきた。計画期間は5〜10年の中長期の期間にわたるもので，特に，1960年に策定された「国民所得倍増計画」はわが国の高度成長を語るうえで欠かせない。

その後，2001年1月の中央省庁再編にともない経済審議会が廃止され，経済全般の運営の基本方針，財政運営の基本や予算編成の基本方針など経済財政政策に関する重要事項について調査審議，などを行う機関として内閣府に経済財

政諮問会議(議長は内閣総理大臣)が設置された。同会議が策定した「今後の経済財政運営及び経済社会の構造改革に関する基本方針」(2001年6月閣議決定),及び「構造改革と経済財政の中期展望」(2002年1月閣議決定)は,実質的には15本目の計画に相当するものといえる(本会議で策定された両者は一体として構造改革を推進することとし,14本目の経済計画「経済社会のあるべき姿と経済新生の基本方針」(1999年7月閣議決定)は,「構造改革と経済財政の中期展望」が閣議決定された時点で正式に終了した)。

わが国経済は,中長期の経済計画の下で運営されてきたが,市場経済を基調とするわが国において,経済計画というと奇異に感じるかもしれない。わが国の経済計画には3つの役割があり,1つ目は,望ましく,かつ,実現可能な経済社会の姿についての展望を明らかにすること,2つ目は,中長期にわたって政府が行うべき経済運営の基本方向を定め,重点となる政策と政策手段を明らかにすること,3つ目が,家計や企業の活動のガイドラインを示すこと,にある。1つ目の展望に向けて政府が政策を策定・運営し着実な実現を図っていくことが,国民にとって将来の生活の展望を持つうえで重要なことである。

ところで,1980年代央という時代の転換点に最も近いところで策定された計画としては,1988年5月に竹下内閣のもとで策定された『世界と共に生きる日本』がある。

この計画では,現在わが国が解決を求められている課題の基本的部分についてのほとんどに触れている。

(4)　「世界と共に生きる日本」(経済運営5ヵ年計画)

経済計画の第1部第2章に政策運営の基本方向として,以下の4点が掲げられている。

1. 内需主導型経済構造への転換・定着
2. 経済構造調整等の推進(① 経済社会の枠組みの見直し,② 行政改革の推進,③ 財政運営と税制改革,④ 経済社会の基盤整備)
3. 世界と共に生きる日本
4. 新たなフロンティアの開拓

第1は,内需主導型経済構造への転換・定着である。

わが国は長年,不況の際には輸出を伸ばすことによって景気回復を図るとい

う，外需依存型経済であったが，当時はプラザ合意後の急速な円高にかかわらず貿易黒字は毎年巨額に達し，日米貿易摩擦に代表される諸外国との経済摩擦が深刻化したことや，経済大国として国民の消費を拡大し，内需主導型の経済構造へと転換していくことが世界経済の機関車としての役割からも重要であった。

わが国の輸出相手先は，アメリカとアジア諸国が中心で，輸出の7割以上が恒常的にこの両地域に向けられている。一方，アジア諸国の経済はアメリカと日本への依存度が高く，例えば，ASEAN 4ヵ国(インドネシア，タイ，マレーシア，フィリピン)の2001年の輸出依存度はアメリカ向けが20.0％，日本向けが16.3％，アジア NIES (韓国，台湾，シンガポール，香港)では同アメリカ向けが20.0％，日本向けが8.5％，と特にアメリカ経済への依存度は高い。

日本及びアジアの輸出構造からみると，アメリカの景気が悪化すると，日本にとっては直接的にアメリカの経済の影響を受けるとともに，間接的にアジアに対する輸出も伸び悩むこととなる。わが国の外需依存の景気回復構造は，アメリカの景気に依存する部分が直接・間接に大きいことから，今もって，内需主導型の経済構造に転換することが重要である。

第2は，「経済構造調整等の推進」であり，この内容は21世紀初頭においても取り組むべき最重要課題である。

①の「経済社会の枠組みの見直し」とは，明治以来，あるいは終戦直後のシステムをそのまま引きずっているものが多々あり，その見直しを行わないと経済の活力を取り戻すことが困難で，そのための見直しである。それは，②の「行政改革」と密接に絡み合っており，例えば行政についてみると，2001年1月に省庁再編が行われたが，省庁再編の前後において行政の役割に大きな変化はなく，規制改革もなかなか進展していない。また，租税制度や特殊法人改革についても抜本的見直しには程遠い状況にある。例えば，特殊法人のほとんどが終戦直後から1960年頃までに設立されている。それは敗戦によるダメージが極めて大きい民間の経済力が脆弱であったが故に，金融や生産基盤整備のために特殊法人を新設し政策運営を行ってきたことによる。その典型が住宅政策で，絶対的に住宅が不足していた時期に民間金融機関には住宅資金を貸し出す余裕がなく，政府も産業復興が最優先であったがゆえに，住宅金融公庫を新設し住

宅政策を遂行してきた。しかし，絶対的住宅不足は1960年代央に解消し，その後国民生活水準が先進国の中でもトップクラスとなり，民間銀行の体力も格段に強くなった時期においても，住宅金融公庫の融資の伸び率は住宅不足期よりもその後の方が高く，また，中・高所得層への融資も増加している。住宅金融公庫の目的は，「住宅の建設及び購入に必要な資金で，銀行その他一般の金融機関が融通することを困難とするものを融通する」とあるが，その趣旨からするとすでに基本的な役割はとっくに終了している。同様に，多くの特殊法人は，抜本的な見直しを行わないままに，基本的役割が終了したにもかかわらず，新たな目的をつけ加えながら存在し続けた。それを可能としたのが財投システムであり，郵便貯金や年金の積立金などの多額の資金を利用し，かつ，多額の税金投入を受けながら肥大化してきた。農地改革（1946–1950年にかけて実施）についても，かつての大地主制を復活させないために，あるいは土地利用の転用を防ぐために土地の流動性を厳しく抑制してきた。その抜本的見直しが行われなかった結果として，土地の集約化を困難なものとし農業の生産性の上昇を阻んでいる。

　このようなシステムを日本経済は40–50年あるいは100年と引きずっている。これらシステムの多くが，わが国の経済復興，あるいは欧米諸国に追いつくためのシステムである。同様のことが教育システムについてもいえる。義務教育から高校までの教育をみると，全国どの地域でも，誰もが均一に同様の教育を受けることが出来る。しかし，このシステムも国民全体の教育レベルを均一になるべく早く一定水準にまで引き上げ，先進諸国に追いつくためのシステムである。高次成熟社会に向けてのシステムを構築する必要に迫られた時期には，均一的教育から個性を伸ばす教育システムへと比重を移していく必要がある。②の「行政改革の推進」はまさしくこうした考えの延長線上にあり，なお現在も議論がなされている状況である。

　③の「財政運営と税制改革」は，国家運営の基本である財政とその裏づけとしての税制改革である。わが国では，戦時中に膨大な日本銀行引き受けによる国債発行を行ったことが戦後のハイパーインフレを引き起こしたことの反省から，1947年制定の財政法（第4条）で「国の歳出は，公債又は借入金以外の歳入を以て」行うこととし，公債の発行は，「公共事業費，出資金及び貸付金の財源

については，国会の議決を経た金額の範囲内で」と制約を課し，赤字公債は認めていない。

　この国債発行は，オリンピック不況による深刻な税収不足から 1965 年度の一般会計予算で発行して以降途切れることなく，とりわけ，第一次石油危機の発生により 1975 年に赤字国債を発行してからは，国債発行は建設国債・赤字国債ともに本格化していった。これは，高度成長期の財政（一般会計予算）が，高い税収の伸びを背景に前年比 20% 以上の伸びで編成してきたのに対し，その後の成長率の大幅な鈍化といった経済環境変化への対応を怠ったことによる。この結果，1988 年度末の国債残高は 156.8 兆円と GDP 比で 40% に達し，抜本的な財政・税制改革は重要課題となっていた。しかし，抜本的な改革を怠り，加えてその後のバブル崩壊と深刻な景気低迷もあって，2002 年度末の国債残高は 400 兆円を上回り，国・地方政府の長期債務残高は 700 兆（GDP の 1.4 倍）規模にまで膨張し，主要国のなかでは最悪の水準となり，財政の柔軟性を大幅に失わせている。

　④の経済社会の基盤整備についても，高齢化社会の到来に備えた福祉基盤の整備，生涯学習のための基盤整備，次世代に向けた新しい基盤整備としての高度情報化への備え，など整備すべき重要事項が指摘されている。

　第 3 は「世界と共に生きる日本」である。わが国の繁栄は世界の繁栄と密接不可分であり，世界第 2 位の経済大国としてあらゆる課題を世界を視野にいれて検討することを指摘している。具体的には，輸入の拡大や経済協力などのみならず，国内の産業構造転換や労働時間短縮，税制改革なども世界を視野とした取り組みが必要，としている。現在，長期にわたる不況下でつい世界的な役割を視野に入れた行動を見失いがちであるが，「世界と共に生きる」という視点はグローバル化した現在においては，より重要な視点である。

　第 4 は「新たなフロンティアの開拓」である。わが国経済の成熟化から生産活動の低下が懸念され，一方では，未曾有の高齢社会の到来などの流れに直面し，新たな発展分野の創出が必要であることを指摘している。つまり，新たなフロンティアを開拓することにより，経済社会の活力を維持・培養し，21 世紀に向けてわが国の基盤整備を図ることを政策目標としている。計画では新たな未開拓の分野つまり，フロンティアを開拓していくべき時期を明確に認識し，

(5) 構造改革の遅れと新たな負担

1988年の計画においては，わが国が対応すべき重点課題とそのための経済構造調整を計画期間内(1988–1992年)に行うこととしていた。この計画を推進するにあたって，計画の本文において，経済社会の枠組みを見直していくにあたり，「制度改革の過程は，痛み，負担を伴うが，これは我が国が今後とも発展していくために進んで切り開くべき道である」と述べている。今から考えると構造改革を進めるには絶好の機会であった。しかし，残念ながら実効性のある改革は，政治がリーダーシップをとらなかったことや，官も既得権益を守るために前向きに取り組むことを怠り，結果は，その後1990年代初頭にバブルが弾け，長期の経済低迷を続けることとなる。改革が出来ないどころか，バブル崩壊に伴って巨額の不良債権が発生し，金融が機能不全となるとともに，相次ぐ大型景気対策も従来型の財政支出で構造改革に結びつかず，財政は大幅に悪化した。さらに，1990年代後半からデフレが進行し，景気は一段と深刻となり，失業率の大幅悪化は，構造改革による痛みをより厳しいものとしている。

目下デフレ進行中の経済であるが故に，通常は実質でみる経済成長を名目成長率でみると，わが国経済はどのような姿であろうか。

表2–5は名目のGDPの推移をみたものである。これによると，1960年代の年平均成長率は16.4%，1970年代はニクソンショックや石油ショックといった大きな対外ショックがあったものの同12.8%と，20年間以上の長期にわたり10%以上の，まさしく右肩上がりの成長を続けてきた。私たちはこうした成長が日本経済の実力と錯覚し，構造改革を怠ってきたともいえる。しかし，1980年代に入ると成長率は半減し年平均5%となり，財政の見直しなど構造転換を迫られることとなる。結果からみると，この時期は物価が安定し，円の国際的実力も高まったことから，抜本的構造改革を進めるチャンスであった。その後，1990年代は年平均1.5%の成長とさらに成長率は鈍化した。それも成長をしたのは90年代の前半のみで，後半は年平均0.6%と低迷し，名目GDPは1997年の523兆円をピークに縮小し，2001年は507兆円となっている。このように名目GDPが中期にわたって縮小している時期には，住宅ローンなど長

表2–5 わが国の成長の軌跡

	名目 GDP	（10億円）		名目	実質
1960年	16,010	1960〜70	年平均成長率	16.4%	10.2%
70	73,188	70〜80	〃	12.8%	4.5%
80	243,235	80〜90	〃	5.0%	4.1%
90	442,071	90〜00	〃	1.5%	1.4%
95	498,872	(90〜95)	〃	(2.4%)	(1.5%)
2000	513,376	(95〜00)	〃	(0.6%)	(1.4%)
2001	507,455				

出所: 国民経済計算年報(内閣府)による。

期の借金を抱えている者にとって(1990年代央までは右肩上がり経済を前提に住宅ローンなどを組むのが普通で後年度負担が高まるローンでは特に)，借金の返済は極めて重い。これは，企業でも同様で，デフレの進行を食い止めないと，不良債権は減少しないどころか，増加することとなる。

因みに，主要先進諸国の最近5ヵ年の名目GDPの年平均成長率(1996–2001年)をみると，日本マイナス0.2%，アメリカ5.3%，ドイツ2.5%，イギリス5.3%，フランス3.9%と日本の低迷が際立っている。

結局，1980年代末から1990年代前半に，高次成熟社会に向けて取り組むべき課題への対応を怠り，バブルが崩壊していく中で経済は低迷を続け，不良債権問題と財政危機という新たな深刻な課題を背負うこととなり，さらに，デフレが経済運営を困難なものとしている。

3. 予想以上に速く進む少子化
(1) 人口減少社会へ

社人研の推計(中位推計)によると，わが国の人口は2006年をピーク(12,774万人)に以降減少に転じる。これは合計特殊出生率が1975年以降人口維持水準の2を下回り，かつ，長期低下傾向が続いていることによる。ただ，この間平均寿命が大幅に伸びたこと(1960年と2000年の平均寿命を比較すると男性は65.74歳から77.64歳へ，女性は70.19歳から84.62歳へ伸びている)から人口

減少には至らなかったが，合計特殊出生率が1997年以降1.3台にまで低下したことから(2001年には1.33と過去最低)，人口減少社会は目前に迫り，わが国の人口構成はこの半世紀程の間にピラミッド型から壺型に変化し，今後は逆ピラミッド型に向かって変化する。

現在，出産適齢期にある年代層がちょうど団塊の世代のジュニアで，1971–1974年の出生数は各年200万人を上回っていたことから，今後数年は120万人に近い出生が期待できるものの，その後の出生数はつるべ落としに減少していく可能性が高い。また，後述するように出生率の大幅な回復は当面ありえないと考える。

ここで，将来人口予測の問題点を指摘しておく。わが国の人口予測については，5年毎に国勢調査の結果を受けて政府機関(独立行政法人)である社人研が行ってきたが，前回の1997年推計まで，すべて少子化のスピードを遅く，出生率もその数年後には回復するシナリオとなっている(1981年推計から前回の1997年推計までの4回)。ただ，この間出生率の回復の兆しはみられていない。そうしたなかで，2002年1月発表の将来人口予測についても，合計特殊出生率は2007年の1.306を底に以降回復し，2024年には1.38台にまで戻り，以降安定するシナリオとなっている(中位推計の場合)。ただ，予測値発表後すでに2001，02年(速報値)の出生数(実績)が発表されている。比較してみると，2001年については，119.4万人出生予測に対し実績値は117.1万人，同2002年は118.3万人出生予測に対し実績値は115.6万人と，推計発表直後においてもすでに実績値が予測値より2.1％少ない。

政府(政府関係機関を含む)が作成する様々な統計は，国の行う政策の裏づけになるもので，極めて大きな役割を担っている。とりわけ年金や医療などの政策は人生70–80年という長期スパンにわたって安定的に運営できる制度維持を図らなくてはならず，定期的制度見直しを必要とする。その前提となる要素の1つが将来の人口をどのくらいに想定するかということである。参考までに，年金制度はどのような出生率の下で制度の充実，制度の見直しが行われてきたかを，少し古い資料であるが，平成11年の厚生白書によって検証してみることとする(表2-6)。

まず，1961年に国民皆年金体制が確立したが，1960年の合計特殊出生率は

表 2-6 公的年金制度の発展の歴史

	年次	主な動向
制度の創設期	1942 (昭和 17) 年	○労働者年金保険法施行(1944 年厚生年金保険法に改称)
	1954 (昭和 29) 年	○厚生年金保険法の全面改正(・給付を定額部分と報酬比例・男子支給開始年齢を 55 歳から段階的に 60 歳に ・財政方式を積立方式から修正積立方式に変更など,その後の厚生年金制度の基本体系)
	1961 (昭和 36) 年 **(1960 年 2.00)**	○国民年金法の全面施行(国民皆年金体制の確立) • 老齢はだれもがいつかは到達ししかも予測可能なもの,長期安定的な制度とするためには財政・経済の影響をあまり受けない方が良いことなどから保険料を中心とした社会保険方式を採用
制度の充実期	1965 (昭和 40) 年 1966 (昭和 41) 年 1969 (昭和 44) 年 1973 (昭和 48) 年 **(1965 年 2.14)** **(1970 年 2.13)**	○厚生年金　1 万円年金 ○国民年金　夫婦 1 万円年金 ○厚生年金　2 万円年金　　○国民年金　夫婦 2 万円年金 ○厚生年金　5 万円年金(被保険者の平均標準報酬月額の約 6 割に相当) ○国民年金　夫婦 5 万円年金 ○自動物価スライド制の導入により,年金額の実質的価値の維持 ○標準報酬の再評価(賃金スライド)
少子・高齢化期	1980 (昭和 55) 年 **(1975 年 1.91)**	○厚生年金支給開始年齢引上げ(60 歳から 65 歳へ)の議論への対応 • 支給開始年齢引上げは結局見送られたが,法案審議を通して,将来の年金制度を安定的に運営し高齢化社会の到来に相応しいものとすべきとの認識が醸成
	1985 (昭和 60) 年 **(1980 年 1.75)**	○基礎年金の導入(1986 年実施)　○給付と負担の適正化 ○女性の年金権の確立　　　○障害年金の大幅改善 ○厚生年金支給開始年齢引上げ(60 歳から 65 歳へ)の議論 • 支給開始年齢の引上げは見送り
	1989 (平成元) 年 **(1985 年 1.76)**	○完全自動物価スライド制の導入 ○学生の国民年金への強制加入 ○60 歳代前半の年金の見直し • 老齢厚生年金の定額部分の支給開始年齢の 65 歳引上げ • 在職老齢年金の見直し
	1994 (平成 6) 年 **(1990 年 1.54)**	○可処分所得スライドの導入による年金受給世代と現役世代との均衡

出所: 平成 11 年版厚生白書(116 ページ)による。
注: 年次欄の ( ) 内の数値(ゴシック)は各年の合計特殊出生率である。

2.0 である(実際の制度設計はもう少し前の年の, 2.0 より高い出生率で検討されている)。その後,制度の充実期が 1965 年から 70 年代にかけてであり,年金の物価スライド制の導入や年金の加算を図るなどの措置が行われているが,

この時期の特殊合計出生率は65年2.14, 70年2.13と少子化の懸念は少ない時期である。しかし, その後1975年の同数値が1.91, 80年が1.75と急速に人口維持水準を下回り, 少子化が現実の課題となる。そのために, 80年, 85年と年金支給開始年齢の引上げなど大幅な制度改正に向けての提言や議論が行われている。ただ, 80年の抜本的制度見直しは実行されず, その後も行われていない。

また, この時期以降の将来人口予測は前述のように, 常に実績値よりも高く推計し, また将来的には出生率が回復するシナリオとなっている。しかし, 現実には出生率の回復はなく, 甘い将来予測が, 年金制度改革の先送りに繋がっているともいえる。

(2) 人口減少・高齢社会が経済に与える影響

人口減少・高齢社会が進行した場合に, 経済にはどのように影響を与えるのであろうか。市場経済下において, 人口が減少していく事態は私たちがこれまで経験したことがなく, 悲観論・楽観論様々にあるが, 仮に楽観論であっても, その前提には構造改革を進めることが重要な要素となっている。以下, 人口減少・高齢社会が進行した場合, 何が懸念されるかを簡単に整理する。

1) 経済成長低下の懸念

まず, 人口減少社会では経済成長率が低下あるいはマイナスとなることが懸念される。経済成長を測るGDPの増加あるいは減少は労働力と資本ストックと技術革新(進歩)の3要素でもたらされる。労働力は人(人口)であり, 資本ストックは資本(設備), 技術革新は知恵(教育)ということになる。この3要素の1つである労働力は人口の減少(正確には, 労働者数に労働時間を掛け合わせたもの)は経済成長にマイナスの影響を与えることとなる。

わが国では, 15–64歳人口(生産年齢人口, 実質的労働はこの生産年齢人口が担っている)が1995年をピークに減少に転じており, 1995年の8,726万人から2001年の8,614万人(「人口推計年報」総務省による)と, 年平均0.2%の減少であった。さらに, 人口減少社会にはいる2006年以降の10年間をみると生産年齢人口は2006年の8,395万人から2016年には7,656万人と739万人も減少し, この間の年平均減少率は0.9%に高まると予測されている(中位推計による)。

2） 学力低下の懸念

　学力の低下も懸念される。現在でも高校進学率はほぼ100%に近く，大学など高等教育進学率はほぼ5割に達している。この大学教育については，少子化の結果2008年には今後やや進学率が上昇したとしても全員がどこかの大学に入学できるようになる。これは，努力をしないでも入学できる余地が大きくなることを意味し，現状の教育制度を変えない限り，努力を怠る生徒比率は高まるであろう。また，大学進学希望者が全入できるようになると，目的意識を持たないままに大学に進学してくる学生が増えることも必然である。大学授業の中で目的意識を持っている学生と持っていない学生が混在し，また，学力格差が広がってくると，授業の進め方もどこに焦点をおいて行うのか，なかなか難しく大学内，大学間の学力格差は一段と開くこととなる。この教育のレベル低下は経済成長要因の技術革新部分に相当する。

3） 社会資本維持のための負担増の懸念

　社会資本維持のための負担も人口1人当たりでは増加していくこととなる。確かに，人口減少で都市部の交通ラッシュ緩和など道路や電車の混雑は緩和されていくであろうが，一方で，コスト的には値上げ要因となる。例えば，高速道路や鉄道などの輸送は需要の増加を前提とした料金体系が採られており，利用者が少なくなることによる収入減は，料金の値上げあるいは従業者の賃金引下げなどの対応が必要となってくる。また，道路，港湾，空港，電力，水道など様々な社会資本はその施設の維持・整備などは不可欠であるが道路とか空港とかの公的資産を金額換算すると時価ベースで，2000年末現在432兆円に達する。これだけの資産の維持補修には膨大な費用を必要とし，今後人口の都市集中と地方の過疎化が一層進むと予測される中での人口減少は国民1人当たりの負担を高めることとなる。

　これは，民間企業にとっても同様で，需要の減少によって過剰設備を恒常的に抱えていくこととなり，新規設備投資を抑制する。これは，経済成長要因の資本に相当する。

4） 社会保障制度維持の懸念

　人口減少社会では社会保障制度を維持していくことが重要な課題となる。とりわけ医療は高齢者医療費が高く，国民医療費に占める65歳以上医療費割合は

平成12年度において48.1%とほぼ半分を占め、かつ、1人当たりの医療費をみると65歳未満が15.0万円であるのに対し、65歳以上では66.2万円となっており、今後一段と高齢者比率が高まるのは確実で、抜本的改革を行わないことには現行の医療制度が維持できないことは明白である。同様のことが年金制度についてもいえることで、既に生産年齢人口が減少に転じ、一方で、今後高学歴化が進むことを考えると、実質的生産年齢人口はさらに減少する。従属人口指数（15歳未満および65歳以上人口が 15–64歳人口に対する割合）は2000年時点では47%であるが、2015年においては63%に上昇すると推計されており、長期的にかつ安定的な社会保障制度の構築は極めて困難な状況が数字から読み取れる。

5) 貯蓄率の低下と赤字国への転落の懸念（国の信用喪失が円安を引き起こす）

生産年齢人口の減少は貯蓄率を低下させ、経常収支が赤字化していくことを懸念させる。高齢者の多くは生産活動には参加しないことから、新たな貯蓄積立は少なく、貯蓄を取り崩す世代である。一方、現役世代についても国民負担率が財政の悪化等から今後高まることが予想され、貯蓄率は下がっていく。家計の貯蓄率低下は、一国の貯蓄投資ギャップの赤字化、その結果としての経常収支赤字化が懸念される。円は基軸通貨ではなく地域通貨であることから、経常収支が赤字となると、結果としては円安となっていく。同時に、対外純資産も現在の黒字から赤字へと向かい、結果としては、終戦後と同様に対外借入に頼らないと輸入を賄うことができなくなる。

基軸通貨国のアメリカは長期にわたる貿易赤字から、1970年のニクソンショックあるいはプラザ合意を経て、ドルの価値は円に対してこの約30年間に3分の1にまで下落した。基軸通貨でない円は、貿易赤字が継続していくとドル以上に下落していく可能性が高い。わが国の場合、食料や原材料、石油などの一次産品の多くを輸入に頼っており、円の価値の下落は経済に大きな打撃をあたえる。例えば、1ドル120円として、貿易が恒常的に赤字となっていくと、たちまちに1ドル240円とか360円と下落していく。分かりやすいたとえでいえば、今まで120億円あれば海外から1億ドル相当の穀物が輸入できたのが、1ドル240円になると240億円払わないと海外から1億ドル相当の穀物が輸入できなくなる。国民はこれまでの2倍働かないと、従来と同量の穀物が輸入でき

なくなる。

4. 経済成長を維持できない社会とは
(1) 過剰資本ストック社会
　人口減少社会にあって経済成長が維持できなくなると仮定した場合の社会はどのような社会であろうか。例えば，工場などにある機械装置が10年以上稼働するとした場合，その間に人口が減少していくと，それに伴って需要が減少し，生産調整が必要となる。これまでの人口増（需要増）社会においては，売上増が常識であったが，人口減少社会ではこのような量的拡大が困難な社会となっていく。機械装置は稼働率が下がり，売上げは減少し，設備投資のために借り入れた資金の返済は困難化し，実質的負債が高まり，新規投資は抑制される。競争力は，設備の老朽化と新規投資の抑制から確実に落ちていく。なお，中長期的には主要先進国の多くも人口減少社会になっていくことは確実で，従来型の外需に依存することもできなくなる。

(2) 利権重視・規制の多い社会
　国全体で新規投資が抑制されて，競争力が落ちてくると，限られた市場を守るために，これまでの利益あるいは権利（既得権益）を守るための利権重視社会が生まれやすくなる。これは新規参入とりわけ意欲のある企業家が市場に進出することを妨害することとなり，また，海外からの競合商品の輸入についても，それを阻止するような輸入制限措置を安易に発動するなど保護主義に走りやすくなる。しかし，これはさらに競争力を低下させることとなる。

(3) 世代間対立の激化と活力のある企業や優秀な人材の海外流出
　新技術や新規企業などの新規参入を制限し，経済の活力を奪うような規制が強化される社会は魅力ある社会とはいえない。さらに，世代間の対立も深刻化していく可能性がある。2000年時点においてすら，従属人口対生産年齢人口は32対68と社会的コストを主として負担する現役世代比率のウエイトが下がってきているが，現役世代比率は今後一段と下がっていくため，現役世代の国民負担率は極めて高いものになる。そのような社会になると，優秀な人材は，活力のない社会，あるいは高負担社会を嫌い，海外に流出していくこととなる。

5. 少子高齢社会の抱える課題を乗り切るために

以上は，成長できない社会を比較的単純に整理したものである。では，活力に満ち，魅力ある社会にするためにはどのようにすればいいのであろうか。

前述のように，成長の3要素の1つに技術革新がある。これはまさしく人的資本の充実をどう図るのか，ということになる。このことにより，GDP総額は減少しても，1人当たり所得が維持されあるいは増加するのであれば，それは経済的には豊かな社会といえる。以下，4点の構築あるいは改革が重要と考える。

(1) 高齢者が意欲を持って働ける社会の構築

現在の日本では，サラリーマンで50歳後半になると多くが第2の職場へと転職したり，嘱託として会社に残ることとなるが，意欲ある職場が用意できているケースは相対的に少ない。意欲を持てない職場の理由として，嘱託として給料が半減したり役職がなくなることがあり，企業側も当面中高年の従業者が多いことから待遇改善は困難である。また，わが国の労働時間がドイツなどに比べると極めて長く，かつ，日本の高齢者の労働力率は先進諸国の中でも高い（1997年の就業構造基本調査〈総務省〉によると，65–69歳で41%，70–74歳でも28%が働いている）。しかし，高齢者が能力を発揮できる社会および私的時間が充実できるような雇用制度構築を模索していく必要がある。

(2) 女性が働きやすい社会の構築

一方，わが国の場合，女性の労働力率はまだ低く，女性の高学歴の進展から今後女性の一層の社会進出が望まれる。しかし，女性の働きやすい社会，つまり，出産・育児と両立できる職場あるいは社会的サポート体制は不十分で，税とか年金などの制度も必ずしも女性の社会進出にふさわしい制度とはなっていない。男女共同参画社会構築は極めて重要な課題である。

(3) 教育の改革

教育の改革は，これからの社会がより知恵の価値を重視し認められる社会へと構築していくためにも，その要となる。その場合の教育は大学までの教育にとどまらず，就職後の企業における教育あるいは自発的に行う自らへの教育投資など生涯学習のできる環境の構築が必要である。

この教育に関しての日米比較などについての興味深い分析が2000年度の経済

白書(経済企画庁)でなされている．この分析によると，大学教育に関しての日米比較では，まず，年齢別大学在籍者をみると，1970 年においては，大学在籍者の年齢構成で 24 歳以下の学生が占める比率は日本が 97.3％，アメリカが 89.0％と日米間では際立った違いはない．しかし，1995 年になると同比率は日本は 95.6％と大きな変化はないが，アメリカでは 75.5％と変化し，30 歳以上の大学在籍者比率が 13％に高まっている(日本における同比率は僅かに 1.4％)．アメリカの場合，大学を卒業し社会に出ていくときに年齢というハンディが小さくなっていることは明らかで，年齢に関係なく大学卒業という能力を社会が受け入れているのが読み取れるし，一度就職した後に再度大学で学んで再び社会に出ていくことが可能な社会が構築されていることが読み取れる．

　日本の場合，大学卒業後企業内研修で高い教育を受けていく，ということが特徴と言われてきたが，この点についても経済白書において，日米欧における企業研修費用比較分析が行われている．これによると，日本の年間 1 人当たり研修費用(1999 年調査)はアメリカと日本はほぼ同額(1 人当たり約 10 万円)であり，ヨーロッパは日米よりも多額の研修費用を支出している．

　さらに，社会人教育・生涯学習において各人がどれだけ自らに投資を行っているか，の分析をみると(1999 年調査)，仕事に関係ある知識の習得や資格の取得を行っている人の比率は，アメリカが 23％であるのに対し日本では 9.4％と格差がある．

　教育投資の面で日米比較をみると，大学教育，自主的投資いずれにおいても日本のほうが大きく立ち遅れている感が否めない．日米間の教育格差を解消するには，30 代になっても大学に戻って勉強ができて卒業後はキャリアー・アップした卒業生を当然のように受け入れる社会構築が必要となる．

　一方，わが国の企業においては，長期経済低迷下で能力重視の採用に方針転換を図っており，多くの企業が中途採用を増やしている．これは，従来新卒者間同士の競争市場に大きく中途採用者が入ってきていることで，望ましいことではある．また，各大学においても生涯学習センターを立ち上げたり，大学院において積極的に社会人の受け入れに力を入れるなどの変化が近年みられ，さらに，大学が地域社会との連携を深めており，今後，社会人や地域のニーズに即した大学の役割を一段と高めていく必要がある．

(4) 企業や社会の意識改革と構造改革の推進

人的資源の充実を図っていくためには，一方で企業や社会が意識改革を図っていくことも重要である。その1つが，人的資源の充実の観点から外国人労働者(ハイレベルの知的労働者)を積極的に雇用できる社会の構築が必要になる。たとえば，様々な資格試験や公務員採用に当たって外国人にもっと門戸を開くほか，企業においても外国人留学生の採用枠を大幅に拡大していくことが重要となる。政府の中長期経済見通し(試算)においても，2010年ごろまでは低成長を余儀なくされることを想定しており，また，その後についても，人口減少が本格化していく時期である。2010年以降に社会進出してくる世代は各年120万人前後であり，一方，そろそろ団塊の世代が高齢者の仲間入りを果たすので，出生率が回復しないと2010年代後半からは人口減少が加速する可能性がある。人口減少社会に向けて，従来の様々な社会システムを変更し，活力のある社会へ向けて規制緩和などの構造改革のより一層の促進が不可欠である。つまり，優秀な人材が意欲を持って働けるための基盤作りが必要である。

6. 少子化に歯止めはかかるのか
(1) 女性の社会進出と少子化の相関

最後に，少子化に歯止めがかかるであろうか。私は，今後10年程の期間でみると極めて困難であると考える。その理由の1つが，女性の社会進出が大きな流れになってきたことで，女子の大学等進学率は1987年に35%にまで上昇してきたが，90年代にはさらに上昇し，進学率も男子と同じかやや上回るほどになり，2002年度の進学率は学校基本調査(文部科学省)によると男子の進学率48.8%に対し女子の進学率48.5%となっている。こうした進学率の上昇は，一方で，社会が女性の進出を望んでいることの表われでもあり，高学歴化した女性が社会に貢献することが望まれる。しかし，その受け入れ態勢はなお未整備の部分が多く，出産・育児への女性への負担が重いこともあり，少子化を促進することとなる。

また，経済の先行き不安が高く，育児費や教育費に多額の負担がかかることや租税負担率や社会保険の負担が将来高まることが予測されることなども，少子化を進める要因となる。また，諸外国で少子化に明確に歯止めをかけた事例

表 2-7　2001 年の都道府県別合計特殊出生率(括弧内は 1995 年)

都道府県名	合計特殊出生率	都道府県名	合計特殊出生率
(低出生率)		(高出生率)	
① 東　京	1.00 (1.11)	① 沖　縄	1.83 (1.87)
② 京　都	1.20 (1.32)	② 佐　賀	1.62 (1.64)
③ 北海道	1.21 (1.31)	③ 福　島	1.60 (1.72)
④ 神奈川	1.22 (1.34)	島　根	1.60 (1.73)
奈　良	1.22 (1.36)	宮　崎	1.60 (1.70)
⑥ 埼　玉	1.24 (1.41)	⑥ 山　形	1.58 (1.69)
千　葉	1.24 (1.36)	鳥　取	1.58 (1.69)
大　阪	1.24 (1.33)	⑧ 鹿児島	1.53 (1.62)
⑨ 兵　庫	1.24 (1.36)	⑨ 岩　手	1.52 (1.62)
⑩ 福　岡	1.24 (1.33)	福　井	1.52 (1.67)
		長　崎	1.52 (1.60)
		熊　本	1.52 (1.61)

出所:「平成 13 年人口動態調査」(厚生労働省)による．

がなく，仮に，財政負担増(児童手当の増額など)で対応するにしても，財政の硬直化が今後とも進むであろうことや，財政負担が極めて巨額に上るであろうとの試算(原田泰氏〈現，内閣府経済社会研究所〉らの試算による)からこれも少子化への歯止めは困難である．さらに，諸外国では，イタリアなどわが国以上に出生率が低い国が少なからずあること，わが国でも，都道府県別合計特殊出生率をみると，大都市における出生率低下が中都市へ，さらに小都市へと波及していく構図が見られ，大都市の出生率低下がなお進行している(表2-7でみるように，東京都の出生率は1995年の1.11から2001年時点では1.00にまで低下している)ことなどを総合的に判断すると，当面，出生率の低下が継続していくと考えるべきではないだろうか．

■ 第3章 ■

成年後見制度の成立と課題

小 野 義 美

はじめに

　後に詳しく検討するように，わが国においては，近年，諸外国にも例をみないような著しい高齢化の進展がみられるが，それに伴い日常生活において身上および財産上において保護・援助を要する高齢者が増大する。このような状況の中で要保護高齢者に対する保護・援助体制の構築が急務であったが，2000年4月，そのサポートシステムとして介護保険制度及び成年後見制度の2制度がスタートした。介護保険制度は要保護高齢者の介護・身上保護を目指し，成年後見制度は判断能力の不十分な高齢者(及び知的・精神的障害者)の財産上の保護を中心的に目指すものであり，両制度はいわば車の両輪として高齢者の保護・援助を図るものである。

　本章では，その内，成年後見制度を取り上げ，その社会的背景，旧制度の問題点，新制度の理念，具体的内容及び運用状況について検討し，最後にこの制度の充実，利用促進に向けた若干の課題を提示したい[1]。

1. 高齢社会と成年後見制度の必要性

(1) 高齢社会の現状

　わが国の高齢化率(65歳以上の人口が総人口に占める割合)は，1970年に7%を超えて「高齢化社会」に仲間入りして以降，急速に上昇し，1994年には14%を超え「高齢社会」に突入した。先に発表された2000年国勢調査「第1次基本集計」によれば65歳以上の高齢者人口は2,200万人で，高齢化率は17.3%と上昇中である。表3-1の「推計人口」では2000年の推計値が2,187万人，17.2%であったから，当初の推計を上回った形で高齢化が進行しているのであ

第1編　高齢社会の諸相

表3-1　老齢人口の推移

(単位: 千人, %)

年次	総数 男	総数 女	総数 計	人口 65歳以上 男	人口 65歳以上 女	人口 65歳以上 計	75歳以上 男	75歳以上 女	75歳以上 計	人口比 65歳以上 男	人口比 65歳以上 女	人口比 65歳以上 計	75歳以上 男	75歳以上 女	75歳以上 計
昭和35 (1960)	46,300	48,001	94,302	2,341	3,057	5,398	607	1,034	1,642	5.1	6.4	5.7	1.3	2.2	1.7
40 (1965)	48,692	50,517	99,209	2,741	3,495	6,236	719	1,175	1,894	5.6	6.9	6.3	1.5	2.3	1.9
50 (1975)	55,091	56,849	111,940	3,838	5,028	8,865	1,119	1,722	2,841	7.0	8.8	7.9	2.0	3.0	2.5
60 (1985)	59,497	61,552	121,049	5,100	7,368	12,468	1,816	2,896	4,712	8.6	12.0	10.3	3.1	4.7	3.9
平成2 (1990)	60,697	62,914	123,611	5,988	8,907	14,895	2,233	3,741	5,973	9.9	14.2	12.0	3.7	5.9	4.8
7 (1995)	61,574	63,996	125,570	7,504	10,757	18,261	2,564	4,606	7,170	12.2	16.8	14.5	4.2	7.2	5.7
8 (1996)	61,687	64,177	125,864	7,848	11,169	19,017	2,644	4,825	7,469	12.7	17.4	15.1	4.3	7.5	5.9
9 (1997)	61,805	64,361	126,166	8,182	11,576	19,758	2,729	5,057	7,785	13.2	18.0	15.7	4.4	7.9	6.2
10 (1998)	61,919	64,568	126,486	8,516	11,991	20,508	2,834	5,301	8,135	13.8	18.6	16.2	4.6	8.2	6.4
11 (1999)	61,972	64,714	126,686	8,816	12,370	21,186	2,966	5,532	8,498	14.2	19.1	16.7	4.8	8.5	6.7
12 (2000)	62,121	64,771	126,892	9,138	12,733	21,870	3,125	5,760	8,885	14.7	19.7	17.2	5.0	8.9	7.0
17 (2005)	62,412	65,272	127,684	10,548	14,457	25,006	4,111	7,042	11,153	16.9	22.1	19.6	6.6	10.8	8.7
22 (2010)	62,272	65,351	127,623	11,938	16,188	28,126	5,058	8,291	13,350	19.2	24.8	22.0	8.1	12.7	10.5
27 (2015)	61,564	64,880	126,444	13,645	18,238	31,883	5,747	9,274	15,020	22.2	28.1	25.2	9.3	14.3	11.9
32 (2020)	60,300	68,833	124,133	14,219	19,116	33,335	6,398	10,248	16,646	23.6	29.9	26.9	10.6	16.1	13.4
37 (2025)	58,613	62,301	120,913	14,017	19,099	33,116	7,350	11,539	18,887	23.9	30.7	27.4	12.5	18.5	15.6
62 (2050)	48,617	51,879	100,496	13,906	18,548	32,454	7,423	11,442	18,865	28.6	35.8	32.3	15.3	22.1	18.8

出典: 長寿社会開発センター「老人福祉のてびき」

る。この高齢化率は、今後、2010年には22.0%、そして2015年には25.2%と「超高齢社会」に突入、2050年にはピークの32.3%に達するものと推計されている（なお、改定された2002年1月「将来推計人口」によれば、2050年は35.7%に引き上げられている）。そして、さらに特徴的なのが75歳以上の「後期高齢者」の増大である。これはいうまでもなく平均寿命の伸長によるものであるが、2000年には総人口比7.0%であったものが、2020年には65〜74歳未満の「前期高齢者」と同割合の13.4%となり、2025年には完全に逆転し（15.6%）、2050年には18.8%、1,890万人に達するものと推計されている。

このような高齢化の進展に伴い、保護・援助を要する高齢者が増大せざるをえないであろう。高齢者は加齢とともに身体的、精神的な機能が減退することは、それはある意味では避けられないことであるからである。図3–1によれば、寝たきりや痴呆、虚弱となり介護や支援を要する「要援護高齢者」は2000年で280万人、2010年に390万人、2025年に520万人と急速に増大するものと推計されている。さらに、痴呆性高齢者だけについてみると、2000年段階で156万人、2010年で225万人、2015年で262万人と、これまた同様に増大傾向にあることが示されている（表3–2）。

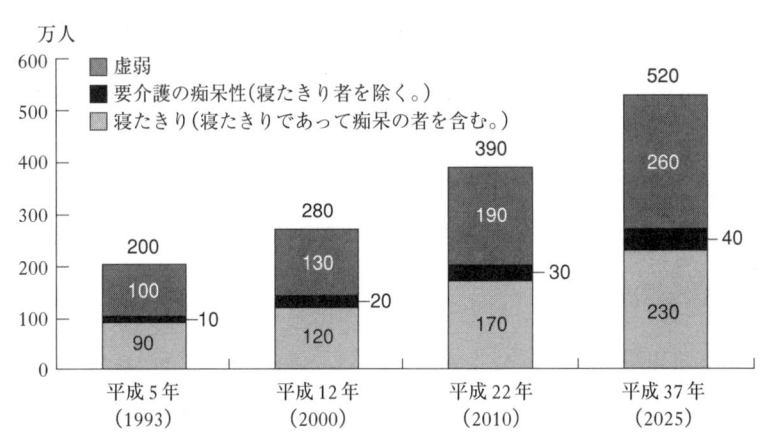

万人	平成5年(1993)	平成12年(2000)	平成22年(2010)	平成37年(2025)
虚弱	100	130	190	260
要介護の痴呆性（寝たきり者を除く。）	10	20	30	40
寝たきり（寝たきりであって痴呆の者を含む。）	90	120	170	230
合計	200	280	390	520

注：四捨五入の関係で合計が合わない箇所がある
出典：表3–1に同じ

図3–1 寝たきり・痴呆性・虚弱高齢者の将来推計

表 3-2 痴呆性高齢者の将来推計

区分	平成 2 年	平成 7 年	平成 12 年	平成 17 年	平成 22 年	平成 27 年
65歳以上の人口 (A)	千人 14,928	千人 18,226	千人 21,699	千人 24,726	千人 27,746	千人 31,385
痴呆性高齢者数 (B)	人 1,009,819	人 1,259,233	人 1,557,725	人 1,887,597	人 2,255,519	人 2,621,647
出現率 (B/A)	% 6.76	% 6.91	% 7.18	% 7.63	% 8.13	% 8.35

出典: 表 3-1 に同じ

(2) 高齢者の人権侵害

　以上のように高齢化の進展に伴い，様々な援助を要する高齢者，とくに痴呆性高齢者が増大しており，このような高齢者は痴呆などにより判断能力が不十分な状況にあるがために日常生活において財産上および人身上の様々な被害に遭遇する危険性がある。実際，報じられている財産的被害としては，悪質業者による消費者被害(先物取引，霊感商法など)の他，在宅高齢者については親族による年金・預金の私消，預けた金銭や権利証の不返還，土地・建物の無断売却や付担保，施設入所高齢者については年金・預金の施設職員による着服，年金証書の無断付担保，等の事例がみられる。また，人身被害としては，在宅，施設を問わず，身体的暴力による虐待，世話の放棄，拒否，怠慢による虐待，心理的障害を与える虐待，性的暴力による虐待などのいわゆる「老人虐待」の事例が多数見られる[2]。

　このように判断能力の不十分な高齢者は財産においても人身においても様々な被害に遭遇する危険にさらされているのであり，日常生活においてそのような高齢者をこれらの危険から保護し，援助するサポートシステムの構築が急務となってきたのである。

2. 成年後見制度の成立

　以上のような状況を踏まえ，判断能力の不十分な高齢者に対する保護・援助のサポートシステムとして，1999 年 12 月，成年後見制度と介護保険制度が相次いで成立し，いずれも 2000 年 4 月より施行された。成年後見制度は高齢者の財産上の保護・援助を中心とし，介護保険制度は高齢者の身上に関する保護を

中心的課題とするものであり，両者相俟って高齢者の保護・援助を図ろうとするものである。以下においては民法上の制度である成年後見制度がどのような経緯と内容でもって成立したかについて検討することにしたい（介護保険制度については第13章参照）。

（1） 旧制度の問題点

高齢者の財産的保護を目的とした成年後見制度としては，従来，民法上，禁治産・準禁治産という制度があり，それに対応して後見，保佐という制度が存在した。ところが，これらの旧制度には色々問題があり，実際に必要性があってもなかなか利用されなかったのである。旧制度の問題点として大きく3点ほどに整理することができる[3]。第1点は対象者がある程度重い精神障害がある者のみに限定され，保護の内容が画一的・硬直的であったことである。保護対象者は，禁治産制度については「心神喪失の常況にある」ことが必要であった。心神喪失というのは痴呆の中でも重度の状況に該当し，判断能力を全く欠いた状態である。判断が全くできない状態の人でないと制度が利用できない仕組みになっていた。ついで準禁治産制度については，これも「心神耗弱」といって，全く判断できないわけではないが判断能力が不十分である，痴呆でいうと中等度の状況にある人に限定される。このように判断能力を失った状態が相当重い，または中程度に重いという人は利用できるが，痴呆の中でも軽度の状況の人については，たとえ買物するのにちょっと不安がある場合であってもこの制度が利用できないことになっていた。そして，対象者が一旦禁治産または準禁治産の宣告を受けると，禁治産者はもはや一切自分で有効な取引行為ができないものとされたし，準禁治産者は重要な財産行為については単独で行為できないものとされたのである。第2点目は宣告の公示のあり方である。禁治産にしろ準禁治産にしろ家庭裁判所で宣告するが，その宣告の結果をまずは家庭裁判所の掲示板に掲示し，それから，官報に公示した。そして，最終的には戸籍に記載した。ある人が結婚するときに戸籍を見て家族に禁治産者がいることが判明すると，あらぬ憶測を生み，結婚話が壊れるということがありうる。日本人には「戸籍が汚れる」という意識が結構根強く，それを避けるために宣告を受けようとしない傾向がみられるのである。それから，第3点目に，宣告を受けた場合の保護者の問題がある。旧制度では夫が宣告を受けると，まずは妻が当然に保

護者(後見人,保佐人)になる仕組みであった(配偶者法定後見人制度)。ところが夫が高齢者である場合その面倒を高齢者の妻がみることになり,介護保険における老々介護と同様の問題が生じる。これでは十分な保護はできない。それから,旧制度では保護者は1人とされていたので,現在のように色々な福祉サービスを利用するといった側面まで考慮に入れると,もう少しそれぞれの必要性に応じた保護の体制,つまり複数の体制,複数の保護者が必要であろう。また,弁護士会などの法律家団体や福祉団体などの法人が保護者として適任といえる場合もあるが,それが可能かについて民法上明確ではなかった。

その他の問題点として付加すると,禁治産宣告は家庭裁判所が宣告をするわけであるから,本人が心神喪失状態であるかをキチンと判断しなければならない。そこで精神鑑定を行う必要があるが,ある精神科医に精神鑑定を依頼したとして,一体どれだけの時間と費用がかかるのかという問題がある。とくに問題なのは鑑定費用が結構高額であり,30万円,50万円などの事例もあったようである。それからもう一つ,福祉関係の行政機関に申立権がないという問題である。例えば痴呆のAさんは独居老人で,かつ,身寄りがない場合,一体誰が申立てをなすべきか。一応民法では検察官に公の代表者として申立権があるが,現実には申立て事例はほとんどない。Aさんの状況を一番よく把握できるのは民生委員,ケースワーカー,ソーシャルワーカーなどであり,そういった人々の力を借りながら市町村長が申立てをする必要があるが,旧制度ではそれが認められていなかった。

(2) 新制度の内容

以上のように旧制度には問題点が多く,新しい制度を作る必要があったのである。そこで,前述のように2000年4月1日施行という形で,新しい成年後見制度がスタートした[4]。具体的には「後見4法」といって,関連の4つの法律が成立した。民法の一部改正,任意後見契約法,後見登記法,それから民法一部改正法施行に伴う関係法律整備法である。中心は前3者にある[5]。

1) 基本理念

さて,新しい成年後見制度はどのような基本理念に基づいて創設されているのであろうか。立法者によれば,新しい成年後見制度は《自己決定の尊重》の理念と《本人の保護》の理念との調和を旨として,より柔軟かつ弾力的で利用

しやすい制度として設計されるべきものとされている[6]。基本理念としては，まず，「自己決定の尊重」である。本人が決定し望むことをきちんと尊重し実現するということである。つぎに，「残存能力の活用」である。判断能力が不十分であってもある部分については自己決定する能力が残っているとすれば，それを最大限尊重するということである。それから「ノーマライゼーション」である。これは主として福祉現場で使う言葉であるが，障害のある人であっても，家庭や地域で通常の生活が送れるような支援システムを作るということである。これらを包含した《自己決定の尊重》の理念，これが一方の新しい観点である。他方では，《本人の保護》の理念である。旧制度ではこの観点一本槍で，本人を守るために本人の行為に種々の制限を加えたのである。新制度においてもその要請を全く無視するわけにはいかないということで，この2つの理念の調和を図ろうというわけである。

　そこで，つぎに，このような理念に基づきどのような内容の成年後見制度が成立したかについて検討しよう。成年後見制度は，旧制度では法定後見制度だけであり，禁治産(後見)，準禁治産(保佐)の2つの類型が認められていた。これに対し，新制度では法定後見制度と任意後見制度との2本立てである。新制度の法定後見制度には後見と保佐と補助という3つの類型があり，任意後見制度は新制度において新設されたものである。

 2) 法定後見制度

　最初に法定後見制度についてみることにする。まず，保護の対象者についての呼称に注意する必要がある。旧制度では対象者は禁治産者と準禁治産者であったが，これに未成年者を加え，保護される人を「無能力者」と呼んでいた。無能力者というのは本人の人格・能力の全面否定のニュアンスがあり，用語として非常に不適切であるということで，新制度では「制限能力者」というふうに用語を変えたのである。対象者は能力の制限を受けるにすぎず，無能力ではない。これは単なる用語の問題のようであるが，自己決定の尊重という理念に基づいた変更なのである。

　そこで，つぎに，後見，保佐，補助の類型で保護される人々の能力がどのように制限されるか，つまり能力制限の中身，それから制限したことによって保護するためのサポートシステムがどのように講じられるかについて検討する。

表 3–3 補助・保佐・後見の制度の概要

		補助開始の審判	保佐開始の審判	後見開始の審判
要件	〈対象者〉（判断能力）	精神上の障害(痴呆・知的障害・精神障害等)により事理を弁識する能力が不十分な者	精神上の障害により事理を弁識する能力が著しく不十分な者	精神上の障害により事理を弁識する能力を欠く常況にある者
開始の手続	申立権者	本人，配偶者，四親等内の親族，検察官等 任意後見受任者，任意後見人，任意後見監督人(任意後見契約法) 市町村長(整備法)		
	本人の同意	必要	不要	不要
機関の名称	本人	被補助人	被保佐人	成年被後見人
	保護者	補助人	保佐人	成年後見人
	監督人	補助監督人	保佐監督人	成年後見監督人
同意権・取消権	付与の対象	申立ての範囲内で家庭裁判所が定める「特定の法律行為」（民法12条1項所定の行為の一部）	民法12条第1項所定の行為	日常生活に関する行為以外の行為
	付与の手続	補助開始の審判 ＋同意権付与の審判 ＋本人の同意	保佐開始の審判	後見開始の審判
	取消権者	本人・補助人	本人・保佐人	本人・成年後見人
代理権	付与の対象	申立ての範囲内で家庭裁判所が定める「特定の法律行為」	同左	財産に関するすべての法律行為
	付与の手続	補助開始の審判 ＋代理権付与の審判 ＋本人の同意	保佐開始の審判 ＋代理権付与の審判 ＋本人の同意	後見開始の審判
	本人の同意	必要	必要	不要
責務	身上配慮義務	本人の心身の状態および生活の情況に配慮する義務	同左	同左

出典: 小林・大鷹編『わかりやすい新成年後見制度』

表3–3は法務省が改正要綱審議の段階で作成した資料であり，補助，保佐，後見の制度の概要が一覧で分かるように示しているので，これに基づき検討を加えたい。

　まず，対象者については本人の判断能力の度合いに応じて分類されている。表では右に行くほど判断能力を欠いている状態が重くなっており，精神上の障害により判断能力が不十分な者，著しく不十分な者，そして一番右が判断能力を欠く常況にある者である。痴呆性高齢者で言えば，軽度の痴呆，中等度の痴呆，それから重度の痴呆にあたり，判断能力の度合いに応じて補助・保佐・後見の3類型が創設されている。そして用語の問題として，保護される本人及び保護者の呼び名は，補助によって保護される人を被補助人，保護者を補助人，保佐については保護される人を被保佐人，保護者を保佐人，後見については保護される人を成年被後見人，保護者を成年後見人という。旧制度では禁治産者，準禁治産者と「禁」の字が使われていたが，この度全面的に改められた。

　つぎに本人の能力がどのように制限されるか，それに伴って保護者にはどのような権限が与えられるかについてである。一般的には，保護者の権限として同意権，取消権，それから代理権が考えられるが，具体的な権限は保護の態様に応じて異なる。まず後見から見てみたい。成年被後見人は判断能力を欠く常況にある人であり，自分で行為できるというチャンスは現実的には存しない。したがって旧制度では行為能力を全面的に認めないという扱いをし，成年被後見人の行った財産的行為は常に取消の対象とされた。しかし，新制度では成年被後見人の能力の全面的剥奪をしなかったのである。同意権の欄の右端にあるように，日常生活に関する行為以外の財産的行為について保護者に取消権を与えるとしている。逆に言えば，「日常生活に関する行為」についてはもはや取消の対象にはならないということになる。したがって，成年被後見人は，一時的に判断能力が回復している場合は，食料品，衣料品などの日用品の買物を有効に行うことができることになる。旧制度ではこのような行為までもが全面的に取消しできたのであるが，新制度では自己決定の尊重およびノーマライゼーションの理念に基づいて取消範囲を制限したのである。しかしながら，成年被後見人は，このような例外的な場合を除いて，通常は判断能力を欠いた状態であるため，本人にとって必要な取引行為ができないことになる。そこで，成年

後見人に対し代理権を付与することにした。成年後見人の代理行為を通じて本人が取引行為をなすわけである。この代理権は、保佐、補助の場合と違って、後見開始により法律上当然に付与され(法定代理権)、居住用財産の処分を除いたすべての財産行為に及ぶ(包括的代理権)。成年被後見人にとってはこの代理権が実際上重要な意味を持つのであり、成年後見人は本人の心身、生活の状況に十分配慮して代理権を行使しなければならない(身上配慮義務)。

　ついで保佐の場合はどうなるであろうか。被保佐人は判断能力が著しく不十分ではあるが、全くないというわけではないから、基本的には被保佐人は自分だけの判断でいろんな財産的行為をすることができる。しかしながら複雑な取引になると不利益を被ることもありうるので、重要な財産的な行為については保佐人の同意を要する、保佐人の同意なくしてなされた行為は保佐人は取消しができるとされた。同意権と並んで新たに取消権が認められたのである。その対象は表の中に「民法12条1項所定の行為」と記されているが、条文で重要な財産行為が列挙されている。借金や保証、不動産・重要な動産に関する権利の得喪、相続の承認・放棄や遺産分割、建物の新改築などの行為が該当する。遺産分割は旧制度でも解釈上は認められていたが、この度、明文化された。では代理権はどうなるであろうか。保佐人にも代理権は付与される。しかし、代理権の付与の仕方は成年後見人の場合と大きく異なり、本人らの申立てに基づき、特定の法律行為についてのみ付与されるのである。例えば、不動産の売買についてのみ代理権付与の審判がなされることになる。

　補助については、以上の後見、保佐よりもいっそう緩やかになる。被補助人は判断能力が不十分である、痴呆でいえば軽度という程度であるから、ほとんどの財産的行為を自分だけの判断ですることができる。したがって、どのような保護の方法を必要とするかは本人の自己決定に任されている。本当は自分でできるけれど少し不安であり、保護者の意見を聞きたいと思う場合は、補助開始の審判を受けた上で、どういう行為について同意権を付与するかを決定することになる。先程の保佐人の場合は民法12条所定の行為全般について当然に同意権が認められたが、補助人には被補助人の欲する特定の法律行為についてのみ同意権が付与される。なお、同意権を付与できる行為は民法12条1項所定の行為の一部に限られるという制約があるが、これは被補助人の判断能力が被保

佐人よりも高いことからくる制約である。こうして補助人は特定の法律行為についてのみ同意権が付与され，その場合にのみ取消権を持つ。他方，代理権については，保佐の場合と同様で，特定の法律行為についてのみ代理権が付与される。以上のように，補助の場合は同意権についても代理権についてもその要否および範囲について専ら本人の意思，自己決定に基づいて決定される。したがって，ある場合は同意権だけ，ある場合は代理権だけ，あるいは同意権と代理権の双方という場合もあることになる。ただ，補助の開始がなされた以上どちらの権利もないということはない。

　その他，今度の法定後見制度では成年後見人の選任について，本人にとって保護者として誰が最も相応しいかという観点から選任すべきことを明確にし，配偶者法定後見人制度を廃止した。それから成年後見人の数も1人でなく複数人がなれるものとされ，法律の専門家と福祉の専門家といったような組み合わせが可能になった。さらに，社会福祉協議会，信託銀行，弁護士会，司法書士会などの法人もまた成年後見人などになれることを明確にした。そして，それぞれについて成年後見監督人を置く監督体制も整備された。また，身寄りのない独居老人等の保護という観点から，市町村長に申立権が付与されたことも重要である[7]。

3) 任意後見制度

　つづいて，任意後見制度について検討したい。図3-2は任意後見制度の概要を示したものである。

　任意後見制度というのは，本人の判断能力があるうちに，将来自分が判断能力がなくなった後における財産管理や療養看護に関する事務，つまり財産の管理，運用，処分や，施設入所，医療契約，介護保険サービスの利用，といった様々な行為をしてもらうために第三者に予め代理権を付与しておく制度である（将来型）[8]。そのためには任意後見契約を締結しなければならない。任意後見契約とは「自己の生活，療養看護および財産の管理に関する事務の全部または一部について代理権を付与する委任契約」と定義されている。本人は，判断能力があるときに，自分の信頼する将来任意後見人になる人と契約するわけであるが，どういう事柄について依頼するかは本人の必要性に応じて定める。この契約は，本人が自分の意思に基づいてなした有効な契約であることがはっきりで

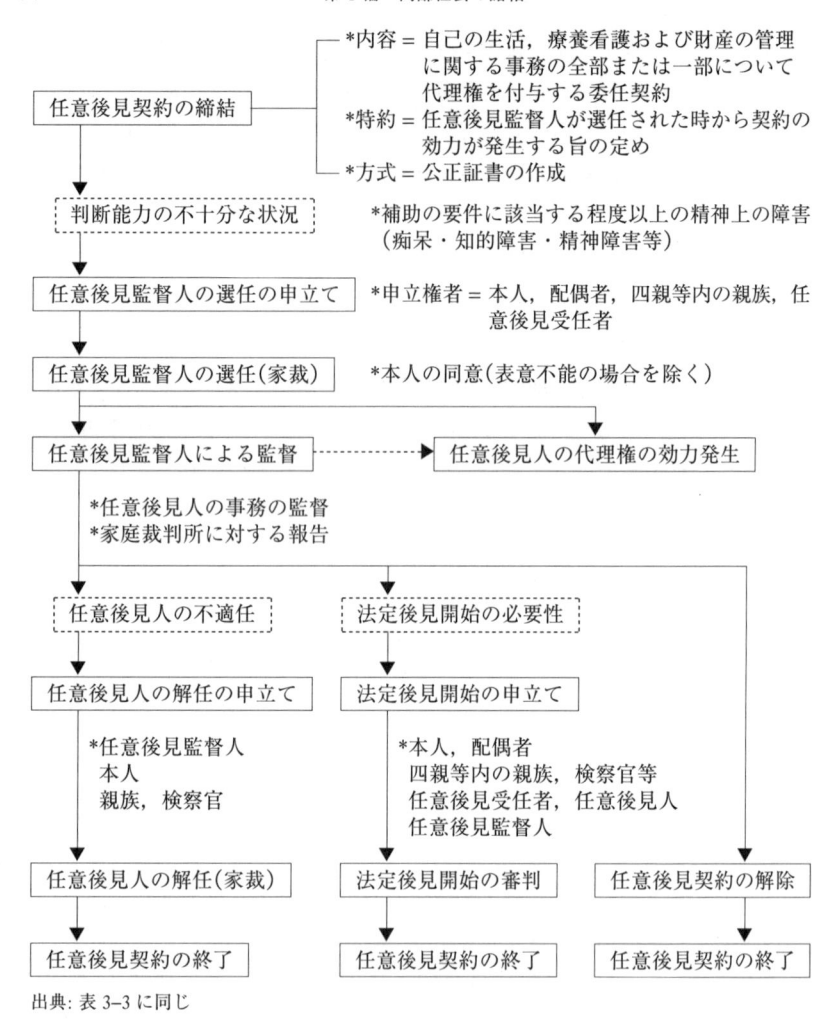

図 3-2 任意後見制度の概要

- 任意後見契約の締結
  - *内容 = 自己の生活,療養看護および財産の管理に関する事務の全部または一部について代理権を付与する委任契約
  - *特約 = 任意後見監督人が選任された時から契約の効力が発生する旨の定め
  - *方式 = 公正証書の作成

- 判断能力の不十分な状況
  - *補助の要件に該当する程度以上の精神上の障害（痴呆・知的障害・精神障害等）

- 任意後見監督人の選任の申立て
  - *申立権者 = 本人,配偶者,四親等内の親族,任意後見受任者

- 任意後見監督人の選任（家裁）
  - *本人の同意（表意不能の場合を除く）

- 任意後見監督人による監督 ………→ 任意後見人の代理権の効力発生
  - *任意後見人の事務の監督
  - *家庭裁判所に対する報告

分岐:

1. 任意後見人の不適任 → 任意後見人の解任の申立て
   - *任意後見監督人, 本人, 親族, 検察官
   - → 任意後見人の解任（家裁） → 任意後見契約の終了

2. 法定後見開始の必要性 → 法定後見開始の申立て
   - *本人,配偶者, 四親等内の親族,検察官等, 任意後見受任者,任意後見人, 任意後見監督人
   - → 法定後見開始の審判 → 任意後見契約の終了

3. → 任意後見契約の解除 → 任意後見契約の終了

出典: 表 3-3 に同じ

きる形で契約をすることが必要であり，そのためには公正証書を用いなければならない。これは公証人役場で公証人によって作成してもらうことになる。本人が任意後見制度に基づいて後見してもらうときには判断能力がないか不十分な状態になっているので，よほど信頼できる人を任意後見人として依頼するわ

けであるが，この任意後見人が常に清く正しいとは限らない。そこで，任意後見人の職務のチェックが不可欠となり，任意後見監督人の選任が必要となる。任意後見監督人の選任は請求により家庭裁判所が行うが，この選任が確実になされるようにするため，任意後見監督人の選任がなされるまでは任意後見契約は効力を生じないものとされた(停止条件付契約)。こうして，任意後見人が適正に職務を行うかを監督する仕組みが作られるわけである。このように，本人が事前に，つまり判断能力を失う前になされた本人の意思決定を最大限尊重するという自己決定の尊重の理念に基づいて創設されたのが任意後見制度である。したがって，本人が任意後見契約を取り決めている場合は任意後見が法定後見に優先するということになる。家庭裁判所は本人の自己決定の尊重という観点から，任意後見契約が登記されている場合は，特別な事情がある場合を除いて，法定後見の開始の審判をすることができないものとされている。

4) 成年後見登記制度

最後に成年後見登記制度について触れておきたい。これは従来の家庭裁判所掲示板や官報で公示したり，戸籍に記載していたのを一切止めて，後見登記ファイルに記録する方法に改められた。現在の所，全国で一箇所東京法務局だけが取り扱っている。例えば成年後見の開始の審判がなされると，裁判所書記官により登記の嘱託がなされ，後見登記ファイルには，Ａさんがどういう審判を受けたか，保護者はだれか，どういう権限を持つかということが記載されることになる。任意後見契約が締結された場合もその内容の登記が必要である。この場合は公証人により登記の嘱託がなされる。取引の時などに登記事項を確認する必要が生じるが，登記事項証明書は，プライバシー保護のため，原則として後見登記ファイルに記載されている人だけが請求できるものとされている。

3. 地域福祉権利擁護事業(福祉サービス利用援助事業)

以上が成年後見制度の概要であるが，これを補完するものとして，先行する形で都道府県の社会福祉協議会を中心とした地域福祉権利擁護事業が実施されている[9]。厚生労働省の事業として1999年10月より開始されたものである。現在では社会福祉法により「福祉サービス利用援助事業」として位置付けられている。全国47の都道府県社協を事業主体とし，375の市町村社協等に事業委託

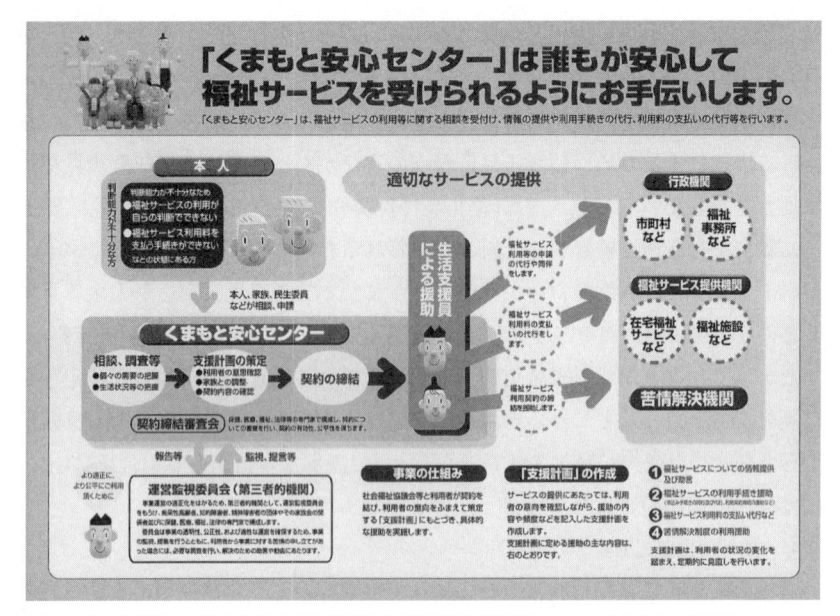

出典：社会福祉法人・熊本県社会福祉協議会地域福祉権利擁護センター「くまもと安心センター」パンフレット

図 3-3 「くまもと安心センター」の仕組み

されている。熊本では熊本県社会福祉協議会が運営している地域福祉権利擁護センター「くまもと安心センター」と事業の一部委託を受けた熊本市福祉公社ヒューマンライフ[10]が事業を行っている。

　事業の仕組みは図 3-3 にその流れが示されている。判断能力が不十分な本人やその家族が安心センターに相談に行く，専門員が支援の要否，支援内容について判断・協議し，支援計画に基づいて本人と事業利用契約を結ぶ，本人の居住地域に配置された生活支援員が支援計画に基づいた具体的な支援を行う，というのが大まかな流れである。本人と利用契約を結ぶことから少なくとも本人には契約内容を判断できる能力が必要とされる。またサービスの内容については福祉サービスの利用援助が基本である。具体的には福祉サービスの情報提供・助言，その利用手続援助（申請の同行，代行など），利用料の支払代行，苦情解決制度の利用援助である。これに加えて，年金・手当の受領，医療費の支払い，公共料金の支払いなどの日常的な金銭管理サービスや年金証書等の保管をする

書類等の預かりサービスを必要に応じて補完的に実施しうることになっている。熊本県では3人の専門員と94の市町村に最低1人の生活支援員を配置（現在98人）することによって利用者のニーズに応えようとしている。

4. 成年後見制度の運用状況

さて，新しい成年後見制度が施行されて早や2年経過したわけであるが，以下においては，それがどのように利用されているか，本当に期待されただけの成果を挙げえているのかについて検討しよう。成年後見制度の運用状況については最高裁判所事務総局家庭局が「成年後見関係事業の概況」[11]というデータを公表しているので，そのデータを中心に整理してみたい。

まず，（イ）申立件数についてである。後見については，禁治産宣告の申立てが前年で2,963件であったのに対し後見開始の審判は7,451件（2年目は9,297件）であり，最高裁判所は「2.95倍と著しく増加」と評価している。保佐に関しては準禁治産宣告の申立てが前年で671件であったが，保佐開始の審判申立ては884件（2年目は1,043件）であり，著しくとはいえないがこれもやはり増えている。ところが補助については，新しい制度ということで注目されたが，補助開始の審判申立ては621件（2年目でも645件）に止まっている。以上のように，後見開始の審判申立ては確かに大幅増といえるものの，保佐開始の審判申立てはさほどの増加とはいえないし，補助開始の審判申立ても微増傾向であって，全体的に見るとまだまだというところであろう。まだ施行後2年に過ぎないということもあるが，もう少しこの制度を国民に理解してもらう，あるいはもっと使いやすい制度に変えていく必要があるだろうと思われる。それから任意後見制度についても，自己決定の尊重の最たるものとして期待されていたが，任意後見契約の締結は801件（2年目は1,106件）に止まっている。この内，任意後見監督人選任は51件（2年目は103件）であるから，未だ契約の効力が発生していない事例（将来型）が多いようである。任意後見制度についてもまだまだ定着するには時間がかかるものと思われる。

つぎに，（ロ）申立動機については，財産管理処分が大半（62.5％，2年目は63.2％）で，身上監護（15.9％，2年目は16.7％），遺産分割協議（11.5％，2年目は11.3％）と続く。財産管理（旧制度下53.9％）だけでなく，身上監護に関する申立

て(旧制度下 7%)が旧制度に比して大きく増大しているが，遺産分割協議(旧制度下 26.2%)は半減している。また，わずかであるが介護保険契約(2.0%，2年目は 2.2%)は注目される。これは痴呆性高齢者が介護保険サービスについて事業者と契約するときに問題となるが，安易に家族の代行によるのではなく，本来，成年後見制度により対処すべきものであり，今後の利用増大が望まれる。

それから(ハ)申立人については，子，配偶者，兄弟姉妹などの親族が圧倒的多数を占めている(96.2%，2年目は 94.8%)。この中で注目されるのは市町村長による申立てがみられることである。これは，身寄りのない痴呆性高齢者などについて市町村長に申立権が新たに認められたことに基づくものである。実際，横浜市，厚木市などは申立ての実施要綱を作成し，積極的に取り組んでいる。しかし，その割合は 0.5%（2年目は 1.1%）ときわめてわずかな数値に止まっている。厚生労働省もこれに対応して，2001 年 4 月から，介護保険サービスの利用等の観点から，市町村長の申立てによる場合について，成年後見制度の利用に必要な費用の助成を行う成年後見制度利用支援事業を実施することになった[12]。

ついで(ニ)審理期間については，審判申立てから 3 ヵ月以内で処理されるのが 42.7%（2年目は 35.3%），6 ヵ月以内では 85.4%（2年目は 73.7%）であり，以前に比べると大分短期間になった。以前は審理期間 3 ヵ月以内が 29.1%，6 ヵ月以内が 64.7% に過ぎなかったことから，成年後見関係事件の迅速な審理の姿勢が窺える(ただし，2年目は若干長期化している)。

さらに(ホ)精神鑑定については，鑑定期間は 2 ヵ月以内で大体 8 割(84.4%，2年目は 78.2%)が処理されている。問題は鑑定費用であるが，従来は 10 万円以上が 33.6%，20 万円以上が 28.4% と 10 万円以上が 6 割も占め高額であった。現在では 5 万円以下が 25.3%（2年目は 30.0%），5 万円を超え 10 万円以下が 64.5%（2年目は 62.6%）と，10 万円以下が約 90%（2年目は 92.6%）を占めており，鑑定費用はかなり低額化してきている。熊本地域では大体 5 万円〜7 万円のようである。しかし，このように精神鑑定が短期間でかつ低額でなされるようになったことは評価されるとしても，さらに精神鑑定のありかたをめぐる問題がありそうである。

(ヘ)成年後見人等については，子，配偶者，兄弟姉妹といった親族がなる場

合が90.9%（2年目は85.9%）と圧倒的多数を占めている。しかし，わずかではあるが弁護士(116件，2年目は626件)，司法書士(117件，2年目は395件)といった法律専門家も増加傾向にある。また，法律上明確化された法人の事例（13件，2年目は47件）も見られる。本人のニーズに的確に応えるためには法律や福祉の専門性を生かしたサポートがもっと考えられるべきではなかろうか。

最後に（ト）地域福祉権利擁護事業の現状について見ておきたい。全国レベルでは事業開始（1999年10月）から2003年1月までの累計で相談件数が282,628件，契約締結件数が8,820件である[13]。熊本県レベルでは事業開始（1999年10月）から2003年1月までの累計で相談件数が892件，契約締結件数が80件である[14]。このように相談件数は相当数見られるようであり，ニーズはあるといえるが，それが直接には契約締結へと結びついていないようである。支援体制，利用料の改善など，より身近で使いやすい制度への工夫が更に求められていると思われる。

おわりに——今後の課題

成年後見制度がスタートして早や2年が経過した。成年後見制度は介護保険制度とともに高齢者の保護・援助のためのサポートシステムとして，その成果が大いに期待されている。しかし，2年経過後の現在の運用状況は，以上検討してきたように，未だ十分にその成果を挙げえていない状況である。そこで，以下においては，成年後見制度の充実，利用促進に向けた若干の課題について整理したい。

第一は費用負担の問題である。例えば，後見開始の審判についてみると，申立手数料として収入印紙600円，通信のための郵便切手代3,000から4,000円，登記料が4,000円，そして鑑定料が熊本県の場合で5万円から7万円，さらに成年後見人への報酬が必要である。この制度を利用しようと思うと結構費用がかかることになる。成年後見制度を利用する人は財産が沢山あって，財産管理に心配な人だけではなく，財産がなくてもこの制度を利用して自分の権利を守りたいという人もいるわけである。地域福祉権利擁護事業とかあるいは介護保険サービスの場合もそうであるが，利用者は必ずしも財産がある人だけではない。費用負担に対する援助の工夫が当然必要となってくる。先程触れたように，

厚生労働省は成年後見制度利用支援事業を2001年度からスタートさせ，介護保険サービス利用の場合で市町村長による申立ての場合に限って，申立手数料等の費用の一部について助成をしている。その他，費用援助として成年後見センター・リーガルサポートが「公益信託・成年後見助成基金」を設立している[15]。このような費用援助制度をさらに拡充させる必要がある。

　第二に精神鑑定のあり方をめぐる問題がある。まず，鑑定基準の問題として，特に痴呆の判定基準をめぐっては医学的にも議論があるところである。最高裁は「鑑定書作成の手引き」を作成し，精神鑑定を「簡にして要を得」て行えるようにガイドラインを示したが，果たしてそのような簡便な対応で良いのか問題が残りそうである。また，誰に鑑定を依頼するかの問題がある。通常は精神科医ということになるが，中には親族とのトラブルを恐れて引き受けない場合もありうる。独自の鑑定センターを設立するなどの工夫が必要となろう。なお，本人の判断能力の判定は最終的には裁判官が行うべきものであることから，医師による精神鑑定書の無条件追認ではなく，それを踏まえつつも，家裁調査官の調査をもとに事案に即した「法的判断」をキチンと行う必要があろう[16]。

　第三に成年後見人等の確保という問題がある。福祉や法律の専門家が成年後見人になるということが一番望ましいことであるが，現状では親族が9割を占めている。利害のからむ親族が本当に適正に成年後見人としての役割を果たすことができるのであろうか。家庭裁判所が監督するということであるが限界がありそうである。やはり，プロとしての成年後見人がプロとしての具体的な職務を遂行することが必要であろう。福祉の専門家である社会福祉士，法律の専門家である弁護士，司法書士などの役割が重要となる。熊本県弁護士会では「高齢者・障害者の財産管理・権利擁護支援センター」[17]を立ち上げている。また，司法書士会では全国組織として「成年後見センター・リーガルサポート」[18]を設立しており，熊本支部もある。日本社会福祉士会は「成年後見センター・ぱあとなあ」[19]を設立している。これらの専門的な個人，団体を成年後見人や成年後見監督人として有効活用することが重要だと思われる。そのためには福祉，医療，法律などの専門職・機関のネットワーク化が是非とも必要である。

　第四に審判の申立人の問題がある。申立人として結果的には親族が圧倒的多数であることは先述の通りであるが，親族間に利害・意見対立がある場合など

の申立人の確保をどうするかが課題となろう。また，身寄りのない高齢者に関する市町村長の申立ては，増えつつあるとはいえ絶対数はきわめてわずかであり，各自治体の取り組み状況にバラツキがあるものと思われる。先述の成年後見制度利用支援事業も視野に入れつつ，実施要綱の制定，申立事務マニュアルの作成など申立制度の整備・充実が強く求められる。

第五に成年後見制度と地域福祉権利擁護事業との関連付けの問題がある。地域福祉権利擁護事業も利用契約締結能力はあるものの判断能力が不十分である人を対象とするので，この点では成年後見制度の補助対象者と重なることになる。両制度の棲み分けをどうするか，地域福祉権利擁護事業利用者が判断能力を全く喪失した場合の成年後見制度へのスムースなつなげ方をどうするか，成年後見制度における地域福祉権利擁護事業の利用のあり方，などが課題となってくる。

最後に一般的なことであるが，成年後見制度(とくに利用手続きと活用メリット)の広報・普及活動の推進，家庭裁判所の整備・充実などが課題として挙げられる。

注

1) 本稿は，熊本大学高齢社会総合研究プロジェクトによる「平成13年度定例共同研究」における報告「成年後見制度の活用について」(熊本大学高齢社会総合研究年報第2号第Ⅰ篇，71-85頁，2002年3月)に加筆，修正を施したものである。
2) 初の全国実態調査である，大国美智子他『高齢者虐待の全国実態調査』(長寿社会開発センター，1997年3月)参照。
3) 法務省民事局参事官室「成年後見制度の改正に関する要綱試案補足説明」1-2頁に詳細な問題点の指摘がなされている。
4) なお，今回の改正と同時に，遺言の仕方についても改正され，聴覚・言語機能障害者であっても公正証書遺言等ができるように手話通訳や筆談が導入された。この部分は1月8日から施行された。
5) 新制度についての代表的な解説書として，小林昭彦・大鷹一郎編『わかりやすい新成年後見制度(新版)』(有斐閣リブレ39，2000年)，小林・大鷹・大門編『一問一答・新しい成年後見制度』(商事法務研究会，2000年)，小林・大門編著『新成年後見制度の解説』(きんざい，2000年)，新井誠編『成年後見』(有斐閣，2000年)等，がある。本稿もこれらに依拠しており，必要な場合を除き，出典はとくに示さない。
6) 前掲・法務省民事局参事官室「成年後見制度の改正に関する要綱試案補足説明」4頁，参照。

7) 民法改正に伴って改正された老人福祉法32条，知的障害者福祉法27条の3，精神保健及び精神障害者福祉に関する法律51条の11の2，参照。市町村長は，本人に配偶者または4親等内の親族がなかったり，これらの親族があっても音信不通などの事情により，審判の申立てを期待できない時は，本人の保護を図るために申立てができるものとされた。
8) 任意後見契約の利用形態は将来型が典型であるが，その他にも，即効型(現に判断能力の不十分な状態にある本人が，契約締結能力のある限り自ら任意後見契約を結び，直ちに契約の効力を発生させる場合)，移行型(通常の任意代理の委任契約から本人の判断能力低下の段階で任意後見契約に移行する場合)がある。
9) 事業の概要については，全国社会福祉協議会『よくわかる地域福祉権利擁護事業』(全国社会福祉協議会，2000年)参照。
10) 熊本県社会福祉協議会から業務委託を受け，熊本市在住者を対象に援助事業を行っている。なお，福祉公社の独自事業として，対象者を身体障害者にも拡大した形で，「財産保全・財産管理サービス」も行っている。
11) 最高裁判所事務総局家庭局「成年後見関係事件の概況──平成12年4月から平成13年3月──」(家裁月報53巻9号)，「成年後見関係事件の概況(続)──平成12年4月から平成13年3月──」(家裁月報54巻1号)，「成年後見関係事件の概況──平成13年4月から平成14年3月」(家裁月報54巻10号)。
12) 平成13年5月25日付の厚生労働省老健局長通知「介護予防・生活支援事業の実施について」。国は，市町村が行う成年後見制度の利用を支援する事業に対し助成を行うものとする。具体的には「成年後見制度の利用に係る経費に対する助成」として，介護保険サービスを利用または利用しようとする身寄りのない重度の痴呆性高齢者等について市町村長が審判の申立てをする場合，申立てに要する費用(登記手数料，鑑定費用等)及び後見人等の報酬の全部または一部について助成がなされる。
13) 全国社会福祉協議会による「地域福祉権利擁護事業実施状況調査表」(平成15年2月)より。
14) 同上および社会福祉法人熊本県社会福祉協議会「平成14年度第2回熊本県地域福祉権利擁護事業生活支援員等研修会」資料より。
15) 2001年12月に設立された。成年後見センター・リーガルサポートを委託者，三菱信託銀行を受託者とし，基金2,500万円程度で運用されている。平成14年度は，概ね80歳以上の高齢者で年収260万円以下の者を対象に，鑑定費用，後見人等の報酬について助成がなされている。
16) 前田　泰『民事精神鑑定と成年後見法』(日本評論社，2000年)，はしがき及び334，342頁，参照。
17) 2001年3月，熊本県弁護士会に設置された。支援センターの運営は高齢者・障害者に関する委員会が担当する。事業としては財産管理に関する支援および相談業務，受任弁護士の財産管理に関する審査，承認，調整業務，等があり，支援弁護士名簿に登録された会員が各支援業務を行う。
18) 1999年12月に司法書士団体により設立された。各都道府県に合計50の支部をもつ。司法書士会員1,700名程度。事業としては，成年後見人等の養成，成年後見人

等の推薦，その指導監督，法人としての成年後見業務等を行っている。
19) 1999年10月に福祉分野からの受け皿として日本社会福祉士会により設立された。都道府県単位に組織され，現在30余に上っている。事業としては，成年後見人等の養成，成年後見人等の名簿登録・紹介，成年後見人等への支援などを行っている。

■ 第4章 ■

地域学 Gerontology の扉

窪 田 隆 穂

1. 「同じ老人は一人もいない」

　若さを保つことや善をなすことはやさしい / すべての卑劣なことから遠ざかっていることも / だが心臓の鼓動が衰えてもなお微笑むこと / それは学ばれなくてはならない。

　それができる人は老いてはいない / 彼はなお明るく燃える炎の中に立ち / その拳の力で世界の両極を曲げて / 折り重ねることができる...（ヘルマン・ヘッセ）

　『人は成熟するにつれて若くなる』（V・ミヒェルス編，岡田朝雄訳）に収載されているヘッセの詩の一節である。若い頃，惹かれて読みふけったノーベル文学賞作家ヘッセ。没後40年にもなろうというこの作家の老年をテーマにした表題の本にめぐりあった時の私は昂ぶった気持ちを抑えきれなかった。奥付では95年4月第1刷とあるので，この著作に出会う前に，『庭仕事の愉しみ』（同）[1]という背表紙に魅入られて読んだ。南ドイツ・シュバルツバルトに抱かれた小さな町・カルフに生まれたヘッセは，ナチスに追われ，晩年をふるさとで送ったわけではない。アルプス南部の町で天寿をまっとうした。老齢期もなお文豪の筆力は衰えず，多くのエッセーや詩をつづっていた。野生の庭に黙々と手を入れ，草花を植え，猫と戯れたり水彩の絵筆を握ったり。春を待つ枯れた木々の細い枝先は，あの麦藁帽子姿のヘッセの指に触れて天性の命を膨らませる。耕すことや種を蒔くこと，あたかもそれは次代の人々に自らの人生の敬虔な息吹を託す所業のように語りかけてきたのである。

　人は必ず老いる。今，様々な「老い」が語られている。「この年になって初めて分かった」「年をとれば分かるよ」などとはよく言われることである。加齢と

は何か。人生の年輪をかさねる。不慮の事故や病死をくぐり抜ければ確実にやってくる「わが老年期」。私も人生の通過儀礼のように還暦をすでに済ませたが,「老後」という自分のライフステージは未だに描けない。

　老年期をどう生きるかをテーマとする書籍類が書店の店頭に積まれ出したのは70年代後半からだったろうか。定年後をどう過ごすか,生涯現役でありたい,美しく老いるなどなど,誰でも「その年になれば」思いがよぎる表題の人生の書がベストセラーになり始めたのである。『徒然草』や『方丈記』などの古典に自らの老年期のダンディズムを照らし,また人生の先達や激しく老年を生きた歴史上の人物,評伝などに生き方の指針を探るという,自分探し,生き方探しである。人生80年代を生き抜くことは容易ではないとの実感が誰にもあまねく深くかぶさってきて,QOL[2]が生き方や日常の検証指標として口をついて出る時代になったのである。

　老いることは「醜悪」なことなのか。老いは「嫌老」と見られるのか。

　健康長寿を達成するにはどう老年期の日常を過ごすか。もはや余生ではなくなったリタイア後の有り余る時間をどう過ごすか[3]。そして自らの人生の終末をどう準備するのか。押し寄せる自問の一方で,高齢者がひとくくりの老人世代として論じられ,社会問題化され,ともすれば高齢化社会は重たく支えきれない社会現象とされることが問わず語りの疎ましさを漂わせる。はたしてそうか。様々な人生と時代を生きてきた高齢者には「私はひとくくりの束にされたくない」との思いが深まる。さらに自らの終末を近く迎えるであろうと十分な予感を持つ世代にとって「私は私でありたい」との自立,生と死の尊厳への希望は捨てがたい。「同じ老人は一人もいない」（松山善三氏）[4]。あらためてこうしたメッセージが今,胸に響いてくる。

　加齢はすべての生きとし生ける世代の不可避の定めである。ならば高齢社会のありようは明日はわが身の若い世代にとっても偏見や誤解なく共感されねばならないテーマであろう。人生はレディメイドではない,自ら切り開くオーダーメイドである。それを支えるのが「福祉」とされるなら,福祉もまたオーダーメイドでなくてはならないだろう。そのためには高齢者は自立（自律）のために立ち上がり,地域社会に向かって発言し,次代へ語りかけなくてはならない。高齢者をめぐる内と外の偏見と誤解から自らを解き放つ努力が求められて

いる。

　古今，高齢者は社会の賢者であり，また愚者であるとの両相を持って語られてきた。老いることで何が退化し，何が退化しないのか。退化どころか生涯発達していくのか。それもまた「ひとくくり」などできようものではない。なお地域社会へ分け入っていく元気な高齢者が1人でも多い社会。自律し，自らの人生を創造する元気な高齢者をより多く生み出し，高齢者のマンパワーを蓄え，活かすほかに道はなかろう。未曾有の超高齢社会の予兆を新たな時代への改革，挑戦のエネルギーに変え，創造社会への扉をおし開く努力がなければ，超高齢社会の予測は悲劇的に映ってくることを知らねばなるまい。

2. ジェロントロジーの潮流

　ジェロントロジー（Gerontology）は「geronto＝退化(老い)」の語源のように，一般的には「老年学」「老年医学」とされ，退化を抑制するための研究領域として「長寿学」などとも称されてきた。近年になってジェロントロジーは，人間の生涯を通じて，加齢にかかわる学際的な研究であることや，生物学，心理学，社会学などの複数の方向性を持つことなどが理解され始め，あらためて研究の眼差しが向けられている。30年代，主にアメリカの大学で講座が組まれた。本格的なプログラムが組まれたのは65年以降のこととされている。高齢者のケアに関する関心の高まりや戦後のベビーブーマー世代の高齢化予測を念頭にしたシニアビジネスが台頭，その進展を促した。わが国では美濃部都政下の東京都で，福祉の重点事項に高齢者対策が掲げられ，都老人総合研究所(都老研)で本格研究がスタートしたとされる。戦前にも先進的な高齢者施設での研究，実践が報告されている。だがいずれも老人医学としての傾斜が色濃く，学際的な広がりには至らず，今日を迎えている。

　国連が定めた国際高齢者年を記念するシンポジウム「ジェロントロジーが日本を変える」（99年，東京・シニアルネサンス財団主催）[5]で，米・南カリフォルニア大学ジェロントロジーセンター所長のエドワード・シュナイダー博士は，国内3,100の大学・スクールのうち，1,600校で同講座が開講されていることを報告。既存の学問領域を超え，あらゆる研究や実践成果が動員されているほか，インターネット講座や学生たちの老化体験などの取り組みが語られた。同セン

ター(スクール)校長のデヴィット・ピーターソン博士は,「大学レベルのジェロントロジー教育によって若い世代が固定的なエイジズム(老人差別)から解き放たれ,高齢社会への貢献ができる」として,国内の高齢者に対して習得した技能や能力を活かす機会が提供されつつある現況を説明された。

だが,このシンポジウムにパネラーとして参加された東京都老研副所長(当時)の柴田博氏は「日本にジェロントロジーはなお不在である」とし,医学中心の加齢変化の研究からの脱皮を訴えられた。そのためには大学にジェロントロジーのマスターコース設置が必要であり,さらにその教育を受けた人たちが活躍する場がなくてはならないとも強調され,ゆえにジェロントロジー不在と結ばれたが,「加齢は人が衰えることとの理解をやめ,生涯発達していくのだとの認識を」と意識改革の必要性について語気を強められたのは印象的だった。

世紀の変わり目に,福祉系学科や大学の新設など,高齢社会を見据えた研究や学会[6]教育体制があらたに数多くスタートしている。熊本大学高齢社会総合研究集団の活動展開も期せずして生まれた時代の要請とも言えよう。

ジェロントロジーをめぐって川島二郎・早稲田大学名誉教授は「急激な社会の変革,長寿社会の到来にあたって,未来展望をひらくため,現下の急務として人間が備える知恵としての学問を総括してジェロントロジーと呼び,その訳語を『長寿社会の人間学』とすることが妥当ではないか」と提言された。さらに,「長寿社会に対する認識は物理化学や生物学の研究の域を超えて社会科学,人文科学の領域に重心を移すべきもので,これら諸科学の総合的知識が要請されていくのが現代である」と説かれている。

熊本大学に総合講座「高齢社会─どう変わる,どう生きる」が開設されて2年が過ぎた。聴講の学生たちは同大学の全学部の学生層に広がっている。とりわけ医学や工学,法学部生などの多数の聴講は講座を組み立てた研究プロジェクトにとって力強い手応えだった。講座の内容,領域は多岐に広がっている。講師陣も全学部からの参加である。大学外の講師陣もまた多数加わって医療や福祉,ボランティアの現場からの実践が報告されている。学生たちが寄せてくれる受講後の感想は「高齢者,高齢社会への理解が深まった。老人観が変わった。実社会の諸相が見えてくる」などエイジズムへの確かな理解を示してくれている。私も聴講の輪に加わりながら,「長寿社会の人間学」との実感を深めな

がら，心地よい充足を感じている。それは自らの加齢のありようを見つめる内省の喜びであることに気が付いている。

　ピーターソン博士のもとでジェロントロジーの一端に触れたのは 98 年初夏だった。南カリフォルニア大学ジェロントロジーセンターは，全米退職者連盟結成の端緒をつくったアンドラス女史の名を被せた全米の中核的センターで，そこでの短期講習は密度の濃いものだった。グループで大学構内に泊り込んでの早朝からの講義，ロス郊外のモデル的なリタイア施設や高齢者医療の現場，日系社会のケア・ボランティアなど，学習のメニューもまた広範なものだった。「健全に年をとるには」「知覚・認知の加齢変化」「高齢者カウンセリング」「社会保障」「異世代関係」「ボランティア」「住居・環境」「ホームケア」「家族」「高齢化と倫理」「死の諸相」などなどである。センターに準備されているジェロントロジー領域の講座科目は社会学，心理学，衛生・看護学，法学，建築学など80 科目に及ぶと聞かされた。老化にまつわる健康や医学など生物学的研究に加え，社会科学・人間学的アプローチに広がっており，複合・総合する領域はまさに学際学であった。

　独・ハイデルベルク大学のジェロントロジーセンターを訪れたのは 02 年春。教科領域の説明を受けるにとどまったが，高齢者や女性への虐待はなぜ起きるのか，世代間の対立を防ぎ，持続可能な社会を目指すためには何が必要かなどの現実テーマへの取り組みがあった。福祉先進国の欧州社会だが，エリック・シュミット博士は「高齢化社会はグローバルなテーマ。学内の教育機関としての独立からは日が浅いが，インターネット情報を通じて世界的な対策の動きや問題などを分析することができる」とし，また提言や情報を日々，一般市民に伝えて問題解決への努力を協働できると語気を強めた。

　高齢者の諸制度やサービスのあり方，ボランティア像などの国際比較を通じて，「市民福祉」[7]の未来像を探る動きがある。広範な高齢者福祉をめぐる市民運動の組織化としての NPO 法人設立の動きなどは，このジェロントロジー的手法を組み込んだもののように見える[8]。ヨーロッパ，とりわけ北欧モデルで進むわが国の福祉の志向とは裏腹に，アメリカ的な福祉市場の展開が盛んな今日，この潮流への接近は興味を深めるに十分だ。ただ全米的には国民皆保険制度導入のクリントン提言が成らなかったように，アメリカ社会は複雑な貧困史を内

包し続けている。

ピーターソン博士から学んだのは，この学際学のもう一つの側面にあるエイジズム（老人差別）との闘い，啓蒙運動である。

博士は，高齢者自身がまず生きる目標，生きがいをはっきり持つことが高齢者を取り巻く偏見や誤解，差別からの解放につながるとの信念を語り，学ぶ一方で「ジェロントロジスト運動」の展開を示された。それは高齢者が目指す目標として「健康」「知力」「リーダーシップ」「愛」「サービス」を挙げ，この頭文字をとって「HILLS（ヒルス＝丘）」と名づけたい，私たちはこのヒルス達成のため，高齢者の自助・自立をサポートし，自ら実践したい，それを「ジェロントロジストと呼びたい」と言うのである。郊外の山荘に私たちを招いてこう力説する博士の信念の語りかけは感動的だった。

「老い」をテーマにする様々な問題には老化にかかわる研究とあわせて世代を超えたエイジズムへの理解や実践，高齢者自身の意識改革が必要である。よりよい高齢社会を構築するにはこのうねりを確かなものにする運動の側面が忘れられてはならない。

3. 老いの多様化・老いの価値

「熟年」[9]という世代呼称が流行，定着したのは80年代初頭だったろうか。効率化と近代化を推し進めた戦後の高度成長経済社会のかげりとともに，それを支えた中高年たちがリタイア生活を描く格好の世代目標のように，広く膾炙されるようになった。経済大国となったわが国の次の目標を模索する時代でもあったろう。いわく福祉大国，生活大国という政治の転換がめまぐるしく標語化され，わが国の次の目標はそうした成熟社会を目指すのだといった気分が醸された。国民皆保険制度を持ったわが国が高齢者医療の無料化までなしとげ，福祉元年と言われたのは73年。国民消費も飽和状態になりかけたころである。ところが予期せぬ世界経済の渦が襲った。同年のオイルショックである。やっとたどりついたはずの福祉「元年」。だがそれに続く年は訪れなかった。

戦後，いわゆる戦後っ子の出生急増の世代がいる。欧米ではベビーブーマー世代と呼ばれ，わが国では団塊の世代[10]という呼称が生まれた。一方で高学歴社会が進行し，女性の社会進出は生産世代層に大きな変化をもたらした。だが

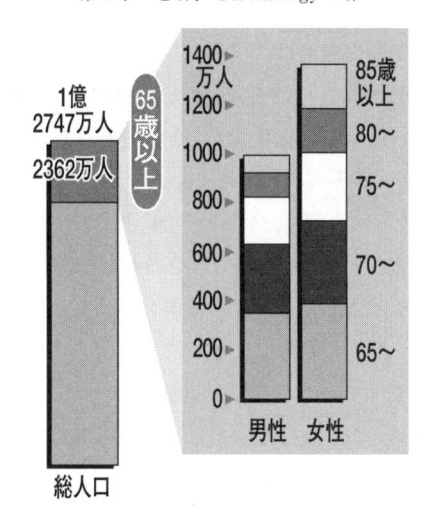

第4章　地域学 Gerontology の扉　　　　　　　　　　　　　　　　91

出典: 02年「敬老の日」を前に，総務省がだした推計結果(熊本日日新聞)
図 4–1　日本の 65 歳以上人口(2002 年 9 月 15 日現在の推計)

　今日の少子・高齢化問題よりひと足先に顕在化した問題は，一億総サラリーマン社会化したわが国の中高年対策である。産業界は中高年対策の先進・アメリカにジェロントロジー調査団を出し，多くの個人年金商品が売り出され，大手の企業は自ら企業年金，定年延長など諸制度をスタートさせた。サラリーマンにとって否応なくやってくる定年。一方で伸びてゆく平均寿命。老後の備えやどう老後を過ごすか，いやどのような老後というライフステージがあるのか。流行語の中で今も生き残る「熟年」という言葉への期待は新たなライフステージ模索がなお続いているということであろうか。
　私は 02 年春，熊本日日新聞(熊日)での 38 年間の地方紙記者生活を終えた。熊日は県紙として朝刊約 40 万部，夕刊 10 万部を発行している。その紙面に「熟年のページ」なるものを担当させられたのは 85 年だった。紙面に登場願ったのは元気な老人たちである。有り余る自由時間をどう生きるか，どう過ごすかの先達たちがいきいきと輝いていた。熊日は皇太子(現天皇)のご成婚を記念して県内の金婚夫婦の表彰事業を続けている。元気な金婚夫婦を紙面で紹介し，巡回表彰するものである。子供の世代が親の世代を顕彰する。夫婦ともども長寿をまっとうできる幸福は代えがたいものであろう。県内各地で表彰を待ち受

けておられた高齢者夫婦の表情は，まさに「翁とおうな」，敬老の日[11]に労苦の人生が地域から顕彰されるという老いの幸福感に満ち溢れるものだった。

敬老の日にちなんで総務省が発表した02年の統計で，75歳以上は1,003万人，初めて後期高齢者が千万人を超えたことがわかった。うち85歳以上は女性（179万人）男性（72万人）で，男女比は2.5倍になり，女性の長寿はいっそうの伸びである。幸福な金婚を迎えたとしてもそのあとまだ老いの人生は終らない。とりわけ長寿の女性は伴侶を先立たせた後の自分人生が待っているという，手探りのライフステージが待ち受けている。まさに「敬老」と祝われるのどかさや安らかさとはかけ離れていくような「老後」なのである。

熊本で「老後の不安」が急上昇するのは90年代初めである。熊日は82年から「県民自画像」を探る資料として，同設問を県民に投げかける県民意識調査を行ってきた。5年ごとだから，このほどまとまった02年調査で5回目，4半世紀の県民意識がつづられてきた。92年の調査で「不安」「やや不安」が前回より10ポイント以上急増した。02年調査でも「老後不安」は減ってはいない。不安の内容で「健康」が上位であることも変わらないが，「生活費」が2番手として大きく浮上している[12]。

自らの健康への不安はどの世代，誰しものことであろう。ただ自分や家族（配

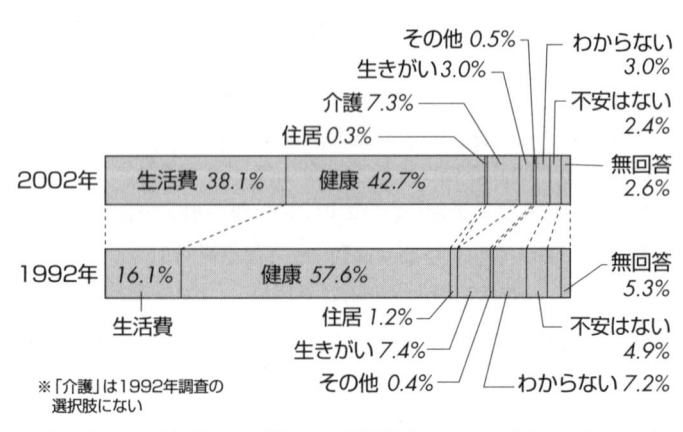

	その他 0.5%	わからない 3.0%
	生きがい3.0%	不安はない 2.4%
	介護7.3%	無回答 2.6%
	住居 0.3%	
2002年	生活費 38.1%　健康 42.7%	
1992年	16.1%　健康 57.6%	無回答 5.3%
	生活費	不安はない 4.9%
	住居 1.2%	わからない 7.2%
	生きがい 7.4%	
	その他 0.4%	

※「介護」は1992年調査の選択肢にない

出典：02年春，第5回調査結果まとめ（熊本日日新聞社「クマモト人丸わかり本」から）。5年ごとに同じ設問で県民意識の推移を探っている。

図4-2　「老後の不安」この10年（熊本県民意識調査）

第4章　地域学 Gerontology の扉

偶者)が寝たきりや痴呆になったらとの不安が高齢者にはつきまとう。そのような状況で，対応の知識や手立てのなさ，医療費や年金をはじめ，福祉の施策に切り捨て，抑制の方向が示されれば，それはいっそう深刻である。安心の制度はいつ確立されるのか，高齢者のいらだちがこうした意識調査の背後に浮かび上がる。

　高齢社会をめぐる諸問題は，高齢者の不安の裏返しである。高齢者を対象にした多くの調査結果でも，まず健康問題が挙げられ，次いで生活費(年金)と続き，家族や相続問題など多岐多様な不安が顔をみせる。そして将来不安の行き着くところは生きがいであり，人生の尊厳である。高齢者一人ひとりの老いの多様化があり，言い換えればその老いの価値観の多様性に行き着くのである。生きがいを失ったら行き着く悲劇は一つしかない。

　高齢社会の諸相は地方から顕在化する。熊日はこうした高齢者像の実態を地域に分け入って探ろうと連載「180万人の高齢社会」を掲載した。地域再生の先駆的な努力が続けられた蘇陽町もこの中で取り上げられた。シリーズは3年間にも及んだが，終章に老いの価値と老いの多様化が取り上げられた。その中で，米・国際長寿センター理事長(当時)のロバート・バトラー博士は，高齢者問題で口をついて出る「コスト削減」という言葉に不快感を示し，「問われているのは我々が老いをどう生きるかではないか」と老いの価値の追求を強調された。老いを考える枠組みを依存，介護，社会的コストといった課題から，一歩先に進めよう，そのテーマは「高齢者の productivity (生産性)」と論じられた[13]。

　介護保険制度をひと足先に導入したドイツの地方での高齢者対策の試みは興味深いものだった。熊本市と独・ハイデルベルク市で開催した高齢者問題をめぐるワークショップに私はパネラーとして参加の機会があった[14]。私の最初の訪独は68年。以来5回の訪独の場面で街角の老人たちの表情を垣間見てきたが，高齢社会が持つ根深さは容易には明るいものとはならないのだとの印象を深めている。

　パネラーのひとり，クリストフ・ロット博士は100歳以上の高齢者の調査を続けられているが，「日本の類のない高齢化現象，そのありようと問題解決へ何をしようとしているか注目したい」としながら，高齢世代にあらたな区分(高齢

者像)を設ける必要とその実践を報告された。前期高齢，後期高齢者[15] といった分け方では施策の実態に合わなくなっているとの考えに立って，5つのライフステージ区分の実践を提案された。30歳まで(青年)を学ぶ・働く世代，70歳まで(中年)を働く世代，70歳から85歳まで(老後)をリタイア・老年世代，85歳以上を老齢世代，これに100歳以上を加え，超高齢世代としようというものである。具体的には，老化にまつわる諸問題の研究・知見は，行政や施設に絶えず機会をとらえ情報公開され，このライフステージの新提案も各方面の相談業務の下地になったり，高齢世代の社会教育の指標になりつつあるという。

　老幼逆転し，もはや地域の少数派ではなくなった高齢者[16]。私たちは未曾有の超高齢社会の入り口に立っている。介護保険制度や多くの施策が見直され，現実に沿うよりよいものになっていくことが望まれる。だがしなやかにきめ細かく制度が運用され，地域社会全体として受け止められていくには高齢者のありようを的確に展望することが不可欠だろう。それは高齢世代のみで達成されるものではない。わが国では人の発達や成熟の段階に応じて組織化を図る生涯教育が公教育の基本とされている。だが幼児期から老年期までの学びの場は受験で分断され，企業社会に閉ざされ，また家庭・学校・社会教育がかならずしも一体ではない現実がある。新たなライフステージを創造するにはこの生涯学習，学びの場の改革こそ急務なのではないだろうか。

4. 地域に学び立つ実学

　社会，経済情勢の変化から国民生活が血縁，職縁社会から「好縁社会」に転じていくのではとの視点で，地域の隣人との交わりや新たな人間関係，それをつなぐボランティア活動などの萌芽を考察，提言をしたのは2000年版国民白書だった。高齢者はこれまで特別な福祉の対象とされてきた。老人は「保護」「措置」されるものであり，一方で「敬老」という地域社会のモラルの中で希少な知恵者，語り部とされてきた。だが高齢化社会はもはや高齢社会となり，高齢世代が地域の少数派ではなくなった今日，元気な高齢者たちは地域の大人，担い手の立場に否応なく引き戻されたといえよう。高齢社会の一般化である。さらに今日では高齢社会のいっそうの「高齢化」が現実味を増している。急ピッチで様変わりする高齢者の暮らしの情景や居場所で浮かび上がる高齢者像をよ

り分けていくと，そのありようは複雑，多様であり，地域の風土特性を強くにじませる[17]。「嫁福祉」や「隣保組」などといった旧来の家族の風景や共助の姿も崩れ去りつつあるのが実情だろうし，それに代わる高齢者同士の新たなネットワークや居場所探しが始まっている。

　02年1月推計の「将来推計人口」は，97年推計より国内の人口ピークが1年早まり，06年を境に人口は減り始めると予測している。これを過疎自治体に絞ってみると，その数字の重みは大きく違ってくる。熊本県の人口（95-00，国調）は横ばいだが，郡部7,240人の人口減はそっくり市部の人口増加につながっている。県人口の35%を占める熊本市の人口密度は県平均の約10倍である。大都市圏と同様，地方でも中核都市への居住，移動が進み，過疎・過密はいっそう深刻化している。過疎の自治体の高齢化比率はおよそ市部の倍，30%台となっているのである。その現実の根深さや諸相は都市部より地方，地域でより鮮明に浮かび上がってくる。

　地域の問題は地域に学び，高齢者の問題は高齢者に学ぶという，普遍的なテーマがここで浮かびあがる[18]。例えば山口県・屋代島の東和町で高齢化率が40%を超えたのは90年である。そこから伝わる高齢者同士の互助，共生の営みには多くの示唆があり，老いを生きることの実相は勇気や感動を伝えながら映し出される[19]。

　また高齢化による暮らし，環境の変化は，各世代にも変化の影を落とし始めている。高齢者の子との同居は全国平均で過半数を割っている。親たちが子との同居を望んでいるという願いとは裏腹に家族は核家族化し，高齢者のみ，また高齢者の単独世帯は増えるいっぽうである。国連提唱の国際高齢者年（99年）では「すべての世代の社会をめざして」とのテーマが掲げられた。95年の同社会開発サミットでは経済成長を至上の命題とせず，手段と考えて子孫が生きる環境づくりをとのアピールが出されている。世代間の利害の対立や意識の断絶が見えないところで始まっているのではないか，世代間の対立が社会不安の要因の一つになりつつあるのではとの警鐘でもあろう。わが国では高齢者が若い世代との交流を望むのは「自分の特技，地域の文化を伝えたい」が圧倒的である[20]。これに対し，欧米では「世代間の対立を避けたい」が大半を占めている。

今，各地で消えていく地域の祭礼や行事，伝承，伝統芸能などの復活の動きが盛んである。何かを残し，伝えたいと高齢者たちが立ち上がっている。元気な高齢者たちが声を挙げ，自ら地域再生や自助・自立のうねりにつなごうという動きである。地域には地域本来の福祉，相互扶助の仕組みや歴史があり，それを掘り起こす作業はまた新たな発見でもあろう。既存の組織や枠を超えた高齢者のネットワークも新たな潮流だ。老人くらぶの加入，組織率は低減の一方だが，交流活力をいかした広域なネットワークが数多く誕生している。メールやインターネットを介した広がりは際立つ新たな動きであろう[21]。

　私は記者生活を通じて多くの高齢者と出会ってきた。高齢者問題の視座を深めたのは，ある事件を通じてだった。人吉・球磨地方に勤務した約30年前，70年夏のことである。1人の老人が球磨川で水死した。老人は日ごろ，ホームで生活していた。お盆を実家でとの希望がかなって老人はホームを出て数キロメートル先の家をめざした。そして行方不明となり，無残な姿で見つかったのだった。警察は顛末を調書にするべく検証作業をした。ホームから近道の里道を歩き，球磨川に差し掛かって足取りが途絶えていた。というより，入水自殺でもするように川に入っていた。近くには新装のコンクリート橋がある。なぜ。若い警官は首をひねっていた。私はとっさに，「徒歩渡り」という地名がこの地にあることを思い出した。橋がない頃，広い浅瀬になった河原は自然の沈み橋，つまり歩いて渡れる場所だった。久しぶりのお盆帰省，老人はほろ酔い機嫌で，若い頃の記憶のまま川を渡りだして流れにはまったのではないか。はたしてそうだった。目撃者の証言もでて，一件は終った。私は不幸にも溺死したこの老人に学んだ。高齢者の行動やサインには多くの示唆がかくされているのだ，と。「老い」のテーマはこうした加齢の襞を読み取り，生きてきた時代の諸相に重なった人生のしつけ糸をほぐすように向き合うことから始めなくてはならないと思い始めたのだった。

注

1)　ヘッセ研究の第一人者である編集者は，老境のヘッセの次代へのメッセージとして未発表の詩やエッセイを編みなおし，ヘッセ文学の深みを問うた。ヘッセは81歳の天寿をまっとうした。
2)　WHOの86年オタワ宣言の健康指針。生活・生存の質と訳されることが多いが，

人生の質，生命の質ともいった幅広い考えが付託されている。生きがいや自己実現，生命の誕生，そして終末まで，尊厳死を含めたテーマに広がっている。

3) 平均寿命の伸びとともに余命も伸びる。サラリーマンが60歳でリタイアした後の活動期間は単純に1日の時間12時間を乗じてざっと7万時間。毎日が日曜日となったサラリーマンの老後が「7万時間の恐怖」と言われたことがある。100歳人生ならば…17万時間。最終学府を終えるまで，教室で座り続ける時間は約2万時間という。

4) グループホームにたどりつく痴呆老人を扱った映画「スイート，マイスイートホーム」製作のメッセージ。「(老人は)千人が千人，生きた自分だけの人生の経験，悲喜こもごもの歴史を持っている。それをひとくくりにすることはできない。いやあってはならない」。

5) 92年，経済企画庁(当時)を主務官庁として設立。シニア世代の自助・自立を支援するため，シニアライフアドバイザーを養成，シニアのための電話相談，商品開発，生きがいづくり支援などを行う。アドバイザーは現在全国に約2,000人。筆者もその1人。ほかにシニアの余暇活動支援など多くのアドバイザー養成講座があり，シニアライフ支援のボランティア活動が広がっている。

6) 02年には広く在野の参加を呼びかけるシニア社会学会が発足。また日本老年学会・総会は01年，老年医学会・老年社会学会などに加え，基礎老化，老年歯科，さらに老年精神医学も加わった初の合同総会が開かれた。それぞれの専門職が共通認識で連携し，医療や看護，介護，福祉など専門領域のすきまに放置されている諸問題の解決にどう努力するか。ジェロントロジー教育の展開，「高齢者総合診療科の開設を」といった声に応える動きとしても注目される。

7) 安立清史『市民福祉の社会学』ハーベスト社，1998年。

8) 全国のNPO法人は01年11月現在で8,976。熊本県内には約120団体(県の認証団体で105)。活動内容は「保健・医療・福祉の増進」が最も多い。

9) 「熟年」の造語は作家の邦光史郎さんとされる。筆者が伺ったところでは広告会社が高齢社会を研究する会合での造語という。邦光さんは80年代当初，セカンドライフの会をすでに主宰しておられた。

10) 団塊の「団塊」は人口ピラミッドでの異常なふくらみ，ベビーブーム世代のことである。第一次世代が戦後47–49年生まれ，次いで第二次ブーム世代として71–74年生まれをさしている。

11) 47年，岡山県・八千代町(当時は野間谷村)が「年寄りの日」を制定，50年に岡山県，翌年に全国社協が全国運動を展開した。66年に国民祝日「敬老の日」になった。

12) 「老後の不安」の変化は，「老後」についての考え方の変化を裏付ける。別掲図＝熊本日日新聞。老後の不安は「健康」だが，これに代わる勢いで比重を増しているのが「生活費」である。世代別に健康と生活費不安が入れ替わる接点に働き盛りの中高年がいる。

13) ロバート・バトラー編，岡本祐三訳『プロダクティブ・エイジング――高齢者は未来を切り開く』日本評論社，1998年。

14) ハイデルベルクウイーク・イン・熊本(02年10月)の一環。「ドイツと日本の高齢

者〜その現在と未来」をテーマに公開討論が行われた.
15) 国連統計（WHO）で65歳〜, 75歳〜という区分で前期・後期とくくられている.
16) 15歳未満の子供1人に対する高齢者の割合は90年（0.66）. 02年は1.3人. 98年の老幼逆転以来, 少年人口を高齢者人口が上回り始めている.
17) 国勢調査をもとにした二次的統計分析（高橋博子『国勢調査にみる家族変動』, 02年3月）で高齢者と暮らしをみると地域差の大きな広がりに驚かされる. ちなみに00年国調では三世代世帯の比率が最も高いのは山形県, 夫婦のみ世帯比較では鹿児島県, 単独世帯比率比較では東京都, となっている. 熊本市では1人暮らしもしくは高齢者のみの世帯は42%, 三世代同居は26%.
18) 全国から見た熊本県の高齢者（99年, 県高齢保健福祉課まとめ）をみると, 100歳以上の長寿者割合は全国5位, 平均寿命は同2位（女）3位（男）と屈指の長寿県である. 老人医療受診率（入院）3位, 1件当たり入院日数4位. 老人くらぶ加入率は11位, ショートステイ利用状況は22位.
19) 榎並悦子『日本一の長寿郷』大月書店, 1995年.
20) 『高齢者の地域社会への意識調査』（1997年, 総務庁）では, 若い世代に自分の特技を伝えたい, 地域の伝統文化を伝えたいと約半数が答え, 4割が若い世代と一緒に楽しめる活動を望んでいる. その他方で世代をつなぐ世話役的なリーダーの不在や機会のなさなどを半数以上が指摘している.
21) 「熊本シニアネット」は発足3年で600人を超すメーリングリストになっている. アメリカで始まったネット交流は草の根的にわが国でも広がっている. 長谷川博『シニアネットと高齢者の社会参加』.

第 2 編

高齢社会の自助・共助・公助システム

第5章

ヘルスプロモーションの理念と手法

上田　厚

はじめに

　ヘルスプロモーションは，「人々が自らの健康をコントロールし，改善することを可能にするプロセスである」(ヘルスプロモーションに関するオタワ憲章: WHO会議〔オタワ1986年〕)[1]と定義づけられ，地域社会において，一人ひとりが自身にかかるさまざまな健康の局面に適切に対処できる能力を高める社会環境をつくるために，策定，推進される健康施策の一連の過程にかかわる理念と技術を意味している。この過程のなかで忘れてならないのは，「ヘルスプロモーションの場で主役となるのは一人ひとりの住民である」という認識の共有である。

　ヘルスプロモーションが効果的に進められるためには，保健・医療のみならず地域の生活や環境にかかわるさまざまな専門家とそれを活用する組織，それが円滑に運営されるための地域システムの構築が必要とされる。このことは，ヘルスプロモーションを進めることは，単に地域住民の健康の保持増進のみならず，それにともなう生活環境や産業構造の構築や社会資源の整備を通して，最終的に，活性化された地域社会の実現に直接つながっていることを示している。

　したがって，ヘルスプロモーションが直接対象とし，目的とするのは健康であるが，そこには，健康を軸にして持続可能な活性化された地域社会を実現してゆくための理念と技術がこめられている。

1. ヘルスプロモーションの背景
(1) 健康観の転換
1) これからの私たち一人ひとりのくらしのかたちとその資源としての健康

　これからの地域社会の基盤としての健康を求めていくためには，新しい健康観が，すなわち，健康観の転換が必要になってくる。現在，もっとも広く受け入れられている健康の定義は，WHO憲章(1946年)にある「身体的，精神的，社会的に良好な状態」であるが，さらに大事なことはこれに続く部分で，このような健康な状態は，私たちが生来持っている基本的な権利であると明記されていることである。このことは，健康に関する基本的権利が保障されない社会，保障するシステムを持たない社会のもとでは私たちは健康になれないし，健康な社会もつくれないということを示している。

　WHOの定義は，健康をあらわす概念として大変わかりやすいものであるが，反面，ある意味では抽象的で，それが具体的な私たち一人ひとりの生き方や地域づくりとどう関わっているのか明確ではない。私たちがいまどのような生き方に基づいて地域での健康づくりを進めてゆくべきか，という見地から健康を定義づける必要がある。そのための重要な健康の概念として，つぎの2つをあげることができる。

　ひとつは，A. H. Maslowの提案した「人の欲求の5段階説」[2]に拠った考え方である。彼によれば，人は段階的に高い次元を目指す5つの欲求を持っている。まず，私たちの生存の最も土台になる欲求として生理的欲求，すなわち食欲や睡眠の確保に関する欲求が生まれ，ついで，安全や五体満足で病気のない状態を求める欲求，さらに社会に受け入れられる欲求，つぎに，その社会の中で一定の役割をもった人間，抜きんでた存在と認められる欲求が芽生え，その上に，一番高い次元の欲求，すなわち自己実現（self realization）の欲求が生まれる。ここでいう自己実現とは，単に自分がやりたいことをやること，なりたいものになるということだけではなく，私たちは自分たちのいま持っている能力を，最大限に発揮する，あるいは，いま持っている能力をいろんな人からの様々な支援も受けながらさらに伸ばしてゆく，というふうに潜在能力を発揮，向上および開発する欲求をそなえているということを意味している。この欲求が満たされている状態を健康とするというのが，Maslowの欲求の5段階に対

応して定義づけられる健康である。このさい，一つの次元が100％満たされなければ，上に進めないということではなく，私は，それぞれの段階はお互いに補完的なものであり，健康と疾病の境界が明瞭ではないことと同様，この5つの段階も個別の性質を持った別々の次元ではなく，連続的なものであると考えている。

　もう一つの健康のかたちは全人的健康（holistic health）[3]である。通常，私たちは，身体の状態や精神の状態を，種々の医学的検査による数値や分類の結果で判断している。これに対し，全人的健康とは，それらに加え，私たちをとりまく様々な人との関係，さらに，その人をとりまく様々な環境の要素とのかかわりを総合的にとらえ，それとどう折り合っているかで，その人の健康度を測ろうとするものである。私たちの生活は，それに関連する様々な要素，すなわち，身体，精神，他者，環境の4つの要素で構成されており，このような視点からみた私たちの生き方をライフスタイルと定義づけることができる。ライフスタイルのなかで私たちは多くの局面に遭遇し，それとの折り合いの仕方によって健康度も左右されてゆく。すなわち，その時々の局面に適切に対応できる，または，できている状態を全人的健康ということができる。したがって，全人的健康とは，ひとの生活を，身体面と精神面，他者との関係，環境の4つの要素としてとらえ，それぞれの要素を構成する様々な局面を，いかにバランス良くコントロールすることができるかについて総合的に評価した状態ということができる。

　ここでは，病気やハンディキャップの有無は健康や不健康の絶対的条件とは見なされていない。すなわち，私たちは，健康を，生活者の視点で，生活とのかかわり，折り合いとしてとらえることにより，よりよいライフスタイルの実現につながる重要な資源や条件として位置づけているということである。

　これが，健康な地域社会の創造という視点に立脚した健康の定義である。

2) クオリティ・オブ・ライフ（**QOL**）

　このような視点から，健康活動や健康行動を規定する基本的な要素として「クオリティ・オブ・ライフ（QOL）」があげられる。QOLは，健康活動や健康行動の最終目標，すなわちゴールと位置づけられている。このゴールを最初に明確にすべきであるという点がこれからの健康活動の最も大事なポイントであ

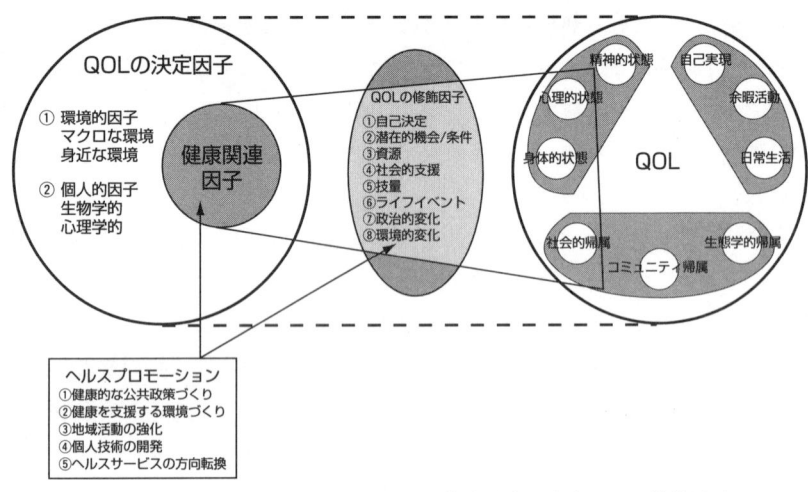

図 5-1 クオリティ・オブ・ライフの構成要素と決定因子・修飾因子
(Renwick ら[4] の図示したものを宮北らが訳した(『日農医誌』1999; 48: 583-587))

る。QOL とは，「質の高い生存」「ひかり輝く生」「心身ともに充足した生活や人生の満足」といったニュアンスを含んだ，「私たちが生きていくうえでの最も望ましい状態，かたち」をあらわす言葉である。健康を，QOL を実現するための最も重要な資源あるいは条件と位置づけることが，健康な地域づくりを進めるための私たちの基本的な立場である。

QOL の概念やそれを評価するために様々な手法が提案されているが，トロント大学ヘルスプロモーションセンター(カナダ)によって提起された定義[4]がわれわれのめざす健康活動の展開のためには最も適切である。それによると，QOL は「人々がそれぞれに与えられた人生の貴重な可能性をどれだけ享受しているかの度合い」と定義づけられている。その構造は，図 5-1 のように，3 つの構成要素(存在，所属，可能性)と 2 つの規定要素(環境的，個人的)，さらにそれを媒介，修飾する 8 つの要素(自己決定，潜在的機会，資源，社会的支援，技量，ライフイベント，政治的変化，環境的変化)により構成されている。

QOL を規定する直接的な要素として「ストレス」[5]と「社会的支援(ソーシアルサポート)」[6]があげられる。ストレスは，社会生活のありようが私たちの心身の機能や状態とかみ合わないことによって生じる不適応反応をいい，QOL

を阻害する直接的なマイナスの要素となる。これに対して，ソーシャルサポートは「ある人を取り巻く重要な他者からの様々な形の援助やつながり」のことで，ストレスによる QOL の低下を緩和し，向上させる直接的なプラスの要素である。

このことは，QOL の資源としての健康活動や健康行動は，ストレスを緩和し，ソーシャルサポートを良好にしていくことにほかならないことを示している。しかしながら，これらは個人的な努力や責任だけで実現するものではなく，私たちの社会に，それぞれが自主的に参加でき，役割を果たすことの出来るネットワークが存在することが必要である。

3) 新しい健康の評価

つぎに，これらの要素を使って，健康をどのように評価するかについて考える。QOL の基盤となるのはライフスタイルで，これは生活・環境・健康という3つの面からみることが出来る。この3つの面の視点を少しずつずらして一人ひとりのライフスタイルをみるということ，すなわち，生活と環境，健康を同じ次元で捉えるというのが，健康の評価の基本である。このことは，健康は人生の最終目標ではなく，QOL の最も重要な資源であり，条件であるという健康に対する基本理念を反映したものである。このような視点に立つとき，健康の評価のポイントは，遭遇する健康や環境の局面に対する「自己決定力」，「コントロール能力」，「対処能力」のありようではないかと思われる。

このような視点に立って健康を評価するとき，その指標としてつぎの4つをあげることができる。すなわち，① 全人的健康，または，ライフスタイル，② 環境因子とその構造，③ 自らが所属する社会の弱者または障害者の QOL，④ その人が持っている主観的健康感および健康観の4つである。それらの項目を客観的に評価しうる手法を開発することは，健康を主軸に据えたこれからの地域づくりの重要な課題のひとつである。

(2) これからの地域社会のかたち: 少子高齢化社会における持続可能な健康社会

これからの健康な地域社会をつくるための十分な資源を持っている社会として，混住化社会と循環・共生型社会をあげることができる。混住化社会とは，様々な特性を持った生活者と自然環境が，それぞれの特性を適切に地域で活用

されていることを前提とした社会のことである。現実にそれが可能な社会という局面から、混住化を農業とそれを取り巻く農業以外の産業と商業と居住環境からなる社会ということができる。

いっぽう、私たちは、これまで政策的に、われわれの生活の基盤として経済活動の利便性に偏重した都市づくりを進めてきたが、いまそのようなまちづくりは、原理的に、残された地球環境の資源を枯渇してしまうことにつながるおそれのあることが指摘され、新しい地域社会のかたちが求められ始めている。その答えの一つが循環・共生型社会である。私は、循環・共生型社会を「地域を構成する人々、生物、自然の特性や機能をうまく活用して、私たちの生活に必要なエネルギーを効率的に循環させ、その社会が持っている資源を持続的かつ有効に使うことの出来るネットワークシステムを持っている社会」と定義づけている。

このような見地に立てば、ここであげられたネットワークを持つ社会は、農作業や農村が本来持っていた共同体的社会のあり方や農業の多面的機能を基盤として形成される社会に見いだすことができる。

(3) 健康地域創造の基本プロセス: QOL をゴールとする健康づくりと地域づくりのプロセスモデル

私は、このような姿かたちを持った健康社会をつくるためには、図 5-2 のようなプロセスが最も有効であると考えている。

まず、最終ゴールとなる健康社会の姿かたちを設定することから始まる。これを、私は、「活性化された持続的なむら/まちづくりが進められている地域」としている。これは、言い換えれば、「農業/農村がいろんな資源を提供できる循環型の混住化社会」である。このような地域にするために、どのような地域を実現しなければならないかというのが、地域保健活動、すなわち健康な地域づくりの一般目標である。それは、「住民一人ひとりの QOL が向上している社会をつくること」である。言い換えれば、「一人ひとりが生活/環境のあり方を自分で変えることのできる力を持つこと、すなわち、ライフスタイルを自ら改善できる能力を持つこと」である。

そのために必要な行動目標が、健康な住民、すなわち、「自己実現の欲求が充足された」、「健康に対する自己決定力を持った」さらに「良好な環境をつくる

☆目標とすべき健康社会の姿: ヘルシー コミュニティ

活性化された 持続的な　　　　＝ むら／まちづくり	農業／農村がいろんな 資源を提供出来る 循環型の混住化社会

⇩⇧
☆地域保健の一般目標　⇩⇧
⇩⇧

住民一人ひとりの QOL の向上 生活／環境のあり方の転換: 生活習慣の改善

⇩⇧
☆地域保健の行動目標　⇩⇧
⇩⇧

健康な住民の増加 　　（自己実現の欲求の充足／全人的健康の向上） 　　（健康に対する自己決定力の向上） 良好な環境の形成 　　（アメニティの向上） 　　（環境に対するコントロール能力の向上） 　　　　　　　↑↓ ヘルス プロモーション 環境保全活動 　　（ネットワーク社会の形成）

図 5-2　健康社会創造のプロセス

能力を持った」住民の育成である。このために必要な理念と技術が,「ヘルスプロモーションと環境活動（アメニティ）」であり，それが円滑に展開できる条件が「ネットワークの形成」である。

私たちがいま共通のテーマにしている少子高齢化社会における健康なひとづくり，健康な地域づくりも，基本的なプロセスは上と同じである。全ての世代に適切に対応して，健康や環境に対するコントロール能力，自己決定力を持った住民を育てることが，持続可能な健康社会を創造する要点である。

2. ヘルスプロモーションの理念と展開

(1) ヘルスプロモーションの概念

ヘルスプロモーションの基本理念は，オタワ憲章[1]にあるように，住民一人ひとりが健康や環境の局面に対する自己決定力，コントロール能力を向上させ

表5-1 ヘルスプロモーションの概念（WHO 1986）

定義: 個人とコミュニティが健康の決定要素をコントロール出来るようになることによって健康を改善することが可能になるシステム。
目的: 全ての人々があらゆる生活部面で平等に健康を享受できる社会を創造すること。
資源(条件): 平和，住居，教育，食物，収入，安定した生態系，生存のための諸資源，社会的正義，公平。
課題: 健康のための好ましい環境を創る。

ヘルスプロモーション活動の方法
① 健康的な公共政策つくり
　• 条例 / 財政 / 税制 / 組織
② 健康を支援する環境づくり
　• 健康な生活 / 労働 / 余暇パターンの創造
③ 地域活動の強化
　• ソーシアルサポートネットワークの形成
④ 個人技術の開発
　• 情報提供 / 健康学習
⑤ ヘルスサービスの方向転換
　•「病気を治す」⇨「健康をつくる」
　•「病院中心」　⇨「家族・地域社会中心」
　•「専門家中心」⇨「生活者(素人)中心」

（文献1に示されたヘルスプロモーションの概念を日本語訳し，若干の項目を追加した）

ることの出来る地域環境をつくることにあり，その概念と具体的な展開の手法は表5-1のようにまとめることができる．ここに示されているように，ヘルスプロモーションの要点は，その目的を達成するために，保健，医療の技術やシステムを向上，開発することよりも，平和，住居，教育，食物，収入，安定した生態系，生存のための諸資源，社会的正義，公正など私たちの生活や環境を規定する要素をその前提条件や資源としている点にある．わが国では，これを島内[7]が図5-3のようにまとめており，ヘルスプロモーションの本質を示す概念として広く支持されている．ここに示されているように，ヘルスプロモーションは，これまでの健康活動が目指してきた保健・医療の専門家の後押しによる健康の獲得という方向と全く異なった視点を持つ地域づくり活動の新しい手法である．このような地域環境のなかで，住民の一人ひとりは，様々な生活者や専門家の知識や技術や情報の助けを借り，政策的な地域健康環境の構築に支えられて，様々な健康上のハンディキャップを持ちながら自分の力で自分の生活をつくり，目指すQOLに到達することができる．

第5章　ヘルスプロモーションの理念と手法　　　　　　　　　　109

専門家の後押し　　　健康
生活

従来の健康づくり

健康サービスの方向転換
個人技術の開発
豊かな人生
ふくらみのある生活
健康（障害）
労使の参加
（職場活動の強化）
健康を支援する環境づくり
健康的な公共政策づくり

ヘルスプロモーションの道筋

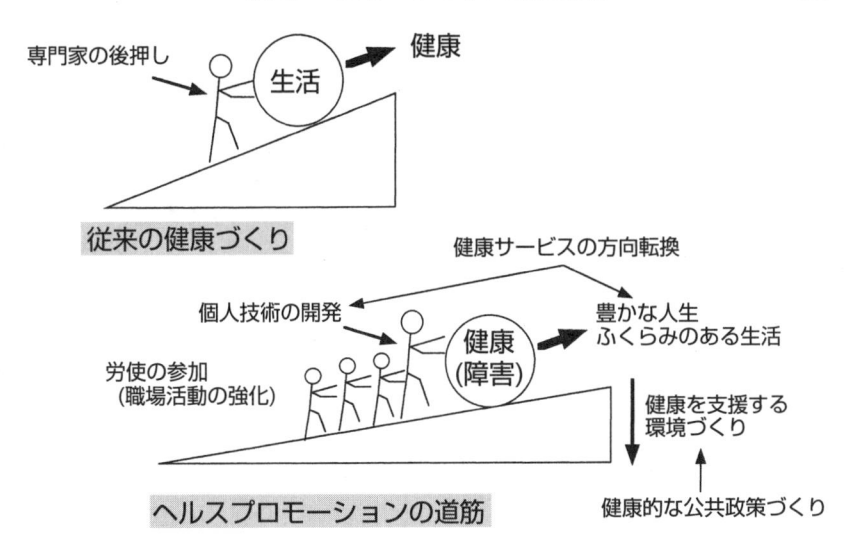

図 5-3　従来の健康づくりとヘルスプロモーションの対比
（島内[7]が図示したものに宮北が産学保健活動に応用するため若干加筆した
（『労働の科学』1999; 54: 577-580））

(2)　わが国におけるヘルスプロモーションのながれ

わが国では，現在，「21世紀における国民健康づくり運動（健康日本21）」に基づき，地域を単位とした新しい健康づくり計画の策定が進められている[8]。「健康日本21」では，地域を単位として，生活習慣の改善を目的として設定された指標について，目標値を定めた計画を策定するよう求められているが，それに至るプロセスには，ヘルスプロモーションの理念と技術が導入されている。

「健康日本21」では，①一次予防の重視，②健康づくり支援のための環境整備，③目標値の設定と評価，④多様な実施主体による連携のとれた効果的な運動の推進が基本方針としてあげられ，「アクティブ80ヘルスプラン（昭和63年）」[9]における健康政策の理念と成果を発展的に引き継いだものであることが示されている。このように，わが国の健康づくりの基盤となっているのは，ライフスタイル／健康習慣の改善が個人の健康の増進につながるという考え方である。

この考え方は，米国の健康づくりの方向を示した「Healthy People 2000」[10]

にも同様に示されている。そこでは、ヘルスプロモーションの対象領域として8項目のライフスタイル関連要素があげられ、それらが健康保護政策や予防サービスに先行する優先順位の高い領域に位置づけられている。

WHOの定義にしたがえば、ヘルスプロモーションは、このようなライフスタイルの改善に結果として到達することを直接的な目的とする事業そのものを示すものではなく、それを実現するための社会環境の整備にいたるプロセスのあり方を指している。したがって、目標として設定された数値の達成のみが評価の指標とされるのではなく、そのためにどのような住民参加のシステムがつくられ、いかに適切な社会環境整備のための支援が行われたかが評価の指標とされるべきである。

このような観点からみると、わが国で進められているヘルスプロモーションは、WHOの提唱するそれに比して、住民参加や個人の健康決定能力の向上が強調されてはいるものの、結果的には、ライフスタイル改善の数値達成度が重視されすぎるとともに、それを進めるための専門スタッフの役割の見直しと組織化に限定されすぎているように思われる。

いっぽう、厚生労働省が平成5年度より開始した「健康文化都市事業」は、従来の専門家主導型の保健活動のあり方を、住民主体の活動を通じて健康地域を構築する新しい健康づくりのあり方へシフトするための有効な手段として位置づけることができる[11]。健康文化都市とは、「まちに住む人々が健康に最大の価値をおき、協働して『健康なライフスタイルづくり』と『健康な環境づくり』に主体的、組織的に取り組んでいるまち」のことで、このための条件および資源として、「景観、日常生活、労働、余暇、遊び」など、日常生活に根ざした環境の諸要素があげられている。

このような視点を持ち、住民が主体となって、ネットワークをつくり、自分たちの地域の中に健康に関する自己決定力を高めるための支援環境を整備していくことが、「健康日本21」を効果的に進めていくための最も有効な地域基盤になるものと思われる。

現在、各市町村を単位として進められている「健康日本21」にそった健康づくり計画策定事業は、それぞれの地域がその地域の特性に応じた独自の住民参加の計画づくりを試みており、最終的にそれぞれで出された数値目標だけでな

く，それが得られるまでのプロセスが社会科学的に解析，整理されることにより，わが国における効果的なヘルスプロモーションのかたちが見えてくるのではないかと思われる。

(3) ヘルスプロモーションの基盤となる技術

ヘルスプロモーションが目的どおりに動いてゆくためのポイントは，「ヘルスプロモーションの場で主役となるのは一人ひとりの住民である」という認識の共有である。このためには，目的とするゴールが明確にされ，そのために解決すべき適切な局面と実施すべき政策が系統的に設定され，その実施と評価を一定の基準で測定することの出来る枠組みが必要とされる。また，この枠組みを構成する適切な項目を抽出するためには，地域住民一人ひとりの想いを正確にすくい上げることが必要である。そのための技術として量的調査とともに，近年，質的調査の技術が用いられるようになってきた。

1) プリシード・プロシードモデル(みどりモデル)

このように，地域保健活動の推進と評価を効果的に進める枠組みを設定するためには，Green らが考案，提起したプリシード・プロシードモデル（The PRECEDE — PROCEED Model）[12] が最も有用である。

このものは，ヘルスプロモーションにおける査定・計画・実施・評価のモデルとして設定された枠組みで，ニードアセスメント(診断)と評価にかかわるプリシードの部分と，計画実施にかかわるプロシードの部分からなっている。プリシードは，Predisposing, Reinforcing, and Enabling Constructs in Educational / environmental Diagnosis and Evaluation (教育環境診断と評価における準備・教化・実現因子）の頭文字を，プロシードは，Policy, Regulatory, and Organizational Constructs in Educational and Environmental Development (教育発展と環境醸成の政策・法規・組織因子）の頭文字をとったものである。わが国では，一般に，みどりモデル(理論)とよばれている。

みどりモデルは，図 5-4 のような枠組みにしたがって設定される。図示されているように，QOL を出発点およびゴールとする連続する 5 つのフェイズと 9 つのプロセスで構成されている。吉田[13] によれば，5 つのフェイズはそれぞれ以下のような内容と項目を含んでいる。

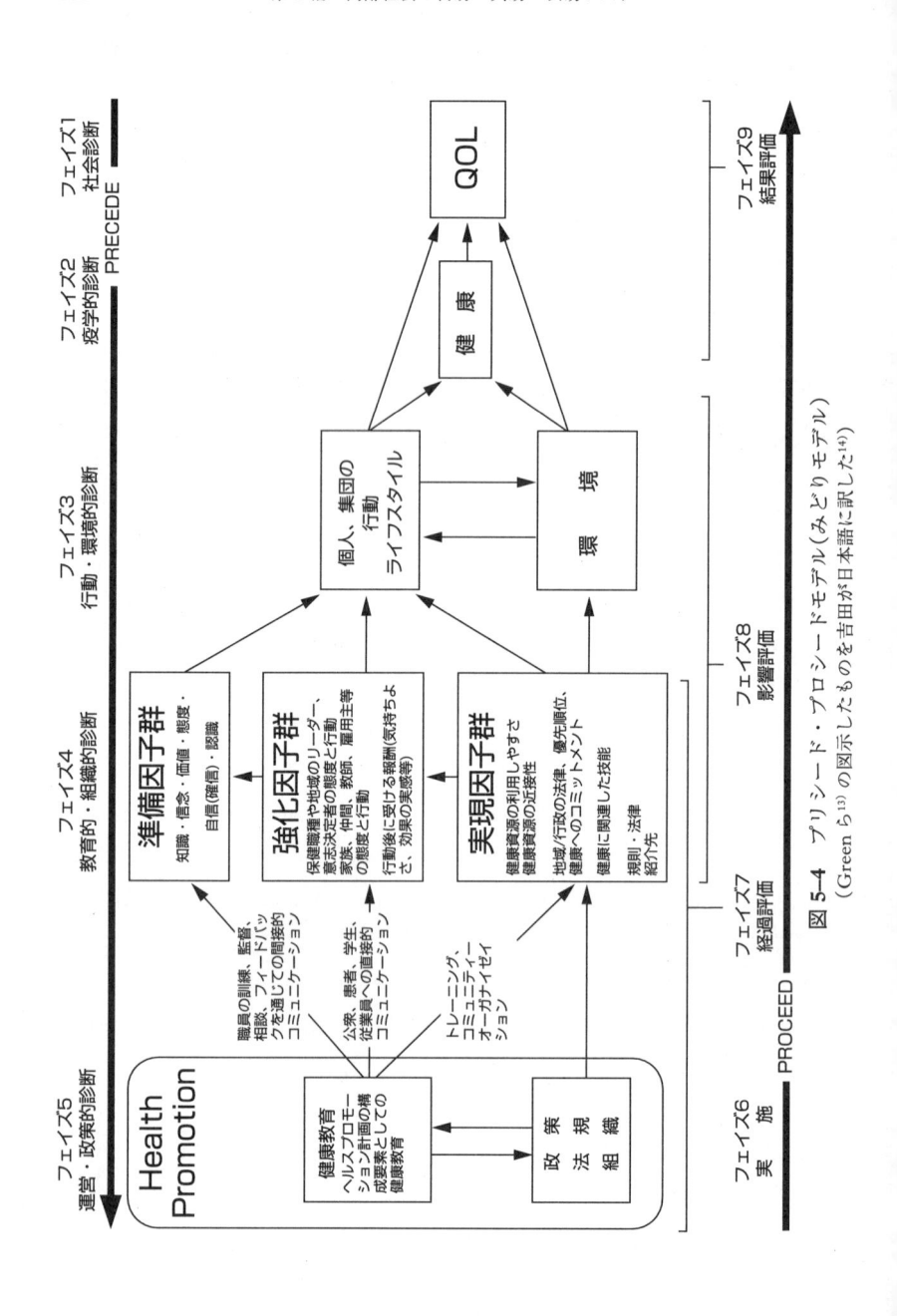

図 5-4 プリシード・プロシードモデル（みどりモデル）
（Green らの図示したものを吉田が日本語に訳した[14]）

フェイズ1: 社会診断

- みどり理論は QOL を最終の目標とし，そこからスタートする。QOL を達成するには，対象者や対象集団が何を考え，何を重視しているかを明らかにすることから出発すべきである。

フェイズ2: 疫学診断

- 前段階で決定した QOL のバロメーターとしての社会問題の解決に寄与しうるもののなかから，活動の対象となる健康上の目標や健康問題を決定する。
- 様々な生命指標を用い，健康上の目標達成状況や問題解決状況を把握する。

フェイズ3: 行動・環境診断

- この段階で，健康問題と結びついている行動因子や環境因子を特定し，行動目標と環境目標を決定する。

3-① 行動診断

❶ 選ばれた健康問題が，対象の行動により，どの程度左右されているかを知る。
❷ 行動目標の候補となる行動因子の一覧表を作成する。
❸ 健康問題への影響の大きさを考え，行動因子の一覧表に順位をつける。
❹ 行動因子の変わりやすさを検討する。
❺ 行動目標を決定する。

- 行動目標を正確に記述する。この際，Who (誰の行動を変えるのか)，What (達成されるべき行動の変化とは何か)，How much (どの程度の変化を期待するのか)，When (いつ変化が起きることを期待するのか) の4点を記述することが必要である。

3-② 環境診断

- 環境因子は，個人の支配は及ばないが，行動や健康や QOL に影響を及ぼす外的な因子のことである。
- 行動目標と同様の手順で決定される。

フェイズ4: 教育・組織診断

❶ 準備因子群: 主に行動への動機付けに関連する因子で，対象者や対象集団の持つ，知識，態度，信念，価値，認識が含まれる。
❷ 強化因子群: 行動変容のあとで，対象が周囲の人々から受けるフィードバックのことで，保健職種や他職種，仲間，両親，雇用主などの態度と行動などが含まれる。
❸ 実現因子群: 行動変容や環境変化を可能にする技能や資源を言い，資源の利用可能性，近接性，紹介先，規則・法律，技能が含まれる。

- 準備因子群には直接的なコミュニケーションにより，強化因子群には対象の周囲へのコミュニケーションにより，実現因子群にはトレーニングやコミュニティ・オーガニゼーションにより働きかけることが出来る。

フェイズ5: 運営・政策診断

- 健康教育と政策・法規・組織の両者がかみ合うことによりヘルスプロモーションが実現される。

❶ 運営診断: 健康教育実現のために必要な各種資源を確保するための診断で，以下の手順で行われる。
(1) 時間，人員，予算など，必要な資源を査定する。
(2) 現時点で利用可能な資源を査定する。
(3) 実施の障害となる事項を確認する。
❷ 政策診断: 健康教育やコミュニティ・オーガニゼーションのみでは改善を期待できない実現因子への働きかけに関する診断と健康教育実施の際に障害となる政策・法規・組織方針の診断の二つの側面を持ち，以下の手順で行われる。
(1) 現行の政策・法規・組織方針を査定する。
(2) 政治的な力関係の分析を行い，政策診断をもとに，必要な働きかけを行う。

このような過程をへて，フェイズ1からフェイズ4までのそれぞれに，その指標となる項目が設定され，ヘルスプロモーションの枠組みが構成される。この過程が，前述のプリシードにあたる。つぎに，設定された政策の実行の過程であるプロシードが実施される。プロシードは，図のように，フェイズ5から逆にフェイズ1へ至る過程で，フェイズ6: 実施，フェイズ7: 経過評価，フェイズ8: 影響評価をへて，フェイズ9: 結果評価に至る。プロシードの過程では，評価の基準をはっきりとさせ，測定を正確に行うことが要点であるが，このためには，プリシードの過程が適切に妥当に構成され，正確な数的/量的評価の可能な項目が設定される必要がある。

2) 質的研究手法: フォーカス グループインタビュー

住民の健康ニーズを把握し，QOLを設定するための新しい技術として，フォーカス グループインタビュー法，デルファイ法，ノミナールプロセス法などの質的調査手法[14]が有効なツールとして注目されている。フォーカス グループインタビューは，Beckら[15]によれば，「具体的な状況に即したある特定のトピックについて選ばれた複数の個人によって行われる形式ばらない議論」と定義され，設定された話題について参加者のそれぞれの生活に即した理解や考え

方を引き出すことを目的にしている。よくトレーニングされた司会者が，そのために設定された仮説と質問にそってグループ討議を進めることによってグループダイナミックスが生じ，それによって参加者の反応が引き出される。フォーカス グループインタビューは，それによって得られた参加者の言葉や動作を記録し，それを仮説の検証やこれからの研究，活動の展開の資料にまとめていくための技術とプロセスで構成されている。一グループの人数は，設定された話題に関して同じようなバックグラウンドを有する6～10人程度が適切で，一つの話題についてそのような構成を持つ複数のグループが必要である。このように，フォーカス グループインタビューは，大数例を対象としたアンケート形式の量的調査ですくい上げることのできない住民の想いを評価することができる。とくにQOLの設定や健康活動の評価に有用である。また，これを実施することにより，ヘルスプロモーションの前提となる住民参加と一人ひとりの健康決定力の向上に，直接つながるという点でも，ヘルスプロモーションを展開するための効果的な技術である。

　デルファイ法とノミナールプロセス法は，ある共通の専門性を持った選定された比較的少数の参加者に設定された話題に関する情報を平等に与えて熟慮させ，それをまとめ，それを繰り返すことによって段階的に意見を集約してゆこうとする手法で，コンセンサスメソッドと呼ばれている。前者は，質問票を郵送やインターネットを利用して配付と返送を繰り返し，後者は，召集された専門家に厳格な手順を設定された会議の討議を繰り返し行うことによってデータが得られる。これらの手法は，とくに，保健，福祉の領域のようにすべての人に納得の得られる結論を出しにくい事業や活動の展開における優先順位の決定に特に有効であると思われ，われわれも，このものを地域保健計画の策定と実行のプロセスに効果的に導入することを試みているところである。

3. ヘルスプロモーションの進め方

　ヘルスプロモーションの具体的な現場での展開の事例として，熊本市の「健康くまもと21計画策定事業」（平成12～14年）について紹介する。この事業は，図5-5のように，事業計画の枠組みをみどりモデルで構築したのみならず，そこに至るプロセスそのものがみどりモデルに沿ったかたちで展開されている。

すなわち，以下のようなプロセスにまとめることが出来る。

> ① QOL の設定: フォーカス グループインタビュー
> ② 設定された QOL の確認と健康問題の設定: 大数例のアンケート調査
> ③ 健康課題の設定: デルファイ法
> ④ 行動/環境の設定: 計画策定委員会のグループワーク
> ⑤ 準備因子/強化因子/実現因子の設定: 計画策定委員会のグループワーク
> ⑥ みどりモデルの設定 → 政策決定
> ⑦ 設定されたそれぞれの項目の達成状況の把握: 大数例のアンケート調査
> ⑧ みどりモデルの設定: 策定委員会のグループワーク ⇄ 行政スタッフ間の討議
> ⑨ 政策決定: 策定委員会のグループワーク ⇄ 行政スタッフ間の討議 ⇄ 市議会の討議
> ⑩ 政策の実行: 市民会議 ⇄ プロセス評価/結果評価

現在，熊本市では，この枠組みを実行に移す前の準備作業として，市民の公募による市民会議準備委員会を組織し，委員会のグループワークを中心に具体的な実行の方法を策定しているところである。このような，市民を計画策定の最初から巻き込んだ事業のプロセスそのものがヘルスプロモーションの本質的な要件であり，本事業がこれからどのように展開され，どのような結果評価を得ることができるか，大いに注目されるところである。

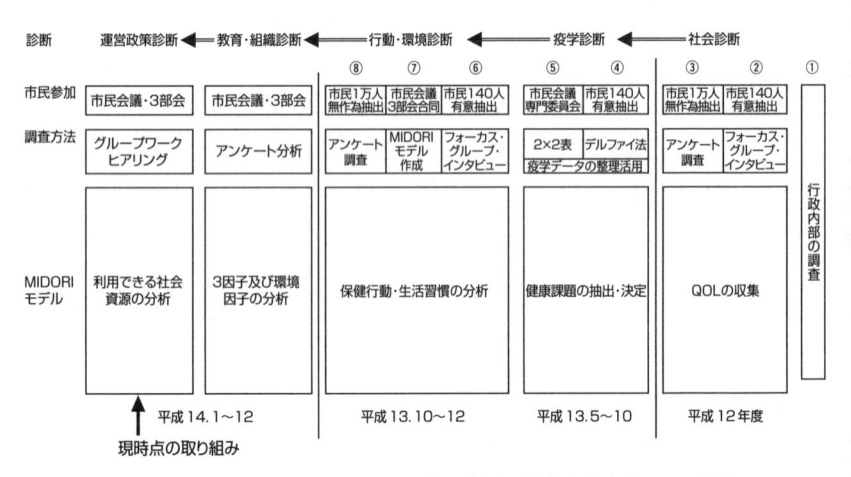

図 5–5 ヘルスプロモーションの応用事例: 健康くまもと 21 の展開

おわりに

　ヘルスプロモーションは，循環・共生型社会をめざすこれからの持続可能な活性化された地域社会を創造するための基盤となる理念と技術を私たちに与えている。現在，様々な地域で，ヘルスプロモーションの技術を導入した健康づくり策定事業が試みられているが，それが効果的に展開され，目指す結果を得ることができるための要件は，住民の主体的参加と地域の特性に対応した柔軟な枠組みの設定である。ヘルスプロモーションを基盤としたこのような地域づくりの試みは，いま始まったばかりで，その有用性については未だ明らかではないが，その理念と技術が正しく適用され，その事例が蓄積されていくことにより，ヘルスプロモーションがこれからの持続可能な活性化された地域社会をつくる切り札であることが明らかにされてくるものと思われる。

参考文献

1) WHO Regional Official for Europe, *Ottawa Charter for Health Promotion* WHO, 1986
2) Maslow, A. H., *Motivation and Personality*, Harper & Row Publishers Inc., 1970.（マズロー，A. H. 著/小口忠彦訳『人間性の心理学——モチベーションとパーソナリティ——』産能大学出版部，東京，1987.）
3) 日本ホリスティック医学協会編『ホリスティック医学入門』柏樹社，東京，1989
4) Renwick, R. et al. (eds), *Quality of Life in Health Promotion and Rehabilitation*. SAGE Publication, Thousand Oaks, 1996
5) Razarus, R. S. et al., *Stress, Appraisal and Coping*. Springer, New York, 1984
6) House, J. S. et al., *The association of social relations and activities with mortality*. Amer. J. Epidemiol, 1982; 116: 123–140
7) 島内憲夫『21世紀の健康戦略3　ヘルスプロモーション——戦略・活動・研究・政策——』垣内出版，東京，1992
8) 『地域に於ける健康日本21　実践の手引き』(財)健康・体力事業団，東京，2000
9) 厚生統計協会「国民衛生の動向」『厚生の指標』1988; 35: 90–92
10) U.S. Department of Health and Human Services *Healthy People 2000, National health promotion and disease prevention objectives*. U.S. Government Printing Office, Washington, 1991
11) 日本ウェルネス協会(代表者 高部益男)『「健康日本21」に基づく今後の健康文化都市のあり方に関する研究』平成11年度地域保健総合推進事業報告書，2000
12) Creen, L. W. et al., *Health Promotion Planning: An Educational and Environmental Approach*, Mayfield Publishing Co., Mountain View CA, 1991.（グリーン，

L. W. 他著/神馬征峰訳『ヘルスプロモーション PRECEDE-PROCEED モデルによる活動の展開』医学書院, 東京, 1997.)

13) 吉田 亨「プリシード/プロシードモデル」『保健の科学』1992; 34: 870–875
14) Pope, C. et al. (eds), *Qualitative Research in Health Care*, BMA House, London, 1999. (ポープ, H. 他著/大滝純司訳『質的研究実践ガイド 保健・医療サービス向上のために』医学書院, 東京, 2001.)
15) Beck, L. C. et al., *Using focus group sessions before decisions are made.* North Carolina Medical Journal, 1986; 47: 73–74

■ 第6章 ■

地域におけるヘルスプロモーションの実践
―高齢者の社会参加と耳のバリアフリー・プロジェクト―

宮　北　隆　志

はじめに

　蘇陽町では，昭和63年度から5年間，熊本県が予算化した「健康くまもとづくりモデル市町村支援事業：くまもと80ヘルスプラン事業」のモデル指定を受け，「すべての町民が健康で活力に満ちた町づくり」をめざして，高齢者対策を入り口とした健康な地域づくりの取り組みが展開されてきた[1]。そのベースとなったのは，モデル指定を受けた年に，町の福祉課（現健康生活課）職員と地元の阿蘇保健所職員の手で作成された「蘇陽風とくらしと健康：蘇陽町健康づくり基本構想書」である。この構想書の冒頭には，「町民みんなの力で，すべての町民が健康で活力に満ちた町づくりを展望しながら，高齢者が安心して健康な生活を送れる町をめざします」ということが，基本的なねらいとして明確に述べられている。また，「健康な地域づくり（ヘルスプロモーション）」というモデル事業の理念と5年間の活動の成果が，平成4年度に策定された町の基本計画（「そよトピア」5つのシナリオ）の中に明確に位置づけられたことも，取り組みの継続的な発展を可能にした要因と考えられる。具体的には，①寝たきりになってしまった人やその家族に対するケア，②寝たきりにならない，寝たきりをつくらないためのケア，③寝たきりや機能障害を起こすような疾病の予防，健康管理，医療システムの整備，④高齢者の社会参加，生きがいづくり，これらの4つの施策を柱とした「健康な地域づくり」が展開されてきた。

　高齢者対策から始まった活動は，歯科保健や家庭（母子）保健，環境問題への取り組みへと広がりをみせている。さらに，平成10年には「健康文化都市」の指定を受け，「生きがい／仲間／健康／環境づくり」の4つのキーワードを基調とした「蘇陽風のふるさと」蘇陽町健康文化都市構想書（平成11年）が策定さ

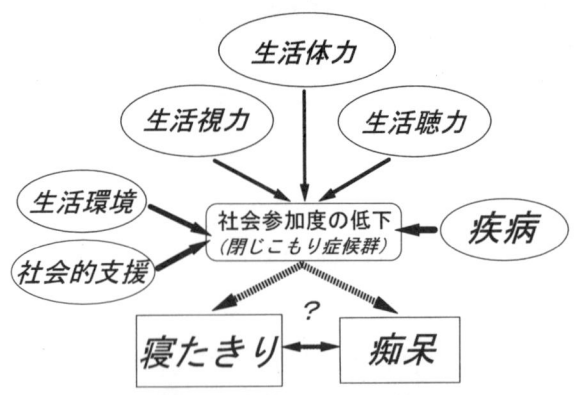

図 6–1 地域高齢者の社会参加度の低下に関連する要因(仮説)

れ,「みんなが笑顔で暮らせる『そよ風の里』」をめざすヘルスプロモーションの取り組みは,新たなステップを踏み出しつつある。

本稿では,蘇陽町と熊本大学医学部衛生学講座との協働作業として平成8年以降取り組まれてきた耳のバリアフリー・プロジェクト[2]の経過とその意義について,ヘルスプロモーションの実践という視点から考察したい。

1. 耳のバリアフリー・プロジェクト: その背景

「目に見えない」障害としての聴力障害は,個人の地域における社会生活への参加,或いは,社会的役割の遂行を大きく阻害する一つの要因と考えられる。しかしながら,その障害に関する問題の所在とその性質,大きさについては十分な認識・理解がなされているとは言えない。平成5年に制定された「障害者基本法」,或いは,平成7年に通知された「市町村障害者計画策定指針」に基づき,「高齢者や障害者にやさしいまちづくりの推進事業」が展開される中で,車椅子使用者や視覚障害者対策としての,「段差のスロープ化」,「点字ブロックや音響信号機の敷設」などは徐々に実施されているものの,中途失聴者や難聴者に関する「きこえの保障」や「音環境の整備」に関しての取り組みは皆無に等しいというのが,多くの自治体に共通する現状である。このような状況の中で,蘇陽町が健康な地域づくりを進めるための施策の一つとして掲げる「高齢者の社会参加,生きがいづくり」を接点として,町と大学の協働の取り組みが開始

された。

　高齢者の社会参加を阻害し結果的に，閉じこもり，寝たきり，痴呆といった状態を引き起こす要因としては，本人の身体的並びに精神的な健康状態に加えて，生活聴力・生活視力・生活体力といった基本的な生活機能を挙げることができる。また，これを修飾するものとして，本人を取り巻く生活環境と社会的ネットワークが重要な要因であると考えられる(図6-1)。このモデルでは，聴力，視力，体力という3つの言葉の前に「生活」という言葉が敢えてつけ加えられている。一言で言えば，医学モデルから生活モデルへの転換を意識したということになる。

　従来，医学モデルの中で扱われてきた「聴力」というのは，病院の静かな検査室(防音室)の中で検査音として提示される特定周波数の純音を聞き，それがどのくらいの大きさで聞こえるかということを基本的に問題とするものであった。しかし，現実の生活では，非常に低レベルの純音の聞き分けを要求されることはほとんどない。我々が生活する上で必要な聴力は，人との出会いの中で何気なく挨拶を交わしたり，仕事の打ち合わせにおいて相手の話を聞き取り理解するための聴力である。そのような生活に必要な聴力がどの程度備わっているかということを問題にするのが，「生活聴力」という考え方である。視力や体力についても同様である。通常の体力測定で測られる体力ではなく，社会参加度の低下を引き起こす一つの要因となると考えられる体力，日常生活動作をスムーズに行うための体力の程度を問題にしようとするものである。

　一方，高齢者を取り巻く生活環境や社会的な支援のネットワークの有無も，社会参加の度合いを規定する重要な要因である。例えば，膝に障害があり生活体力が低下をする中で，車椅子の生活を余儀無くされた時に，「一緒に出掛けましょう」と誘ってくれる人，そして車椅子を押してくれる人がいるということが，その人の社会参加度を大きく左右することになる。また同時に，その車椅子が走行しやすい環境の確保が，社会参加度の向上には不可欠である。個々人が保持する基本的な生活機能と，その人を取り巻く環境やネットワークといったものに目を向け，年をとっても，また，障害があっても社会参加度を下げないという視点から，高齢者の閉じこもりに予防的にアプローチしようとするのが，耳のバリアフリー・プロジェクトである。

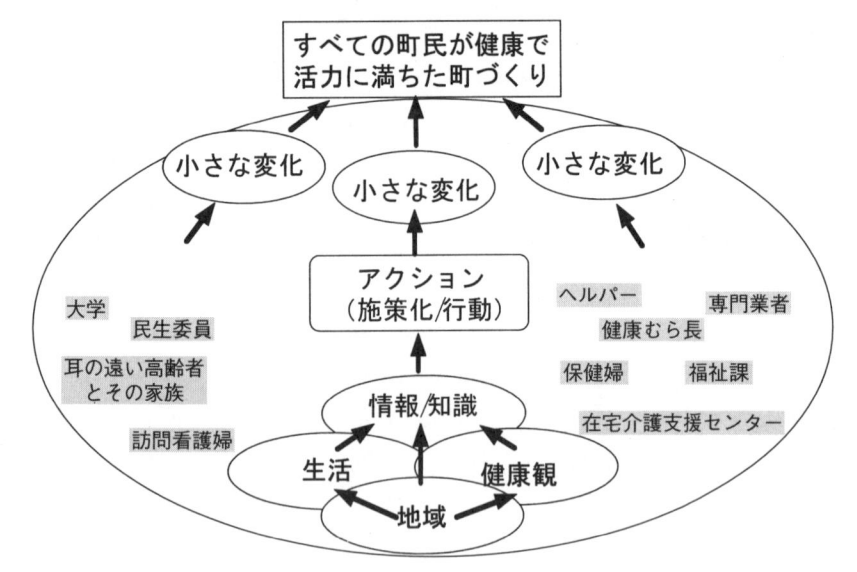

図6-2 耳のバリアフリー・プロジェクトにおける参加行動型研究のイメージ

2.「参加行動型研究」とヘルスプロモーション

　高齢者や障害者とその家族，行政からの委嘱を受けて各地区で活動する健康むら長(健康づくり推進員)や民生委員の参加を得，町の福祉課，在宅介護支援センター，訪問看護ステーション，社会福祉協議会，医療機関，県保健所・健康センターの連携のもと，耳のバリアフリー・プロジェクトは「参加行動型研究」[3] としてスタートした(図6-2)。高齢者の社会参加を可能にし，たとえ健康上の問題や障害があっても，各人が生きがいをもって活き活きと暮らせる地域づくりの新たな展開に向けての第一歩が踏み出されたと言える。「病気」の対極としての「健康」を最終目標と考えるのではなく，QOLの高い生活を実現する重要な資源と位置づけるヘルスプロモーションの理念に基づく実践そのものである[4,5]。

　「参加行動型研究」として位置づけられた耳のバリアフリー・プロジェクトは，まず地域に暮らす耳の遠い高齢者がどんな想いでどんな生活をしているのかということを，スタッフ全員で知り共有することから開始された。そして，共有された情報を基に，問題の所在とその大きさを確認し，問題解決のための

方策を，知恵を出し合って考え，みんなで行動を起こし，「小さな変化」を地域に生み出していくプロセスをこそ大事にしようというものである。また，このような小さな変化が次々と生み出されてくる中で，基本構想書の冒頭に示された「健康な地域づくり」の最終目標である，「全ての町民が健康で活力に満ちた町づくり」が実現するのではないかと考えた。もう一つ大事なことは，このプロセスにできる限り多くの関係者が関わることである。まさに参加行動型研究の最も大事な部分とも言えるが，大学の研究者だけではなく，地域の民生委員，耳の遠い高齢者本人やその家族，あるいは町の保健師や健康むら長，在宅介護支援センターの職員，また一方では，専門業者（補聴器取り扱い）をも巻き込む中でこのプロジェクトは行われた。

　もう一度確認すると，

　①　対象とする地域住民の日々の生活，並びに，その地域における長年の生活の中で形作られた健康観に根ざした情報と知識が汲み上げられている。

　②　その情報と知識に基づいて施策がつくられ，施策に沿った行動（アクション）が地域に「小さな変化」を生み出している。

　③　①と②のプロセスに，数多くの住民（耳の遠い高齢者とその家族）並びに保健・医療・福祉に関わる幅広いスタッフの参加がある。

　④　地域の力で生み出されるたくさんの「小さな変化」が「健康づくり基本構想」に示された目標を達成するための，一つ一つの条件整備として生かされている。

　この4項目が蘇陽町における参加行動型研究の条件であると考え，プロジェクトは展開された。

　地域の生活者が，様々なスタッフとの協働の作業を通して，健康度やQOLの向上をめざして自らを取り巻く環境に対して働きかけが出来るようになる，或いは，その力をつけていく過程こそが，地域におけるヘルスプロモーションの実践において最も大事な部分と考えられる。「年をとったら耳が遠くなるのはあたりまえ」，「しかたがない」といった認識をあらため，ソフト，ハードの両面における環境整備によって，たとえ耳が遠くなっても「閉じこもり」にならない。このようなイメージで，みんなが知恵を出し合い，町にいくつもの「小さな変化」を生み出す取り組みとして，「耳のバリアフリー」プロジェクトは展

開されている。

3. 生活に根ざした情報の共有からアクションへ

ここでは，耳のバリアフリー・プロジェクトを様々なスタッフの参加で展開する基礎となった質問紙調査と訪問調査の結果，並びに，調査結果を生かしたその後の展開について紹介する。

(1) 「耳のきこえと生活」に関する質問紙調査（予備調査）

まず最初に，地域の中高年者における聴力障害の実態と，きこえの不自由さが自覚的健康度や社会生活への参加に及ぼす影響について明らかにし，社会的支援の手がかりをつかむことを目的として基礎的調査を実施した[6]。

調査対象としたのは，老人保健法に基づく基本健康診査の受診対象者2,199名である。耳のきこえ，補聴器，耳鳴り，自覚的健康度，並びに，社会生活に関する10項目の設問からなる自記式質問紙による調査が基本健康診査にあわせて実施された。耳のきこえと社会参加に関する自記式質問紙に回答した2,075人を解析の対象とし，次のような結果がえられた。

① 耳のきこえに不自由を感じている者は，40代では男性1名（0.6%），女性なし，50代では男性7名（3.9%），女性7名（2.8%），60代では男性26名（8.2%），女性16名（4.2%），70歳以上では男性42名（17.5%），女性37名（11.1%）で，年齢とともに耳のきこえに不自由を感じる者の割合が顕著に高くなる傾向が認められた。どの年齢階級においても，男性が女性よりも高率であった。

② 補聴器を使用している者は，男性38名，女性32名，計70名であった。使用率は，40代男性0.6%，女性0.0%，50代男性1.1%，女性1.2%，60代男性3.2%，女性1.6%，70歳以上では男性10.4%，女性6.9%であった。

③ 行事への参加と耳のきこえとの関係を多重ロジスティック分析により検討したところ，耳のきこえが「かなり不自由」，あるいは，「非常に不自由」とする群においてオッズ比の有意な上昇(1.56, 95%信頼区間 [1.02–2.38])が認められ，社会参加が阻害されていることが示唆された。

④ 耳のきこえと自覚的健康度との関係を多重ロジスティック分析により検討したところ，耳のきこえが不自由とする群において，オッズ比の有意な上昇

(2.47，[1.38–4.42]）が認められ，きこえが不自由な者では，「自覚的健康度」の低いものが多いことが示された．聴力の低下がコミュニケーションや社会参加だけでなく，本人の自覚的健康度の低下に関与していることは看過できない．

このような結果からしても，家庭，職場，地域において，目に見えない障害としての聴力障害に対する理解を深め，良好なコミュニケーションを確保するためのソフト・ハードの両面における環境整備が必要と考えられた．

(2) 訪問調査Ⅰ

次に，予備調査において耳のきこえに不自由があると回答した136名を対象とした訪問調査が実施された．目的は，聴力障害をもつ本人の意識，態度を分析し，コミュニケーション障害とQOLの構成要素と考えられる諸因子との関連を探ることにある．フェイスシート(性別，年齢，同居家族数などの基礎的属性に加え，「きこえが不自由であること」についての認識の仕方)，日本語版HDHS(言語音並びに非言語音の聴取とハンディキャップに関する20の設問)，QOL調査票(自覚的健康度，健康行動，健康習慣，社会的ネットワーク，生活満足度，ライフイベント等)により構成される調査票を用いた訪問聞き取り調査により，次の3点がまず明らかにされた．

① 補聴器を日頃使用している者は，耳のきこえに不自由がある136名中47名(35%)で，「今，使っている補聴器に満足している」という者は，補聴器を必要としている者の1割程度に過ぎない．

② 「話す相手によって聞き取りやすい時と，聞き取りにくい時があると感じますか？」という設問に対し，「よくある」あるいは「時々ある」と答えた者は74%で高率であった．このことは，話をする相手や場所によって障害の程度が異なることを示すもので，聴力の低下した高齢者との話し方や音環境の整備に改善の余地が残されていると言える．

③ 「耳のきこえに不自由があることは，なるべく人に知られたくないと思いますか？」という設問に対し，53%が「いいえ」と答えている一方で，23%が「はい」と答えている点も看過できない．

更に，コミュニケーション障害とQOLの構成要素と考えられる諸因子(自覚的健康度，社会的ネットワーク，生活満足度等)との関連を，共分散構造モデルを用いて検討した．観測される内生変数として「生活満足度」と「自覚的健

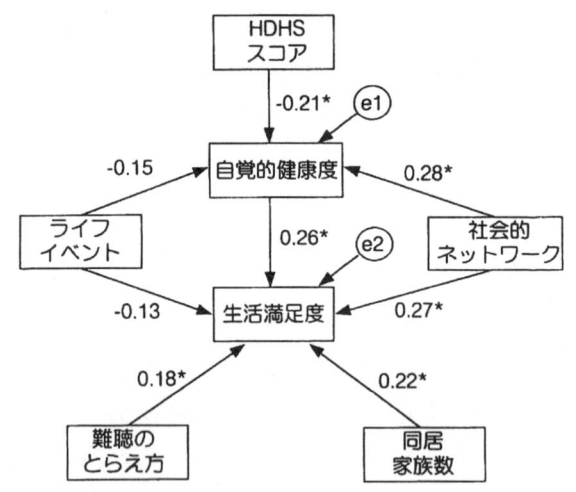

図6–3 聴取障害とハンディキャップのスコアとQOLの構成要素との関連を示すパス図

康度」の2つを，観測される外生変数として「HDHS（聴取障害とハンディキャップ）スコア」，「社会的ネットワーク」，「同居家族数」，「きこえが不自由であることの認識の仕方（難聴のとらえ方）」の5つを想定し，Amos 4.0 for Windowsを用いてモデルの妥当性と変数間の関係について解析した[7]。

図6–3の矢印上に示した数字は標準化係数で，「ライフイベント」から「自覚的健康度」および「生活満足度」に向かう矢印上の値を除いて，全て統計学的に有意（$P < 0.05$）であった。「社会的ネットワーク」，「自覚的健康度」，「同居家族数」，「難聴のとらえ方」という4つの要因が「生活満足度」を高める方向に，「ライフイベント」が「生活満足度」を下げる方向に作用していることがわかる。また，「自覚的健康度」については，「社会的ネットワーク」がこれを高める方向に，「HDHSスコア」，並びに「ライフイベント」が逆に下げる方向に働いていることが示されている。「HDHSスコア」の増大は，「自覚的健康度」の低下を介して，間接的にQOL（生活満足度）低下に関係していることが明らかにされたといえる。なお，モデルの当てはまりの良さを表す適合度指標は，カイ二乗値 = 17.086，自由度 = 13，P値 = 0.195で図6–3に示したモデルが観測データに適していることが確認された。

(3) 訪問調査 II

 更に，聴力障害で身障者手帳の交付を受けている者 50 名並びにその家族を対象とした調査が行われた．各世帯を訪問しての聞き取り調査が，本人用並びに家族用の聞き取り調査マニュアルをもとに行われた．聴力に障害をもつ地域在住の高齢者が，① 日々の生活においてどのような問題に直面しているのか？ ② それにどう対処しているか？ ③ 対処したことで，本人や家族にどのような二次的問題や負担が発生しているのか？ そして，④ 本人や家族の受ける負担の軽減や問題解決のためにどんなことができるのか？ ということを明らかにするための訪問調査を実施した[8]．

本人用調査マニュアルの構成
　① 氏名，性別，年齢
　② 家族構成
　③ 聴力障害(一次的障害)の経過
　　―手帳の交付を受けるまでの経過
　　―障害の種類，平均聴力
　④ 耳鳴りについて
　⑤ 補聴器について
　　―補聴器を使用しているか？
　　「はい」と答えた人に
　　―使いこなしているか？ 満足しているか？
　　―これまで，いくつ補聴器を買ったか？
　　「いいえ」と答えた人に
　　―なぜ使わないのか？
　　―なぜ買わないのか？
　⑥ 二次的障害(日常生活を送る上での能力障害)
　　―耳のきこえが不自由で，一番困るのはどのような場合か？
　　―不自由に感じるとき，そのことにどのように対処しているか？
　　―そうした対処に対する家族の反応は？
　⑦ 三次的障害(二次的障害に起因する諸問題，社会的不利)

―聴力障害を持っている自分自身についてどのように思うか？
　―家族や地域の人々のあなたに対する態度は？
⑧ 希望,ニーズ(こんなことができれば,こんなふうにしてほしい,等)

家族用調査マニュアルの構成
① ○○さんの耳のきこえについてどう思うか？（補聴器などを使わない状態で）
　不自由があると思う場合
　―どういう時,或いは,どういう場面でそれを感じますか？
　―そういう時,あなたはどんなふうに感じますか？
② ○○さんの耳のきこえが不自由であることが,負担に感じることがあるか？
　負担に感じる場合
　―どんな時にそれを強く感じるか？
　―そういう時,そのことをどのように感じるか？
③ ○○さんの耳のきこえが不自由であることで,自分自身の生活の範囲がせばめられていると感じることがあるか？
　感じる場合
　―どんな時にそれを強く感じるか？
　―そういう時,そのことをどのように感じるか？
④ ○○さんの耳のきこえが不自由であることが,家族全体の生活になにか影響を及ぼしていると思うことがあるか？
⑤ 補聴器について
　―日頃,○○さんは補聴器を使っているか？
　―補聴器について何か感じていることはないか？
⑥ 希望,ニーズ(こんなことができれば,こんなふうにしてほしい,等)

　聴力障害で身障者手帳の交付を受けている本人とその家族を対象とした訪問聞き取り調査の中で明らかにされた日常生活上の困難を感じる点は,次の7点であった。① テレビがよく聞き取れない,② 電話でのやりとりがうまくできない,③ 外出時に危険を感じる,④ 補聴器が耳に合わない,⑤ 日常会話がス

ムーズにできない，⑥講演会や会合で，話の内容が理解できない，⑦病院の窓口で呼ばれても聞こえない．

　本人並びにその家族から，「耳のきこえ」についての聞き取りをしたとき，まず最初に出てくるのが「テレビがよく聞き取れない」という本人の訴えである．対処の仕方として，①ボリュームをあげ S/N 比をよくする，②字幕のでる番組を選んでみる等，視覚情報によって聴覚情報の不足分を補う，③別の部屋で一人で見る，④家族と一緒に見るときは画像だけを見ている，⑤テレビは，ほとんど見ない，といった方法がとられている．対処①の「ボリュームをあげる」という場合にも，いくつかの方法があり，ただ単にテレビ本体のボリュームをあげると，家族の側から「うるさいが，あきらめて本人に合わせている」，「うるさくて一緒に見る気がしない」，「イライラして，どうにかなりそうになる」，「近所迷惑が心配である」などの反応が出てくる．その結果，「家族にうるさいと言われて心苦しい」という別の悩みを本人が抱えることになる．また，それが更に，対処③，④，⑤へとつながり，情報不足や団らんの欠如，或いは，孤立化へ進んでいくことが明らかにされた．一方，「ボリューム調整のできるイヤホーンを使用する」という方法がとられた場合には，家族への負担を小さくしつつある程度の聴取の改善を期待できる．「字幕のでる番組を選んでみる」というのも積極的な対処の方法であるが，「字幕番組」の本数が少ないことを考えると情報の不足は否定できない．この点は，社会的支援という観点から，聴覚障害者のバリアフリーを考える際の一つのポイントになると考えられる．夕食時など一家の団らんの場における家族間の良好なコミュニケーションの確保という観点からすれば，逆にテレビ(野球中継等)のボリュームを少し落とすといった配慮も必要と考えられる(図6-4)．

　一方，外出時の問題として，「車の運転に神経を使う」，「徒歩での外出時に，すぐ横を通り過ぎる車に気づかずヒヤッとする」，「病院で呼ばれても聞こえない」，「買い物で，支払金額がよくわからない」，「後ろから声をかけられてもわからない」などの訴えがあった．対処とそれに伴う負担としては，車や徒歩による外出に関して，「目に頼って運転する」，「歩道のあるところを選ぶ」，「後方に注意し，できるだけ道の端を歩くようにする」ことで，本人からは「非常に気を使う」，「非常に疲れる」，「行動範囲が狭くなる」といった訴えがある一方，

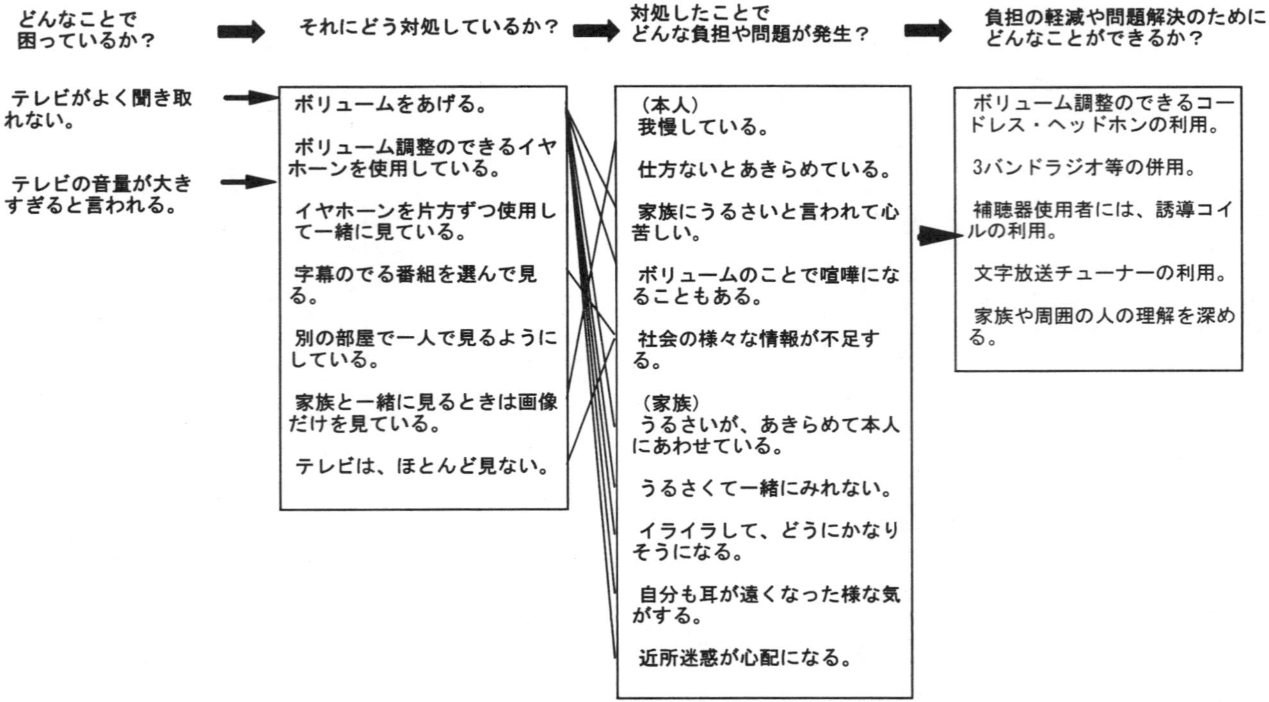

130　第2編　高齢社会の自助・共助・公助システム

どんなことで困っているか？
- テレビがよく聞き取れない。
- テレビの音量が大きすぎると言われる。

それにどう対処しているか？
- ボリュームをあげる。
- ボリュームの調整のできるイヤホーンを使用している。
- イヤホーンを片方ずつ使用して一緒に見ている。
- 字幕のでる番組を選んで見る。
- 別の部屋で一人で見るようにしている。
- 家族と一緒に見るときは画像だけを見ている。
- テレビは、ほとんど見ない。

対処したことでどんな負担や問題が発生？
- （本人）
- 我慢している。
- 仕方ないとあきらめている。
- 家族にうるさいと言われて心苦しい。
- ボリュームのことで喧嘩になることもある。
- 社会の様々な情報が不足する。
- （家族）
- うるさいが、あきらめて本人にあわせている。
- うるさくて一緒にみれない。
- イライラして、どうにかなりそうになる。
- 自分も耳が遠くなった様な気がする。
- 近所迷惑が心配になる。

負担の軽減や問題解決のためにどんなことができるか？
- ボリューム調整のできるコードレス・ヘッドホンの利用。
- 3バンドラジオ等の併用。
- 補聴器使用者には、誘導コイルの利用。
- 文字放送チューナーの利用。
- 家族や周囲の人の理解を深める。

図6-4　テレビの視聴に関わる困りごとと問題解決のための方策

家族からは「事故に遭わないか，起こさないか心配である」という声が聞かれた。買い物や通院については，「家族に付き添ってもらう」，「名前が呼ばれるまで，受付の人の口の動きを見ている」などの対処がされている。この結果，本人は「家族に負担をかけ，いつもすまないと思う」ことが多く，家族の側では，一緒に出かけることについて「自分の生活をしばられていると感じることがある」，「一人で行けば良いのにと思うことがある」，「あきらめている」などの訴えが認められた。また，「やむをえず一人で出かけた」際に，「声をかけられた時に気付かず，知らぬふりをしていると受け取られないか心配である」という思いや，その結果として「閉じこもりがちになる」という訴えもみられた。

電話，日常会話，講演会，趣味のサークル，補聴器等に関わる問題点，それへの対処，対処によって生じる新たな負担や問題についても同様の方法で整理した[8]。

4. 耳の遠い地域高齢者に対する社会的支援の可能性

日本語版 HDHS の地域高齢者への適用結果の解析，並びに，聴力障害をもつ本人並びに家族の意識，態度の分析によって，本人及び家族全体の QOL の向上をめざした支援のあり方を，ソフト・ハードの両面から検討し図 6–5 に示した。聴力障害者にやさしいバリアフリーな地域づくりは，① 聴力障害者が安心して暮らせる居住環境の確保，② 補聴器や生活情報機器へのアクセシビリティの向上，③ よりよいコミュニケーションを可能にするための地域全体(家庭，学校，職場)での啓発活動，④ 留守番や外出等の生活支援のためのボランティアの育成，或いは，障害を配慮した行事(運動会，講演会)の計画と運営，といったことを軸に，ハード・ソフトの両面から進められるものと考えられる[9]。

実際に，蘇陽町では平成 10 年度の庁舎，地域福祉センター，保健センターの新築にあたり，平成 9 年度に庁舎建設委員会がつくられ，町民が利用しやすい建物づくりについての議論がなされた。ここで，高齢者や障害者が安心して楽しく利用できる施設とするための条件について，耳のバリアフリーという視点から具体的に検討し，音環境の整備，残存聴力の活用と視覚の併用をキーワードとして 6 つの提案を行った。① 静かで残響の少ない部屋，② 適度な音量の確保，③ 見通しの良い建物，部屋・設備の構造と配置，④ わかりやすい案内表

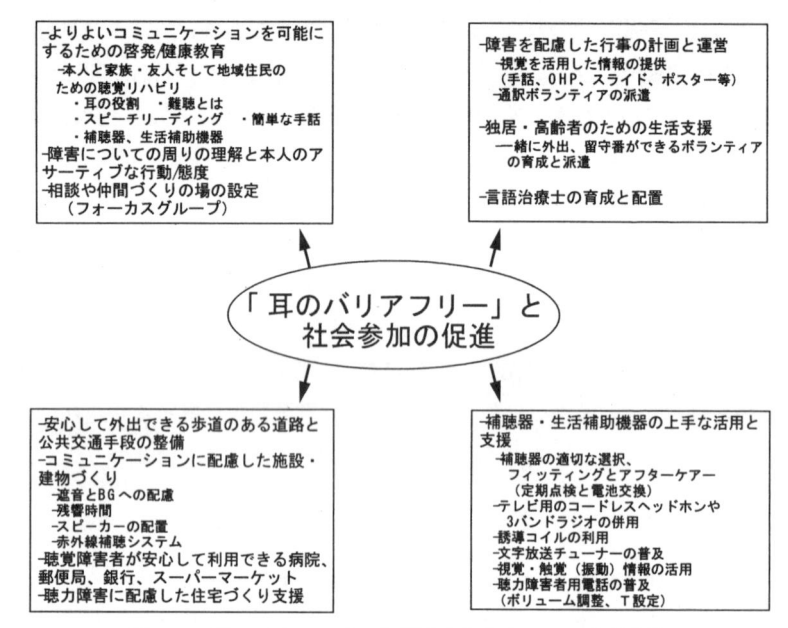

```
┌─────────────────────────────────┐      ┌─────────────────────────────────┐
│ -よりよいコミュニケーションを可能に│      │ -障害を配慮した行事の計画と運営 │
│  するための啓発/健康教育         │      │   -視覚を活用した情報の提供     │
│   -本人と家族・友人そして地域住民の│     │    （手話，OHP，スライド，ポスター等）│
│    ための聴覚リハビリ            │      │   -通訳ボランティアの派遣       │
│    ・耳の役割  ・難聴とは        │      │                                 │
│    ・スピーチリーディング ・簡単な手話│  │ -独居・高齢者のための生活支援  │
│    ・補聴器，生活補助機器        │      │   -一緒に外出，留守番ができるボランティア│
│ -障害についての周りの理解と本人のア│     │    の育成と派遣                 │
│  サーティブな行動/態度           │      │                                 │
│ -相談や仲間づくりの場の設定      │      │ -言語治療士の育成と配置         │
│   （フォーカスグループ）         │      │                                 │
└─────────────────────────────────┘      └─────────────────────────────────┘
                    ↑                                    ↑
                    ╭──────────────────────────╮
                    │   「耳のバリアフリー」と  │
                    │    社会参加の促進        │
                    ╰──────────────────────────╯
                    ↑                                    ↑
┌─────────────────────────────────┐      ┌─────────────────────────────────┐
│ -安心して外出できる歩道のある道路と│     │ -補聴器・生活補助機器の上手な活用と│
│  公共交通手段の整備              │      │  支援                           │
│ -コミュニケーションに配慮した施設・│     │   -補聴器の適切な選択，         │
│  建物づくり                      │      │    フィッティングとアフターケアー│
│   -遮音とBGへの配慮              │      │    （定期点検と電池交換）       │
│   -残響時間                      │      │   -テレビ用のコードレスヘッドホンや│
│   -スピーカーの配置              │      │    3バンドラジオの併用         │
│   -赤外線補聴システム            │      │   -誘導コイルの利用             │
│ -聴覚障害者が安心して利用できる病院，│    │   -文字放送チューナーの普及     │
│  郵便局，銀行，スーパーマーケット │      │   -視覚・触覚（振動）情報の活用 │
│ -聴力障害に配慮した住宅づくり支援 │      │   -聴力障害者用電話の普及       │
│                                 │      │    （ボリューム調整，T設定）    │
└─────────────────────────────────┘      └─────────────────────────────────┘
```

図 6-5　耳のバリアフリーを推進するための4つの方向性

示，サイン，⑤音情報を光や振動に，⑥音声情報を文字に。その結果，大ホールやデイルーム，各会議室に赤外線補聴システムが，また，窓口業務等にはアシストホンが導入されることになった（図6-6～9）。このほか，補聴器の調節や電池交換などへのこまめな対応を可能にする体制が民間事業者との連携で確立された。

　一方，ソフト面では，家族を含めての聴覚リハビリテーション教室や，ボランティアを対象とした「よりよいコミュニケーションのための教室」が毎年開かれている。この教室では，耳の遠い高齢者とのコミュニケーションを良好に保つ4つのポイントに沿って参加型の学習がなされている。最初のポイントは，目で見る情報を大切に，つまり，聴覚で充分な情報を得られない場合は目（視覚）で補うということである。聞き手は相手の身ぶり手ぶりをしっかり見ること，話し手は正面からジェスチャーなどを交えて話しかけるよう心がけようということである。例えば，「1月12日に会議があります」という場合，「1月」を「7月」に聞き違えぬように，「1月」と話す際に指を一本出すように心がけよう

図 6–6　赤外線補聴システムが導入された総合行政センター内の大ホール

図 6–7　赤外線補聴システムのレシーバーとヘッドホンを利用する高齢者（大ホールにて）

図 6–8　赤外線補聴システムが導入された総合行政センター内のデイルーム

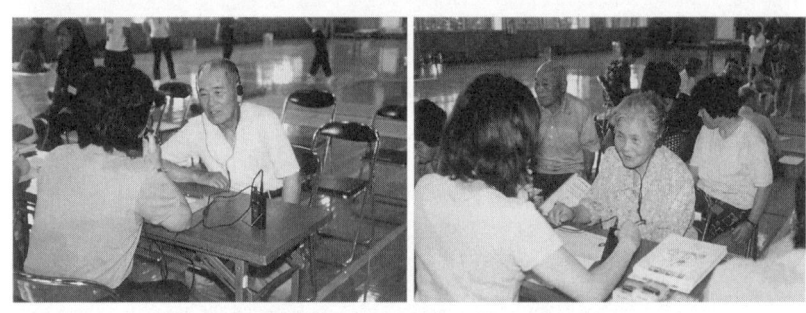

図 6–9　健診などの受付で活用されるアシストホン

ということである。これだけでも随分状況はよくなると考えられる。2つ目のポイントは，語尾までしっかり話すということである。「いきません」，「いきました」，「いきます」では，それぞれ随分意味することが違ってくる。3つ目のポイントは，話題を知っていると随分聞き取りやすいということである。我々が，海外等で不馴れな状況に置かれたとしても，自分を取り巻く状況を把握しておれば，キーワードさえ聞き逃さなければ，ある程度会話が成り立つように，なにか手がかりになる言葉を常に付け加えながら会話を進めるということである。夕食の準備時に，耳の遠い高齢者に，「卵を買ってきて」と頼んだはずが，買ってきたのは「たばこ」だったというようなことが起こりうる。そのようなときに「目玉焼きにするから卵を買ってきて」と言えば，間違って「たばこ」を買ってくるようなことは少ないと考えられる。といった具合に，ちょっとした手がかりを付け加えるだけで，コミュニケーションは随分と良好なものにな

第 6 章　地域におけるヘルスプロモーションの実践　　　　　　　　　　135

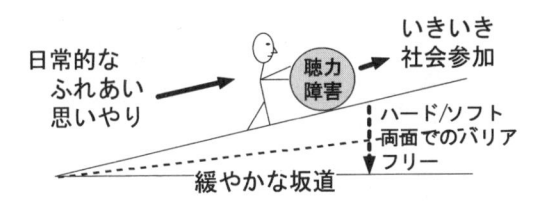

図 6-10　ヘルスプロモーションの実践としての耳の
　　　　　バリアフリー・プロジェクト

る。最後のポイントは，耳が遠い人は，相手に自分が難聴であることをきちんと伝えることが，コミュニケーションを確実なものにするためには非常に大事だということである。

　このような形で展開されている「耳のバリアフリー」プロジェクトはまさに，ヘルスプロモーションの道筋そのものと考えられる。いきいき社会参加を目指して聴力障害と上手く付き合いながら，みんなで図 6-10 に示すように，ヘルスプロモーションの坂道を上っていくというイメージである。一人では坂道を上っていけそうにない高齢者を支えるのが，地域の日常的なふれあいや思いやりの気持ちということになる。ハード，ソフト面でのバリアフリーは，行政や専門業者の役割である。この坂道を少しでも緩やかにし，たとえ耳が遠くてもいきいき社会参加ができる，そんなまちづくりに取り組んでいるのが，蘇陽町の「耳のバリアフリー」プロジェクトである。

　前にも述べたが，高齢者の社会参加を阻害し結果的に，閉じこもり，寝たきり，痴呆といった状態を引き起こす要因としては，本人の身体的並びに精神的な健康状態に加えて，生活聴力・生活視力・生活歩行力といった基本的な生活能力を挙げることができる。また，これを修飾するものとして，本人を取り巻く生活環境と社会的ネットワークが重要な要因であると考えられる。高齢者の社会参加を可能にし，たとえ病気や障害があっても，自分の生きがいをもって活き活きと暮らせる地域づくりの新たな展開に向けて，蘇陽町における耳のバリアフリーの取り組みは大きな意義を持つものと考える。

5.　生活福祉（地域でつくる福祉）の考え方

　幅広いステイクホルダー（関係者）の参加のもとに耳のバリアフリー・プロ

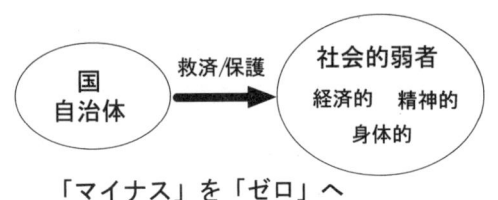

救済/保護：国・自治体 → 社会的弱者（経済的・精神的・身体的）

「マイナス」を「ゼロ」へ

図 6–11　これまでの社会福祉のイメージ

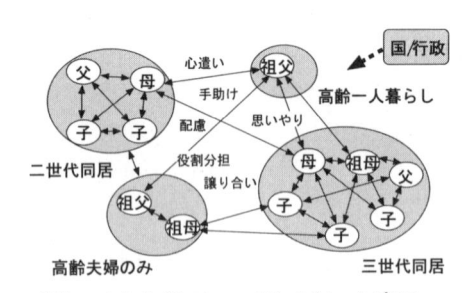

二世代同居（父・母・子・子）― 心遣い・手助け・配慮・役割分担・譲り合い・思いやり ― 高齢一人暮らし（祖父）／高齢夫婦のみ（祖父・祖母）／三世代同居（母・祖母・父・子・子）　国/行政

「ゼロ」から「プラス」へ、そして「もっとプラス」へ

図 6–12　地域でつくる「生活福祉」のイメージ

ジェクトを進める中で，我々がたどり着いた中間的なまとめとも言えるのが「生活福祉（地域でつくる福祉）」という考え方である。これまでの「社会福祉」のイメージは，国や自治体が社会的弱者に対して一方的に救済や保護の手を差し伸べるというもので，基本的にはマイナス状態にある人々をなんとか平均的なレベル（ゼロの状態）に引き上げようというものであった（図 6–11）。それに対して，バリアフリー・プロジェクトに取り組む中で芽生えてきた生活福祉というイメージは，社会的な弱者だけでなく，いつでも，どこでも，誰にでも利用できる福祉，地域の構成員全てが安心できる暮らしを実現することを目指した大きな枠組みである[10]。安心してゆとりのある子育てがしたい，安全なものを食べたい，健康的な住まいがしたい，余暇活動を地域の仲間と楽しみたい，年をとってもいろいろな学習に参加したい，そんな願いを叶えるものが地域でつくる生活福祉のイメージである。そのポイントは相互の関わり合いにある。一方通行でなくて双方向に矢印が向き合う関係性の構築が重要となる。高齢者が他の世代との多様な交流の仕組みができる，あるいは家族内での交流からいろい

第6章 地域におけるヘルスプロモーションの実践　　137

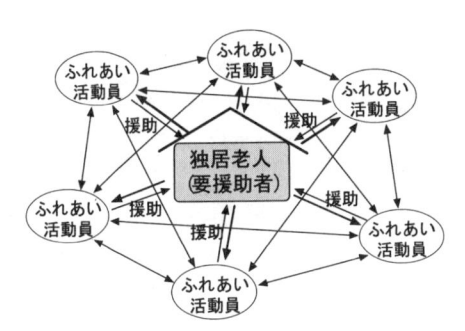

図6-13　地域の独居老人を支える「ふれあい活動」のイメージ

ろな身近な各世代での交流や，地域でのさまざまな生活の場を通した交流が，地域の構成員全てが安心できる暮らしを実現するための基盤となる生活福祉を作り上げていくと考えたい。

　高齢者の一人暮らしや二世代同居あるいは高齢者夫婦のみの生活，または三世代同居など，地域にはいろいろな形での生活がある（図6-12）。以前は，世帯間を相互につなぐ矢印（交流/支え合い）が豊富に存在したのだが，近年それが少しずつ希薄化しつつある。それをもう一度取り戻すというのは，決して難しいことではない。ちょっとした心遣いや思いやりの気持ちが，役割分担や譲り合いといったものが，もう一度，世帯間を相互につなぐ矢印を生み出していくことになるのだと思われる。そこには「マイナス」から「ゼロ」ではなくて「ゼロ」から「プラス」そして「もっとプラス」へという気持ちが込められているものと考えられる。

　図6-13は，水俣市において展開されている「ふれあい活動」の取り組みを図式化したもので，50世帯ほどの単位で活動が行われている。援助が必要な一人暮らしの高齢者は，毎週1回，ふれあい活動員の訪問を受ける。同じ活動員が，毎月4回も訪問することになると，負担が大きくなるので，水俣では，活動員が2，3名でグループをつくり，月に1回，訪問活動の順番が回ってくるという形で活動が続けられている。また，活動員たちの相互の情報交換を目的にした会議が，月に1回，定期的に開かれている。このふれあい活動で最初に意図されたものは，一人暮らしの高齢者への「援助」だったわけであるが，この活動

図中:

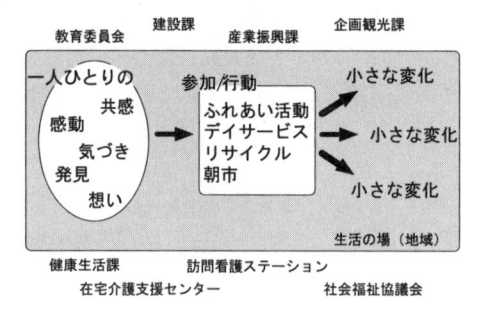

教育委員会　建設課　産業振興課　企画観光課

一人ひとりの
共感
感動　参加/行動　小さな変化
気づき　→　ふれあい活動　→　小さな変化
発見　　デイサービス　→　小さな変化
想い　　リサイクル
　　　　朝市

生活の場（地域）

健康生活課　訪問看護ステーション
在宅介護支援センター　社会福祉協議会

図6-14　一人ひとりの参加と行動が生み出す「小さな変化」

をすすめるなかで，逆に，提供している以上のものを自分達が受け取っているような気がするということを，活動員は報告している。高齢者の生活の現状に触れることで，自分の親が将来どのような状況になるのか，自分にとって介護とは何かなどたくさんのことを学ぶことができたということである。しかも，月に1回の活動員同士の交流を通して，活動員の間にたくさんの双方向の矢印が育ってきているということである。このネットワークの形成こそ，「ふれあい活動」の一番のポイントであるとも言えるのではないだろうか。現在，活動員たちは50代，60代，そして70代前半の方々が多いと聞いているが，この人たちが将来，ふれあい活動の対象として訪問活動を受ける立場になったときに，いまつくられつつある活動員間ネットワークは，大きな意味をもってくるのではないかと思われる。

　蘇陽町の取り組みに話を戻すが，蘇陽町でも水俣の活動を取り入れた形でふれあい活動やデイサービス，ゴミの分別を地域で協力しようということでのリサイクルの取り組み，また自分の家でつくった安全な野菜で余ったものを朝市に出して地域の人に食べてもらうなど，いろいろな活動が生まれつつある（図6-14）。そういった活動を周りで見ている人たちが，新たな気づきをしたり，あるいは感動を覚えたり，共感したりする中で活動に参加していく。または，これまでになかった新しい取り組みが開始されつつある。実は，このような中で蘇陽町には「小さな変化」がたくさん生み出されつつある。そしてそれらの小さな変化がたくさん集まり，いつか大きな変化を生み出すことに繋がろうとしている。また，これら一連の動きを，専門家として周りで支え，サポートしてい

第6章　地域におけるヘルスプロモーションの実践　　139

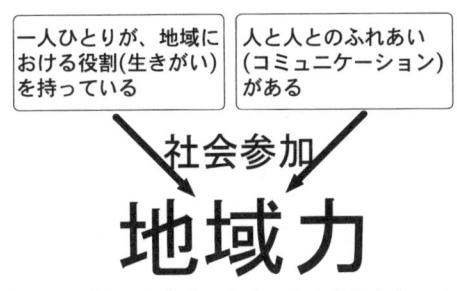

```
┌─────────────────┐ ┌─────────────────┐
│一人ひとりが、地域に│ │人と人とのふれあい│
│おける役割(生きがい)│ │(コミュニケーション)│
│を持っている      │ │がある           │
└─────────────────┘ └─────────────────┘
          ↘   社会参加   ↙
              地域力
```

図 6–15　「小さな変化」を生み出す地域力をつける

るのが行政の職員である。

　このような意味での「小さな変化」を生み出す原動力としての地域の力(「地域力」)を，今後どうつくり出していくのか，ということがこれからの健康なまちづくりの一番のポイントになるかと思われる(図 6–15)。地域の一人ひとり，小さな子どもから高齢者まで，それぞれが地域での生活において「役割」を持ち，人から認められ，お互いにコミュニケーションをとりながら，みんなが社会参加をする。このような状況が，自ずとそれぞれの地域における「地域力」を作り上げていくのではと思われる。この「地域力」こそが，今からの社会を実りある豊かなものにしていく原動力なのであろう。またこういったプロセスを大事にしようと考えるのが，ヘルスプロモーションの理念を生かした実践ではないかと考える。

6.　「地域力」が生み出す「小さな変化」とパートナーシップ

　それぞれが役割を分担し，お互いにコミュニケーションをとりながら地域で活動することによって形成される「地域力」が，これまでに，蘇陽町に生み出した「小さな変化」は次のように整理することができる。

　①補聴援助システム(アシストホン，赤外線システム)の導入によって，「目に見えない」障害としての聴力障害が「目に見える」障害として，町民やスタッフに意識され始めた。②家族やスタッフの中で，「年をとって耳が遠くなるのはあたりまえ」，「年のせいだからしかたがない」という意識を払拭できた。また，これまで行事に参加していなかった高齢者の目が輝きだした。③「耳の

バリアフリー」という視点から，庁舎建設委員会に対して6つの提案が行われ，その一部が実現した。④家庭介護教室などで，よりよいコミュニケーションをテーマとした講座や，耳の遠い高齢者本人と家族のための「会話教室」などが開催された。⑤補聴器取扱業者との連携により補聴器のフォローが適切になされるようになった。

「健康」を「病気」や「障害」とのかかわりで捉えるのではなく，生存，生活，人生との関わりの中で捉えなおしてみることの重要性が高まっている[4]。ある疾患やそれに伴う痛みや不自由さが，その本人にとってどのような意味をもっているのか？　毎日の仕事や家庭，地域での生活にどのような影響を与えているのか？　ということにもっと注意を向けるべきではないだろうか。病気や障害そのものではなく，働く人あるいは生活する人にまず目を向けて，その人の抱える病気や障害を当事者の視点から理解しようとすることが，生活のレベルで健康をとらえるということである。

蘇陽町では，聴力の低下という日頃見過ごしがちな問題を，生活との関わりの中で問い直し，顕在化させることによって，高齢者の閉じこもりを予防，解消するための取り組みが，多くの人の参加を得て一定の成果をあげている。この経験が，子どもから高齢者まで全ての生活者が，安心できる暮らしを実現することをめざす枠組みとしての「生活福祉」として蘇陽町に根付き発展するものと考えられる。

これからの健康な地域づくりの方向性を探るとき，キーワードは「協働」，あるいは「パートナーシップ」である。パートナーシップとは，「生きた情報」を互いに共有し，継続的な対話によって新たな価値を生み出し，自発性をもとにした「つながり」から市民・事業者・行政の新たな関係をつくりあげるプロセスである。蘇陽町におけるヘルスプロモーションの今後の展開を考える上においても，地域の生活者・事業者・行政の3者が，対等かつ自由な立場で意見を出し合って議論し，共通する目的のために協働する関係をどう作り上げていくかが問われている。地域に無数の「小さな変化」を生み出すプロセスに，できるだけ多くの生活者が関わる仕組みとしてのパートナーシップの道筋[11]を，「生涯現役岳」の麓での出会いから，山頂の「協働の広場」への到達というストーリーで，5つのステップにまとめたものが図6-16〜22である。また，この

第 6 章　地域におけるヘルスプロモーションの実践

図 6–16　よりよきパートナーシップ（協働）の実現に向けて

図 6–17　ステップ 1: めざす姿の確認と共有

図 6–18　ステップ 2: 目標に向かう明解なプロセスの確認と共有

図 6–19　ステップ 3: 役割の分担と良好なコミュニケーションの維持

第 6 章　地域におけるヘルスプロモーションの実践　　143

図 6–20　ステップ 4: 構成メンバーの独自性と主体性の尊重

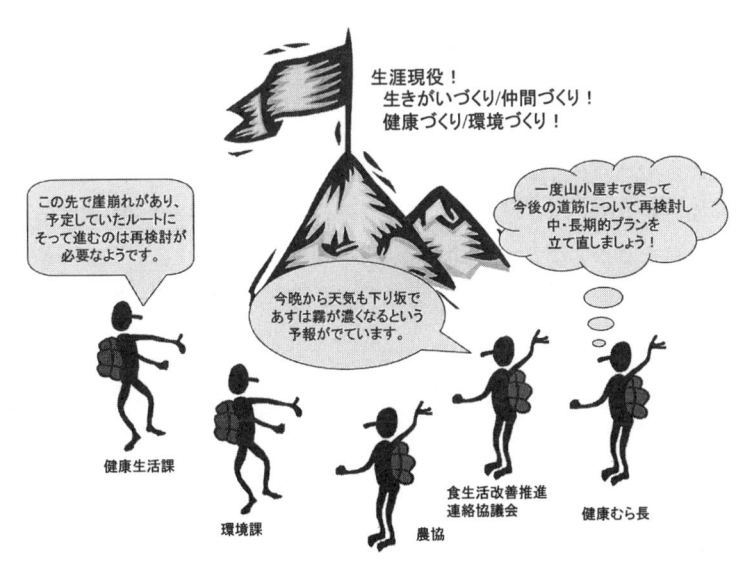

図 6–21　ステップ 5: 長期目標の共有と定期的な取り組みの見直し

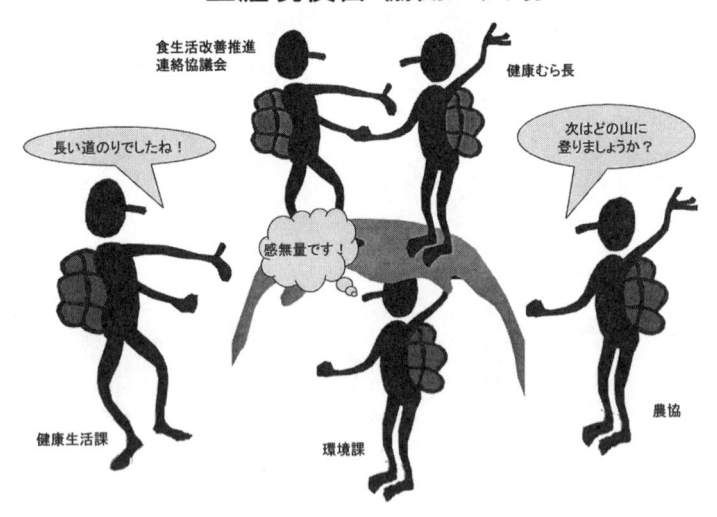

図 6–22　パートナーシップが地域に生み出す「小さな変化」

パートナーシップを成功させるためには，以下の6点についての認識の共有が必要である[12]。

① 目的に沿ったふさわしいパートナーを選ぶ。
② それぞれのパートナーが自身の特質と弱点を知る手助けをし，それぞれが主張しやすく，またその成果を得やすい活動の機会を提供する。
③ それぞれが必要とする資源と活力の利用を最大化する。
④ 重要な問題を討議することのできる定期的会合，フォーラムを制度的に保障する。
⑤ 目標に達するため各々が批判し合うことを認める対話のメカニズムを用意する。
⑥ 力のあるパートナー同士の対立の危険を避けるため異なる意見を調整する能力を持つ。

蘇陽町においては，今後も，図6–22に示した山頂の「協働の広場」を目ざす数多くのアクションが多様な主体によって取り組まれていくことを期待したい。

参考文献

1) 福本久美子,門川次子,飯法師直美「熊本県蘇陽町の実践」『公衆衛生』2001; 65: 352–355
2) 飯法師直美,宮北隆志「健康な町づくりへの新たな取り組み」『公衆衛生』1998; 62: 33–35
3) P. Park, M. Miller, B. Hall and T. Jackson, *Voices of Change, Participatory research in the United States and Canada*, Bergin & Garvey, London, 1993
4) 園田恭一,川田智恵子『健康観の転換 新しい健康理論の展開』東京大学出版会, 1995
5) 島内憲夫「21世紀の健康戦略」『2. ヘルスプロモーション』垣内出版,1990
6) 宮北隆志,上田厚「地域中高年者における聴力障害の評価と社会的支援 I.「きこえの不自由さ」と社会参加および自覚的健康度との関連」『日本公衆衛生雑誌』2000; 47: 571–579
7) 宮北隆志,上田厚「地域中高年者における聴力障害の自己評価と QOL の構成要素との関連」『日本農村医学雑誌』2001; 50 (1): 29–39
8) 宮北隆志「高齢者のコミュニケーション障害に関する社会心理学的研究——本人ならびに家族の QOL 向上を目指して」『平成6年度日本火災ジェロントロジー研究報告 No. 2』1996; 16–28
9) 宮北隆志「地域高齢者におけるコミュニケーション障害の評価と社会的支援」『笹川医学医療研究財団 研究業績年報』高齢者の医学医療に関する研究 1997; 13 (1): 127–132
10) 見目洋子「「生活福祉」を実現する市場創造」『円熟社会の高質化のために』中央経済社,1997
11) P. de Jongh and S. Captain, *Our Common Journey*, Zed Books, London, 1999
12) アルマンド モンタナーリ「欧州連合におけるパートナーシップと環境(訳: 宗田好史)」『環境と公害』2000; 30 (1): 16–22

■第7章■

世に棲む老い人の臨床人類学
―〈共にある身体〉あるいは〈関係性の詩学〉の人類学にむけて―

下 地 明 友

はじめに

　老い人をめぐるさまざまな潮流がある。老い人の存在は，歴史的・文化的に，多様に類型的に構築されてきた。その最たるものは，生物学的，生理学的，認知的衰退であり，退化のプロセスだという一元的なリアリティの構築である。一方では，多様化と画一化のせめぎあいの過程で，多様な老人像が老年人類学から報告されている。エイジング(加齢・発達・老化)についての構築の主たる社会的産物である〈エイジング・エンタープライズ(高齢化事業体)〉[1]の批判から，エンパワメント(有力化)とディスエンパワメント(脱力化)の矛盾，ジェンダー的，エスニック的な課題がもちあがってきた。一方では，アドボカシー(advocacy)や，アドバンス・ディレクティブ(事前の意思表明)，自己決定権の論議の中から，これらの「ヤヌス的両面性」が指摘され，痴呆性老人や関係者たちの〈主体性・主観性(subjectivity)〉[2]や〈身体性〉の問題が重要な鍵として浮上している。トラジェクトリ(軌道・人生行路・軌跡)やライフコース，人類の「時間と空間」の複雑性・重層性の視点を含む〈総合知〉が各領域で要請されている。この小論は顔の見える関係性の中での気付き(アウェアネス)の一端であり，この気付きへの応答(リスポンス)の一部である。

1. ミクロな「行為空間」――〈共にある身体〉

　カラハリ砂漠に棲む狩猟採集民グウイの日常行動を〈まじわる身体の経験の視点〉から分析した書物がある。菅原の『身体の人類学』[3]である。人と人とが生身の身体として直接的にかかわりあう，身体として共存している，その経験の成り立ちを明らかにするために書かれている。「身体的な経験」と「言語世

界」とのあいだで織りなす関係の探求において,「共にある身体」という言葉が,われわれの小論がめざす方向をしめす鍵語である。人々の身体がそなえている素朴な共感能力に光をあてている。「身体の事実性そのもの」が万人に保証してしまう普遍的な経験の枠組みに対して,菅原は,独自な思いいれを込めて,〈共通感覚〉の用語を当てた。この言葉は,ふつう常識・良識と訳される「コモンセンス」と区別するためにこの著書ではつねに〈　〉がつけられている。共通感覚という言葉は,「共にある身体(複数)」の「共振」それ自体に対応すると思われる。言語のレベルにおける言語的コミュニケーションだけではなく,互いの身体をも巻き込んだ直接的な間身体性を探求する試みである。言語論的転回を通過した後,「言葉」と「身体」との間に織りなされる関係を問題視する。

菅原は言う。

「〈共通感覚〉とは,われわれの生物学的な身体が本来的にそなえている外界に対する志向性の束としてイメージすることができる。たとえば,口が食物を摂取したり,あるいは言葉を発するために開かれる。指がさし示すために伸ばされ,性器が欲望の対象に向かって膨張する。これらは疑うことのできないわれわれの生の事実である。異文化の人々が身体としてまじりあっている姿から湧き出す〈意味〉(センス)を私が感知することがあるとしたら,それは私がその文化のコンテキストにあらかじめ精通しているからではない。かれらの身体の用い方が,私がかれらと分かちあっている〈共通感覚〉によびかけ,それを震わせるのである。要は,〈共通感覚〉の分かちあいを前提としなければ,自国語をつかって異文化に生きる人々の身体のかかわりあいを記述するなどという作業は開始することさえ不可能なのだということを謙虚に認めることである。」

「間身体性」の再生への道ひらきは,われわれの端的な生の事実から出発するほかはなく,メルロ゠ポンティの書いた「私が意思伝達〔コミュニケーション〕をもつのは,〈表象〉とか思惟とかにたいしてではなく,語っている一人の主体にたいしてであり,或る一つの存在の仕方にたいしてであり,彼の目ざす〈世界〉にたいしてである」[4]という記述に極めて接近していく。いわゆる言葉が破壊されたと判断されたとき,文化的に慣習化された身体の身振りが崩壊した事態を想像せよ。ここに通常のコミュニケーションは成り立たないことは自明である。だが,この事態に至っても,根源的な交流という事態は起きるのでは

ないだろうか。共通感覚というものの進化を基盤とした重層構造の再考も必要である。たとえば，大脳の広範な神経細胞の脱落を示す老人の主体性に関する論議はいまだ不十分である。ある論文では，「生きがいの構造論」として，前頭葉性，辺縁系性，脳幹性生きがいという脳の発達段階の生きがいのヒエラルキーという生きがいの再考を促しているが，この試みも取り上げる価値がある[5]。

(1) 「臨床人類学する」ということ

文化精神医学，医療人類学の視点からは，「臨床という現場性(〈いま〉と〈ここ〉)」というものは，一つの「世界性」の特性を有している。医療空間は「多元的現実」が折りたたまれている複雑な系である。

われわれは「ストーリー」を通じて，「病いの語り」を通じて，病いの経験にかかわる。その病いの物語は，「個人的経験—文化表象—集合的経験」という三角形の枠組みで分析され，「厚い記述」となる[6]。この空間は単なる物理的空間でも医学的な言説空間でもなく，さまざまなストーリーがせめぎあう共鳴空間であり，多声的な空間である，というのが実際的である[7]。この多声的で多元的な空間においては，科学性の問題，生命の欲望と科学技術の絡まりあい，倫理問題，フーコーの「生―権力」問題，生命の本性(「大いなる自然との同一性」「自利・利他の乖離関係」)，死との折り合いなどの多くの水準が折りたたまれている複雑系である。この複雑系がそれとして尊重されたとき「やわらかな空間」が現れ，逆に，その医療空間がある一つの水準に固定したとき，〈硬い空間〉に変貌する。

「専門家の身体」と「患う者の身体」とその背景の文脈との関係性も大切である。「生の現実」とその「言語表現」，言葉と生体の関係性が，つねに基底にある。

大脳の「進化」や「文化」などが絡むこの「臨床世界」を言葉で表現することは不可能に近い。「臨床人類学する」という聴き慣れない言葉が採用された所以である。「臨床人類学する」ことは，関与する者が，この世界の内部の一構成要素であることを，先ず，自覚することから始まる。この世界の関与者は，倫理的レベルにおいては，すべて共同性と均等性をもった「臨床素」(現象学で言うところの現象素に当たるが，その身体性が強調される)である。もっとも病い

をめぐる複雑な連立方程式を解いている「専門家」と呼ばれるものも，その連立方程式の部分である，という矛盾的状況から自由にはなれない。その状況の内部に属しながら，同時にその状況に関与するというアクロバティックな〈離れ業〉だとも言える。この世界が現象する仕方を自らの身体と想像力を働かせながら，「臨床素というノマドたち」（もちろんある関係性のなかで関与するものたちのことで，その関係性という全体の一部でありながら同時に，個別性を有するものたちのことである）——そしてなによりも「再—身体化された個人 (re-embodying persons)」[8] が相互に出会い参入する行為空間が，状況に対応して即時的に作られては壊され，また壊されては新たに作られていく，という永続的な関係性の流れが生成する，というのが実際の体験に近い。この関係性は，ミシェル・フーコーならば，「戦争モデル」や「闘技性 (agonism)」という概念で分析した諸力の永続的な関係性とみなすだろうし[9]，コノリーならば，「アゴニスティック・デモクラシー (agonistic democracy)」[10] の場と表現するだろう。私の好みで言うならば，バフチンの「対話の原理 (dialogism)」[11] という言葉をもちだしたくなる。「他者」に対する「闘技的敬意 (agonistic respect)」[10] が，当然，浮上する。「他者」という言葉で意味されているのは何か。「老いとは他者である」（老いて失明し，道を横断するにも人の手を借りずにはすまなかった最晩年のサルトルの言葉）[12] という言明に含意される「自己の他者化」という意味も見逃せない。

「闘技的敬意 (agonistic respect)」とは，各人の動態的自由を重視する「権力関係」（フーコー）を基礎とし，自らの自由を実現させるために相互に他者存在が不可欠と考える人々の態度のことである[9]。この世界と自己との関係性を問題化し続ける臨床の生の流れの中にわれわれ(=「私」)はすでに・つねに存在しているのである。老いや痴呆性の老人に向かい合う世界の関係性というものが，どのように成り立ち，どのように変遷していくのか，この世界に関わる（「臨床素」として，あるいは「棲む」人々）すべての人々の素性は何であり，どのような「情報テクノロジーの適用を通じた人々の行動・コミュニケーションの体系的モニタリング」という「データ・ベイランス (データ監視, dataveillance)」[8] の自己増殖的状況にあるのか。この世界の〈法〉とは何か。誰が作り，どのようにわれわれの身体の振る舞いや考え方をステレオタイプ化しているのか。あ

るいは，誰がその禁忌を犯し，誰が判断するのか。どのように〈経済化〉され，流通する価値観や意味づけはどの点に特に意味を与え，あるいは与えていないのか。何が語られ，何が語られることが憚られ，語られないのか。

しかし，とりあえず「世界」という言葉で記述したこの生成しつつある動態的な臨床世界の現場性は，相対的に閉じた系ではあるが，同時にいわば外の世界と歴史的にも空間的にも流通しあう開いた系である。迷路のような〈複雑系としての生〉をその複雑さのままで尊重することは，切り捨ててしまえないわれわれの義務である。

(2) 会話・徴候の読み・異文化・特異化

老いや痴呆性老人の〈語り〉の可能性とは何か。その前に，語りとは何かという問いが待っている。語りが成立する〈会話〉という行為それ自体は，語り手—聞き手双方の，声の韻律，視線，姿勢，身振りの変化といったいまだ〈データ化されない徴候〉が重要な意義をもつ極めて身体的な出来事である。この会話の発生においてのみ，他者は観察される「対象」から「相手」へと生成する。すなわち，他者を「対象化」しようとする試みは，「会話」の発生と同時に，実は破綻するはずである。「対象化」と「会話」のせめぎあいの場に対するリフレクションが問題となる。

「自らが自らの声で語る」ということは何を意味するのであろうか。「私」の声の発生には，時間の問題がある。記憶と忘却，恐れと否認，「闘技的」な感情や情動の生成の流れの中で，時には長い年月がかかる。即興性やタイミング性という因子は，臨床の現場ではひそかに尊重されている。この〈時〉に関するセンス(意味＝感覚＝方向)の重要性。徴候(不完全なデータ)の読みと推論知[13]。時間と語り，「身体技法」(マルセル＝モース)や，声の音調の変化（tonal variation），視線の動き，互いの関係性の中で互いに醸し出す感情をおびた身振りと雰囲気への覚醒(アラートネス)。いわば〈間身体性〉のスキルへのセンスという言葉でとりあえずまとめるしかない。

この世界に住むすべての人々の声を語る権利の証人(ウイットネス)も問題化される。沈黙を強いられている人々の代理人とは何者なのか。「あなた」は誰なのか，という問いも問われている。

「わたし」は，患う者の声，老いの声，身体の声を聞いたことがある，と断言

できるであろうか。果たして患う者は，他者論で言う「他者」であろうか。他者とは，「私」自身である。老い人は「他者＝わたし」である。老いは「異文化＝わたし」である。レヴィ゠ストロースの『野生の思考』から示唆を受けた理学療法士の三好[14]は，抽象的な人権とかヒューマニズムの視点では不十分であり，「老いや障害を異文化ととらえる」観点が，どれほど医療や介護，福祉のパラダイム・シフトに重要であるかを強調した。老いによる「他者化」をこうむっている身体をみつめている「わたし」の視線を想像せよ。〈肉体としての身体〉と，〈イメージとしての身体(＝ボディ・イメージ)〉の乖離[14]，その身体の〈二重性〉という人間のアポリア。文化の定義は，多様な領域で多様に語られる。老いへの気付き，老いの身体の他者化をめぐって生じる自己と他者双方の文化の呪縛とその解消，科学の定義，経済の定義，心理の定義，社会や歴史の定義の構築の中にありながら，われわれは生々流転する生のリアリティの渦中にある。その生の流れの中で参入する行為空間そのものが，老いの臨床ないしはケアの行為において，〈徴候の読み＝感情行為＝会話〉とすでに一体となっている。

　明確な分類の図式に書き込まれた〈ファイルの自己〉[15]は，この類型化から溢れ出す。分類化からつねに逃れ出る「過剰」な身体。生としての個体は，予見不可能な生成であり，分子レベルや集団レベルのステレオタイプ化を逃れて，自ら「特異なもの（singularity）」となっていく（根源的な単数性＝個のかけがえのなさ）。既成の網や類型化から破れ目を作って抜け出していくプロセスに，かけがえのない大切なものが生成するその可能性の芽を摘まないことに〈配慮〉(ケア)すべきなのである。このような事態をガタリは，「特異化（singularité）」と呼んだのではなかったか[16]。

(3)　「リスクを飼いならす」ことの再考

　〈抽象的な「情報の世界」とは異なった世界〉である生の生成の中にあっては，つねに予見不可能な未知との遭遇に晒される。生きた経験の現在はリスクに満ちている。高齢者のあらゆる疾患や死への傾斜へのリスクへの対策が，監視のシステム内の操作可能性を極端に規律化する動きのなかで，今日急である。この動きは「リスクを飼いならす」ということで括ることができる。この「リスクを飼いならす」動きには，生の生成の流れを隠蔽し抑圧する裏面があるこ

とへの気付きが必要である。リスク監視対策も,「制度である限りその網目から絶えずこぼれ落ちるのが,人間関係である」[17]という言葉から再考が迫られるだろう。「感情労働」の研究の視点からの組織分析では,「傷つかないことへ向けての組織化」が看護組織を巻き込むことについての指摘がなされている[18]。

(4) 身体の社会化

この臨床世界に参入するすべての人々,一時逗留する〈旅人＝異邦人（guest, hospes）〉も,訪問者も,語りたいときに自由に語れ,というメッセージの発信には,しかし,それにも陥穽がある。「語ること」が一つの「ノルム」として標準化される不可視のシステム（データ・ベイランス）というものが,痕跡なく,対人関係性の中に浸透する。語ることの均一化,あるいは「制度化される語り」,そして「ファイル・セルフ」[15]の構築に対する感性が大切であり,医学化された老人の身体のファイル・セルフという視点から,テクノロジー,マーケット,メディアによるエイジングの表象化の構築の検証が大きなアジェンダとなる。痴呆老人とはこうであるという一つのステレオタイプ化された言説と暗黙のうちに方向づけるプログラム化という「身体の社会化」に対する歴史的な感覚に目を向けなければならない。そのとき,ある時代に,ある施設で,ある治療関係で,ある関係性の中で,このことは人々が語ることはできたのに,あのことは決して語られなかった,ということがどうして起こったのか,ということの問題化のプロセスが動き出す。

(5) 痴呆性老人の語りと会話,あるいは痴呆的会話の祝祭

痴呆性老人が言葉で語る,その〈身体が語る〉。語るということは,言葉が語り,視線で語り,息遣いで語り,身体全体から発する匂いや雰囲気で語る。排泄物,尿や糞便や汗や体臭で語る。その場の総体を俯瞰するさまざまなレベルのメッセージへの相互の応答と,互いの感性と想像力が駆動しその徴候の読解行為が重畳しつつ,〈会話〉のプロセスが進む。室伏[19]は,虚構の世界の「偽会話（Pseudodialog）」とケアにおける〈なじみ〉関係の形成について貴重な現象を報告した。

言語という薄い皮膜のような表面に亀裂が生じたところに,「イメージ」が生成していると仮定すれば,痴呆性老人のその「イメージ」に対する感性が求められる。痴呆性老人の言語が亀裂した向こう側,つまり言語の限界に散逸し湧

きあがってくるイメージや感情の共感可能性を問題化しなければならない。ベケットやドゥルーズが闘った,〈言語が消尽されつくした限界点〉,あるいは言語の外に達しついにイメージにたどりつく過程[20]の問題化が,痴呆性老人においても,自然的プロセスとして顕現しているのである。はたして〈言語の外〉とは何か。

　語るということは,すぐれた相互行為である。語りや会話や介護の世界は,つねにすでに「間身体性」[4,21]の出来事である。理学療法士の三好は,端的に「ウンコ・オシッコの世界」[14]と呼び,新たな関係性の可能性を発見している。この臨床世界には多様なディメンジョンがあって,スキルの次元から,バフチン＝ラブレー的な次元までを含み,ケアする側の,これらの次元の間を往復する視点のネットワークという概念が導入される。

2. 老いの〈身体消失〉から〈再—身体化〉へ
(1) 〈再—身体化〉のスキル

　老いと癒しという言葉は多数の領域の間を彷徨っている。どのような領域にも収まりきらずに,あたかも居心地が悪いとでも言うかのようにあちらこちらと横断している。この有様は,実際に実感される老いと癒しの〈現実〉とこれらの〈言葉〉の間の乖離(ずれ)の程度に対応している。この〈ずれ〉あるいは〈食い違い〉は,特に医療現場において著しい。老いという言葉は,多様な意味の幅をもって使われる。痴呆や老いの「見なし(epistemology)」の瞬間は文化によって多様だが,老人や痴呆と見なされた個人は,ある「空間」への参入を余儀なくされ,未知の世界の住人・「異人」となる。老いや痴呆性老人からその「人称的」な特権性が,「非人称的」な空間へと転位させられたとき,生身の個人性から「身体が消失する」[8]のである。「ファイルの自己(file self)」として描き出される姿と,情動をもつ経験の主体としての姿との間の乖離が生じる[22]。生身の個人はデータ・イメージ化(コード化)し,「情報テクノロジーの適用を通じた人々の行動・コミュニケーションの体系的モニタリング」という「データ・ベイランス(dataveillance)」[8]の世界に拉致されると言えるだろう。コード化の弱毒化のためには何が必要なのだろうか。「再—身体化(re-embodying)」[8]のスキルが中心的な課題なのである。

第7章 世に棲む老い人の臨床人類学　　　　155

　三好[14]は，老いを「異文化」であると言う。この視点は，神経科学者のラマチャンドラン[23]が鏡失認や幻肢(ファントム・リム)の研究とその治療から，これらを単なる症状とみなすのではなく，自分の身体や周囲の空間に突然起こった混乱への対処として，脳が構築した防衛手段とみなす観点に極めて近い地点に立っている。無意識が耐え難い事柄や理解できない事柄を無理やり抱き込むときに取る普遍的な戦略としてのきわめて正常な対処機制である。これまでの痴呆性老人の記憶の問題や，症状の発生についても新たな理解や接近のヒントが多く含まれているのである。この視点は背景に，「他者の尊厳(ディグニティ)」を今一度見直す契機をもっている。画一的で一元的なシナリオを撥ねつけながら，ローカルで非連続的で〔科学としての〕資格を剥奪された非論理的な知 (local, discontinuous, disqualified, illegitimate knowledge)[24]——規格化から常にはみ出してしまう知——を排除しない，「異なる声」への配慮(ケア)の視点をもっている。

(2)　「野生の技(スキル)」をめぐって

　「野性的」という言葉は，〈いま=ここ〉に生起している臨床現場に分け入り，「治療者」の身体性や，老い人や患う者の身体性を再問題視し，治療における「生—権力 (bio-power)」あるいは「規律権力 (pouvoir disciplinaire)」の弱毒化の技法でもあり，人々の「生きる技」の活性化を意図するものでもある。際立った闘技的(アゴニスティック)な生の流れ(フロー)に対する感性へのネーミングである。バフチンに倣えば，医療の世界に「カーニバル性」を注入する工夫(スキル)の別名であると言えるだろう。

　臨床の野性の技とは，ステレオタイプな類型化や「生—権力」の場の脱臼(ディスロケイション)につながる。複雑系としての臨床の現実においては，マニュアル化やプログラム化の簡略化は一定の条件でしか成立せず，きわめて柔軟でエラーの発生を許容する「レシピー」の概念[25]への感性が要請される。精神科医の中井によれば，「レシピー」の実現のために用いられるものが「スキル」であり「テクニック・タクティクス・ストラテジーのヒエラルキー」である。

(3)　記憶論のパラダイム・シフト：老人とエピソード記憶
　　　—痴呆のアートセラピー—

　老人への治療においては，これまでの記憶論を超える発想の転換が必要である。中井は「発達的記憶論」（副題「外傷性記憶の位置づけを考えつつ」）[26]で，

記憶に関する魅力的な論を展開した。〈言語〉と〈知覚表象（イメージ）〉の関係に関する基礎論でもある。

これまではもっぱら老人性痴呆症度を決定するのは「一般記憶」のテストに限られてきた。テストし、計測し数字化の方法をとり、他方では計測されないものは排除していくのが記憶の研究の方法であった。痴呆の老人の語りは、言葉の語りであり、これは計測されず、「語り」は「騙り」とみなし排除された。一般記憶と並んで長期記憶を構成するエピソード記憶が重要な意義をもっている。

エピソード記憶とは、パーソナルな「個人的な記憶」で、定量的に研究しにくいもので、「自己体験にもとづく自己を原点とするパースペクティヴという観点からの記憶」（中井）である。

中井は、老人のカウンセリングのコツを二つあげる。一つは、「徹底的なエピソード記憶の「煤払い」を目的としたさまざまのテクニック」。二つ目は、「自尊心の再建」である。特に人格形成期あるいは重大な転換期の体験の「煤払い」は、人格およびその尊厳そのものの煤払いであると強調する。サリバンの「老人が最近のことを覚えないのは人格形成上の重要性がすくないからではないか」という発想の転換に注意を向ける。老人同士の会話は「相互煤払い」であると言う。

老人のエピソード記憶をしらべる方法として、一つは、「面接で過去を聞く方法」がある。例えば、本人が旧制女学校を出ていれば、制服の種類やその色を聞く。あこがれていた映画俳優の名を聞くなどして話を膨らませていくと、思いがけないエピソードがでてきて、その副次効果として、本人の人格の煤払い効果とその場に居合わせた家族がしばしば感動してくれることであると言う。旧友再会を行う方法、年賀状を出す方法などの有効性にも触れている。二つ目に、モンタージュの方法。本人にとって重要人物たとえば亡き夫の絵を描いて見せて、これでよいかどうか、相違点を聞きながら、二人合作の絵を再現させる方法である。

中井の記憶に関する方法は、従来の記憶論を突破する契機を含んでいる。痴呆性老人への交流の窓をひらくその工夫とともに、治療者へのエンパワメントにもなっているのである。チーム医療としての医療従事者たちが痴呆性老人に

対して無意識的にあるいは制度的に与える「二次的外傷体験」あるいは「医原性外傷（iatrogenic trauma）」への自省とその回避策にもなっている。

神田橋は，痴呆という状態の精神療法のコツとして，「答えに窮させる状態を引き起こさないように配慮しながら対話してゆくと，思いもかけぬ歴史の証言を聞きだすことがしばしばあり，そうした確かな記憶を再現したことが老人自身にも確認されることで，人としての自信が回復し，自己制御の機能が瞬時に向上するものである」[27]と述べており，中井の方法と直結している。

（4） 老いのカーニバル性をひらく
　　　―老いの類型的表象のスペクトル（トランス）化を超えて：臨床的想像力をひらく―
　山中[28]は，実に卓見に満ちた『老いの魂（ソウロロギー）学』という書物を著している。この中で紹介されているユング派分析家のアドルフ・グッゲンビュール＝クレイグの発言に注目したい。山中によれば，彼は，これまでの「老賢者」元型ばかりをみてきた人々に手痛い一石を投じ，呆けることの意味，「呆けることの大切さ」を説いている。死に際を実に見事に掃き清めて行った賢い老人を一方の極とすれば，ペニスを出し，廊下をいざりつつ恋人を訪ねる94歳の例を，さしずめ他方の極であろうと述べ，ここに一人ひとりの，一つひとつの人生があることを指摘する。

　「老賢者―老愚者」スペクトルを超えた，第三の老いのイメージとしての「カーニバルとしての老い」を歴史的に抽出したことがある[29]。「笑う寒山拾得」，「トリックスターとしての老人」，「翁童」の表象につながる。老いへのニーチェ的「ヤー！」につながる喜ばしき〈歓待（ホスピタリティ）〉というイメージである。記憶力の衰退には哀切と闊達な両面性がある。鎌田[30]は，画家岡本太郎のエピソードをあげている。彼が朝日新聞のインタビューに答えた「余白」という欄の記事のエピソードである。ホテルで，自分の名前を忘れ，フロントのホテルマンに，「名前なんかにこだわるな！」と叫ぶくだりに，鎌田は，「抱腹絶倒のあまり，哀しくなって涙が出た」と言う。このエピソードは，中井[12]の言う「ふっきれる」と「ありのままの自分をそれなりに肯定すること」へとつながっている。われわれには，このようなセンスのカーニバル的な〈身体感覚を開く〉ことの意味の見直しが求められているのではないか。

(5)「汚穢 pollution と禁忌 danger」としての老い

　文化人類学者のメアリー・ダグラス[31]の著書に『汚穢と禁忌』(*purity and danger*)がある。「清め(cleansing = purity)」に関する観念をめぐって，「異例なるもの(anomaly)」と「曖昧なるもの(ambiguity)」を排除する体系を明るみに出している。曖昧なるものは，「私自身」と「それ」との間の境界を侵そうとするので，恐怖をかきたてるのである。汚物への反応，曖昧なるもの，異例なるもの(anomaly)への反応恐怖は，〈老いたる身体のイメージ〉に体現され，「おぞましきもの(アブジェクション)」として「表象化」される。この表象化は，各時代，各文化によって大いに異なるという事実がある。このことは，〈老いの肉体としての身体〉と〈老いのイメージとしての身体〉の二重性という問題に通じている。

　「おぞましきもの」に対するわれわれの社会の「応信性(addressivity)」や「応答可能性＝責任(responsibility)」が問われている。依然として老いや死に対する関係性(アゴーン的対話)には，われわれの場(風土の場・施設の場・医療の場)を，単一の類型的ではないより多様な語り＝老い方を可能にする〈想像力〉が求められているのである。

3. 老いの身体のイメージの歴史的一瞥

　近代化とは，老いと死に対する折り合いの付け方の歴史でもある。老いと時間に関する研究は，老いをめぐる時間として，ライフコースの人類学では，物理的時間，生物的時間，心理的時間，あるいは個人的時間として，生物的，心理的，実存的時間，そして社会的時間として，歴史的時間，社会文化的時間，産業的時間，家族的時間との関わり，ライフステージによる時間の差異などが注目されている。ここではその一端に触れるだけである。片多 順の「文化人類学的老人研究の展望」[32]は老年人類学の歩みを要領よくまとめているが，ここでは別の角度からの記述となる。

　歴史学者の G. ミノワ[33]によれば，老いの問題を裁判にたとえるなら，プラトン(前428～前348)は弁護人，アリストテレス(前384～前322)は検事である。ボーヴォワールは，『老い』[34]で，「廃品」になることによって得られる自由と幻滅こそ「尊厳」の源であると述べた。

老いとは「他者」である，と老いて失明した最晩年のサルトルは言ったそうだが，まさに「不如意性」[12]がテーマとなる。老い人の「自己」にとって，まさに老いた身体という「異者との出会い」，「異者への驚き」であり，「別離」の累積だと言えるだろう。異質なもの，他者なるものとの〈折り合い〉，これは若い治療者においてもまた老人自身にとっても，自己と老いという「異質なる他者」との終わりのない「対話」である。

(1) ペストと老人の歴史人類学：人口統計からみた老人層

G. ミノワ[33]は，人口統計によって割り出した「ペストを生き延びた老人」の人口率の増加現象を指摘した。1348年のペストの第二波は特に子供のペストと呼ばれたが，ペストによる若年層の死亡率の上昇のため，これまでにない老人という「社会層」が浮上したと言う。おそらく15世紀は歴史の中で，〈人が祖父になる術を覚えた重要な時期〉であった。1480年以降，ふたたび若年層の人口率が上昇を開始し，印刷技術の普及は，老人の共同体の記憶係としての役割をも剥奪した。

(2) 老いの「群集化」と「難民化」：多様な「ニッチ」の発見について

第三の老年社会層が，多様な「ニッチ」(生態的地位：「他からあまりおびやかされずに棲んでおれる，眼にはみえないが安定した領域」)[12]の発見にいたるか，発見できずに「群集化」するか，あるいは脱社会化である「難民」と化すかという中井の問いに対して，われわれ社会は，どのように応答可能か，あるいはどこまでその呼びかけに応じられるか，世界に答えを返さざるを得ないということで，責任があるのである。

魔女狩りの対象において，ペストや都市の没落などを背景とする生産力の減退，性差や地域差の指摘と同様に，老人とも関連があった。「おぞましきもの」を身辺から排除し社会を啓蒙 (illuminate — 明るく) しようとした時代の魔女狩りと老いとは深い関連性をもっていた。1565年から1640年にかけてパリの最高法院で裁判に掛けられた164名の魔女の平均年齢は50歳を越えていたのである。『痴愚神礼賛』の著者であるエラスムスも老婆の嘲罵にかけては過激であったが，この発言は，16世紀におきた男女の人口比の逆転現象——古代から15世紀まで女性は男性より短命であった——があったという時代背景の読みが必要である。『痴愚神礼賛』における老いへの嘲罵に関しては，『フランソア・

ラブレーの作品と中世・ルネッサンスの民衆文化』の著者バフチン[35]の分析を視野に入れなければ歴史の半面しか見ないことになる。称賛と嘲罵、冬と春、老年と青春、誕生と死、という対の「闘技的（agonistic）」「対話」が広く行われていたことが重要である。異質なるものたちの生き生きとした諸関係の顕現がテーマになるだろう。

（3）新たな老いの多様なスタイル化へ向けて

　ラブレーの作品からバフチン[35]がとりだした「時」を異にする力や現象の「アゴーン的対話」、つまり生成の両極、変容の初めと終わりの対話、嘲笑＝嘲罵の融合から生まれた〈笑う人間（ホモ・リーデンス）〉という概念から、新たな老いの身体のイメージが喚起される。高度情報化社会における〈「記号的身体」と「生身の身体」との乖離・対立〉という人類のアポリアが浮上する。

　バフチンのいう生の普遍的なカーニバル性に着目するのも一つの袋小路からのループホール（loophole）[11]の一つの条件である。称賛＝嘲罵の融合、祝祭的である根源的両面的価値を持つ〈カーニバル的笑い〉の概念の導入である。だが、〈老いのカーニバル性〉が顕現するには、〈日常的に安心がえられてなじみ感のある居場所＝棲み処〉が条件となるだろう。

（4）老いの文化装置

　琉球列島には、独自の長寿儀礼「カジマヤーの祝い」[29]がある。97歳をその共同体が祝うカーニバルである。老いを祝うカジマヤーの儀式は、老いとの一つの折り合いの形としてその土地の人々がつくりあげた文化装置である。この装置は、風土・神話・歴史・人々たちの間の相互関係性の現れである。老いをめぐる「文化の言語」をもつ「風土」の老いとの折り合いの風土の祝祭性の姿である。死者儀礼（霊魂と後生（グショー）をめぐる儀礼）や老いをめぐる儀式などは、風土に根ざした老いと死者との一つの〈会話〉の顕現である。

　高江洲・平野ら[36]は、沖縄の長寿文化における、「生の有限性（＝不可能性）を安心して生きることを保証するもの」として、三つの視点をあげた。第一の文化・風土的制度とは、制度的なものによる生の有限性を甘受し表現する場であり、ある文化・風土・死生観に基づく儀式や老人に対する風習を規定する老人観が含まれる。第二は、「語る存在としての老人を語る周囲の人々の語り方」であり、同時に老人の語りと伝達のことを指す。そのとき過去の歴史・心象風

景の再発見と回復や身体的死を超えたものが生まれると指摘する。第三は，老人の患者に対する「若い治療者の逆転移」の視点から，三つの治療者の位置をあげている。第一に，治療者自身の死の問題＝自己愛の問題に決着を付けていることの指摘。第二に，歴史的相対性(エリクソン)の重視。異なる文化的・歴史的背景をもち，異なる世代の臨床的出会いのダイナミックスへの自覚。第三に，「若い治療者達は老人によって分析されている」と理解するステップから，次いで，「自利利他の姿勢」の指摘がなされている。

以上は，老人に対する制度論から精神療法に至る幅を持つ重要な指摘である。高度情報化社会において新たな文化装置の「発明」は可能であろうか。

4. 痴呆老人との会話：〈会話〉の人類学

老い人を語るにあたっては，生物学的な語り，心理社会的な語り，個人的あるいは伝記的な語り，他者の老いや自己の老いに関する語り，時代の語り，文化の語りなどの多重な語りが想定される。これらの語りは，出発点の相違であり，見方(アスペクト)の相違でもある。老い人をめぐる「語りの多様体(ミックスチャー)」は，老い人との〈会話〉が基本にある。会話とは，対面相互行為であり，「同時性」が際立つ身ぶりのトポスである。医学的言語は徹底的に痴呆性老人を「対象化」することによって語る。対象化の極には，その対象化という行為の定義上，会話は成り立たない。対象化の極と会話の極とのあいだの往復運動というものが問われなければならない。この往復運動には一つのスキル(技術，戦術，戦略)が要求される。会話への志向性と共に要求されるのは，専門家が否応なく身体化される極端な医療化 (medicalization) のまなざしを含む監視社会 (surveillance society)[8] 的背景へのセンスである。管理(マネジメント)の倫理ではなく配慮(ケア)の倫理によるスキルが要求されるのである。

現代のテクノロジックで統計的規範への功利主義的強迫観念に向かっているようにみえる医療世界において，徹底的な対象化の動きに晒されようとも，それぞれの「痴呆性老人」は，徹底的な対象化からはみだしてしまう「相手」ではなかろうか。中井[25]は，医学も何かを「相手」に将棋をさしているが，その相手は何であろうかと問う。「ある人はそれを『病い』といい，ある人はそれは抽象概念の実体化であって相手は『病める人間』であるという。『生物学的・心

理学的・社会学的人間』だともいう。『人間の集団』だと疫学はいうであろう。『運』あるいは『実存的なもの』も排除できない。実に，医学は『相手とは何か』と問いつめられると困るものではないであろうか。医学には他の『学問・技術』にはない混沌・未分化なものがある。いずれにせよ相手は複雑な系であり，たえず予想を裏切るように動いている」。「記号化された身体」，あるいは「ファイル化された身体」としての老い人ではなく，生身の個人としての「再―身体化された」老いの身体の復権につながるものである。

江口[22]は，近年の老いをめぐる民族誌を簡潔にまとめて，「その特徴として，『語り』ではなく『つぶやき』や『声』に，記憶や認識ではなく情動や感情に，疾患が問題になる医療施設における『ファイルの自己』ではなく，家庭や地域を含めたより広い文脈(つまりは Kleinman のいう local moral world)における主体に焦点を当てて，過度に生物医学化しつつある今日の老人観に対して，もう一つ別の視点を提示しようとしている」ことを述べた。これは痴呆老人の「主体」について，小澤[37]の「痴呆という生き方」や，室伏[19]のいう「痴呆性老人とは，痴呆というハンディキャップ(障害)をもちながらも，その中で彼らなりに，何とか一生懸命に生きようと努力している姿，あるいはそれができなくて困惑している姿」と捉える視点を共有するものである。

5. 医学・精神医学は科学か
(1) 徴候の知(＝総合知)としての医学・精神医学・精神療法

老い人をめぐる医療の場は，身体を極端に医療化する。この「医療化の促進で捨象されていることは何か」と問うことで見えてくるものが重要である。では何が足りないか，と中井[25]は精神医学者で犯罪学者でもあり精神医学史研究者でもあるエランベルジェ(エレンベルガー)と共に問う。エランベルジェの解答はこうである。医学や犯罪学が科学でない理由として，疾患の研究や犯罪の研究からは「疾患は治療すべきであり，犯罪は防止すべきであるということが論理的に出てこない」。犯罪学と医学は「科学プラス倫理」であり，これを総合科学と呼ぼうと提唱したが，それでも不十分なのだと言う。囲碁や将棋は数学化できない。それは，科学と違って徹底的に対象化することのできない「相手」がいるからであると指摘する。「対象」ではなく，「相手」という言葉を使うと

き，「相手」への「尊厳(ディグニティ)」への配慮がある。医学も何かを相手に将棋を指している。その相手とは何であろうかと，中井は問う。「相手は絶えず予想を裏切るように動いている複雑な系」であると言う。相手を固定し対象化しようとしても絶えず予想を裏切る力動関係にある。それは戦争術に似ている。中井は，この力動関係の混沌・未分化性をその未発達性ではなく，痛みうる人間が医学や精神医学をやり，犯罪を犯しうる人間が犯罪学をやるからであると言う。

この論点は，フーコーの権力＝知の概念や，『監獄の誕生』で論じられた「規律権力（pouvoir disciplinaire）」と『性の歴史 I　知への意思』において展開された「生の政治（bio-politique）」という二つの権力についての分析にもつながるだろう。彼は，「規律権力」は17世紀に，「生の政治」は18世紀にそれぞれ形成された権力形式で，これら二つを，「生に対する権力の組織化が展開する二つの極」として捉え，「生―権力（bio-pouvoir）」という共通類型の下に置いた[9]。この原初形態は「牧人＝司祭型権力（pouvoir pastral）」と名付けられた。スキルの工夫は，「生―権力」の弱毒化をも志向することが課題となるのである。

(2) データの知，言説の知，臨床の知

データとは何か。データとは，「後知恵」であり，必ず「時遅れ」であり，後の祭りという側面を持つ。医学のいま・ここでの現場においては，完全なデータを得ることはできない。不確実性がある中で，「不完全なデータ（徴候）」[25]から推論して出来事に対処しなければならないのである。

イタリアの歴史家カルロ・ギンズブルグ[13]は，医学的徴候学の起源を論じている。人は何千年もの間，狩人だった。狩人たちは，獲物を追跡しているうちに，泥に刻まれた足跡や，折れた枝，糞の散らばり具合，一房の体毛，絡まりあった羽毛，かすかに残る臭いなどから，獲物の姿や動きを推測することを学んだ。「人は絹糸のように微細な痕跡を嗅ぎつけ，記録し，解釈し，分類することを覚えた」[13]のである。この英知の特徴として，「経験的・不確実なデータ」から出発して，実際には実験が不可能な複雑な現実にさかのぼる能力にあるという。単純な例としては「あるものがそこを通った」という物語的な配列の仕方であり，そこから「物語を語るという考え自体」が生まれたのである。おそらく狩人が「物語を語った最初の人」である。この推論的知が「過去と現在と未来に向けられると診断と予後という二つの顔を持つ医学的症候学になる」ので

ある。このギンズブルグの「兆候の知」を中井[25]は独自に抽出し，医学という実践における状況に応じて変化する，職人的な大局観に関する「スキル」を論じ，技術（テクニック）と戦術（タクティクス）と戦略（ストラテジー）のヒエラルキーが確実に働いている「生の現実と相渉るもの」のタイプの知を仮に「実践知」と呼ぼうと提案している。中井は，このスキルの三段階をその頭文字から「TTS複合」と呼んでいる。

類似の試みとして下地[7,38]は，「データの学」と「言説の学」（井原）を「認識の知」とし，一方，身体や行為の次元をレヴィー＝ストロースの「野生の思考」に倣い，「臨床における野生の知」という二つの知を，二項として「臨床の知」の世界を捉える試みをしている。

（3）〈悲鳴をあげる身体〉：老い人のパニック・ボディ

哲学・倫理学者の鷲田は『悲鳴をあげる身体』[39]で，身体の可処分権を検討しながら，医療制度に独占された身体の解釈，生身の個人の身体間の交流を「超個人的なシステム」が代行する身体政治，あるいは「非人称の空間」について触れて，身体はほんとうは〈間身体的〉な関係としてしか存在しないのではないかと述べている。痴呆性老人の身体は，非人称化の視線の中で，「悲鳴をあげている」のである。この身体の姿を，鷲田は，「パニック・ボディ」と呼んだ。

「バイオ・ポリティックス」（フーコー）の貫徹に対する「広義の反照的均衡（wide reflective equilibrium）」（ロールズ）[24]の突き合わせの作業を続けていくこと，つまり「生活・倫理・科学」の三者の突き合わせを絶えず継続することが要請されてくる。そこから「医の心」と「ケアの心」[40]を実らせる際に，「一つの声（monologism）」ではなく，「数多くの異なる声（many different voices）」，つまり〈ポリフォニー（多声）〉の感性をもったスキルの創出が要請される。

社会の〈成熟〉について，医療人類学者の波平[41]は「老人を大切にできる社会」，精神科医の松下[42]は「老人を畏敬する社会」と簡明に述べた。中井[12]は，「多様な『老い方』を許容するような社会を成熟した社会といい，一様な老い方しか許容しない社会は老人を『群集』化し，老人には場がない社会は，老人を行き場のない悲劇的な『ボート・ピープル』のような存在にする」と書いた。

老人の研究は，ライフコースの研究，人生のトラジェクトリ(軌跡)，人類の多様な時間と空間の研究，ターニング・ポイント，ヒューマン・エイジェンシーなどのキーワードが象徴する方法で新しく展開されつつあるが，痴呆老人の「主体性」の問題，痴呆というカテゴリーの組み替え，ケアの論理・倫理，自律性の問題，エイジング・エンタープライズの問題，身体性の問題などのすべてがリンクしている。エイジングの問題は，幾重にも重なる構造の決定と非決定とが言説実践の現場の過程，間身体性のせめぎあう，生きられた場においてつねに・すでに顕現しているのである。

〈対話原理(dialogism)〉とはまことに，「他性を讃える技」——他者にたいする「悦ばしき知(fröliche Wissenschaft)」である。

「Dialogism is a metaphysics of the loophole」(ミハイル・バフチン)[11]

参考文献

1) Estes, C.L., "The Enterprise Revisited in Critical Gerontology; perspective from political and moral economy."(エステス・キャロル・L「高齢化事業体再考」『現代思想』2000; 28: 126–139)
2) Herskovits, E., "Struggling over Subjectivity: *Debates about the "Self" and Alzheimer's Disease*," Medical Anthropology Quarterly 1995; 9: 146–164
3) 菅原和孝『身体の人類学: カラハリ狩猟採集民グウイの日常行動』河出書房新社, 東京, 1993
4) Merleau-Ponty, M., *Phenomenologie de la Perception. Gallimard*, Paris, 1945 (竹内芳郎, 小木貞孝訳『知覚の現象学』みすず書房, 1967)
5) 石井 毅「高齢者の生きがい」『臨床精神医学』1993; 22: 671–676
6) Kleinman, A., *The Illness Narratives: Suffering, Healing and Human Condition*. Basic Books, 1988 (江口重幸, 五木田紳, 上野豪志訳『病いの語り; 慢性の病いをめぐる臨床人類学』誠信書房, 東京, 1996)
7) 下地明友「多元性・多声性・身体性—文化と生物学の架橋に向けて—」『臨床精神医学』2002; 31 (6): 623–628
8) Lyon, D., *Surveillance society: Monitoring everyday life*. Open University Press, 2001 (河村一郎訳『監視社会』青土社, 東京, 2002)
9) 関 良徳『フーコーの権力論と自由論』勁草書房, 2001
10) Connoly, W.E., *Identity/Difference: Democratic Negotiations of Political Paradox*. Cornell University Press. (杉田敦ほか訳『アイデンティティー/差異——他者の政治』岩波書店, 1998)
11) Clark, M., Holquist, M., *Mikhail Bakhtin*. Harvard University Press, 1984 (川

端香男里, 鈴木晶訳『ミハイール・バフチーンの世界』せりか書房, 東京, 1990）
12) 中井久夫「世に棲む老い人」（伊東光晴, 河合隼雄, 福田義也, 鶴見俊輔ほか編）『老いの発見』第4巻; 老いの生きる場, 岩波書店, 1987; 156-180
13) Ginzburg, C., *Miti Emblemi Spie-Morfologia e storia. Einaudi*, Torino, 1986（竹田博英訳『神話・寓意・徴候』せりか書房, 1988）
14) 吉本隆明, 三好春樹:『〈老い〉の現在進行形』春秋社, 2000
15) Chatterji, R., An ethnography of dementia; *A case study of an Alzheimer's disease patient in the Netherlands*. Cult Med Psychiatry 1998; 22: 355-382
16) Guattari, F., *Les Trois Ecologies*. Galilee, 1989（杉村昌昭訳『三つのエコロジー』大村書店, 1993）
17) 小沢牧子『「心の専門家」はいらない』洋泉社, 2002
18) 武井麻子『感情と看護; 人とのかかわりを職業とすることの意味』医学書院, 2001
19) 室伏君士:「痴呆性老人の理解とケア」『精神経誌』1989; 91: 566-584
20) ジル・ドゥルーズ, サミュエル・ベケット『消尽したもの』白水社, 1994
21) 菅原和孝『感情の猿＝人』弘文堂, 2002
22) 江口重幸「老いをめぐる民族誌——老人問題への医療人類学的視点」『老年精神医学雑誌』2002; 13（5）: 483-490
23) Ramachandran, V.S., Blakeslee, S., *Phantoms in the Brain: Probing the mysteries of the mind*. 1998（山下篤子訳『脳の中の幽霊』角川書店, 1999）
24) 川本隆史『現代倫理学の冒険』創文社, 1995
25) 中井久夫「医学・精神医学・精神療法は科学か」『こころの科学』2002;11: 2-12
26) 中井久夫「発達的記憶論——外傷性記憶の位置づけを考えつつ」『治療の聲』2002; 4: 3-23
27) 神田橋條治『精神療法面接のコツ』岩崎学術出版社, 東京, 1990
28) 山中康祐『老いの魂学（ソウロロギー）』ちくま学芸文庫, 筑摩書房, 東京, 1998
29) 下地明友「風土と老人観——医療人類学的視点から」『老年精神医学雑誌』2002; 13（5）: 502-507
30) 鎌田東二『翁童のコスモロジー; 翁童論 IV』新曜社, 2000
31) Douglas, M., *Purity and Danger—An analysis of concepts of pollution and taboo*. 1966（塚本利明訳『汚穢と禁忌』思潮社, 1985）
32) 片多 順「文化人類学的老人研究の展望」『民族学研究』1982; 47: 357-375
33) Minois, G., *Histoire de la Vieillesse en Occident, de l'Antiquité à la Renaissance*. Librairie Arthème Fayard, 1987（大野朗子, 菅原恵美子訳『老いの歴史; 古代からルネサンスまで』筑摩書房, 東京, 1996）
34) Simone de Beauvoir, *La Vieillesse. Gallimard*, Paris, 1970（朝吹三吉訳『老い上・下』人文書院, 東京, 1972）
35) バフチン, M.『フランソア・ラブレーの作品と中世・ルネッサンスの民衆文化』（川端香男里訳, せりか書房, 東京, 1980）
36) 高江洲義英, 平野潔ほか「長寿国の老人たち—老年期心理への状況論的考察から心理療法的風土へ—」『心理臨床』1944; 78（4）: 211-217

37) 小澤 勲「痴呆という生き方」『こころの科学』2001; 96: 19–24
38) 下地明友:「臨床空間の「とき」と「ところ」——風土と精神医学」『現代のエスプリ』1995; 335: 154–163
39) 鷲田清一『悲鳴をあげる身体』PHP選書，東京，1998
40) 嵯峨 忠「高齢社会とケア——その倫理的側面」中山 將・高橋隆雄編『ケア論の射程』熊本大学生命倫理研究会論集 2，九州大学出版会，2001, 197–253
41) 波平恵美子『暮らしの中の文化人類学』【平成版】出窓社，東京，1999
42) 松下正明「百歳老人のこと」『老年精神医学雑誌』2001; 12: 336–337

■ 第8章 ■

高齢者のケアの要

田中紀美子・尾山タカ子

はじめに

　2015年には国民の4人に1人が65歳以上の高齢者となり，うち約半数が75歳以上の後期高齢者と予測されている。

　ある老人が「年を取れば体が利かなくなるなんて，若い頃は夢にも思わなかった」と食事中にしみじみと語られた話を聞いた。この年代になると，一般に，さまざまな身体的機能の変化があらわれ，病気や障害を伴いやすい。さらに社会的には職を離れたり，子供が独立したりしてこれまで果たしていた役割が減り，経済力も減少する。こうした老年期の身体的機能や社会的役割の変化は老人の心にも影響し，心細くなって不安や恐れ，孤独感，生きていても仕方がないなどの気持ちを抱きやすい。また，物忘れも多くなるため，もの盗られ妄想など問題行動を起こしやすくなったり，忘れっぽくなった自分への辛い気持ちや不安な気持ちが落ち着かない行動につながりやすい。このように，変化の中にいる老人は，「落ち着きがない」「寂しがる」「頑固になる」「攻撃的になる」「不平・不満・悪口を言う」「疑い深い」などの言動で自分の思いを表現していることが多い。以上のように，高齢者の健康上の問題は，老人に生命の危機感を与えやすい。それはまた「生きる」ことへの意欲や生きがい喪失，無気力から「寝たきり問題」にもつながる。これらの問題は，病気や手術に伴う身体的・心理的苦痛が影響していることが多く，特に身体的苦痛は，老人のみならず人間の活動力を低下させ，それが意欲の低下，そして，老人の場合，痴呆等の誘発にもなりかねない。

　高齢者のケアを考えるとき，健康上の問題を捉えることはもちろんのことであるが，後期高齢者は人生の最終ステージにいる人であることを忘れてはなら

ない。「老い」と「衰え」を自覚しながら人生の最終ステージをどう生き抜いていくか，しかも健康上の問題を抱えた場合，どのような思いで今を生活しているのだろうと老人の認識面に関心を向けることが，看護者として必要である。老人の「心」に目を向け，その人の立場で考えることができる看護者は，老人の「心」に沿って援助しようと努力する。このような関わりは，対象を尊重することであり，老人の心の「癒し」にもつながる。

　今回，「高齢者のケアの要」というテーマが，我々に与えられた。嵯峨忠氏は『ケア論の射程』の中で，「老・病と共にある老人の，しばしば自律が最も得難い状態の「ケア」や「顧慮」・「尊敬」や「生きることの意味」といった人間的ニーズが最も差し迫って必要なとき，老人に自律を迫るのも「われわれの道徳的貧困」に他ならない」と説き，さらに「そこでは，もっと深い「人間としての尊厳」「命の尊厳（Dignity of Life）＝DOL」に立ち返ることが要求されているのである」。また，「命を意味あらしめる尊厳を蘇らせていくのが「ケア」の課題である」[1]としている。私たちは，病院や老人保健施設で看護学生の実習指導という立場で高齢者と関わっている。当大学の学生が，臨床では老人性痴呆があるといわれている患者に関わることがよくある。看護学生が，老人の「心」に沿って対応していくうちに，痴呆といわれていた老人にノーマルな部分が多くみられるようになり，生活面に積極性がみられるように変化していくことを経験している。老人との対応に戸惑っていた学生が，その人を理解し，一人の人間として尊重して関わるようになると，老人は安心して生活するようになる。よい方向に発展した看護過程は，人と人との繋がりを大切にしながら関わり，今まで老人性痴呆といわれていた汚名を，良きコミュニケーションによって回復させていく力を持っていると，筆者は感じている。そして，このように変化させた看護過程には，「良きケア」の本質が包含されているとも感じている。

　「ケアの本質」は，ミルトン・メイヤロフの『ケアの本質―生きることの意味―』ですでに述べられている。ケアは，最も深い意味で，その人が成長すること，自己実現することを助けることである。私たちの行うケアは，対象に現れるケアの結果を通して評価されるべきである。その結果から，自分の行動が他者のより一層の成長に役立っているか，相手の成長から自己を省みる。そし

て「ケアのあり方＝看護のあり方」を学んでいく．以上の意味においても，筆者は，事例研究は重要であると考えている．多くの事例研究で，人間の尊厳や命の尊厳について思考させられ，「良きケア」つまりは看護の本質について学生と共に学んでいく．今回与えられた「高齢者のケア」について，「命を意味あらしめる尊厳」を蘇らせていく「ケア」に焦点を当て論じたいと思う．

1. 事例紹介：重度の難聴で孤独な生活を送っていた 90 歳の O 老人（図 8-1）

　学生は，臨床実習にて高齢者に関して直接的に知ることになる．そして，高齢者の生活に関わりながら，共に経験する連帯感の中で，相手の独立性と個別性をわきまえていく．今回のこの課題をわれわれはよい方向に発展した事例を使って，「高齢者を支えるためのケア」について考察していきたい．

図 8-1 の全体像モデルの説明

　人間は，物質と精神という本質的に異なった存在が統一されている生物である．人間は目で見たり手でさわったりできる実体と，直接確かめることのできない認識とを持っており，両方が密接なつながりを持っている存在である（心身相関の関係）．

　また，人間は，厳密に言えば一人で存在することはあり得ず社会的なつながりの中で生活している．認識においても，他人とのふれあいのなかで，社会的につくられていく．つまり，「人間は社会的存在である」としてとらえられる．

　対象にどのような内的な構造が隠されているかを全人的にとらえるために，図 8-1 の頭の位置に患者の心の状態を察する手がかりとなる認識面を，生活過程や成育歴，社会関係の事実を体の左側に，発達段階（年齢）を体の下に表記している．

　対象の健康上の問題を右側に記入し，どの項目でも同時に参照できるようにしてそれぞれの関係を探り，対象の抱える問題つまり，対象のおかれた条件を捉えやすいようにしている．

　学生は，実習初日に O 氏のベッドサイドに挨拶に行き自己紹介をした．挨拶をしても，簡単にあいづちをうたれただけで，すぐに"バイバイ"と手を振って「ご苦労様」といわれ，毛布を頭から被ってしまい「もう寝るけん」といわれ，受け入れは良くなかった．

【認識面】
大変厳格な人で，孫に対して躾は厳しかったが，次第に，人が丸くなったと嫁はいう。もともと頑固で，気が先走る性質でノンビリはしていない。夫人のことをお母さんと呼び，夫人が手術をし，入院していることを何度も話す。

【社会背景・生活史】
職歴: ○○省勤務
身障者手帳をもつ
趣味: 新聞を読む
妻82歳は入院中
通所リハを妻と利用していた
次男は未婚で気がかりになっている。
長男。長男嫁 現在，洗濯物などの世話をする。
孫: 女

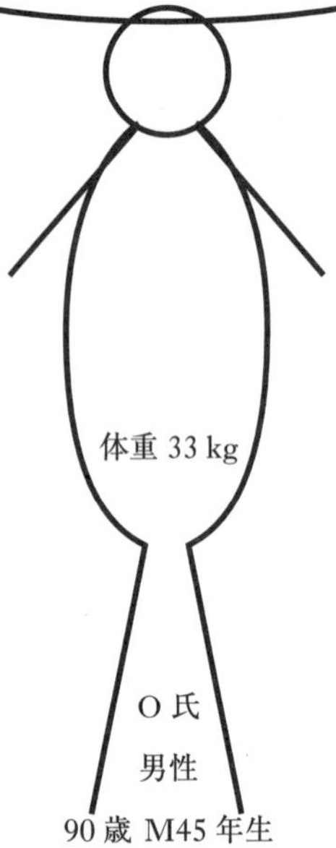

体重33 kg

O 氏
男性
90歳 M45年生

【身体的条件】
骨粗鬆症
変形性脊椎症 → 腰痛症
胃潰瘍
老人性難聴: 難聴は重度。
補聴器は持っているが使おうとはしない。
ADL: 移動　歩行時の動作 ⇒ 自宅のときから素早かった。
【病歴】
H5年(81歳の時)，腰痛出現
骨粗鬆症強いため入院。
H6年〜　デイケア利用。
H14年　再び腰痛出現。
座薬使用するが軽減しないために安静目的で入院。
腰痛にて寝たきり状態。
今回の入所はH14年10月〜。

[ADL]
活動: 1本杖。素早く歩こうとする。歩容は円背で前屈姿勢の歩行。車椅子使用は自分で操作できるがブレーキのかけ忘れがあり危険。
フットレストの上げ忘れも見られ，事故防止のためにも介助が必要。
ベッド〜車椅子移動は自立。ベッド上に臥床していることが多い。
リハビリ: 時間は決まっていない。平行棒や歩行器にて歩行訓練。
食事: 食欲不振，義歯装着。食事の動作はゆっくりで，摂取量も少ない。
排泄: 尿 → 常時リハビリパンツをはき，尿パットを装着し時々尿失禁がある夜間オムツ，要介助。
便 → カマグ内服にてコントロール。時々失禁あり，要介助。
視る，聴く: 眼鏡，補聴器。補聴器はほとんど使わず，難聴強度。
会話: 言語が不明瞭。
更衣: 動作の半分以上は自分でできる。整容動作: 自立。

[学生が関わったときの状況]
日中ほとんどベッドに臥床して過ごす。リハビリやレクリエーションに参加を促すが，すぐに帰室したがる。重度の難聴で，補聴器は使われないので，他の人とのコミュニケーションはとりにくい。そのために人との交流は少なく，孤独な生活になっていた。

図8-1　事例の全体像の紹介

O氏は重度の難聴であった。そのため，学生が大きな声で話しても聞き取れないことも多く，会話が続かないのでO氏と交流できず，他の人との接触も少ないので，孤独な生活になっていた。学生は，このようなO氏を表情も乏しく世の中から取り残された老人と感じた。

2. O氏との交流をあきらめなかった学生の関わりからケアの真髄を学ぶ
(1) つながり支え合うコミュニケーション

　学生は，O氏との関わりに必死になり，若干聞き取りが良い左の耳の方から大きな声で話しかけた。それでもなかなか話が伝わらなかった。そこで，一度だけもしもしフォンを使ってみたが，手で払いのけられた。使用を好まないのかもしれないと思ったので，できるだけ使用はせずに大きな声で会話をした。最初の頃は，とにかく耳元で大きな声で話しかけ，通じないことも何度かあり繰り返し耳元で大声で話しかけなければならないので，用件のみの伝達に終わっていた。これではいけないと思い，学生は，何か良い方法はないものかと「高齢者の特徴」について再度学習し直し，老人性難聴の特徴を調べた。

　その結果，老人性難聴は"高音域の方から聞き取りにくくなる"ということを知った。学生は自分の声は高く，聞こえないからさらに大声で話し，声は高くなっていたと気づいた。そこで翌日，学生は，低い大きな声で話し掛けてみた。するとO氏は，学生の話をよく理解され会話がスムーズに進んだ。この事をきっかけにして学生とO氏の会話が増え，O氏の発語も徐々に明瞭になってきた。その結果，学生はO氏の考えや思いが分かり，その後はコミュニケーションがとりやすくなった。

　「老・病とともにある生を温かく支えるのが「ケア」である。人と人との命のつながりをコミュニケーションによって回復するのが「ケア」である。コミュニケーションはその時，孤立した個人の間の単なる言語表現の伝達や，表示されうる意思の伝達にとどまらず，本来繋がり合い支え合ってしか存在し得ない人間の，いのちの交流の中で「ケア」の癒す働きが本領を発揮するものである」[1]と嵯峨忠氏は『ケア論の射程―第6章高齢社会とケア―』で述べているが，コミュニケーションの成立後，学生はO氏と関わりやすくなり，O氏の生活を大きく変化させることになる。そしてまた，学生も人格的にもさらに大

きく成長することになった。

(2) ケアするためには「知識」と「忍耐」も必要である

　メイヤロフは「ケアには知識が必要でないとか，誰かをケアすることは，単に好意や温かい関心を示すことだけであるかのように言うことがある。しかしケアするためには，その人の要求を理解しなければならないし，それに適切に応答できなければならないし，しかもまた，好意があるだけではこの事が可能でないことは明らかである」としている[2]。学生はO氏に関わり，今O氏に必要なケアをしたいという考えを持っていた。しかし，関わろうにも，O氏は難聴で，学生が大きな声で話しても心の交流はできず，「O氏の認識は何なのか，その人が求めていることは何かなど」を知ることができない状態が2日間続いた。しかし，学生はO氏との会話が成立しないからこそ，O氏の「食事」「排泄」「移動」「レクリエーション参加」「リハビリである歩行練習」等に共に行動し，O氏を観察し続け，O氏の内面に必死で関心を向けた。まず感じ取ったのは"世の中から取り残された一人の老人"というイメージであった。しかし"孤独で寂しいのではないかな"という相手への思いは持っていた。メイヤロフは「誰かをケアするためには多くのことを知る必要がある」としている。そして「一般的な知識と個別的な知識は互いに補い合うものである」としている[注1]。相手がこんな時どのような思いになりやすいかを感じ取るには，メイヤロフのいう知識が必要と筆者は思う。学生の「難聴」に対する知的関心も彼女の知力が学習という行動につながったのである。受け入れてもらえない対象に関わりを続けるには，相手への心を込めた関心(メイヤロフは専心と表現する)と「忍耐」が必要であったろう。それが，O氏と関わろうとする学生の働きかけの工夫に表れている。メイヤロフがケアの主な要素に挙げている「忍耐」が，心を開こうとしないO氏に関わろうとする学生にはある。忍耐強く関わりを続けるなかで，O氏は学生の思いを感じ取ったであろう。それは，リハビリテーション，レクリエーションに連れて行ってもすぐ「部屋へ」と合図するO氏にそこに留まることを強制せず，O氏の考えに応えて行動し，O氏のそばに居続けようとする学生の態度に表れている。そして，関わりはじめの頃は"バイバイ"と手を挙げていたO氏が，学生を心待ちにするように関係は変化する。

（3） 命を意味あらしめる食事への関わり〜学生の援助に学ぶ〜

　年を取ると，歯が悪くなったり，誤嚥など嚥下の問題が起こりやすく食べる楽しみが奪われやすい。O氏も総義歯であり，主食は「お粥」で，スプーンを使いゆっくりと食べられていた。義歯をはめていないときも，歯茎を使って，よく噛んで食べるようゆっくりと食べられた。この食べようとする努力を認め，少ししか食べられなくても，おいしく，楽しく，食事が摂れれば「生きる」ことになり，豊かな心にもなれる。

　援助を必要とする高齢者に対して，「食べる楽しさ」を配慮し，「楽しく食べられること」が原点である。それによって心が満たされる。心が満たされるとからだも癒されることになる。

　実習1日目： O氏は，みんなが集う食堂で車椅子に座ったまま食べられていた。時々スプーンから食べ物がこぼれて，衣服を汚されたが，すぐに気づいて自分でお手拭を使って拭き取られた。学生は，O氏の好みがわからなかったので，この日の主菜であるさばの塩焼きを食べやすいように一口大にしてみた。手をつけられる気配は全くなかった。

　同じテーブルの方たちを見ていると，同じ物ばかりを食べている人が多かった。O氏もお粥しか目に入らないのかもしれないと思い，耳元で大きい声で「魚もいかがですか」と声をかけた。すると，ほんの少し食べられたが，二度と手をつけようとはされなかった。他の副菜も，おつゆも少し飲まれただけだった。

　学生はO氏が食事に集中しておられるのを見て，途中で手を出すのもためらわれ，ほとんど介助しなかった。この日はお粥3分の2程度，副菜少々摂取された。副菜をほとんど残されたのを見て，学生は介助が足りなかったのだろうか，お粥以外を見落とされたのかと思った。

　実習2日目： O氏は，この日も主にお粥を食べ始められた。主菜の唐揚は，全く手をつけようとされなかった。O氏の向かい側に座っている老人は，何でもおいしそうに食べているが，手に取った器の中身がなくなるまで食べてしまうという食べ方だった。そのためか，スタッフは，ご飯の上に副菜をどんどん載せて，多くの副菜を食べさせようとしていた。O氏のところにもスタッフが来て，お粥の上にいろいろなおかずを載せていかれた。O氏は，小さくした唐

揚の小片を口に入れられたが，その後は摂取されなかった．そして，おかずの載っていないところのみのお粥を摂取された．

実習3日目：　学生は，O氏は柔らかいものを好まれるのか，好きなものは肉なのか，魚なのか，野菜なのかいろいろ考えながら，食事摂取の様子を観察したが，よくわからなかった．そこで学生は，スタッフが前日行ったように，お粥の上にまんべんなく色々なものを載せてみた．しかし，O氏は，どれもあまり喜んで摂取される様子はなかった．

学生は，実習1週目においてO氏の生活の様子を観察した結果，食事やレクリエーションにでてもすぐに病室に帰り，臥床を希望されるとか，個別のリハビリに対しても意欲がないことが気になった．学内でのカンファレンスでこの事を教官に問題提起した．

そして学内カンファレンスにおいて，学生はO氏の全体像の理解を深めた．

①　O氏は高齢でしかも高度の老人性難聴があり，外界との交流が持てなくなり孤独になっている．それは意欲低下につながっている．また，変形性脊椎症から腰痛があり，体力も低下しているので疲労しやすく，臥床生活を選択している．

②　今のように臥床生活が多くなると，筋力はますます低下することになる．体重は33 kgと「やせ」が強い，また脊椎症もあるので神経障害による筋量減少は強くなり筋力低下は進行することになる．筋力低下を進行させないためにも，生活の工夫が必要である．

③　1週目において，食事の嗜好と食事の取り方を観察したので，患者の嗜好を大切にし，「食べる楽しさ」を配慮し，「楽しく食べられるように」働きかけ方を工夫してみる．

学生は，この時期には高音ではなく低い声で話しかける方が良いと分かり，O氏とのコミュニケーションは可能となっていたので，O氏への働きかけを楽しみに実習2週目に臨んだ．

実習2週目：（O氏との関わり4日目）
学生は，O氏の行動を観察した結果，ベッドから車椅子への移動においてふらつき，膝折れもなく行動できており，転倒の危険性は少ないと捉えていた．

そこで，昼食時には車椅子のまま食べるより椅子に座って食べられたら「食事をする」という意識が湧き，人間らしいし，それは生活リハビリにもなると考えた。そこで，学生は，教官とスタッフに相談してみた。Ｏ氏のために肘掛け付きの安定した椅子が準備された。

　そこで，学生はＯ氏を車椅子に乗せ食堂に向かうとき「今日は椅子を用意していますから，食事の時車椅子から移りましょう」と働きかけた。Ｏ氏は，最初「面倒じゃけん」と言った。学生は，Ｏ氏が夫人のことをとても心配しており，以前には夫人の入院している病院に面会に行ったこともあると情報を得ていたので「あまり動かないと足が弱くなりますよ。奥さんのお見舞いに行けるように少し鍛えましょう」と言ってみた。すると，Ｏ氏は納得した表情をされ頷かれた。椅子に座り満足げな様子が窺えた。学生は「座り心地は良いですか」と尋ねると，Ｏ氏は「あぁ」と頷かれ，この日は，Ｏ氏の好きな味噌だれやのりの佃煮が出たので，自分でお粥の上にそれらを載せておいしそうに食べられた。

　また，この日は義歯を入れるのを忘れてそのまま食べておられたが，歯茎を使っていつもよりよく噛んで食べておられると観察して捉えた。肉じゃがのジャガイモは他のおかずよりも好んで摂取されていた。

　午後のおやつの時間は，Ｏ氏は面倒がりだし，昼食は椅子に座っての食事だったので，疲れたのではないかと思い，椅子は片づけ，車椅子をテーブルに近づけた。するとＯ氏は「椅子は？　椅子」と自ら聞かれ，椅子を要求された。何でも「面倒」と断っていた人が，学生の１回の働きかけで，椅子に座る心地よさを体験，そして自分の持てる力を経験された。Ｏ氏の心を動かしたのは，学生のＯ氏への「心を込めた思い」からの言葉かけだった。その言葉は，Ｏ氏の夫人への思いを知っていたからでた言葉だった。

　また，学生は，食事の援助に関しては３日間，Ｏ氏をよく観察したことで，何が好きか，どんな食べ方をされるかが分かってきた。

　① 温かい飲み物が好きで，冷たい物は好まれないこと。
　② おやつはプリンや芋類のような柔らかい呑み込みやすい物は好まれること。
　③ 魚や野菜の煮物を食べやすいようにと細かくつぶしても，摂取状態は

良くならないこと。

　④　お粥の上に細かくした副菜を載せるとむしろ，その部分は食べずお粥の白い部分を選り分けて食べられるということなど，O氏への食事介助のあり方を把握した。

　以上のように，O氏の嗜好を把握した学生は，ある日，意図的に，O氏のお粥の上に載せられたおかずをきれいに取り去ってみた。するとO氏は一粒残さずきれいにお粥を食べてしまわれた。また，昼食で卵入りのおじやが出された時，O氏は「好きなんだな」と分かるようにおいしそうにおじやを食べられた。しかし，近くにきたスタッフが，おじやだけを食べるO氏を見て，煮魚をつぶしておじやの上に載せて半量程のおじやをぐるぐるかき混ぜていかれた。するとO氏は，一生懸命魚とおじやをスプーンで選り分けて食べようとされた。しかしなかなかうまくいかないと感じた学生は，箸で魚をきれいに取り除いてあげた。その後O氏は，一粒残らず食べたばかりでなく，器の底にのこった汁まですすってしまわれた。そして，前の日長男が持ってきた梅干を2つ摂取され「すっぱい」と顔をしかめて表現された。デザートの梨の缶詰も全部摂取された。

　食後に，学生は「ごはんの上にはなにも載せない方が好きですか？」と尋ねてみた。O氏は頷いて「人には好き嫌いのあるけんね」と言われた。また，「梅干はおいしかったですか？」と聴くと「あれは，おいしいというよりは殺菌になるけんね。梅干は殺菌になる。手製のがあればもっと良いが，近頃は手製のは少なくなったね」と言われた。学生は，O氏は体にいい物はちゃんと自覚して食事を取ろうとしていることも理解した。また，「食事」に関する考えを，自分なりに持って食事をしていることが分かった。

　自ら90歳と超高齢者で今なお臨床活動をされている日野原重明氏は，老いの命の質，生活の質について次のように言及している[3]。

　老人の生きる質を高くするためにはどうするかについて

　1．老人は動きたい。拘束されたくない。老人を拘束しないで動かせてあげなさい。

　2．老人には食事を豊かにして，あれこれ制限しないこと。70歳，80歳の人は若い人の三分の一しか量を食べないから。

3. 生活環境を良くしてできるだけ食事をするときは人と話しながら食べるようにしてあげる。老人が一人だけで食事をすることは避けさせたいのです。そして，老人の良い聴き手になってあげること，生きる希望を老人のために探してあげることです，と述べている。

学生は，意識的にお粥の上に載せられたおかずとおいしそうに食べている卵入りのおじやに載せられたおかずをきれいに取り去ることをして「ごはんの上にはなにも載せない方が好きか」を尋ねた。O氏は「人には好き嫌いがある」とだけ答えた。

食事の場面でO氏は，されるがままに身を置いて，食べないことで意思表示をしていたのである。学生は，O氏は体にいい物は取ろうとしていること，「食事」に関する考えを持って食事をしていると分かって，その人を尊重してより良く「食べる」ことが，より良く「生きる」ことになると学び取る。この食事のような場面は，施設内で暮らす老人に日常茶飯事に起こっていることではないかと思う。われわれは老人のため良かれと思ってしてしまっている。しかし，O氏が言葉にしたように「人には好き嫌いがある」と自分にとられた行動を嫌でもそれを表現せずされるがままにされて，その中で自分を殺して生活をしている高齢者がいることを忘れてはならない。「高齢者のケアとは」を考えていく上で，胸が痛くなることであり，むしろ学生の関わり方にケアの原点を学ばなければならない。

O氏は，車椅子から肘掛け椅子に座って食事をするようになってから，結果的には動く回数も多くなった。車椅子利用の生活は，乗ったままの生活になりやすい。肘掛け椅子に座るという動きと，食事に臨むという意識は「食事を摂る」「好きなおやつを食べる」という生活リズムを生み出すことにもなる。本当は動きたい老人を「危険防止」という名目で，われわれは老人の動きを制限してしまい，自閉的にさせてしまっていないかの反省が必要なのかもしれない。

O氏の場合，強度の難聴と，ともに暮らしていた夫人の入院をきっかけにして人との交流が少なくなっていた。しかし学生が関わり始めたことで，動きのみでなく老人の良い聴き手になって，O氏の夫人への思い，以前は夫人のお見舞いにも行ったことがある等の情報を得，「夫人のお見舞いに行けるように」という言葉で「立つ」「歩く」ということを生活の中で取り組み始めた。この気持ち

の向上は夫人への思いをO氏の前面に引き出した結果による。生きる希望をO氏にもたらしたのは，O氏の求めていることとは何かを学生が感じ取っていたからである。O氏の変化から，高齢者夫婦の絆の大きさがO氏に生きる希望をもたらしたといえる。今までの生活と比較するとO氏の生活の質は大きく変化したことになる。毎日学生を心待ちにされる生活に変わり，学生が挨拶をすると「ヨッ」と手を挙げられるようになったという。

3. 終わりに代えて：「高齢者の心に届くケア」

メイヤロフは「自分以外の人格をケアするには，私は，その人とその人の世界を，まるで自分がその人になったように理解できなければならない。私は，その人の世界がその人にとってどのようなものであるか，その人は自分自身に関してどのような見方をしているかを，いわば，その人の目でもって見てとることができなければならない」と『他の人をケアすること』の中で述べている。また，「相手の世界で相手の気持ちになることができなければならない。その人の人生とは何なのか，その人は何になろうと努力しているのか，成長するためにその人は何を必要としているのかなどをその人の"内面"から感じ取るために，その人の世界へ入り込んでいくわけである」[4]と，ケアの対象を理解できるようになること，そして，相手に向けての心を込めた関心を持つことの必要性を説いている。

この内容は，筆者が冒頭に紹介した全体像モデルを用いて，メイヤロフの説いている思考のプロセスをたどれば，対象がどのような条件の中にいるかが見えてくる。そして，その条件の中で対象の思いを考えてみる。それが「相手の立場に立って考える＝追体験しながら考えてみる」ことである。

何故この思考のプロセスが重要なのか

日野原重明氏は「患者や家族へのタッチは，眼と手とこころによって果たされる。そのタッチが医療や看護を受ける側に立って歓迎されるタッチでなければならない」としている[5]。「ケア」という行為は，ケアを行う側の心が反映されるという特徴を持っている。ということは，メイヤロフのいう相手を理解し，相手に対して，いかに心を込めた関心を注いでいるかは，つまり，われわれが行うケアに表現されるということである。

今回紹介した学生のO氏へのケアは，老人の生活像を図8-1の全体像モデルを用いて把握した。そして，全体像をイメージしながら，老人に接近し，よく観察することから始めた。その時の学生は，記録で「90歳のO氏は33 kgほどの体重しかなく大変痩せておられるが，体の動きも俊敏でありふらつきなどは見られない。少食で，動物性たんぱく質も多くは摂取されないが，O氏は消化器症状を起しやすいことや，1日の活動量が少ないこと，これまで食べつづけてこられた嗜好形態を変えることは難しいことなどを考え合わせると，主食の量を増やしたり，卵とじご飯のような形でたんぱく質をおぎなうようなかたちにすれば効果的だろう」と書いている。そして，病歴から，高齢者夫婦二人で支え合いながら生活してこられ，夫人の手術後の経過のことを心配している，とか身体的条件等を考えてO氏の心に働きかけるなど，心の交流を持ちながら働きかけをしている。この働きかけは，科学的な目とアート的な心を持ったものであり，それはナイチンゲールの看護師に必要な三重の関心（その症例に対する理性的な自然科学者の目，そして，病人に対する心のこもった関心，病人の世話に対する技術的関心）[6]そのものの働きかけである。学生の働きかけは，O氏の心に届いたからO氏を大きく変化させ，夫人のためにと「生きがい」を持って生活されるようになられ「生きることの意味」をつくりだしている。

ケアは対人援助であり，援助の結果は対象に現れる。現れるケアの結果を通して，自分の行動が他者のより一層の成長に役立っているか，相手の成長から自己を省みる。このような評価ができてこそ「心に届くケア」の意味を理解でき，行えるようになると考える。

終わりに

当短期大学部の最終実習において，落合順子氏は90歳の後期高齢者O氏を大きく変化させた。その看護過程に「高齢者のケアの本質」が包含されているとわれわれは気づき，彼女に記録の提供を依頼した。彼女の記録提供により，今回の「高齢者のケアの要」について具体的に説くことができた。落合順子氏の今後の発展を祈念すると共に，記録提供に深謝する。

引用・参考文献

1) 嵯峨忠「高齢社会とケア」中山將・高橋隆雄編『ケア論の射程』九州大学出版会，2001，235 頁．
2) ミルトン・メイヤロフ／田村真・向野宣之訳『ケアの本質―生きることの意味―』ゆみる出版，1987，34–36 頁．
3) 日野原重明『〈ケア〉の新しい考えと展開』春秋社，1999，48 頁．
4) ミルトン・メイヤロフ『ケアの本質―生きることの意味―』ゆみる出版，1987，95–102 頁．
5) 日野原重明『〈ケア〉の新しい考えと展開』春秋社，1999，23–24 頁．
6) 湯槇ます監修『ナイチンゲール著作集第二巻』「病人の看護と健康を守る看護」現代社，1976，140 頁．
注1) ミルトン・メイヤロフは『ケアの本質』で一人の人格をケアするとは，最も深い意味で，その人が成長すること，自己実現することを助けることであると随所に述べている．

第 3 編

医・工学技術による支援

第9章

工学技術の医療・介護・福祉への応用

里 中 忍

はじめに

　今後，予想される高齢化社会には，医療，福祉，制度を含めたいろいろな分野での環境整備が必要とされており，わが国が取り組むべき緊急課題の一つにもなっている。その基本は，高齢者が自立できるシステム，環境作りであり，高齢化社会を支援する態勢を整えることである。医学をはじめとするわが国の科学技術は世界のトップクラスにあるが，高齢化社会に対する取り組みは，欧米に比較すると遅れているのが現状である。そのなかで，工学の分野は車椅子，人工臓器，低床バスなど，いろいろな医療，福祉機器を開発してきたが，これらの製品の多くは，生産性が重視されたもので，使用者の利便性はやや軽視される傾向にあった。最近では，高齢者の要求や利便性を追求したもの作り，製品の重要性が認識されてきており，医用工学，福祉工学は，工学の分野でも重要な地位を占めることが予想されている。

　ここでは，工学と高齢化社会の係わりを「もの作り」の観点から述べると共に，工学技術が医療・保健・福祉の分野へどのように応用されてきたか，その現状と今後の課題をこれまで開発され，報告されている技術[1～33]から紹介する。

1. 医療・福祉と工学

(1) 医療，福祉を取り巻く環境と工学

　最初に，医療・福祉を取り巻く環境について，工学の視点から考えてみる。表9-1は，国立社会保障・人口問題研究所が公表している「日本の将来推計人口」を示す。2000年から2050年までの人口推計をみると，2000年に1億2,692万人であった総人口は，次第減少し，2050年には約1億になると予想さ

表9-1 将来人口の推計　　　　　　　　　　　　　　　　　　　（単位：千人）

	2000	2015	2030	2050
総人口	126,926	126,266	117,580	100,593
	(100.0%)	(100.0%)	(100.0%)	(100.0%)
老年人口	22,041	32,772	34,770	35,863
(65歳以上)	(17.4%)	(26.0%)	(29.6%)	(35.7%)
年少人口	18,505	16,197	13,233	10,842
(0～14歳)	(14.6%)	(12.8%)	(11.3%)	(10.8%)
生産年齢人口	86,380	77,296	69,576	53,889
(15～64歳)	(68.1%)	(61.2%)	(59.2%)	(53.6%)
従属人口指数*	46.9%	63.4%	69.0%	86.7%

出典:「日本の将来推計人口」，国立社会保障・人口問題研究所（2000）
*: 従属人口指数 = (老年人口 + 年少人口) / 生産年齢人口 × 100

れている。そのうち，65歳以上の人口は増加し，2030年や2050年で約3,500万人，総人口に占める割合は35%前後となる。年少人口(0–14歳)や生産年齢人口(働ける人の人口)も減少すると予想されている。生産年齢人口に対する老年人口と年少人口の割合をみると，2000年は46.9%だったものが，2050年には86.7%となって，これからの日本の工業生産，経済などを含めた社会活動にかなり影響してくることが考えられる。その影響を医療・福祉の分野からみると，三つの社会現象が浮かび上がってくる。一つは，高齢者の比率が増加して高齢化社会になるということである。二つ目は出生率が低下して少子化社会になり，いろいろな社会活動に影響が現れることである。そして三つ目は，これから高齢者，障害者が社会活動に自立して参加できるような生活環境を整備し，バリアフリー社会の構築が必要となることである。ここでは，工学の分野がこれらにどう関わっていくか，工学の役割はなにか，を考えてみる。工学が対象とする分野は，土木，環境，建築，材料，機械，電気，電子，情報，化学など多岐にわたっており，これらの分野は高齢化社会をサポートするためのライフサポートテクノロジーとしても重要な役割を担っている。また，ライフサポートテクノロジーは工学における一つの重要な分野になることは容易に予想でき，医療，福祉，制度などの分野と有機的な連携をとりながら支援態勢を整備することが重要となる。これについての一つの考え方として，QOL（生活の質）と工学の係わりが整理され，欧米の福祉先進国で，それに従った多くの製品が開

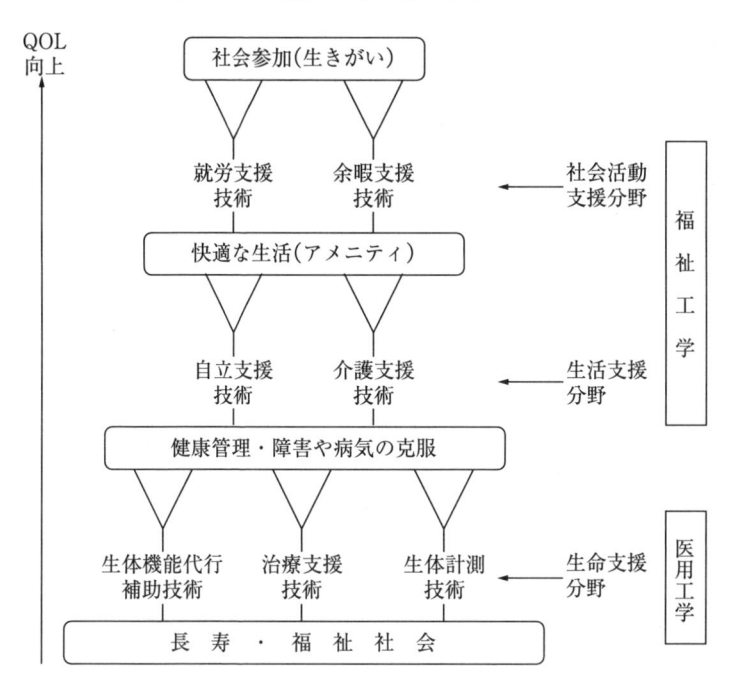

第9章 工学技術の医療・介護・福祉への応用

図 9–1 ライフサポートテクノロジーと QOL（文献 1 より引用）

発されている。

　図 9–1 は QOL とライフサポートテクノロジーの関係を示したものである[1]。QOL は日常生活の質を健康管理・障害や病気の克服，快適な生活，社会参加の三つのレベルに分けており，それぞれのレベルにおける支援態勢の構築が長寿・福祉社会実現のための基本となっている。QOL を高めるには，医療，福祉をはじめとする多くの分野の支援が必要となるが，各レベルにおける工学の役割としては，以下のようなことが考えられる。最も基本的なレベルである健康管理・障害や病気の克服は，医学，福祉が中心になる分野ではあるが，健康状態のモニタリング，検査には計測技術が不可欠であり，障害や病気の克服には治療に必要な機器や生体機能代行装置などが必要な場合もある。工学はこれらの支援，補助をハード的な側面からサポートしており，それに必要な主な技術としては，生体機能代行補助技術，治療支援技術，生体計測技術がある。こ

```
                もの(人工物)
           橋梁、構造物、材料、機械、電気・電子
           製品、ソフトウェア、情報、合成物、…
   信頼性                               規格
          安全性        機能性
```

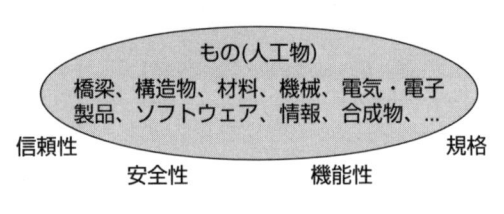

図 9-2　もの(人工物)の概念

れらは生命支援分野ということができ，工学の分野ではこの補助・支援分野を医用工学と呼んでいる．病気や障害を克服し，健康状態を維持できるようになると，QOLを高めるための次のレベルは，快適な生活の実現である．これには，起居・移乗，移動などの動作やコミュニケーションなど，屋内，屋外の日常生活を実現する環境作りが必要となる．その基本は，自立であるが，それが不可能な場合には支援，介護のシステムが必要となる．これは生活支援分野と呼ぶことができ，工学の分野は日常生活を支援する車椅子，手すり，昇降機，介護ベッドなどの自立支援技術，或いは介護支援技術で支援を行っている．さらに，社会参加のレベルでは，就労したり，余暇を楽しむ環境，システムの整備が重要となる．この分野は社会活動支援分野と呼ぶことができ，就労支援技術，余暇支援技術が必要となる．工学では，生活支援分野と社会活動支援分野の二つの分野を福祉工学と呼んで，上記の自立支援機器，介護支援機器の他にも，多くの支援機器の研究開発で高齢化社会に貢献できる．しかしながら，工学はこれまで，主に健常者を対象としてきたので，これからの長寿・福祉社会のもの作りにはすべての人に優しい技術開発が望まれる．以下に，工学におけるもの作りの概要を簡単に紹介し，高齢化社会における医療・福祉機器のもの作りの考え方について述べる．

(2) 工学ともの作り

工学を一言で表現すると，「もの作り」である．ここで言う「もの」とは，図9-2に示すように，広い意味での人工物であり，自然には存在しない，人工的に作り出された物である．人工物の例としては，橋梁，構造物，建物，材料，機械，電気・電子製品，ソフトウェア，情報，化学合成物などがあり，われわれが日常生活で利用しているこれらの製品は工学の知識や技術を利用して作り

第9章 工学技術の医療・介護・福祉への応用　　　　　　　　　　　　189

出された人工物である．これらの人工物が具備すべき最低限の条件としては，機能性，安全性，信頼性などがある．また，製品によっては規格を設けることもあり，それをクリアすることも重要となる．これらの条件はそれぞれの製品が，利用者が目的とすることを故障することなく，安全に行うためのものである．規格は，その品質を保証するために設けられている．しかしながら，特殊な機能を必要とする機器や危険が伴うような機器などには，利用者を制限することもある．最も身近な例としては，車がある．車はわれわれが目的地まで移動するのに最も便利な製品の一つであるが，運転技術が未熟で，運転操作を誤った場合には，事故を引き起こす危険性がある．そのために，運転する場合には，車種に応じた免許が必要であり，車の機能を安全な状態に維持するための車検制度がある．以上の具備すべき条件，規格，使用者の制限などは，医療，福祉機器の場合でも同じであるが，医療福祉機器では高齢者や身障者に配慮した特別なもの作りが必要となる．工学のもう一つの側面として，以下に述べる社会と係わりがある．すなわち，工学は，

—もの作りを通してより豊かな人間社会の実現を目指している．

—人工物の優れた機能によって社会支援をする．

—もの作り，人工物の活用から波及する経済効果が期待されている．

　これまでのもの作りは，主に経済効果が重要視され，それが生産活動を支配する重要な因子となっていた．そのために，企業は高機能，高品質の製品を低価格で市場に供給し，経済活動を行ってきた．これが，わが国における医療，福祉機器の開発が遅れている一因にもなっていた．しかしながら，最近では消費者のニーズも変化し，大量生産品より個人の嗜好を取り入れた製品が供給されるようになり，もの作りにも多品種の生産技術が開発されてきた．したがって，大量生産をベースにしてきたもの作りでは困難であった医療，福祉機器にも適用できるもの作りの環境が整いつつある．

　一方，もの作りを製造プロセスで見ると，ほとんどの製品は主に二つの方法で作られている．詳細は後述するが，二つのプロセスは洋服を例にして考えると理解しやすい．一つは，予めいくつかのサイズを決めておき，それぞれのサイズのものを大量生産するレディーメイドのもの作りである．自動車，電気製品，日用品など，ほとんどの製品がこの方法で作られており，大量生産のため

に価格の割に高品質の製品が供給されている。もう一つは使う人のサイズ，好みに合わせたオーダーメイドのもの作りである。この方法で作られる製品には，橋梁，建物，船などの大型構造物や，使用者の特別な要求や通常とは異なった機能を付与した製品などがある。しかしながら，その製造プロセスには時間と労力が必要となり，レディーメイドの製品に比較すると，一般に価格も高くなる。以上の二つが一般的なもの作りの方法であるが，医療や福祉機器はオーダーメイドによることが多い。

(3) 医療・福祉機器: オーダーメイドのもの作り

医療や福祉機器は，人を対象としており，しかも障害や介護の程度によって機能が異なっている。したがって，医療や福祉機器のもの作りはオーダーメイドに属し，一般的な消費材に比べると特殊性がある。その特徴を挙げると，

―被介護者や患者に直接接触して使用するので，常に安全性が求められる。
―処置内容や作業内容は一律でなく，支援の程度に応じた機能を考える必要がある。
―実行に際して，動作の試しや，やり直しができない。信頼性が要求されている。
―特別な専門知識のない人でも容易に使える。すなわち，操作性が求められる。
―人の命や安全に関係する機器には許認可制度，規格があり，その審査を受けなければならない。

などがあり，これらの点がオーダーメイドで要求される事柄である。また，安全性，機能，信頼性，操作性が求められることは，一般の機器においても同じであるが，医療・福祉機器では特に重要で，これらは許認可制度によって厳しくチェックされている。これに関して，ある工学研究者が開発した義足の例を紹介する。開発した義足は，健常者の歩行状態を解析して，通常の歩行の他に，走ること，坂道や階段も上れるシンプルな機構の義足であった。この義足を使った障害者からの評価も満足するものであったが，商品化する段階で厚生省の認可がなかなか得られなかったことがあった。その理由は確認していないが，工学の専門家だけなく，医療の専門家による検討が必要であったことは想像できる。したがって，一般の製品では重要でないようなことも，医療・福祉関係で

```
レディーメイド ┌──大量生産によるコストダウン──┐
┌──────┐   ┌────┐   ┌────┐   ┌────┐   ┌────┐   ┌────┐
│コンセプト│→│設計│→│材料│→│加工│→│組立│→│検査│
└──────┘   └────┘   └────┘   └────┘   └────┘   └────┘
オーダーメイド └────────調整作業────────┘
```

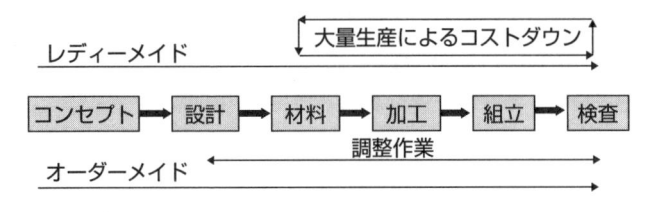

図 9–3　もの作りの流れ

は非常に重要となることも多い。これをもの作りのプロセスで考えてみる。

　図9–3にレディーメイドとオーダーメイドのもの作りの流れを示した。いずれの方法でも，まず，製品のコンセプトがあり，それに応じた設計を行う。必要な機能は経験やシミュレーションを重ねて，安全性，操作性，信頼性を確認する。設計が終了すると，製作のプロセスに入る。製作プロセスでは，材料の購入，加工，加工品の組み立てを行った後，検査のプロセスで安全性，機能，信頼性を確認し，製品として顧客に供給する。レディーメイドのもの作りでは，一度この流れを確立すると，生産ラインで同じ製品を大量に生産することができる。オーダーメイドのもの作りも，同じプロセスで生産されるが，製品ごとに機能が異なるために，不具合が起こることもあれば，設計どおりの機能が出ない場合もある。したがって，オーダーメイドのもの作りでは，設計から検査の流れの中で調整を繰り返しながら，製品毎に異なる機能や安全性，信頼性を確保している。その結果，製作に時間がかかると共に，生産コストも高くなる。この他にも，オーダーメイドの医療・福祉機器の場合には，製品のコンセプト，設計の段階から，材料の選択，加工，組み立て，検査に至るすべての段階で，医療，福祉，関係官庁，設計・製作者，高齢者，身体障害者の共同作業が必要となる。そのために，一般の製品に比較すると，生産性は悪くなるが，医療あるいは福祉機器を必要とする人に適した製品を作ることができる。これまで，日本の企業は，いろいろな専門家の知識を必要とし，しかも生産性の悪い医療・福祉機器の製作には消極的であった。これが，日本で医療・福祉機器の企業がなかなか育たなかった一因となっていた。しかしながら，生産現場の海外シフト，産業の空洞化が，知識集約型の医療・福祉機器の分野に追い風となってきつつある。これについては，後述する。

2. 工学技術の医療福祉機器への応用
(1) 医療分野への工学の応用

　医療・福祉分野に対する工学の係わりは，前述の通りである。ここでは，医療・福祉分野で必要とされている機能，機器を工学的視点から紹介する。その特徴をまとめると，次のようなものがある。

　―もの作りの基本原理は工学的利用と同じである。
　―必要とする機能，製品には，専門の医療知識，情報が組み込まれている。
　―工学的利用とは比較にならない，高い信頼性，安全性が求められている。
　―高価な装置となることが多い。

　これらの特殊性が，オーダーメイドで医療・福祉機器に要求される機能であり，一般消費財とは異なるもの作りの原点である。ここでは，医用工学分野で開発された具体的な例を挙げて，工学と医療機器の関係について考える。

　まず，生体計測技術では，体温計，血圧計，X線，CTスキャン，MRI，超音波断層装置，内視鏡など，多くの製品が開発されている。これは，工学分野の計測技術に対応している。治療支援技術には，レーザーメス，歯の治療に使うグラインダーなど，治療や手術用の機器があり，工学分野での加工技術に相当している。また，生体機能代行補助技術で開発されたものとしては，補聴器，義足，生体材料，人工心臓，人工眼などがあり，これには工学分野の材料学，制御技術が利用されている。この他にも，いろいろな医療・福祉機器があるが，製品を作る立場から代表的な 2，3 の例を紹介して医療機器を考える。

1) 生体計測技術の例

　生体計測技術の基本は，強度，成分，状態量などの計測である。工学分野でこれらの値を調べる場合には破壊的な手法を用いることが多い。例えば，金属材料の強度を調べる場合，材料に力を加えて壊れるときの荷重を測定し，その強度を評価している。材料の成分は，材料から試料片を切り出して分析器で調べる。しかしながら，身の回りの多くの機械や製品は，使用中の運動状態をモニタリングするとき，このような破壊的な測定手法は使えない。人間を対象とした医療機器の場合も同じである。このような計測には測定対象物に致命的な損傷を与えずに測定する非破壊計測技術が有効である。この技術は，図9-4に示すように，測定対象物に刺激を与えて，それに対する応答を調べ，そして，

第 9 章　工学技術の医療・介護・福祉への応用

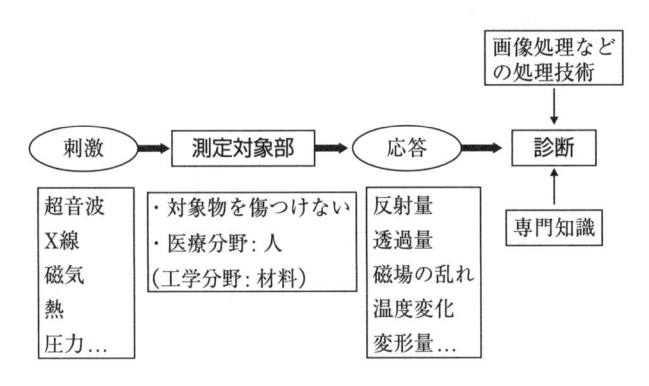

```
                                        ┌──────────┐
                                        │画像処理など│
                                        │の処理技術  │
                                        └────┬─────┘
                                             ▼
  ┌──────┐   ┌────────┐   ┌──────┐   ┌──────┐
  │ 刺激 │──▶│測定対象部│──▶│ 応答 │──▶│ 診断 │
  └──────┘   └────────┘   └──────┘   └──┬───┘
                                             ▲
                                        ┌────┴─────┐
                                        │ 専門知識 │
                                        └──────────┘
  ┌──────┐   ┌──────────────┐  ┌──────────┐
  │超音波│   │・対象物を傷つけない│  │反射量    │
  │X 線  │   │・医療分野：人    │  │透過量    │
  │磁気  │   │（工学分野：材料） │  │磁場の乱れ│
  │熱    │   └──────────────┘  │温度変化  │
  │圧力…│                        │変形量…  │
  └──────┘                        └──────────┘
```

図 9-4　非破壊計測の基本原理

内部の状態を知る方法である。測定対象物は，医療や福祉の分野では人が，工学の分野では材料が対象になる。刺激を与える方法としては，超音波，X線，磁気，熱，圧力などを用いる方法が広く用いられており，刺激を与える時間も，使用目的によって異なっている。刺激に対する反応(応答)は，測定対象や刺激する時間に依存し，測定対象物の状態(例えば，損傷，圧力，温度，成分割合の程度)を反映している。この状態量の変化を，超音波では内部で反射した超音波の反射強度で，X線では測定対象物を透過したX線の透過量で，MRIでは磁気の乱れで，熱を利用する方法では温度の変化で，圧力を利用する方法では測定対象物の変形量で調べている。そして，刺激と応答の関係から，内部の状況を推定する方法を用いている。工学分野の非破壊計測は，刺激に対する応答から，個々の技術者，研究者が測定対象物に応じて状態量の推定，判断を行うことが多い。これに対して，医療の分野では，刺激に対する応答情報に画像処理技術を付与し，さらに，専門知識を加えて，測定対象物の状態を画像として提供する機器構成となっていることが多い。この装置の利用者は，画像や同時に表示される測定値から，人の健康状態や疾患部の場所や程度を診断し，治療に利用している。次に，これらのことが実際にはどのように行われているかの具体例を，超音波を例にして紹介する。

　超音波を利用した測定には，超音波を発信したり，受信する装置(センサー)が必要である。工学的測定な測定では，この役目を探触子が行っている。図 9-5 は材料内部の傷や機械の損傷を測定する工学的利用の概略図を示している。

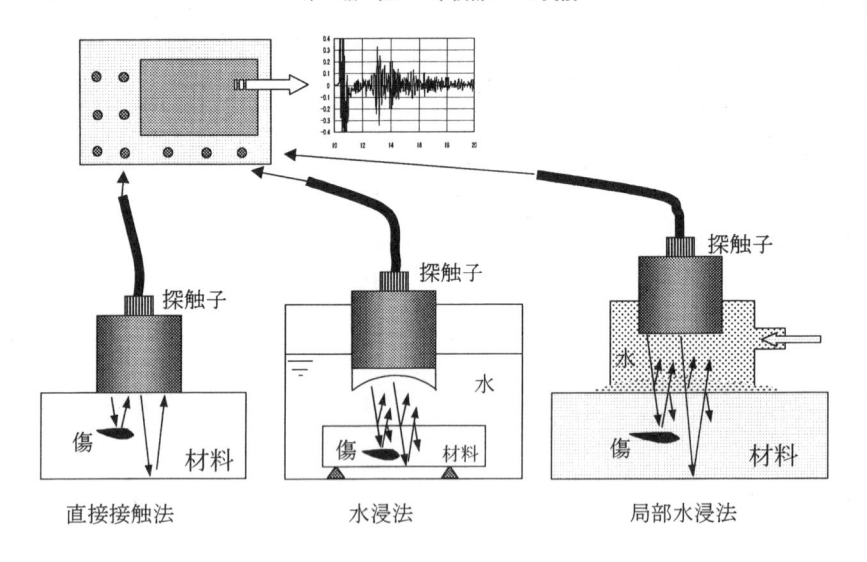

図中ラベル:
- 探触子
- 傷 / 材料 / 水
- 直接接触法 / 水浸法 / 局部水浸法

図 9–5　工学分野での超音波の利用例（探傷）

　測定は，探触子を測定対象物に直接接触させる，あるいは水などの液体（接触媒質）に沈めるなどの方法を用いて行っている．探触子から発信された超音波は材料の中を伝播していくが，途中に異物や性質の異なる物質があると，そこで反射される．反射された超音波は探触子で受信されて，超音波探傷器のオシロスコープ上で観察される．材料の検査では，反射波が受信された時間やその大きさから，正常な場合の波と比較して内部の状態を推定し，材料の損傷の程度や健全性を判定している．探触子は，医者が使う聴診器みたいなもので，測定したい所に直接あるいは間接的に接触させて測定している．ただし，探触子は当てた位置の情報しか得られないために，実際の測定では，探触子で測定する位置を変えながら検査を行っている．また，探触子を当てる位置には，グリセリンなどの接触媒質を塗布して測定を行うが，これは超音波の材料への伝播をよくするための重要な処置である．ほとんどの液体が接触媒質として使える．小物の自動測定では接触媒質を使う代わりに，水の中に沈めて測定することが多い．水槽が準備できない，飛行機のような大型のものに対しては，局部水浸法という方法も開発されている．以上が，工学的に利用されている超音波測定法である．

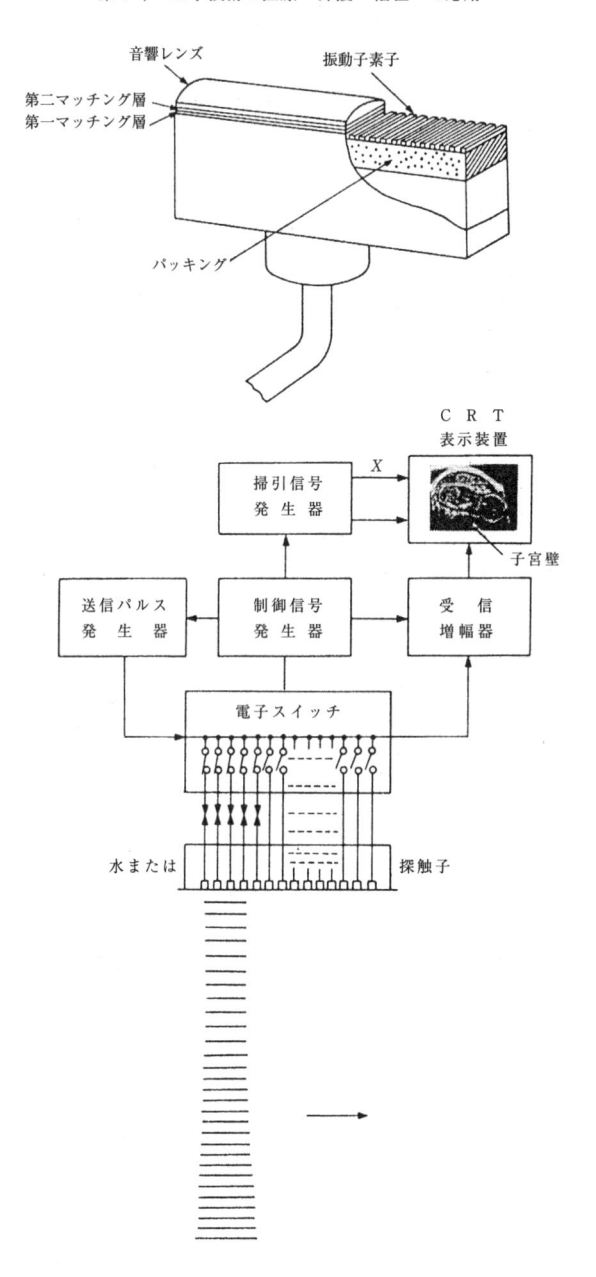

図 9–6 電子リニア走査用探触子の構造と超音波診断装置の動作原理(文献 27 より引用)

これに対し，医療の診断を目的とした超音波測定装置では，医学の専門知識と超音波測定から得られる情報を融合させて診断に有効な情報を得ている。その一例を図9–6に示した[27]。超音波を送受信する探触子には，多数の振動子素子(リニアアレイ)を一列に並べた電子リニア操作用探触子が用いられている。一個一個の素子が超音波を送受信する素子で，実際の測定では電子スイッチを使って数個の素子に超音波を発生させて測定する。そして，超音波を発生させる素子を，電子スイッチを用いて1個ずつずらしていくと，探触子を移動させなくても超音波を発信する位置が自動的に変化するので，動かなくても移動させたのと同じ測定ができるようになっている。これが電子リニア走査探触子と呼ばれる所以であり，その他にもこの探触子には素子の先端部に音響レンズを取り付け，超音波を絞って測定精度を高める工夫もされている。一方，これらの素子で受信された反射波の信号は，その受信時間，信号の強さと振動子の位置を組み合わせ，測定位置の断面画像が表示できる技術が利用されている。画像には，超音波信号の強さの情報が組み込まれており，例えば，強い反射波は白，中ぐらいの強度は灰色，弱い信号は黒などとして画像表示している。医者や診療技師は，この画像と自分の専門知識で的確な診断を下している。これが，超音波断層装置で，特殊な探触子，画像処理，専門情報などが含まれているために，価格は工業の分野で使用されている装置の10倍から20倍になると思われる。ただし，画像という形で内部を壊さずに観察できる超音波断層装置は，非常に付加価値があると共に，検査速度が非常に速いという利点もあることから，最近では，工学の分野でも利用されるようになっている。代表的な例が，コンピュータなどに用いられているICチップの検査装置である。この装置を用いると，これまで検査時間として5分位を要していた，20個から30個のICチップの検査が，2，3秒で測定できるようになっている。

2) 生体機能代行補助技術の例

次の例は，人工の組織，関節，臓器などの生体機能代行補助技術である。これには工学の材料学，化学の分野の他に，機械，電気，計測制御の分野が関係している。適用例としては，人工関節，器官，皮膚，人工の弁，靱帯等があり，最近では人工眼も開発されている。一つの例として，図9–7は人工骨の例で，骨の中にチタン製のボルトと補強のための人工物を埋め込んでいる例を示して

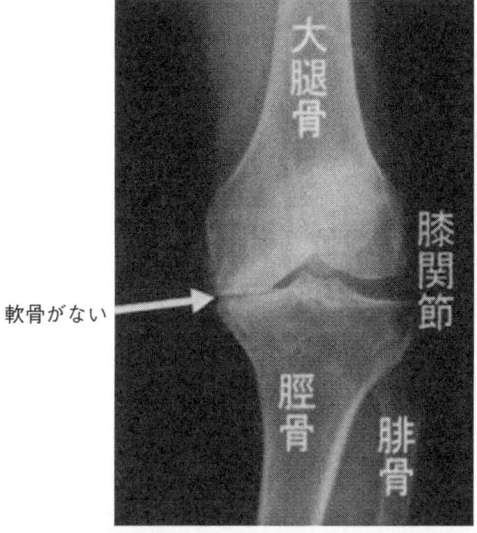

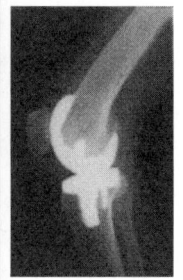

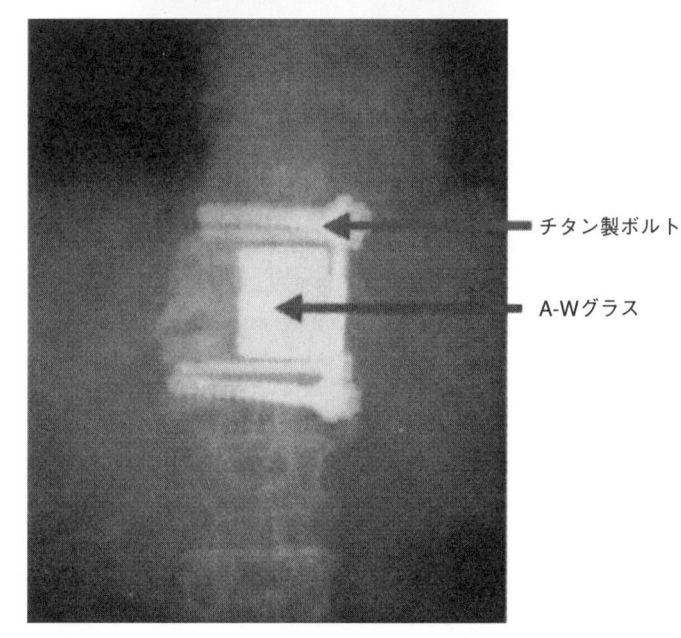

第 9 章　工学技術の医療・介護・福祉への応用　　　　　　　　　197

図 9-7　人工骨の例（文献 21 より引用）

いる[21]。これらに用いられている材料に要求される特性としては，

　—医学的には，組織適合性がある。
　—劣化しない材料である。
　—十分な強度，疲労強度を有する。

などがある。人口骨や人工臓器などは，本来人間が持っている細胞などの組織からすると異物になり，臓器移植などで問題となっている拒否反応が現れる可能性がある。そのために，生体に近い材料や拒否反応の少ない材料，すなわち組織適合性を有する材料が求められる。現在，よく用いられている材料としては，セラミックス，プラスチック，合成ポリマー，チタンなどがある。しかしながら，これらの材料にも，まだ多くの問題が残っている。一つは，生体材料の体内への溶出や使用中の人工物のゆるみなどである。図9-7に示した例では，チタン製のボルトがゆるんだ場合には再手術が必要になるし，人工物のイオンが溶出すると全身に反応し，それを抑える処置が必要になってくる。二つ目は，疲労による強度の低下の問題である。ここでいう疲労は，筋肉痛とか肩こりなどのことではなく，材料を繰り返し使う(繰り返し荷重を受ける)と，予想もしない，低い負荷で材料が突然壊れる現象のことである。繰り返し使っても安全な強度を，疲労強度といい，材料の選択，設計の際に考慮すべき重要な因子である。三つ目の問題は，長期間使用による材料や機能の低下である。生体材料には，自己修復や自己増殖の機能はなく，また人工臓器の機能も永久に使えるわけではなく，摩耗，強度の低下，機能の低下などの劣化という問題がある。四つ目の問題は，材料の劣化や人工臓器の機能が低下した場合には，材料や人工臓器の交換に再手術を必要とすることである。人工骨の寿命は約10年といわれている。10年後の手術は，利用者に苦痛を強いることになる。この典型的な例として，最近，新聞で人工心臓の記事が報じられていた。人工心臓は心臓の代わりに，体内に埋め込んだポンプを制御して，心臓と同じように体の中に血液を送る臓器である。世界で最初にペースメーカーを埋め込んだスウェーデン人は，ペースメーカーを47年間に26〜27回取り替えたという内容の記事であったが，人工臓器の機能低下の問題やそれに伴う再手術の問題の典型である。

　生体機能材料技術は，障害や病気を克服するための一つの方法であるが，体の中に埋め込む材料には解決すべき多くの問題もあった。これを解決する一つ

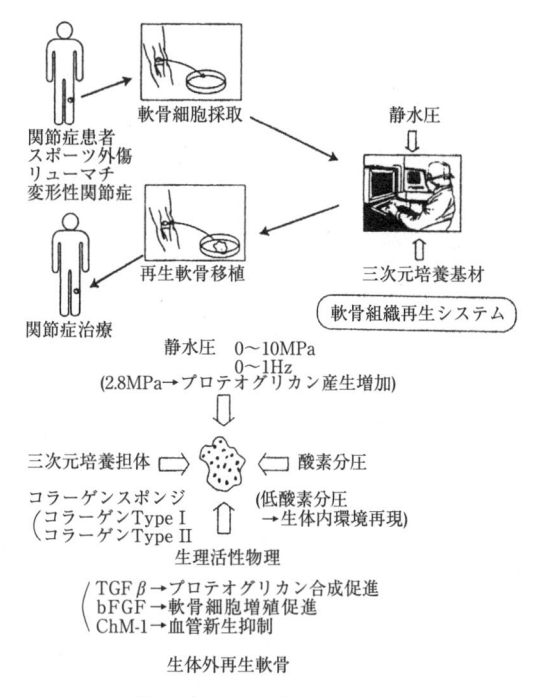

第9章 工学技術の医療・介護・福祉への応用

```
関節症患者            静水圧
スポーツ外傷    軟骨細胞採取
リューマチ
変形性関節症
                               三次元培養基材
再生軟骨移植            軟骨組織再生システム
関節症治療
              静水圧 0～10MPa
                   0～1Hz
              (2.8MPa→プロテオグリカン産生増加)

三次元培養担体  ⇒       ⇐  酸素分圧
コラーゲンスポンジ       (低酸素分圧
 (コラーゲンType I       →生体内環境再現)
  コラーゲンType II)
              生理活性物理
              ( TGFβ→プロテオグリカン合成促進
                bFGF→軟骨細胞増殖促進
                ChM-1→血管新生抑制 )

              生体外再生軟骨
```

図 9-8 軟骨再生技術の概念(文献 11 より引用)

の方法として，最近注目を集めている材料，スマートバイオマテリアルがある。これは，自分の組織や骨などを培養して，自分の組織と融合するような材料を作る方法である。この分野は外国で積極的に行われており，わが国はやや遅れている分野である。最近報告されている，自分の組織を核にしたバイオマテリアルの一例を，図 9-8 に示す[11]。この例は，関節患者の損傷を受けた部位から細胞を取り出し，その細胞に培養液を加えて適当な環境で，患者にあった材料を培養する。そして，増殖させてできあがった材料を体に戻すと，患者の体に合った材料であることから，上記の問題を解決することができる。この場合，培養させる環境が重要で，この例では適当な静水圧をかけるのがポイントであることが報告されていた。

上記以外にも，種々の生体機能代行補助技術が報告されている。古くから研究され，いろいろな機能を持った技術が開発されているものに，義足がある。

日常生活の歩行のための義足から，スポーツを楽しむための義足，パラリンピックなどの競技用の義足，さらには動きをコンピュータで制御する義足までも開発されている。この技術は，QOL のレベルを高めるためにも，継続的な研究開発が必要な分野である。

3) 治療支援技術の例

治療や手術を行う際に必要な器具，機器は，治療支援技術で開発された。そして，これらの器具，機器のほとんどに，医学，福祉，工学の知識が融合されている。前述の例としてあげたレーザーメスや歯の治療用グラインダーの他にも，多くの器具，機器があり，これらの多くは，工学における加工技術として完成されたものを，医療，福祉の要求に応じて改良，改善したものである。ただ，人間を対象とするために，医学的な見地からの改良，改善には，使用する材料，精度，安全性，信頼性に生産現場とは比較にならないぐらいの厳しさがある。個々の技術は他の専門書を参考にしていただき，ここでは，最近注目されている試みを紹介する。

これからの高齢化社会は大都市より地方で進むと考えられている。一方，先端の医療技術は大都市に集中するために，高齢化社会(地方)での医療技術は解決すべき課題となることが予想される。ここに紹介する例は，その解決策の一つと考えられる方法で，工学の分野でコンピュータ・ネットワークと光ファイバを使った，遠隔操作で材料を加工する方法を，医療の分野に応用した試みである[8]。この技術は，図 9-9 に示すように，操作員が遠隔地にある微細加工装置を，コンピュータ・ネットワークと光ファイバで送られてきた加工状況のモニタとそれに関する情報を見ながら，TV ゲームと同じようにジョイスティックを動かして，微細加工を行うシステムを基礎としたものである。これを医学の分野に応用した東京大学の試みは，研究室から離れた医療現場での手術の様子をカメラで撮影したり，医療に関する情報を測定し，その情報を光ファイバやネットワークを利用して研究室に送り，研究室の医師はモニタに映し出された手術の様子とそれに関する情報を基にして，研究室からジョイスティックを動かして手術を行うものである。この方法で，0.3 mm の手術が出来たことが報告されていた。これは，高度の技術を持った医者が少ない過疎地域での治療や手術を可能にする方法で，高齢化社会に有用な技術と思われる。したがって，

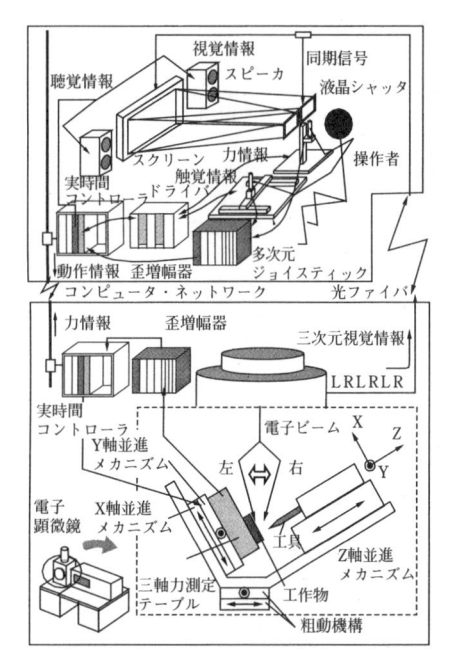

第9章 工学技術の医療・介護・福祉への応用

図 9-9 遠隔操作による加工システムと医療への応用例(文献8より引用)

情報技術を取り入れた方法や応用技術は，これからの医療，福祉分野の一つの大きな流れになることも容易に予想できる。

(2) 工学の福祉分野への応用

高齢者が快適な生活を過ごし，社会参加できる環境を整備することは，高齢化社会あるいは福祉社会の基本である。その実現のためには，日常生活活動の分析をすること，すなわち ADL を分類し，それぞれの動作の支援態勢を整えることが重要となる。表9-2 は矢谷によって報告された ADL の分類を示す[3]。日常生活は，身の回りの動作とその他の生活関連動作に分類される。身の回りの動作としては，食事動作，衣服着脱，整容動作，トイレ・入浴動作が主なものである。その他の生活関連動作には，炊事，洗濯，掃除などの家事動作，育児，裁縫，家屋修繕・維持，買い物，庭や車の手入れなど，屋外の動作などがある。これらの動作には，移動，移乗，起居，コミュニケーションなどの動作が基本となる。これらの基本動作が健常者で問題となることはほとんどないが，

表9–2 ADL の分類

日常生活活動	
身の周りの動作	その他の生活関連動作
1. 食事動作 2. 衣服着脱 3. 整容動作 4. トイレ・入浴動作 〔移動動作〕 　正常歩行 　杖・装具付き歩行 　車いす 　四つ這い移動またはいざり 〔コミュニケーション〕 　口頭 　筆記 　自助具または医療機器	1. 家事動作 　a. 炊事 　b. 洗濯 　c. 掃除 2. 育児 3. 裁縫 4. 家屋修繕・維持 　（含屋外） 5. 買物（屋外） 　庭の手入れ（屋外） 　車の手入れ（屋外） 　その他

文献 3 より引用

　高齢者で，機能が低下した人には，支援や補助が必要な場合が出てくる。主な支援，補助機器としては，車椅子，手すり，簡易移乗具，ベッドなどであり，支援や補助機器の種類は動作や動作の場面で異なってくる。図9–10は生活場面の動作と機器の関係を整理したものである[3]。屋内の起居・移乗には，ベッド，マット，手すり，簡易移乗具，ホイストが必要であり，屋内外の移動には，手すり，車椅子，段差解消機が必要となる。また，支援の程度や機器の機能は，介助のレベルによっても異なっている。図9–11は移動，移乗，起居の基本動作の支援レベルとそれに必要な補助機器の機能を整理したものである[3]。例えば，歩行できるレベルの人の移動動作には手すりあるいは杖程度で十分であるが，あまり動けない人には，車椅子や電動車椅子が必要となる。また，移乗動作では自立あるいは監視する程度であったら立ち上がりバーで，介助の必要な人には移乗用リフト，簡易移乗具を準備し，起居に関しては，全介護とか部分介護の程度に応じた介護ベッドが必要となる。これらの補助機器は，支援や介助の程度に応じた機能が必要であり，ほとんどの場合，オーダーメイドのもの作りとなる。しかしながら，高齢化社会への対応が遅れているわが国では，制度面ばかりでなく，もの作りにおいても支援対策を整備する必要に迫られている。図9–12は身体状態や精神状態を考慮した福祉機器開発の優先度をまとめたもの

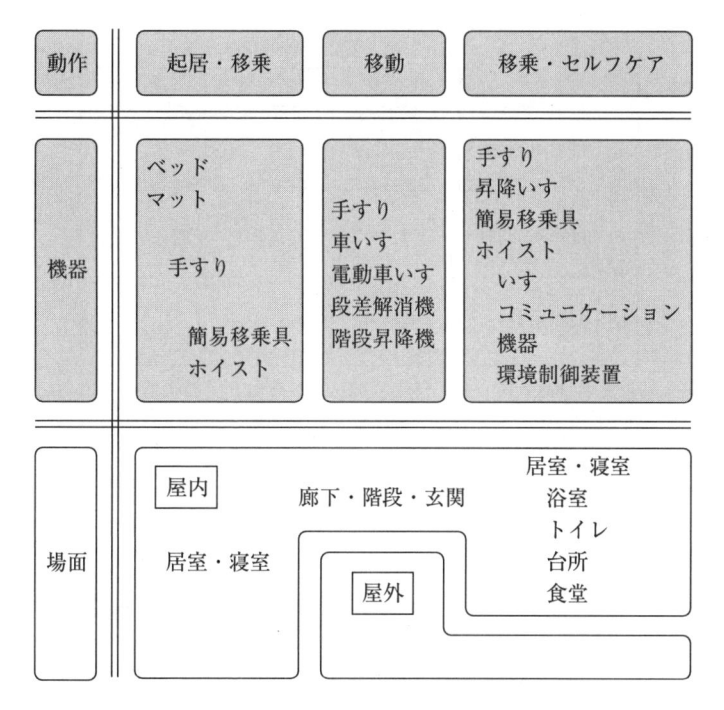

図 9-10 生活場面の動作と機器の関係(文献 3 より引用)

動作	起居・移乗	移動	移乗・セルフケア
機器	ベッド マット 手すり 簡易移乗具 ホイスト	手すり 車いす 電動車いす 段差解消機 階段昇降機	手すり 昇降いす 簡易移乗具 ホイスト いす コミュニケーション機器 環境制御装置
場面	屋内 居室・寝室	廊下・階段・玄関 屋外	居室・寝室 浴室 トイレ 台所 食堂

図 9-10 生活場面の動作と機器の関係(文献 3 より引用)

〈移動〉	車いすレベル		歩行レベル	
(機器)	(車いす・電動車いす)		(杖・手すり)	(手すり)
〈移乗〉	全介助	部分介助	監視	自立
(機器)	(移乗用リフト)	(簡易移乗具)	(立ち上がりバー)	
〈起居〉	全介助	部分介助	監視	自立
(機器)	(介護ベッド)		(ベッド)	

図 9-11 基本動作のレベルと支援機器の関係(文献 3 より引用)

である[1]。要介護者の身体状態を全介護，半介護，身体健常に，精神状態を自立の意欲が強い人，弱い人，痴呆に分類し，身体と精神状態に応じた機器開発の指針を示している。この組み合わせで，機器開発を A～F の 6 つのグループに分け，それぞれに開発目標を設けている。基本は介護者の身体や精神状態の程

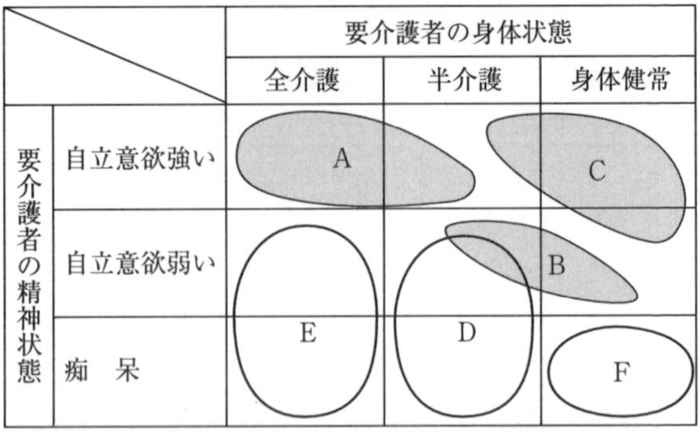

	要介護者の身体状態		
	全介護	半介護	身体健常
要介護者の精神状態 ／ 自立意欲強い	A		C
自立意欲弱い		B	
痴呆	E	D	F

A群: 最も効果が期待されるため最優先で開発すべき自立支援機器
B群: 意欲と無関係に使用させることに配慮して開発すべき自立支援機器
C群: 改良を要する従来の自立支援機器，および精神面を考慮した新しい自立支援機器
D群: 状態変化への対応に配慮して最優先で開発すべき介護支援機器
E群: 介護者の肉体的負担軽減に配慮して開発すべき介護支援機器
F群: 主に行動監視に重点を置いて開発すべき介護支援機器

図 9–12　高齢者の状態と開発機器の優先度(文献 1 より引用)

度に応じて，高齢者が自立できる機器開発を行うことである．したがって，介護が最も必要で，自立意欲の高い人を対象とした A 群は，開発の効果が期待されるために，最優先の機器開発領域となる．それに続き，B，C 群の開発優先度が高くなっている．しかしながら，高齢化社会では，すべての領域の支援態勢が必要で，機器製作は身体状態や精神状態に応じたオーダーメイドのもの作りとなる．

　上に述べたように，福祉機器の製作には考慮すべき点が多くある．主なものは，
　―身体や精神状態に個人差がある．
　―自立支援か，介護支援かによって機器の機能が異なる．
　―家族構成，家屋の構造，地域などの生活環境に差がある．
　―要介護者，介護者の利便性から，軽量，コンパクト，低価格の機器が求められる．
　―医療，福祉の専門知識が要求され，専門家との連携が必要である．
　―許認可をクリアできる製品で，安全性が保障される必要がある．
などである．福祉機器の製作には，これらの点に配慮したコンセプトや設計，

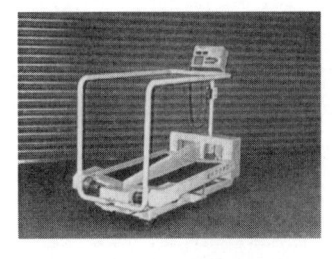

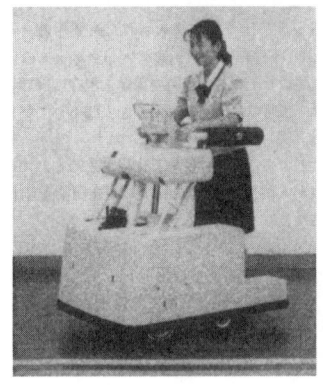

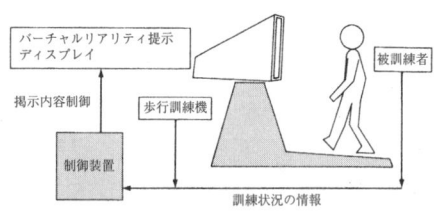

図 9-13 歩行訓練装置の例(文献 4 より引用)

製作を行っていくが，このためには専門家による解析あるいは分析が必要となる。これは要介護者の身体や精神状態を把握するもので，身体状態は生体計測技術で解析できるが，精神状態の分析には専門家の分析が欠かせない。これらの結果は，図 9-3 に示すもの作りのプロセスにおけるコンセプトや設計に生かされる他に，医療，福祉の専門家のアドバイスは加工，組み立てのプロセスでも不可欠である。このような福祉機器の製作プロセスから，これまで多くの製品が開発，供給されてきた。次に，その例を 2, 3 紹介する。

1) 福祉機器の例 (1): 歩行訓練装置

最初の例は，歩行訓練装置で，これは図 9-12 の A 群，すなわち半介護あるいは身体健常で，自立意欲の強い人を対象とした福祉機器である。図 9-13 は，開発されている歩行訓練装置である[4]。図に示すように，訓練のレベルに応じたいろいろなタイプの歩行訓練装置が開発されている。これらを設計する際には，基本的に介助の機能(サポート部)，歩行訓練の機能，精神的なサポート部を考

慮する必要がある。歩行訓練は健常者の動きが見本となるので，装置の設計には，まず人の足の動きを解析し，その解析結果を基に，歩行訓練装置のメカニックやサポートする部分(手すり)を考える。例えば，身体状態に問題がない場合には，安全性を考慮して単に支えるだけの簡単な構造でよい。一方，全介護や半介護が必要な身体状態には，サポート部や歩行面に安全装置や身体状態に応じた機能を装備する必要がある。また，歩行訓練の際には，訓練のレベルに応じた歩行速度，歩行面の張力，歩行距離などを制御する機能が必要であり，計測制御技術を利用してその機能を準備している。また，歩行訓練装置は，機械相手の非常に単純な訓練であるために，場合によっては精神的なサポートも必要になる。図9-13の例では，装置の前方に映像表示装置(モニタ)を装備し，歩行距離に対応した風景を映し出して，訓練を精神面からもサポートすることも考えられている。例えば，熊本の風景であったら，熊本城に行くまでの風景をスクリーンに映し出すようにセットしておき，訓練者が今日の目標を水前寺公園までにすると，水前寺公園までの風景を楽しみながら訓練できる。このようなシステムは，歩行訓練自体には大きな意味はないが，精神的なサポートで大きな効果が期待できる。わが国の福祉機器にも，利用者のことを考えたこのような機器が開発されている一つの例である。

2) 福祉機器の例(2)：マット，ウォシュレット

次の例は，身の回りの動作に必要な福祉機器の例である。ここでは，マットとウォシュレットを例として取り上げ，開発のツールである解析の重要性を紹介する。マットは，長期間寝たきりとなる人が必要とする機器の一つである。マットが利用者にフィットしてない場合には床ずれなどを引き起こすことはよく知られている。したがって，床ずれを起こさないマットには，利用者にあったマットの開発が必要になる。このようなマットを開発するツールも開発されている。この解析装置は，マット全体に圧力センサーを配置し，利用者をその装置に寝かせて，利用者のいろいろな姿勢における圧力分布を測定する。図9-14はそれによって測定した圧力分布の一例であり[18]，これによって作られたマットは，床ずれなどの苦痛から利用者を解放している。次の例はウォシュレットである。これはトイレ動作を快適にしている福祉機器の代表的なものの一つである。この開発には，ノズルの形状と水の流れの関係が徹底的に解析さ

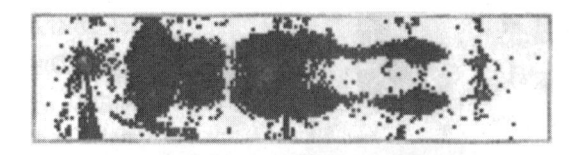

0　38　77　115　154　192　231　269　308　346　385　423　462　　g/cm²

図 9–14　接触圧力分布と開発されたマットレス（文献 18 より引用）

れた．その結果，図 9–15 に示すように[25]，太いノズルを使うと，集中してお湯が当たり，使う側には集中的で浣腸感がある，細いノズルの場合には，使う側には広い範囲で刺激感があることがわかった．ウォシュレットは，ノズルのサイズを使い分けることによって特性の異なる製品が作れるようになっている．ところで，ウォシュレットは，元来，医療福祉用に開発されたものであるが，健常者にも快適感を与えることから家庭用機器としても利用されている．現在では，一般用，医療福祉用の使用実績を積み重ねながら，機能がどんどん進化している．リモコン操作，センサー付きのアイデアは，医療と医療福祉用に開発されていたものであるが，健常者が求める快適さの要求は医療福祉用機器にもフィードバックされている．ウォシュレットは健常者と高齢者，障害者の双方の経験が製品開発にうまく生かされた非常にいい例である．

3）福祉機器の例（3）：段差解消機

　三つ目の例は，生活関連動作に必要な福祉機器の例である．特に，屋内，屋外の移動動作は，快適な生活や社会参加には必要不可欠な動作であるが，日本の家には和室，洋室が混在していたり，土地が狭いために 2 階建て，3 階建ての建物が多く作られている．このような階段や段差の多い建物の構造は，移動

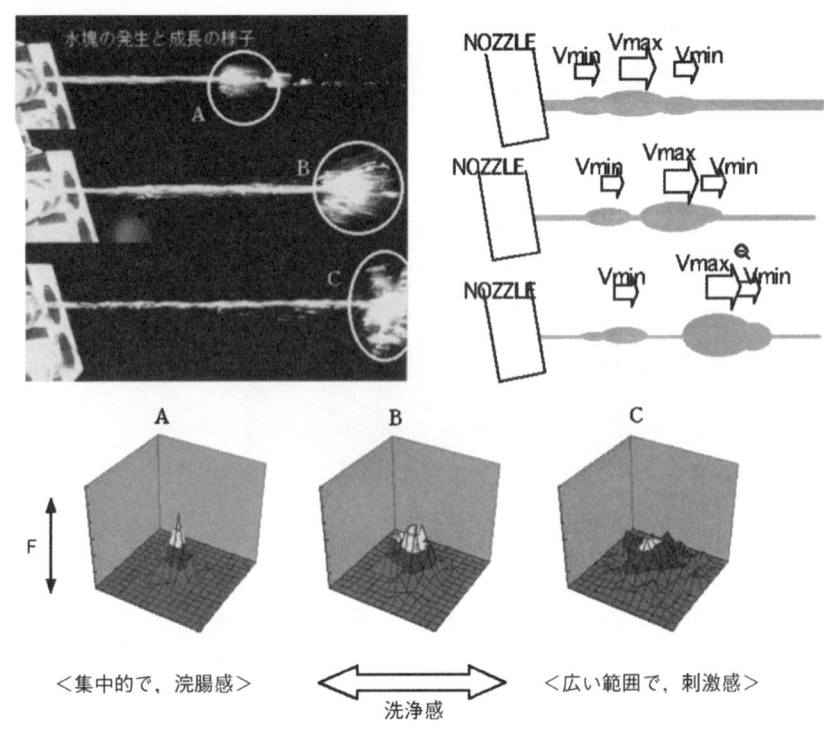

208 第3編 医・工学技術による支援

図 9-15 ウォシュレットのノズルと水流の解析（文献 25 より引用）

動作を困難なものにしている。そのために，屋内，屋外での移動は，高齢者，身障者ばかりでなく，介護者にとっても肉体的な負担となっている。そのために，手すり，スロープ，昇降機，段差解消機などの機器が開発されてきた。手すりやスロープは，一般家庭，公共の施設を問わず，ほとんどの場所に設けられている。図9-16には，昇降機や段差解消機の例を示している[3]。これらの機器は，階段を上下するときや屋内外に多い段差を解消するために開発されているが，階段を設けるスペースや段差のレベルが異なるために，機器自体にフレキシビリティが要求される。その結果，機器には，階段や段差を移動するための動力（エンジンやモーターなど）源や，上下する機構が必要となり，機器自体もかなり大掛かりな装置になる傾向がある。現在のところ，リハビリテーションやデイケアのサービス会社が出向いて移動させる場合以外には，これらの機

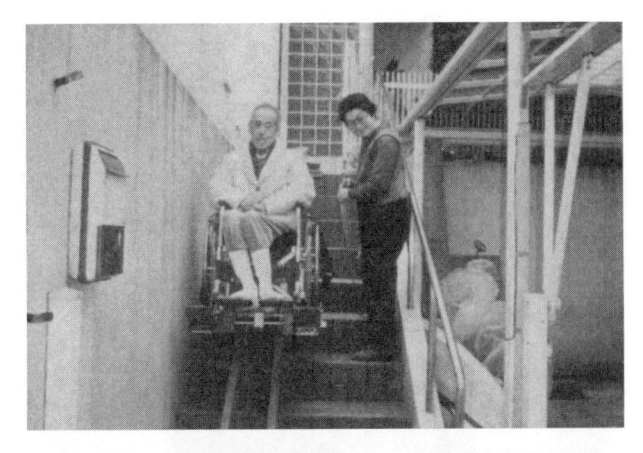

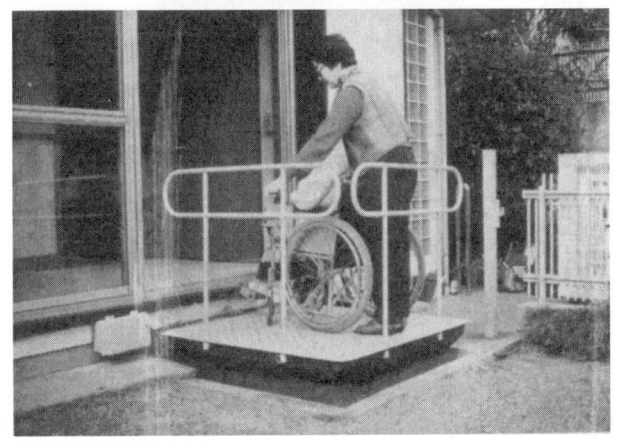

第9章　工学技術の医療・介護・福祉への応用

図 9–16　昇降機と段差解消機の例(文献3より引用)

器を普通の家庭で日常的に使用するのは非常に難しい状況にある．昇降機や段差解消機に関しては，改善，改良の余地が多く残っている．新しいアイデアの製品開発も選択肢の一つである．屋外の移動では，この他にも，低床バス，車椅子用の自家用車，公共の施設におけるエレベーターなどの昇降機が整備される環境にあるが，その環境整備はまだ不十分であり，これからの課題である．

4)　福祉機器の例 (4)：介護支援

最後の例は介護支援ロボットである．図 9–12 の E 群に属するもので，介護

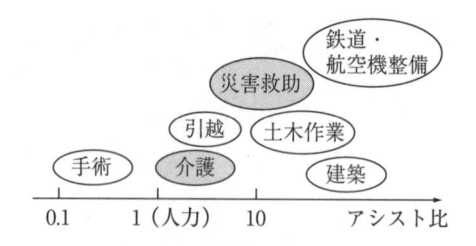

図 9–17　いろいろな作業におけるアシスト比（文献 17 より引用）

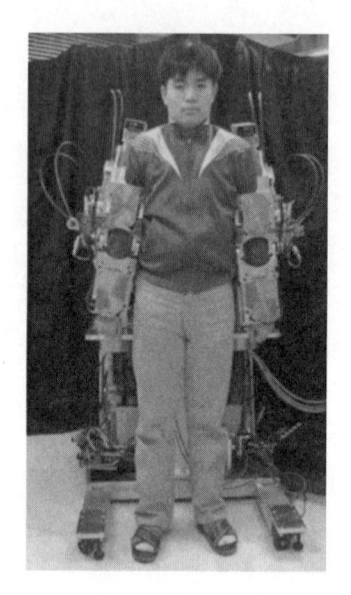

図 9–18　介護支援ロボットの開発例（文献 17 より引用）

される側の機器ではなく，介護する側のために開発されつつある装置である。痴呆で，全介護が必要な患者を世話する場合，介護者の肉体的な負担は相当なものになる。図 9–17 にいろいろな作業における肉体的な負担度（アシスト比）を示している。土木作業ではだいたい 10 人分位の力を必要とするのに対し，介護には 2, 3 人分の力が必要になる[17]。この介護者の肉体的な負担を軽減するために開発されつつある装置が，図 9–18 の介護支援ロボットである[17]。この装置は，介護をする人がアーム型のロボットを身に付けて，少ない力で患者を移動

させたり，持ち上げたりするための装置である．介護者の意図する動きを制御の技術を利用して補助し，介護者の肉体的な負担を軽減したもので，少ない力で介護できるロボット型の装置である．この装置は機能的にはほぼ目的を達成しているが，図からも明らかなように，介護される側からは機械のようなロボットからの介護を受けているような印象を受ける．これについては，今後の改良が必要である．わが国においても，国の補助を受けた医療，福祉のプロジェクトが育っているようで，このような取り組みが継続して行われると，高齢化社会を支援する土壌が次第に広がることが期待できる．

3. これからの医療・福祉と工学

　これまで，工学的視点から医療福祉機器の開発，製作について紹介してきた．その基本は，高齢者や障害者が自立できるシステム，機器，装置の開発であったが，医療福祉機器はオーダーメイドのもの作りであり，一般の製品に比べると考慮すべき多くの課題があった．そして，これらの機器には，利便性は当然のこととして，安全性，信頼性が特に求められてきた．また，もの作りの分野からは生産性，価格の面からあまり注目されず，わが国の医療福祉機器，特に福祉機器の開発は遅れていた．しかしながら，今後予想される高齢化社会，社会環境，産業構造の変化から，医療福祉機器は一つの転換期に入り，緊急の取り組みが必要な分野の一つになっている．

　最後に，これからの医療福祉機器におけるもの作りの環境について述べる．本章では，これまで開発された医療福祉機器の開発状況を紹介してきたが，これらを基に，これからの医療福祉機器のもの作りおよびその環境としては次のようなものを期待したい．一つ目は，人に優しい機械，柔らかい機械の発想で，医療福祉機器の開発をする．二つ目は，3K（きつい，きたない，危険）分野のイメージが強い福祉の分野を，夢のある分野にする．三つ目に，研究開発の活性化，ノウハウを蓄積して，医療福祉の先進国にする．四つ目は，人材の育成である．若者が魅力を感じる装置の開発や夢のある環境を作ることがその第一歩となる．五つ目は，自治体，国，医療・福祉関連組織など関連団体の協力体制を構築する．相互の情報交換を密にする交流の場の形成，研究開発の協力体制などは，この分野の活性化につながる．最後に，産業の空洞化は医療福祉の

分野にとっては追い風になっている。これは，医療福祉分野のもの作りの土壌を拡大する意味で特に重要と考えている。産業の空洞化は，車や電子製品など，レディーメイドのほとんどの製品がその生産拠点を人件費の安い中国や東南アジアに移したために起こった現象である。その結果，大量生産の産業を支えてきた，高い技術力を持った関連企業は，生産する製品が少なくなり，余剰人員の活用が問題となっている。このような企業の技術力と余剰人員を，福祉の分野に活用する試みが既に始まっているし，医療福祉関連機器の生産拠点を形成するチャンスともなっている。オーダーメイドのもの作りには時間と高い技術力が必要であるが，その土壌は既に育っている。今は，そこにいろいろな種を蒔き，それを大きく育てる時期になっている。

参考文献

1) 土肥健純「医療福祉における精密工学の役割」『精密工学会誌』1999; 46, 4: 489–492
2) 奥田慶一郎「医療福祉機器産業の現状と将来動向」『精密工学会誌』1999; 46, 4: 493–496
3) 田中理「現場から見た高齢化社会における技術的課題―高齢障害者の生活支援機器―」『精密工学会誌』1999; 46, 4: 497–500
   矢谷令子『日常動作，姿勢と動作』メヂカルフレンド社，1977，180–185
4) 藤江正克，根本泰弘，土肥健純，佐久間一郎「高齢者歩行補助機械の現状と将来」『精密工学会誌』1999; 46, 4: 501–506
5) 手嶋教之「高齢者用福祉ロボットの現状と将来」『精密工学会誌』1999; 46, 4: 507–511
6) 松本博志，菅原明彦「高齢者の健康管理のための技術」『精密工学会誌』1999; 46, 4: 489–492
7) 高橋儀平「高齢者用住宅に要求される技術課題」『精密工学会誌』1999; 46, 4: 517–523
8) 光石衛「テレ・オペレーション」『日本機械学会誌』2000; 103, 979: 349–351
9) 大鍋寿一「機械工学の福祉人間工学への応用―バリアフリーで21世紀へ―」『日本機械学会誌』2000; 103, 979: 362–363
10) 中澤浩二，船津和守「ヒト臨床用ハイブリッド人工肝臓補助システム―九州大学倫理委員会への申請―」『日本機械学会誌』2000; 103, 979: 364–365
11) 立石哲也「再生医工学」『日本機械学会誌』2000; 103, 979: 366–367
12) 藤田悦則「シートの快適性」『日本機械学会誌』2001; 104, 997: 784–785
13) 坂本勇「手の機能」『日本機械学会誌』2001; 104, 997: 786–788
14) 橋本泰典「義足」『日本機械学会誌』2001; 104, 997: 794–795

15) 築谷朋典「人工心臓」『日本機械学会誌』2001; 104, 997: 796-797
16) 八木透「失明に光を」『日本機械学会誌』2001; 104, 997: 798-799
17) 小山猛「装着型介護支援ロボット」『日本機械学会誌』2001; 104, 997: 800-801
18) 椋代弘「福祉用具による生活支援のために」『日本機械学会誌』2001; 104, 997: 802-803
19) 山本雄嗣「歯科における機械技術―う蝕治療での回転切削器具―」『日本機械学会誌』2001; 104, 997: 804-805
20) 野方文雄「音で診る骨の健康」『日本機械学会誌』2001; 104, 997: 806-807
21) 野末章「骨の健康を考える」『日本機械学会誌』2001; 104, 997: 808-810
22) 稲垣明, 嶋田好宏「血液検査機器の技術革新―検査システムへの発展」『日本機械学会誌』2001; 104, 997: 811-813
23) 高山和喜「衝撃波医療」『日本機械学会誌』2001; 104, 997: 814-815
24) 田中真美「スキンケアと皮膚性状計測」『日本機械学会誌』2001; 104, 997: 816-817
25) 木下崇「おしりを洗う」『日本機械学会誌』2001; 104, 997: 818-819
26) 岡野俊豪「ノンステップバスの開発」『自動車技術』1997; 51, 11: 38-43
27) 井出正男「超音波診断装置の最近の動向」『超音波テクノ』1989; 1, 1: 49-53
28) 二宮鎮男, 秋保昌弘「超音波治療装置の最近の動向」『超音波テクノ』1989; 1, 1: 54-58
29) 井出正男「医用超音波機器」『超音波テクノ』1990; 2, 4: 180-184
30) 河西千広「ドプラ診断装置」『超音波テクノ』1990; 2, 4: 185-186
31) 野田芳克, 竹内康人「断層診断装置」『超音波テクノ』1990; 2, 4: 187-192
32) 二宮鎮男, 秋保昌弘「治療装置」『超音波テクノ』1990; 2, 4: 193-195
33) 丹羽登「超音波計測の使い分け (4)―断面像か正面像か―」『超音波テクノ』1991; 3, 5: 77-80

■ 第10章 ■

非侵襲的診断技術の開発

村 山 伸 樹

はじめに

　1978年に A.M. Cormack と G.N. Hounsfield によって開発されたコンピュータトモグラフィー（CT）は非侵襲的に体の形態異常を検出することができ，その手法は核磁気共鳴画像（MRI）へと発展し，全世界でその恩恵にあずかっている。このように医療・介護・福祉の分野への工学的応用としての非侵襲的計測機器の進出は目覚ましいものがあり，今後，ますます医療・介護・福祉分野と工学分野の密接さが重要になってくるものと思われる。本章では我々の研究室で開発した上肢運動機能評価システムについて紹介したい。

1. 上肢運動機能評価システムの開発

　脊髄小脳変性症（Spino-Cerebellar Degeneration, SCD）やパーキンソン病（Parkinson's Disease, PD）等の運動失調症の診断は主に医師の診察によってなされるが，これは医師の専門分野や臨床経験により判断に差が生じる可能性がある。それゆえ，もし運動に関する中枢神経系の障害と運動失調との関連性を定量的に評価できるようになれば，運動システムに関与する神経回路の解明や病理学的診断，またリハビリや薬物による治療効果の客観的評価などにも役立つものと思われる。

　この目的のために種々の運動機能定量化システムが提案されてきた。例えば反復動作の定量システムとしては，発光ダイオードや非接触型位置センサを用いた軌跡投影法[1,2]，表面筋電図による方法[3,4]，反復変換運動の周波数分析法[5]などがある。一方，上肢巧緻運動の定量的システムとして Finger Function Quotient 法[6]，協調性テスト[7]，デジタイザを用いた線引きテスト[8]，ピック

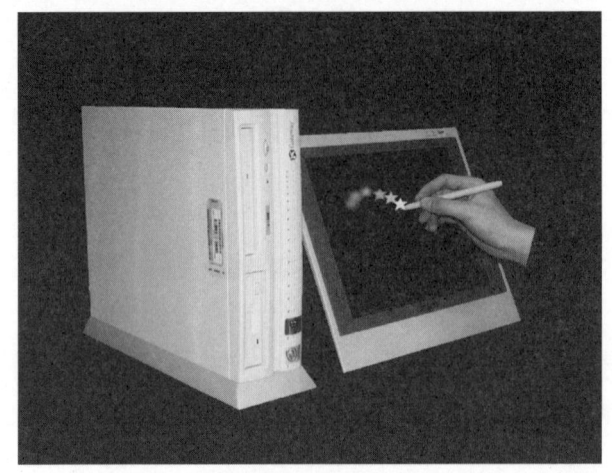

図 10–1 現在の上肢運動機能定量化システム

ディスプレイ上のターゲット(星印)が時計回りに等速円運動を行う。被験者はスタイラスペンでターゲットの中心を追跡する。

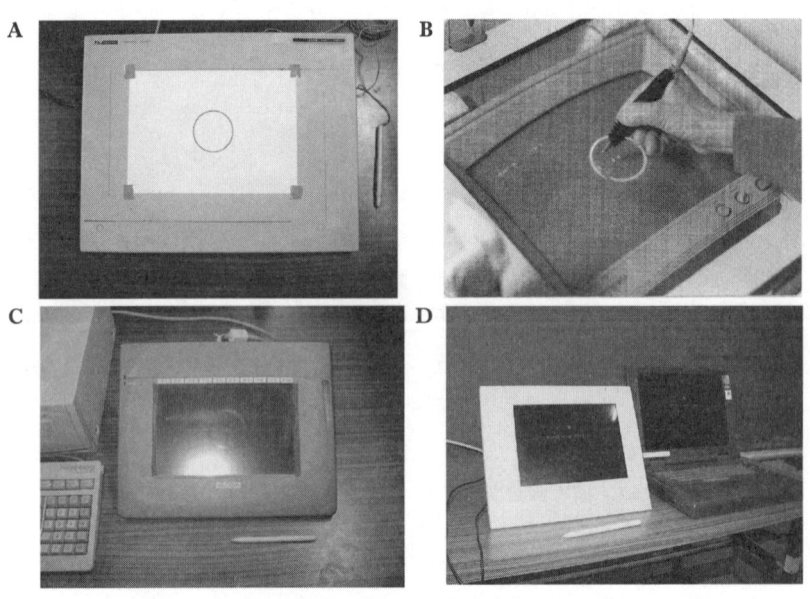

図 10–2 過去に開発した上肢運動機能定量化システム
A: 1号機, B: 2号機, C: 3号機, D: 4号機

アップセンサを用いた動作分析法[9-11]，ディスプレイ上のターゲットを被験者の側にあるハンドルで追いかけるステップおよびランプ視標追跡法[12-14]等がある。さらに最近では，ディスプレイ上のターゲットを机上のマウスで追跡する方法も開発されている[15-18]。しかしながら，これらの研究の中には運動課題が非常に複雑で，初めて検査を受ける被験者にとっては視標追跡が困難なものもあり，また装置が高価で大規模になり，一般的な普及が望めないものもある。

そこで，我々は開発にあたって，どこでも持ち運びができ，また，初めて検査を受ける患者でも容易に課題の遂行が可能なシステムを目指した。以下に，開発したシステムの概要とこのシステムで得られた SCD や PD の解析結果および正常圧水頭症患者の手術後の回復過程，さらには運動機能の老化現象の評価について述べる。

2. システムの概要

図 10–1 に我々が開発した最新の上肢運動機能定量化システムを示す。ここに至るまでにかなりの変遷があった[19]。図 10–2A-D にこれまでに開発したシステムの写真を掲載する。図 10–2A は通常のデジタイザの上に円を描いた紙を貼り付けたもので，被験者はこの円をスタイラスペンでなぞるというものである。ここでデジタイザについて説明しておく。これは縦横に網の目上に電線が張り巡らされている板状のもの(タブレット)と位置を示すための特殊なペン(スタイラスペン)とで構成されており，スタイラスペンでタブレットの任意の位置を押すとタブレット内に張り巡らされている電線の横(X 軸) 1 本，縦(Y 軸) 1 本にのみ電流が流れ，その位置が検出されるというものである。我々はこの出力をコンピュータに取り入れて被験者が描いた円を X 軸および Y 軸の値としてコンピュータ内に保存しておき，後に解析に用いるのである。1 号機で行った実験はトレース課題と言い，被験者が任意の速度で円をなぞるのでなかなか定量化が難しいが，運動失調症患者の本質を見るうえでは欠かせない課題である。図 10–2B は，ディスプレイの画面を水平に設置して，この上に透明型デジタイザを置いたものである。このシステムでは，コンピュータに組み込んだプログラムにより，ディスプレイ上にターゲット(視標)を表示させ，これを任意の速度で動かすことができるようになり，速度に関する解析方法が格段

に拡張した。しかしながら2号機にも幾つかの問題点があった。それは画面が平坦でないことに加え，画面とデジタイザの間に3 cm 程の間隙があるためにターゲットを視る角度の違いによって視差が生じ，被験者によってはターゲットを正確に追跡できていない可能性があった。

これを解決するためにディスプレイとデジタイザが一体化した液晶ディスプレイ付きデジタイザを採用した(図10-2C)。このシステムでは，筆圧が0～500 g まで64段階で表示することができ，上肢運動機能に関する本格的な解析が可能になった。図10-2D は，液晶ディスプレイがカラーになり，ターゲットが容易に識別され，さらにコンピュータもノート型で構成できるようになり，持ち運びもできるようになった。このような変遷を経て図10-1のような現在のシステム開発につながっている。ここからは現在のシステムについてその概要を述べる。システムは，市販のコンピュータ(Gateway 社製，E1400)およびディスプレイとデジタイザが一体化した液晶ディスプレイ付き透明型デジタイザ(WACOM 社製，PL-450)で構成されており，コンピュータに組み込まれた種々の運動課題について，被験者がスタイラスペンを用いてディスプレイ上で運動を行うものである。コンピュータへの1ポイント当たりのサンプリング時間は25 msec，データポイント数は1,024ポイント，全データの取り込み時間は約25.6秒である。また，デジタイザの取り込み精度は0.05 mm で，筆圧が0～500 g まで256段階で表示することができ，これによって筆圧も本格的な解析が可能となっている。

3. 運動課題

本システムに組み込まれた運動課題を大きく分類すると，図10-3に示すように，① トレース課題(円，四角)，② 視標追跡課題(円，四角，直線)，③ 記憶保持課題および ④ 反応運動課題[20-23] になる。今回は，視標追跡法による等速描円運動課題の解析方法とその結果についてのみ述べる。他の課題の解析方法および結果については文献[24-27]を参照して欲しい。

視標追跡描円課題では，大きさ約1 cm の星型のターゲットがディスプレイ上を半径3 cm の円を描くように右周りで移動するので，被験者はなるべくこの星の中心をスタイラスペンで追いかけるように指示される。ターゲットの速

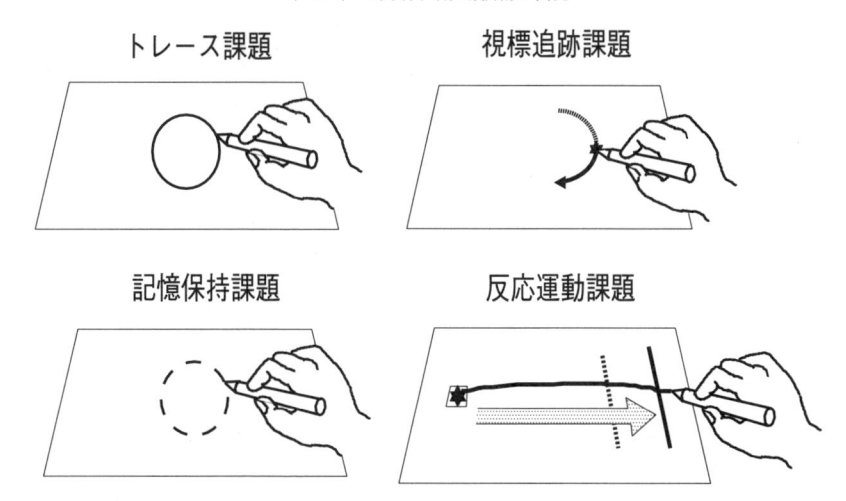

第 10 章 非侵襲的診断技術の開発

図 10–3 システムに搭載された運動課題
上段左: ディスプレイ上に描かれた円をスタイラスペンでなぞるトレース課題。上段右: ディスプレイ上に現れたターゲットをスタイラスペンで追いかける視標追跡課題。下段左: ディスプレイ上に瞬間的に円，楕円，正方形，長方形の一つが任意の場所に現れて消える。被験者は 5 秒後にその図形をスタイラスペンで描く記憶保持課題。下段右: ディスプレイ上に星が現れ，被験者はこれをスタイラスペンで押さえる。数秒後にブザー音とともに星が消えて 25 cm 離れたところに垂直な線が現れるので，被験者はその線までなるべく速くペンを動かす反応運動課題。

度は一定（6 cm/sec）にも移動途中で変化（3, 4, 5, 6 cm/sec）させることもできる（等速描円運動および変速描円運動）。この課題には，直線反復運動，描四角運動など幾つかのパターンがあり，課題の違いによる症状の違いを見ることも可能である。今回は，課題は等速描円運動として右手による結果を示す。

4. 解析方法および結果

図 10–4 は視標追跡描円運動における実験例である。健常若者では震えがほとんど見られず滑らかな軌跡を描いているのに対して健常老人では少し震えが見られる。一方，SCD および PD 患者では震えが顕著になり軌跡も大きく歪んでいる。

(1) 平均速度および平均加速度解析

図 10–4 で得られた健常若者および SCD 患者の描円波形を時系列で示すと図 10–5 になる。入力波形は X 軸（水平方向）および Y 軸（垂直方向）に分解さ

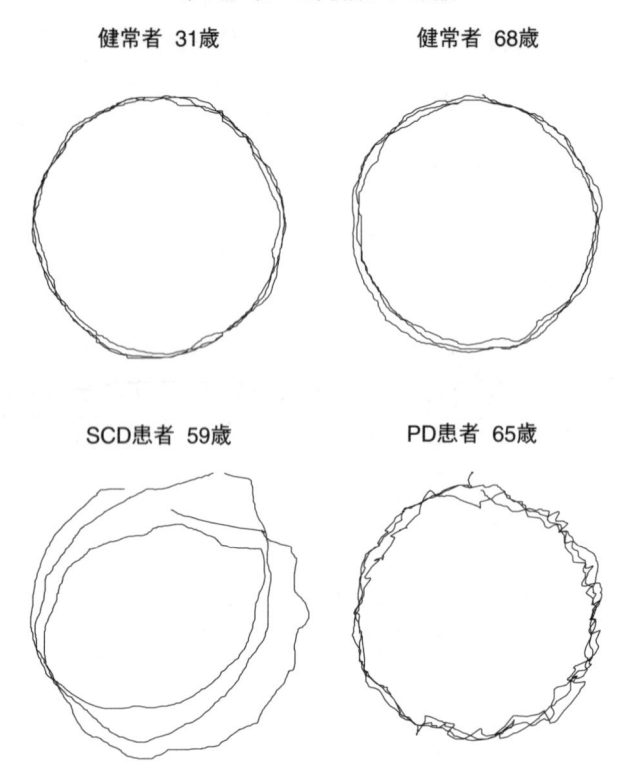

図10–4 健常若者，健常老人，脊髄小脳変性症（SCD）患者およびパーキンソン病（PD）患者の描円波形例

れるが，これを数値微分して速度波形および加速度波形を表示することができる。これから，X軸およびY軸についてそれぞれ平均速度および平均加速度を求めた(表10–1)。これを見ると健常若者および健常老人では平均速度，平均加速度ともほとんどバラツキがなく，ターゲットを正確に追いかけていることがわかる。一方，SCD患者およびPD患者は健常群に比べて加速度において大きな値を示したが，特にSCD患者では高度の有意差（$P < 0.001$）があり，SCD患者の臨床所見の一つである加速度異常を示すことがわかる。また，今回の結果では明瞭に示すことができなかったが，例えば加速度に対してSCDではY軸の値がX軸に比べて加速度異常が顕著であり，PDでは逆にX軸の値がY軸よりも異常値を示すというような運動方向における加速度の異方性を観察す

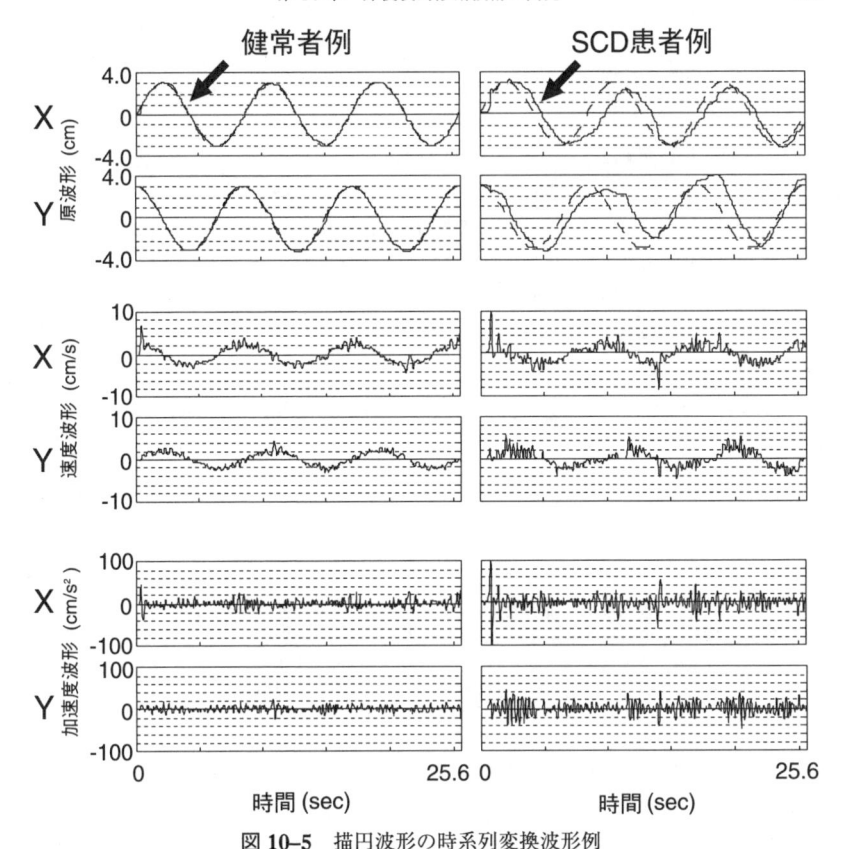

図 10–5 描円波形の時系列変換波形例
左: 健常若者。右: SCD 患者。上段: 原波形。中段: 速度波形。下段: 加速度波形。上段グラフ内の破線および実線はそれぞれターゲットの軌跡および被験者の描円軌跡を示す。矢印を見ると被験者の描円軌跡は SCD 患者で顕著に遅れているのがわかる。

ることもできる[28]。

(2) 加速度波形に対する周波数解析

図 10–5 の加速度波形に対して FFT 法によるフーリエ変換を施し,その周波数パワースペクトルを求めて描円の際の手の震えの定量化を行った(図 10–6)。実験から健常者の 20 歳代から 50 歳代までのパワースペクトル波形は各年代で著しい変化が見られなかったことから,健常者について 21 歳から 50 歳までの 50 例のスペクトルを平均加算してスペクトルの標準波形を作成した(図 10–6 中

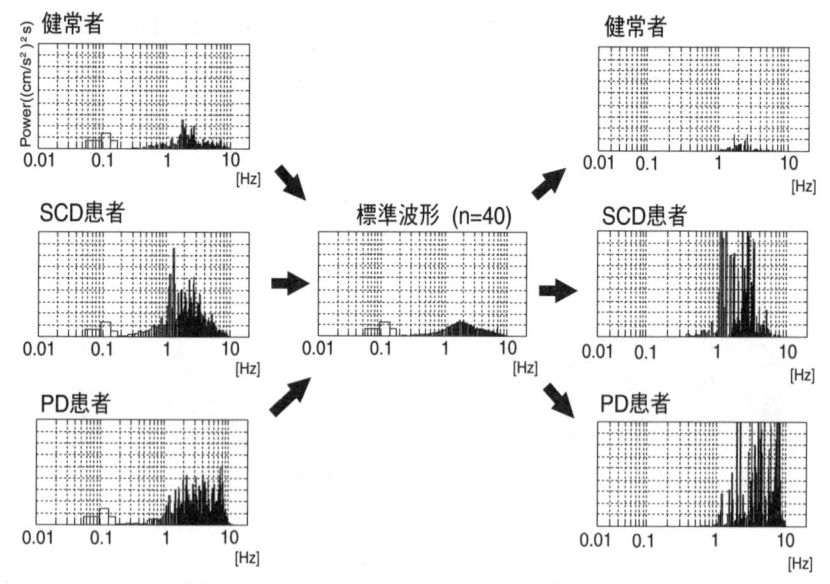

図 10–6 加速度のパワースペクトル残差2乗波形

図の中央は健常者 40 例の加速度パワースペクトルの平均波形で，ここではこれを標準波形と呼ぶ．左側は，健常若者，SCD 患者，PD 患者のパワースペクトル波形例である．各波形から標準波形を差し引き，その残差を 2 乗すると右側のスペクトルが得られる．

央)．次に各被験者の震え成分を抽出するために，各被験者のパワースペクトル波形から標準波形を差し引き，これを 2 乗してスペクトルの残差 2 乗波形を求めた．図 10–6 は X 軸における例を示す．SCD 患者および PD 患者のスペクトルの残差 2 乗波形は，健常者のそれに比較して 1Hz 以上の波形が非常に大きいのがわかる．この波形の全体の和を求め，パワースペクトル残差 2 乗和とした（表 10–1）．また，ここでは示していないが，周波数を 1Hz 刻みにしてその値を各疾患別に平均してみると，SCD 患者は 2–3Hz に最大ピークを持ち，それより高い周波数になると急激に減少した．一方，PD 患者は 3–5Hz に最大ピークがあり，それより高い周波数になるとゆっくり減少していくことがわかった．

(3) サンプリング時間当たりの移動距離の変動係数

次に図 10–4 で示されるように，健常者ではスムーズな円を描いており，サンプリング時間当たり（25 msec）の移動距離がどの点をとってもバラツキが少

表 10-1 健常若者，健常老人，SCD 患者および PD 患者の各パラメータ値

	健常若者 n = 40	健常老人 n = 37	SCD n = 29	PD n = 22
(X 軸)平均速度 (cm/s)	1.42±0.02	1.43±0.04	1.85±0.57***	1.53±0.26
(Y 軸)平均速度 (cm/s)	1.44±0.22	1.45±0.04	2.00±0.88***	1.61±0.43
(X 軸)平均加速度 (cm/s^2)	5.11±1.23	6.34±1.49	17.63±12.25***	11.72±6.60***
(Y 軸)平均加速度 (cm/s^2)	4.66±1.04	6.24±1.78	20.41±19.34***	12.12±10.40*
(X 軸)パワー残差 2 乗和 [$(cm/s^2)^2 s$]	1623±532	1984±668	9419±8893***	5040±3851***
(Y 軸)パワー残差 2 乗和 [$(cm/s^2)^2 s$]	1490±304	1981±1061	11470±14486***	5193±6173*
移動距離の変動係数	0.379±0.057	0.479±0.126	0.855±0.242***	0.650±1.226***
モデル円との残差 2 乗和(ずれ) (cm)	182.0±37.3	219.1±50.4	549.4±282.0***	390.1±320.8
全体の遅れの和 (deg)	5340±1687	6175±2532	25710±57500*	9950±8506*

*: $P < 0.05$, **: $P < 0.01$, ***: $P < 0.001$

ないと思われる。一方，患者ではペン移動のスムーズさが無いためにサンプリング時間当たりの移動距離にバラツキが見られると思われる。これを健常若者，健常老人，SCD 患者および PD 患者の原波形についてサンプリング時間当たりの移動距離を計算し，そのバラツキを定量化するために移動距離の変動係数 (CV 値)を次式で求めた。

$$CV = \frac{標準偏差}{移動距離の平均値}$$

(4) ずれ成分に関する解析

また，図 10-4 で示されるようにターゲットは直径 6 cm の円を描く。このモデル円と被験者の書いたペンの軌跡とのずれを抽出するために，その誤差を全周期で計算し，これを 2 乗して，その和を求めた。我々は，このパラメータをモデル円との残差 2 乗和と呼んでいる。

(5) 遅れ成分に関する解析

図 10-5 の健常者および各患者の入力波形を見ると，図中に矢印で示しているようにターゲットの軌跡よりも常に遅れていることがわかる。この遅れ成分に関して，スタート時 0.5 秒間の遅れ，全体の遅れの和および遅れの変動係数を抽出した。また，遅れ時間というパラメータを求めた。これは入力波形の遅れ

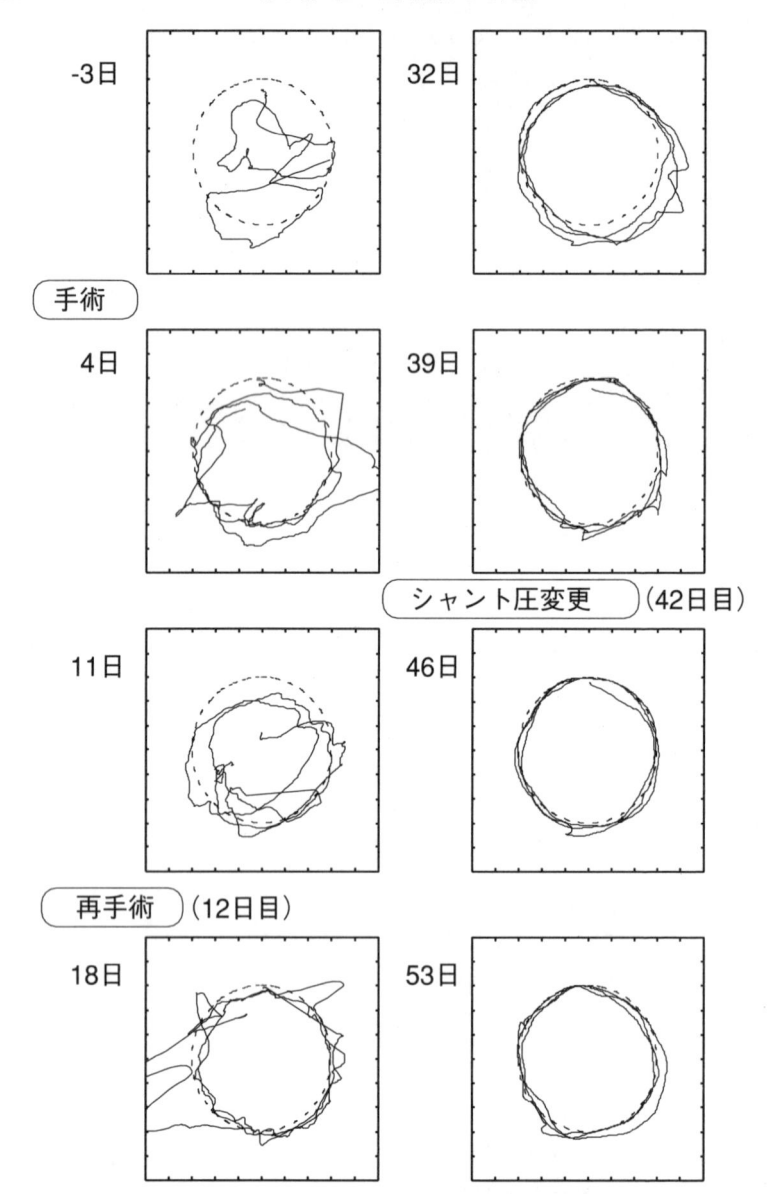

図 10–7 正常圧水頭症患者における術後の上肢運動機能の回復過程例
最初の手術は，腰椎くも膜下腔—腹腔シャントであったが，効果がなかったため再手術（脳室—腹腔シャント）を行った．さらにシャント圧の変更を行った結果，スムーズな波形を描いている．

が最小になるように被験者の波形をずらす。この時ずらした時間を遅れ時間とした。

表10-1に移動距離の変動係数，ずれ成分および遅れ成分について各グループの平均値と標準偏差（SD）を示す。SCD患者群では，健常老人群と比較してX軸およびY軸のパワー残差2乗和，移動距離の変動係数およびモデル円との残差2乗和などのパラメータで高度の有意差（$P < 0.001$）を認めた。一方，PD患者ではX軸のパワー残差2乗和および移動距離の変動係数が高度の有意差（$P < 0.001$）を示した。

このように，運動失調症の代表的疾患であるSCD患者とPD患者について健常老人と比較することにより，以前から報告されているこれらの疾病の病態生理学的特徴を上述したパラメータで客観的な評価値として示せることがわかった。

5. 評価事例
（1）正常圧水頭症患者のシャント手術による回復過程

次に回復過程の定量化に関する例をあげる。図10-7は正常圧水頭症患者の回復の様子を視標追跡描円運動で見たものである。

図で分かるように手術3日前は，全く円を描くことが出来ず，ペンが画面から離れたりしている。1回目の手術は，腰椎くも膜下腔—腹腔（L-P）シャント手術が行われた。手術後は手術前に比べると比較的追跡は出来るようになっているが，波形はかなり歪んでおり，老人の正常範囲にあるとは言えない。しかしながら，2回目の脳室—腹腔（V-P）シャント手術後は，直後にはずれ成分の異常は残っているが，39日目（再手術27日目）には手術前の波形と比べるとかなりの改善が見られる。さらに42日目にシャント圧をレベル8からレベル6に下げるとさらに波形は滑らかになり，正常老人の範囲にまで回復している。

この回復過程を先程述べた幾つかのパラメータ値で示したのが図10-8である。グラフ中，黒丸が右手，白丸が左手の結果である。また，右側に健常老人群の平均値±SDを示している。遅れおよび筆圧成分を除いて，いずれのパラメータも健常人のレベル付近まで回復していることが見てとれる。リハビリの領域で用いられる日常生活動作の評価の一つであるBarthel Indexは手術前の

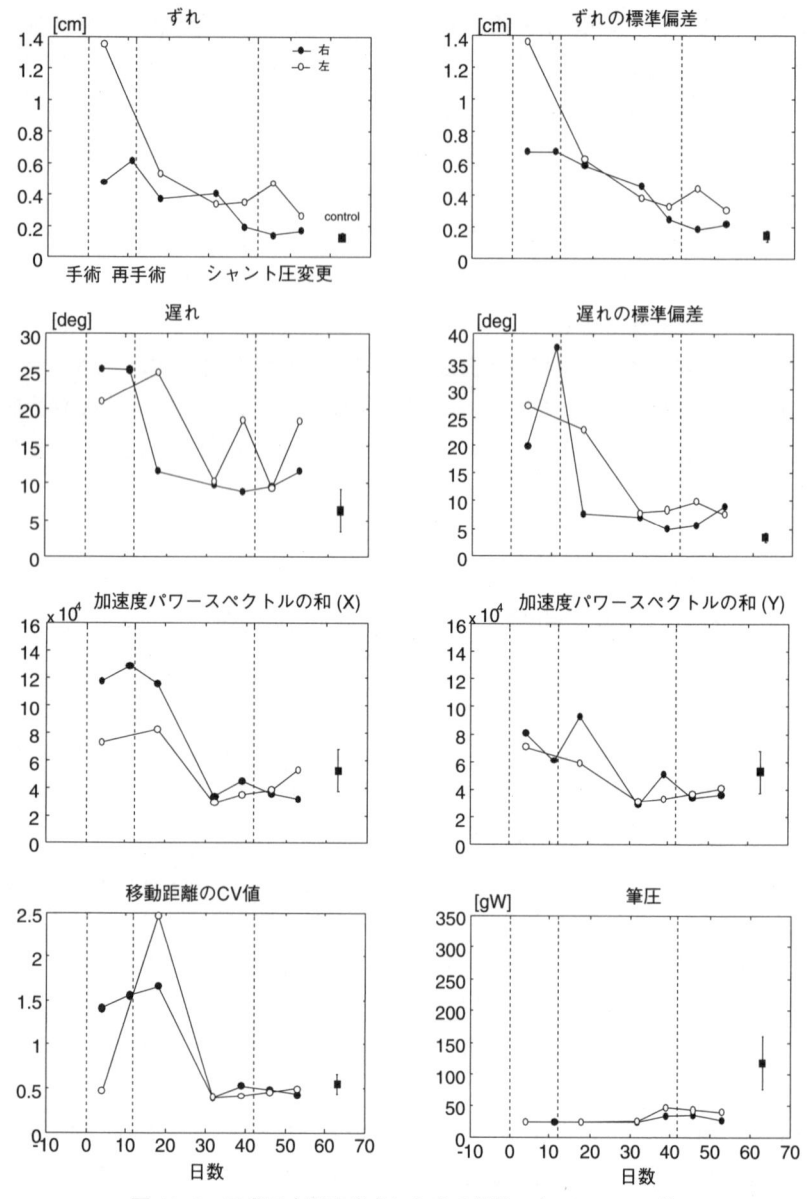

図 10–8　正常圧水頭症患者における術後の各パラメータ値

ずれ，加速度パワースペクトルおよび移動距離の CV 値は，再手術後大きく変化し，健常老人群のレベルまで回復している．

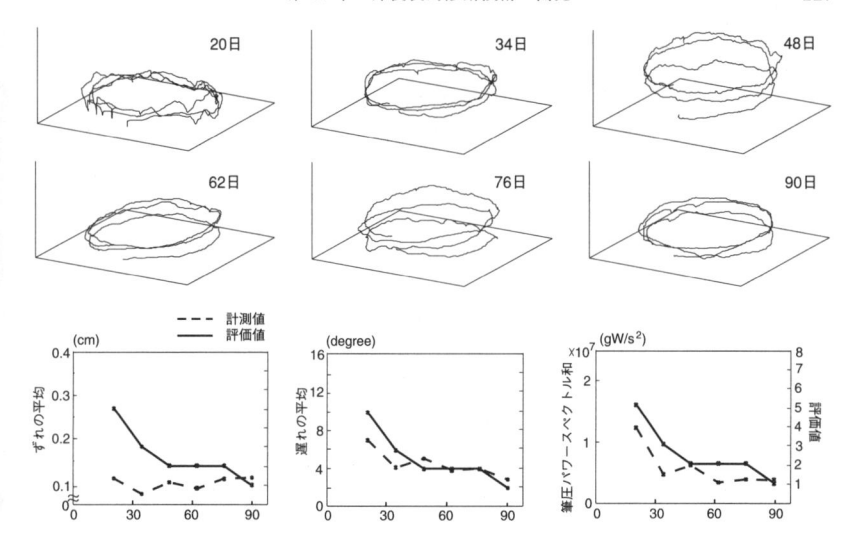

図10-9 脳卒中片麻痺患者における発症後の上肢運動機能回復過程例
上段: 描円波形例。下段: ずれ，遅れおよび筆圧パワースペクトル和の各パラメータ値と医師による運動機能評価点。実線: 評価点。破線: パラメータ値

40から45とあまり改善がみられなかった。しかしながら，痴呆の重症度判定に用いられる長谷川式簡易知能評価スケール（HDS-R）は，手術前の0から10と顕著な改善がみられた。医師の所見によると，脳室の状態は1回目のL-Pシャント後はあまり効果がみられなかったが，2回目のV-Pシャント後は脳室が縮小したのを確認している。このように，上肢運動機能の回復過程は複雑であるが，痴呆の評価値であるHDS-Rや医師の所見と一致し，特にこの患者では痴呆の集中力やメンタル的なものがずれや遅れのパラメータに反映されていることがわかった。

(2) 脳卒中片麻痺患者の回復過程

上肢運動機能評価システムによる脳卒中片麻痺患者の病態生理学的特徴については既に報告している[29,30]。ここでは麻痺側の上肢運動が計測できない重症患者1例について非麻痺側における上肢運動から見た回復過程と医師による回復評価とを比較して述べる。

図10-9上段は，発症後20日，34日，48日，62日，76日および90日における視標追跡描円運動の軌跡を示している。発症20日では波形にずれがあり，

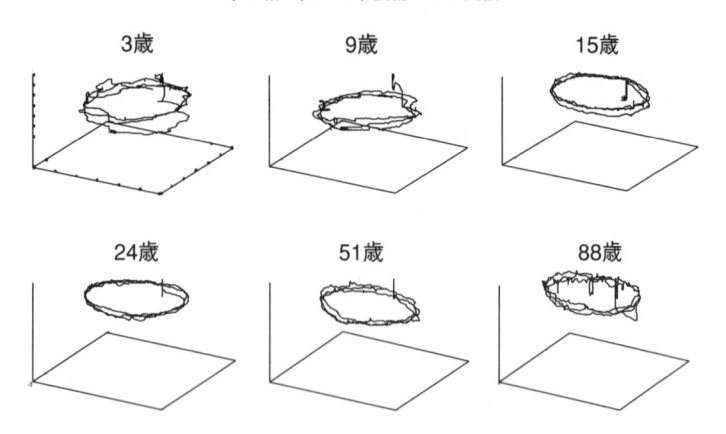

図 10-10　健常人の年代別描円運動波形
3 歳児は円の歪みが大きく，筆圧も安定していないが，加齢とともに描円がスムーズに正確になっていく．しかしながら，50 歳を越えると次第に円の歪みや筆圧が増してくる．

また筆圧が安定せずに上下に激しく動いている．その後，ずれ成分はそれほど改善を示していないが，波形はスムーズさが見てとれる．図 10-9 下段は，運動軌跡から得られた「ずれの平均」，「遅れの平均」，「筆圧パワースペクトル和(筆圧の震え)」の各パラメータと医師の評価値をグラフに示している．医師による評価は，評価点 1 が独立歩行(杖無し)，2 が独立歩行(杖有り)，3 が杖歩行(監視)，4 が杖歩行(要支持)，5 が平行棒内歩行，6 が立位保持，7 が坐位保持，8 が坐位保持不可である．医師の評価は，発症後 20 日は評価点 6 の立位保持であるが，発症後 90 日では評価点 1 の独立歩行(杖無し)まで回復している．一方，各パラメータの値を見ると，ずれの平均は発症後 20 日の時点から 90 日までほとんど変化を示していないが，遅れの平均や筆圧パワースペクトル和の値は，日数を経るにつれて亢進と安定を繰り返しながらも次第に改善しており，医師の評価とよく一致していた．医師の評価は，全身の動きを見ての評価であって上肢のみの運動を評価しているわけではない．それにもかかわらず，これだけの一致度を示すことが出来たことは，この定量化システムのリハビリテーション分野への応用の可能性を示唆しているものと思われる．

(3) 老化現象に対しての評価
このシステムは，また運動機能の全体的な老化現象の評価についても役立つ

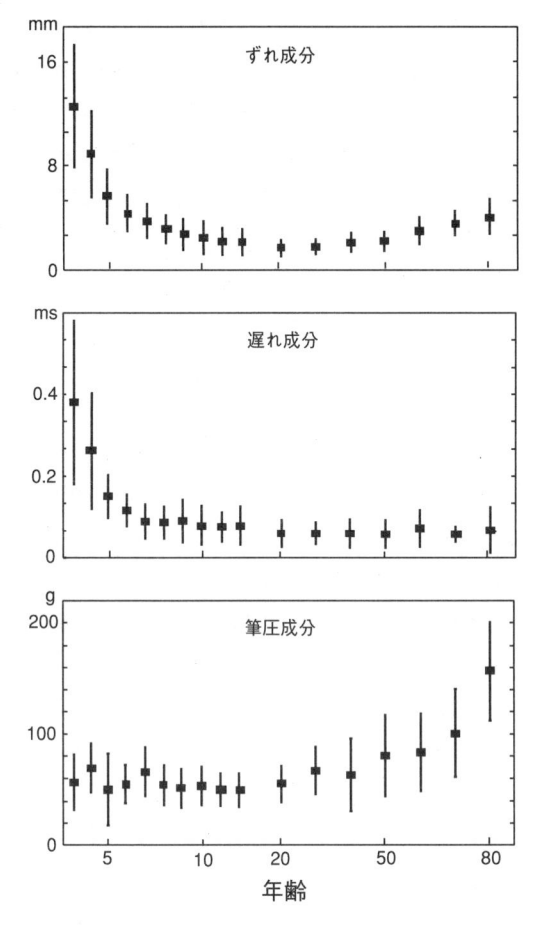

図 10–11 年代別のずれ，遅れおよび筆圧成分の変化
ずれ成分は幼・小児期および老人でずれ成分が大きくなり，遅れ成分は幼・小児期にのみ大きく老人ではそれほど遅れていない。一方，筆圧成分は加齢とともに大きく変化する。

ものと思われる。図 10–10 は 3 歳から 88 歳までの描円運動を示す。年代が増すにつれて筆圧の変動や図形の歪みが顕著になっているのがわかる。図 10–11 は 3 歳から 80 歳代までを，3 歳(幼稚園児)から 12 歳(小学生)までは 1 歳刻みで，それ以降は 10 歳刻みで表した 3 個のパラメータで，上から「ずれ」，「遅れ」および「筆圧」成分を示す。図からわかるように，ずれ成分は 3 歳児では大きくずれているが，年齢とともにそのずれ成分は小さくなって健常若者で最

小になり，今度は年代が増加するにつれてずれが大きくなっていく，すなわちU字型を示す。次に遅れ成分は，やはり幼児期では大きいが年齢とともに小さくなる。しかしながら老齢期になってもそれほど遅れないことがわかる。筆圧成分は逆に高齢者になるほど大きくなり，またバラツキが大きいことがわかる。

このようなことを踏まえると，遅れ成分のような加齢に伴わないで20歳代から80歳代まで安定しているパラメータを選択して，これを基に老人における運動機能の異常を検出できれば予防医学として役立つものと思われる。

おわりに

今回は上肢運動機能評価システムの等速描円運動課題を用いて，種々の運動失調症に対する有効パラメータやリハビリによる回復過程の定量化等について述べた。この他にも書痙患者の薬物治療前後における運動機能の定量的評価[31]や幼・小児期における運動機能の経時的発達の評価[32,33]等に応用されており，本システムの応用範囲は益々広まっていくものと思われる。

しかしながら，等速描円運動のような単純な課題は，運動失調や振顫のように運動が正常の状態よりも過大となる病態の評価には適しているが，寡動や無動，固縮といった運動が減少するような病態では，それを引き出すような課題の工夫とパラメータの工夫が必要であると思われる。例えばPD患者に対しては，視標追跡課題で変速運動を用い，姿勢保持および反応運動課題と組み合わせることによって有効なパラメータを抽出できる[26,27]。また，書痙患者ではディスプレイの傾きを変えたり，円運動ではなく，8や∞の字のように複雑な協調運動を必要とする運動課題にすることによって有効なパラメータが抽出できることが報告されている[31]。

以上のように様々な病態をとる上肢の運動機能障害に対して，筆圧等も含めたより一層の的確な課題と解析方法を開発したいと思っている。

参考文献

1) 藤田真佐之，宮崎元滋「軌跡撮影法による異常運動の記録——action myoclonusを例に」『神経内科』1974; 1: 633–639
2) 松岡幸彦，櫻井信夫，古池保雄ら「上肢運動解析システムの開発」『厚生省特定疾患——運動失調症研究班報告書』1988; 125–128

3) 室賀辰夫，村上信之，向井栄一郎「電気刺激の合図による上肢随意運動の筋放電の解析」『厚生省特定疾患——運動失調症研究班報告書』1982; 100–105
4) 室賀辰夫，村上信之，吉田真理，川口裕二「上下3点の上肢運動時の筋放電の周解析」『厚生省特定疾患——運動失調症研究班報告書』1989; 104–108
5) 神田武敏「定量的小脳機能検査法」『神経内科』1980; 13: 510–516
6) 今田拓，福田忠夫，花村都ら「手指機能評価基準の考察と実際——Finger Function Quotient (FQ)」『総合リハ』1977; 5: 407–417
7) 和才嘉昭，嶋田智明「測定と評価」『リハビリテーション全書 (5)』医歯薬出版，東京，1975; 286–300
8) 浅賀忠義，松本昭久「上肢協調性運動の定量的評価の試み」『PT ジャーナル』1989; 23: 129–133
9) 石田暉「上肢不随意運動の定量的評価法」『神経内科』1980; 13: 510–516
10) 千野直一，石田暉，野田幸男，富田豊「上肢運動失調の定量的評価—position と force との関係—」『厚生省特定疾患——運動失調症研究班報告書』1983; 132–141
11) 石田暉，千野直一「上肢機能回復促進」『総合リハ』1982; 10: 113–120
12) 別府宏圀，長岡正範，須田南美，田中励作「知覚障害者における視標追跡運動パターン」『厚生省特定疾患——運動失調症研究班報告書』1982; 45–48
13) Beppu, H., Suda, M. and Tanaka, R., *Analysis of cerebellar motor disorders by visually guided elbow tracking movement.* Brain 1984; 107: 787–809
14) 別府宏圀，須田南美，長岡正範，田中励作「運動失調症の病態神経生理学的研究—RAMP型視標追跡運動における初期立ち上がり速度の決定要因とその小脳失調症での病態—」『厚生省特定疾患——運動失調症研究班報告書』1984; 229–234
15) 中村政俊，西田茂人，武藤祐二ら「2次元画面視標追跡による手の随意運動機能の記録処理法」『医用電子と生体工学』1990; 28: 9–17
16) 中村正俊，小野英明，柴崎浩「視標追跡運動機能の加速度特性の解析とモデル構成—小脳失調症と基底核障害の相違について—」『医用電子と生体工学』1992; 30: 130–140
17) Hocherman, S. and Aharon-Peretz, J., *Two-dimensional tracing and tracking in patients with Parkinson's disease.* Neurology 1994; 44: 111–116
18) 中村正俊，井手順子，杉剛直，寺田清人，柴崎浩「ランダム変動視標を用いた手の追跡運動機能学習効果検査法の開発とその健常人への適用」『電子情報通信学会論文誌』1995; J78D-II: 547–558
19) 村山伸樹，伊賀崎伴彦，中西亮二，奥村チカ子，加藤淳「臨床神経生理学への工学的アプローチ 1. 上肢運動機能定量化システムの開発」『臨床脳波』1999; 41: 591–597
20) Sanes, J.N., *Information processing deficits in Parkinson's desease during movement.* Neuropsychologia 1985; 23: 381–392
21) Ghika, J., Wiegner, A.W., Fang, J.J., Davies, L., Young, R.R. and Growdon, J.H., *Portable system for quantifying motor abnormalities in Parkinson's disease.* IEEE Trans. Biomed. Eng. 1993; 40: 276–283

22) Evarts, E.V., Teravainen, H. and Calne, D.B., *Reaction time in Parkinson's disease*. Brain 1981; 104: 167–186.
23) Sheridan, M.R., Flowers, K.A. and Hurrell, J., *Programming and execution of movement in Parkinson's disease*. Brain 1987; 110: 1247–1271
24) 村山伸樹，島崎貴志，奥村チカ子，中西亮二「上肢運動失調症に対する客観的評価法の検討 I. 自由描円運動時の有効指標」『脳波と筋電図』1993; 21: 245–253
25) 村山伸樹，島崎貴志，奥村チカ子，中西亮二「上肢運動失調症に対する客観的評価法の検討 II. 視標追跡運動時の有効指標」『脳波と筋電図』1993; 21: 254–262
26) 中西亮二，村山伸樹，奥村チカ子，本木実，小林達矢「パーキンソン病における上肢運動機能障害の定量化―反応運動と視標追跡運動時の有効パラメーターの検討―」『リハ医学』1999; 36: 49–58
27) 中西亮二，村山伸樹，上床太心，伊賀崎伴彦，山永裕明「パーキンソン病における上肢運動機能の定量化―反応運動，姿勢保持，変速描円運動による検討―」『臨床神経生理学』2000; 28: 37–45
28) 吉澤誠，二坂広美，竹田宏，大友仁，鴻巣武，佐藤元，大坂和久「人間オペレータの制御特性の異方性と脳の両側性」『医用電子と生体工学』1988; 26: 187–195
29) 加藤淳，村山伸樹，中西亮二，奥村チカ子「上肢運動機能障害に対する有効指標の検討―脳卒中患者について―」『信学技報』1999; 98: 63–70
30) 加藤淳，村山伸樹，中西亮二，奥村チカ子「上肢運動機能障害の定量的評価―脳卒中患者について―」『信学技報』2000; 99: 61–67
31) 野中健次，坂田美由紀，古田智久，伊賀崎伴彦，村山伸樹，村瀬永子，梶龍兒「指標追跡運動によるジストニア患者の上肢運動機能障害の定量的評価」『信学技報』2001; 45–54
32) 岩崎洋一郎，胡文輝，村山伸樹，奥村チカ子「幼・小児期における視標追跡能力の経時的発達」『信学技報』1999; 98: 19–26
33) 胡文輝，村山伸樹，奥村チカ子「幼・小児期における図形描写能力の経時的発達」『信学技報』2000; 99: 69–76

■第11章■

情報社会と高齢者の居住

位 寄 和 久

はじめに

　近年，わが国では〜化の時代という言葉がよく聞かれる。その中でも高齢化，情報化，国際化の3者は最も頻繁に使われるものであろう。ここでは，この研究会のテーマである高齢化と共にもう一つの時代の流れである情報化を採り上げ，両者の関係をみながらその問題点と課題を検討し，来るべき高齢社会における通信情報システムのあり方と，それを受け入れる場としての住宅の備えるべき要件等について検討した成果を述べる。

1. 情報化の進展

　高度情報社会とは，情報が大量に供給，消費され，かつ，社会システムの中で情報の占める位置の重要性が高く認識されている社会現象を意味する。その意味では，現在は情報化の渦中にあり，社会のあらゆる側面で情報化が進展している。

　情報化の進展を示す統計資料として，総務省が昭和49年から毎年実施している「地域別情報流通センサス」がある。その中で「選択可能情報量」はテレビ，電話，郵便等の80種類のメディアを通して発信される情報の総量であり，我々が一般に接触可能な情報量の合計である。また，「消費情報量」はこのうち実際人々に見られた，もしくは聞かれた情報量であり，両者共にワードに換算されて示されている。

　選択可能情報量と消費量及びその他の指標の推移を図11–1に示す。選択可能情報量は平成12年度が8.34×10の17乗ワードで，平成2年度を100として237となり10年間で約2.4倍となっている。その伸びは実質国民総生産のそれ

情報流通量(H12)

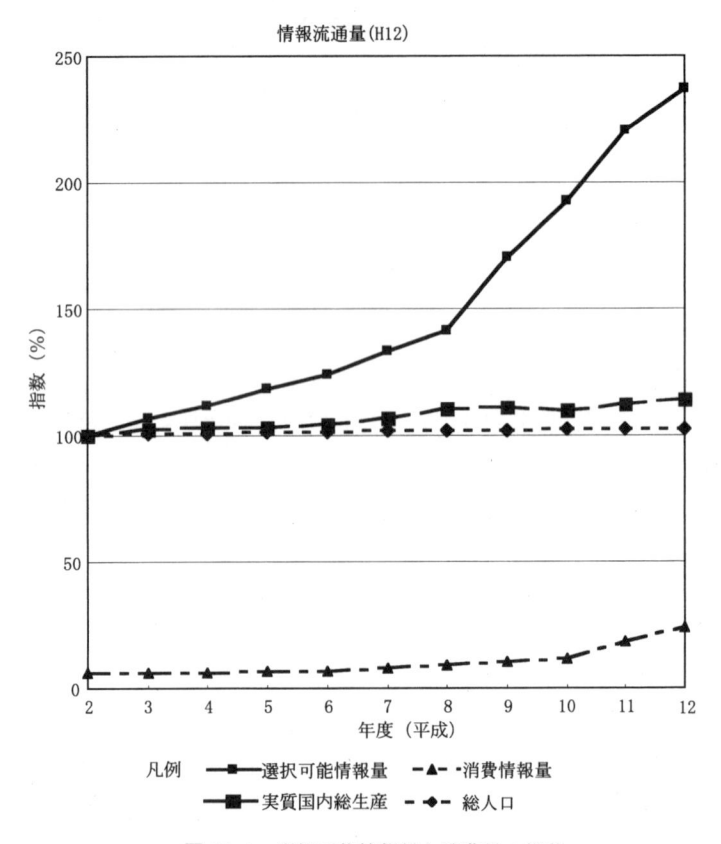

図 11-1 選択可能情報量と消費量の推移

を大きく上回っており，特に平成 6 年度以降の伸びが顕著である．これは，インターネットの普及による効果が大きく表れている．これに対し消費情報量は 7.83×10 の 16 乗と小さい．その伸びは平成 2 年度からの 10 年間で約 4 倍であり，供給量を上回るものであるが，総量としては供給量と大きくかけはなれている．このように供給と消費の差が拡大していることは，情報選択の幅が広がったという意味で自由度は増大していると言える反面，見聞きできる量という人間の情報処理能力という点からは飽和状態に達していると考えられる．

供給情報量を地域別に見ると，東京圏のシェアが全体の 3 分の 1 強と大きく，なお少しずつ増加の傾向にあるが，全国的には地域間格差は縮まる傾向にある．

地域別の消費情報量に関しては地域間格差が小さく，大都市への集中も供給情報量より低い。

2. 暮らしの中の情報

　暮らしの中で利用されている情報には 2 つの種類がありそうだ。それらは，一般に我々が情報と呼んだりインフォメーションと呼んだりして，意識的に使っているものと，明確に意識していないがコミュニケーションや人付き合いには不可欠な情報である。

　前者の身近な例としては，天気予報によって明日の天気を知るということがある。このときの情報とは，明日雨が降るのか晴れるのかという内容であり，それを知ることによって何をするかという予定をたてたり，着るものを選んだりすることが出来る。つまり，情報を受け取る前には大きかった行動や衣服の選択の余地が，それを知ることによって狭められ，不確実さを減らすことが出来るわけである。同様に，株式投資をしようとする人にとって，どの株が上がりそうかを知ることは投資の範囲を限定させる効果を持ち，選択の可能性を減少させる。このような情報の授受はシャノンという数学者が提案した情報理論に示したように，曖昧さを表すエントロピーの減少を目的とした，ビットで計ることの出来る情報量の移動を伴う情報伝達である。この種の情報を記号学に従って，何が何であるという明示的な内容を指示しているシグナル情報と呼ぼう。上記の統計に捕らえられた情報量のほとんどは，このシグナル情報にあたることになる。

　一方，我々の生活においては，情報量の移動を伴わないように見えるコミュニケーションも多く存在する。例えば，人と人が出会ったときに「今日はよい天気ですね」と挨拶を交わすことは，言われた方も天気がよいことは解っているわけだから，なんら情報は増えないわけであり，エントロピーは減少しないことになる。言った方も別に天気がよいことを教えてあげようというつもりはない。この行為には違った意味の情報がこめられているのである。道で出会った人に挨拶をすることは，おなじ社会に属していることを表明しているわけであり，その確認のための行為であったり，さらには「今日は機嫌がいいよ」ということの表現であったりするわけである。逆に，挨拶が可能な状況なのにあ

えてそれをしないということは，お互いに共通の社会に属していないという意思の表明であると捉えられる。このような情報を，あることを暗示的に指示するシンボル情報と名付けよう。

生活の中でのシグナル情報は，上記に見たように利用されることを目的として発信され，実際に人々に使われてこそ生きる情報である。これに対して，シンボル情報は相互の理解事項の確認という目的で発信され，伝達行為そのものが目的であり，情報活用の場となっているのである。社会動物としての人間にとってシンボル情報の交換は，共同生活を営む上で必須の行為であり，正常な人間関係を維持していくために欠かせないものである。

近年の急速な情報化の進展は，先に見たようにシグナル情報の伝達量を著しく増大させたが，一方ではシンボル情報の交換を疎外していることに大きな問題を有している。

3. 高齢化の進展状況

次に，わが国の高齢化の進展状況について見てみよう。わが国における高齢化の進展は，他の先進諸国と比較しても急速なものであり，西暦2020年には高齢化率が25％，すなわち国民の4人に1人が65歳以上という年齢構成となることが予測されている。図11-2は，わが国の高齢化の進展状況と，その居住形態を予測したものである。1975年に688万世帯であった高齢者のいる普通世帯は，2025年には約2.5倍の1,688万世帯になる，と予測されている。そのうち，高齢者単独世帯及び高齢者単独世帯予備軍である高齢者夫婦世帯の合計は，1975年の149.5万世帯から2025年の802万世帯と5倍以上の伸びが予測され，さらに著しい増加傾向を示すことが見込まれている。こうした予測は，あとで述べる高齢者対応型の住居における情報システム活用の方向性を示唆するものであり，高齢者自体の生活援助だけでなく，ケアや介護を担当する人々を助けるシステムとしての機能の重要性が読み取れる。

地域別の高齢化の現状とその進展状況を見たものが図11-3である。縦軸は2000年の65歳以上人口比率，横軸には1990年から2000年までの65歳以上の伸び率をとっている。65歳以上の人口比率は首都圏や大都市圏で低く，山陰や東北，四国，九州といった地方で高い。特に，首都圏の神奈川，埼玉，千葉

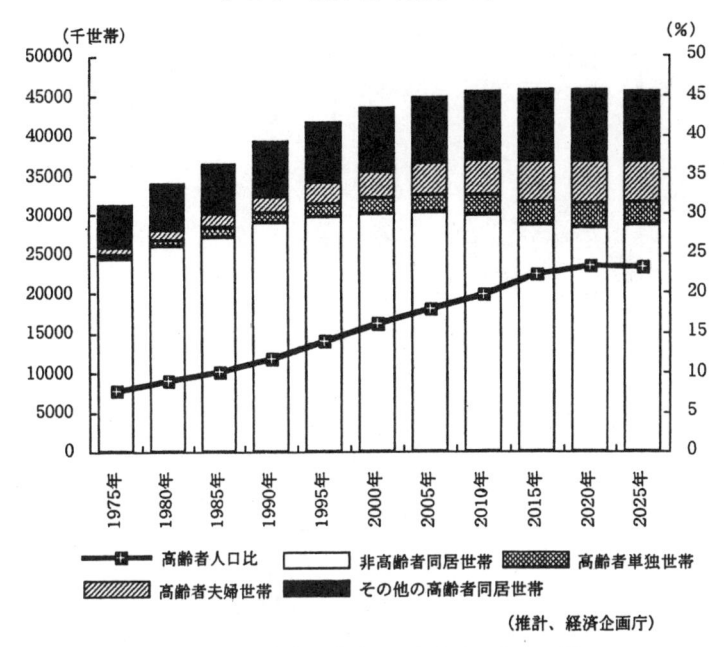

第11章　情報社会と高齢者の居住　　　　　　　　　　　　　　237

```
（千世帯）                                                    （%）
```

凡例：
- ─■─ 高齢者人口比
- □ 非高齢者同居世帯
- ▨ 高齢者単独世帯
- ▨ 高齢者夫婦世帯
- ■ その他の高齢者同居世帯

(推計、経済企画庁)

図11-2　高齢者世帯数と高齢者人口比の予測

の3県は高齢者の比率が最も少なく，人口構成では若い地域が東京を取り巻いていることがわかる。一方，関西の中心である大阪府は65歳以上人口比率は東京より低いが，近県の和歌山，京都，兵庫，奈良が高い値となっている。ところで，このグラフの特徴として全体に右下がりの傾向が読み取れる。これは，現在の高齢化比率が低い所ほどその伸びが大きいということを表している。この意味する所は，全体に均質化の方向に向かっているということであり，現在高齢者比率が低いからといって，その状態は決して長く続かないということである。また，都道府県別の高齢化の状況を比率ではなく実数で見た場合には東京がトップであり，その他大都市圏が上位に位置しており，高齢者の問題が地方のみの課題ではないことを示している。

高齢者人口比率と伸率

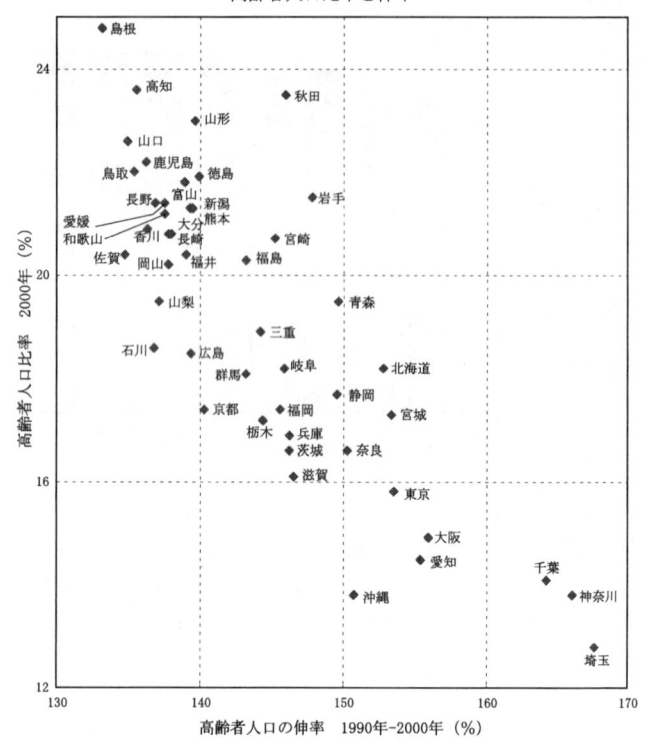

図 11-3　地域別の高齢化の現状とその進展状況

4. 高齢者の生活と通信・情報システム

　老人にとっては人情の厚い田舎の方が暮らしやすいと言われている。また一方では，情報化の進展は都会と田舎の差を縮めるのではないかと期待されている面もある。それでは，情報化の進展は人付き合いにどのような変化をもたらすのだろうか。

　かつては都会においても，落語の世界に聞かれるような八っつあん，熊さん，横町の御隠居といった地縁的コミュニティがあり，共有の財産を管理してきた。しかし現在では，おなじアパートの住人でも顔を知らないとか，生活時間帯が違うので顔を合わせることがないなど，住んでいる場所は同じでも共通の社会

に属さない人ばかりになってしまった。生活のためのシグナル情報はマスメディア，ミニコミ等から十分取得できるから，地域的な人付き合いは不要ということになる。こうした都会では情報化の進展に伴って，むしろ相手をよく知っているからこそ可能となるシンボル情報の交換は困難になっているのである。こうしたことは，居住の場における共有社会としてのコミュニティが崩壊し，共有物だけでなくシンボル情報の共有も無くなっていることを示している。ちなみにある団地で，独居高齢者が日中ベランダに旗を立てて夜それを取り込むことで生存を示し，住民がそれを確認するという方式が実施されていることが報じられた。この例は，お互いの身体の具合という，人付き合いの中で読み取られるべき基本的なシンボル情報のシグナル化であり，ホモ・シンボリカムとも言われる人間にとっては何とも心が寒くなるような出来事である。

　このような地域コミュニティの崩壊という動向に対して，失われた機能の隙間を埋めるように新たなサービス産業や付加価値を付けた集合住宅が現れた。例えば，宅配便によって届けられる荷物を預かる人が居ない，昼間の人の出入りを見ている人が居ないなどの理由から，マンションにフロントの機能を持たせたり，独居老人と付き合う人が居ないので緊急通報システムを高齢者の住居に組み込んだり，ケアシステム付きの高齢者集合住宅を高額で供給したり，老人の話相手になりますというサービスの提供まで行われている。また，家事機能の補完には様々な安全管理システムや電話回線によるテレコントロール，食事材料や食事そのもののケータリングサービス，掃除や買物その他の代行業なども商品化されている。携帯電話やFAXを初めとする様々な情報機器の普及と，企業の情報処理能力の向上によって，こうした外部サービス依存はより容易になっている。しかも，この種の産業は今後有望な分野として，多くの企業が次々と新規参入を見込んでいるのである。

　これらを居住形式の変化という観点から見ると，正に住居のホテル化，住宅の病院化である。企業にとって情報化の進展は特定の，あるいは複合化されたサービスを，肌理細かく提供することを可能にした。もし利用者本人さえ認めるならば，コンビニエンスストアーのPOSシステムと同様の家庭内情報の収集と，それに対応した密度でのサービス提供を実現することはそう難しくない。さらには，個人情報や家庭情報を蓄積していくことによって，通年やライフサ

イクルまで考慮した新たなサービス提供や，コンサルティングも産業化することが可能となろう。しかし，これらは全て，個人情報というプライバシーや，個人の歴史，家族の歴史といった資産を犠牲にしてサービスを享受するという図式の上に成り立つ産業である。

　若者が利便性を求めてこれらのサービスを受けることはそう難しくない。しかし，高齢者は生活意識や価値基準といった基本的な点で，こうしたサービスを潔しとしない面もある。地域的コミュニティの中で充足されるべき機能であると捉えられているものが多いのである。こうした問題について，高齢者および高齢者予備軍ともいうべき人々に対して，建築研究所が実施したアンケートがある。対象者は首都圏在住の40歳代，50歳代，60歳以上の各層についてそれぞれ200名程度の約600人である。調査は少し古くなるが，昭和62年に行われた。その中で，生活関連情報の入手方法について聞くと，身近な情報はまわりの人や口コミで得ることが望ましいという傾向が読み取れる。特に，「家族，親戚に関すること」と「知人，友人に関すること」は電話を通じての情報入手に期待が大きい(図11-4)。また，同じ調査で，現在利用されている，あるいは今後普及が予想される通信・情報システムの利用意識について聞くと，全体の傾向として加齢に従いシステムの有効性は認めるが，必要性は低いという回答である。具体的なシステムについては，安全や健康，快適などの居住環境向上に関連するものは導入意向が高いが，在宅勤務や在宅学習などのシステムはあまり評価されていない(図11-5)。さらに，高齢者にとっての通信・情報システムの意義についての質問では，通信・情報機器の操作は，高齢者にとっては難しそうだということは多くの人が感じているが，その利用が高齢者の活動に与える効果についてはポジティヴな意見が多い。他の設問の回答傾向を見ても，機器の操作に対する困難さは加齢に伴って強く現れてくる。これからの通信・情報システムは高齢者対応を十分考えたマンマシンインタフェースを備えることが必要条件であると言える(図11-6)。

5.　高齢者住居のケーススタディ

　ここでは，以上のようなことを考慮した上で，高齢者住居への通信・情報システム導入のイメージを提供するため，モデルプランを用いた通信・情報シス

第11章 情報社会と高齢者の居住

Q．あなたが高齢者となったときに、以下にあげる情報はどのようにして入手したいと思いますか。いくつでも○をお付けください。

凡例：■ 周囲の人から直接　□ 電話などで　▨ 手紙、FAXで　▦ 新聞、雑誌で
▨ 折込広告で　▭ ラジオで　▥ 一般、衛星テレビで　▦ CATV、文字放送で

- 政治、経済、社会に関すること
- 地域社会の活動に関すること
- 家族、親戚に関すること
- 知人、友人に関すること
- 趣味や教養に関すること
- 娯楽に関すること
- 健康維持、体力増進に関すること
- 日常の買物に関すること

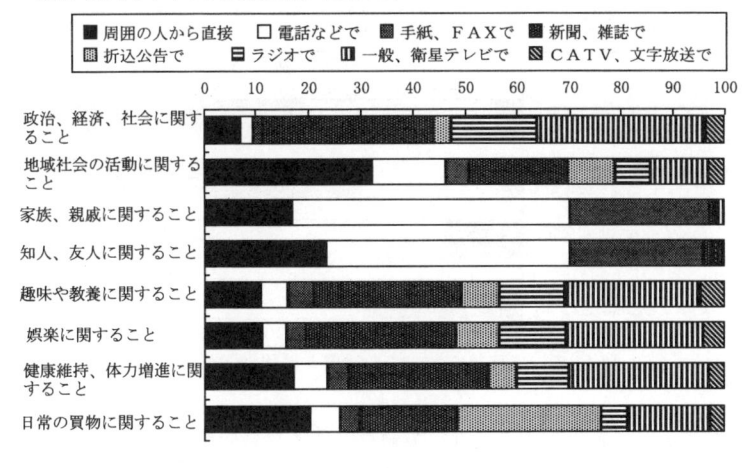

図 11-4　生活関連情報の入手方法

Q．あなたが高齢者となったとき、次にあげた情報システムが利用できるようになっていると思われますが、あなたのお考えに最も近い番号に○をお付けください。

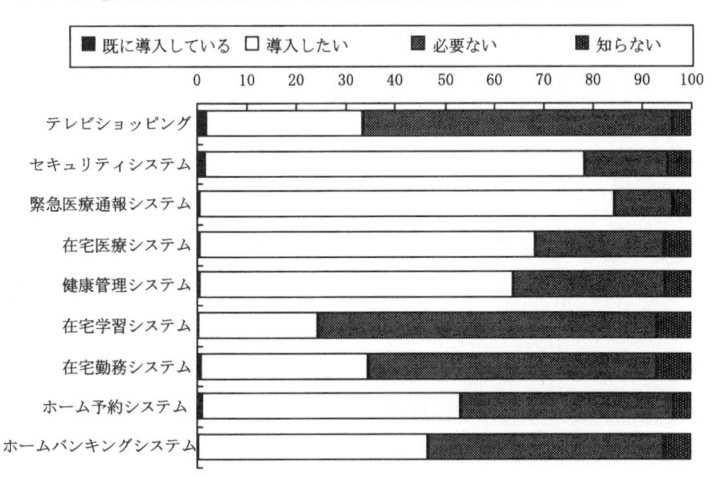

凡例：■ 既に導入している　□ 導入したい　▨ 必要ない　■ 知らない

- テレビショッピング
- セキュリティシステム
- 緊急医療通報システム
- 在宅医療システム
- 健康管理システム
- 在宅学習システム
- 在宅勤務システム
- ホーム予約システム
- ホームバンキングシステム

図 11-5　通信・情報システムの利用意識

テムの導入例を示す。

通信情報システムを高齢者対応の住宅に導入するに当たっては，本来，各住

Q. 通信・情報機器は、高齢者にとってどういう意味を持つと思われますか。あなたのご意見に最も近いものをお選び下さい。

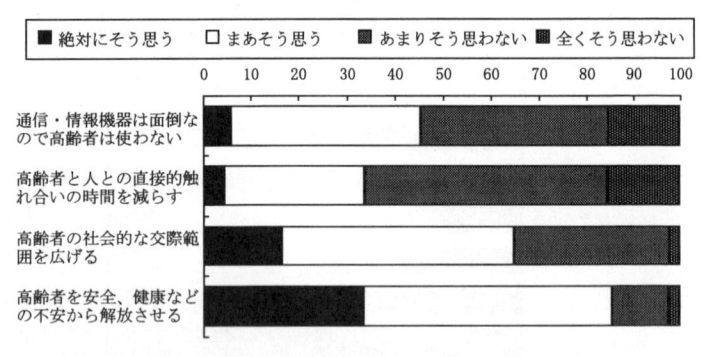

凡例: ■絶対にそう思う　□まあそう思う　■あまりそう思わない　■全くそう思わない

- 通信・情報機器は面倒なので高齢者は使わない
- 高齢者と人との直接的触れ合いの時間を減らす
- 高齢者の社会的な交際範囲を広げる
- 高齢者を安全、健康などの不安から解放させる

図 11-6　高齢者にとっての通信・情報システムの意義

戸における居住者の特性により，最適な性能と仕様の機器が選択されることが望ましいが，公的に新規に住宅を供給する場合には，ある程度一般的な基準を設けて設計せざるを得ない。ここでは，その整備水準を 3 段階に分け，どの水準ではどのような機器を導入するのが適切かを以下の指針としてまとめた。

- 基本水準: 今後建設が予定される高齢者対応の集合住宅において最低設備されるか，あるいは機器が取付けられるような空間的な用意が必要であるもの。
- 標準水準: できればこの程度までのシステムが整備されているのが望ましいとされるもの。
- 推奨水準: 入居者の特性や経済的な余裕などが許されれば，導入することが望ましいもの。

しかし，この 3 つの区分には必ずしも明確な基準があるわけではなく，導入に当たっては段階的に選択が可能であることを示したものである。

本章では，夫婦のうち片方が移動することに障害を持つ世帯を対象とし，これだけは必ず設置したいという基本水準のシステムを導入した場合のモデルプランを示す。ここでは，日常時に有用な通信情報機器と，非常時に有用なものとを分けて表示する。日常時には，基本水準ということで，大型機器の導入はなく，照明等に代表される安心感を醸成するシステムや電話，テレビ等すでに現在でも導入が一般的となっている機器が中心に構成されている。ただし，こ

第 11 章 情報社会と高齢者の居住 243

感応照明
鍵をあける手元を照らす
3分程度で自動的にOFFになる

門
カーテン同様、門の開閉などにより日常の様子を外に知らせる

電子掲示板
宅配便や郵便物が配送されるとその旨を表示

在室表示システム
トイレ使用中の表示を行なう

防水電話
入浴中でも室内および室外との連絡が可能

電子回覧板
CATVの電子回覧板チャンネルにより情報を得るとともに個人情報の入力が可能

自動発信電話
知人宅や緊急連絡先に自動ダイヤルにより連絡
また、基本的なメッセージの登録、自動発信が可能

自動点灯システム
戸の開閉により押し入れ内の照明が自動点灯する

照明のリモコン操作
取り替えが容易に行なえる様に取付け位置を1800以下にする

住戸間通信
自室内で発信する情報を他の居室で受信可能

カーテン
カーテンの開閉により日常の様子を外に知らせる

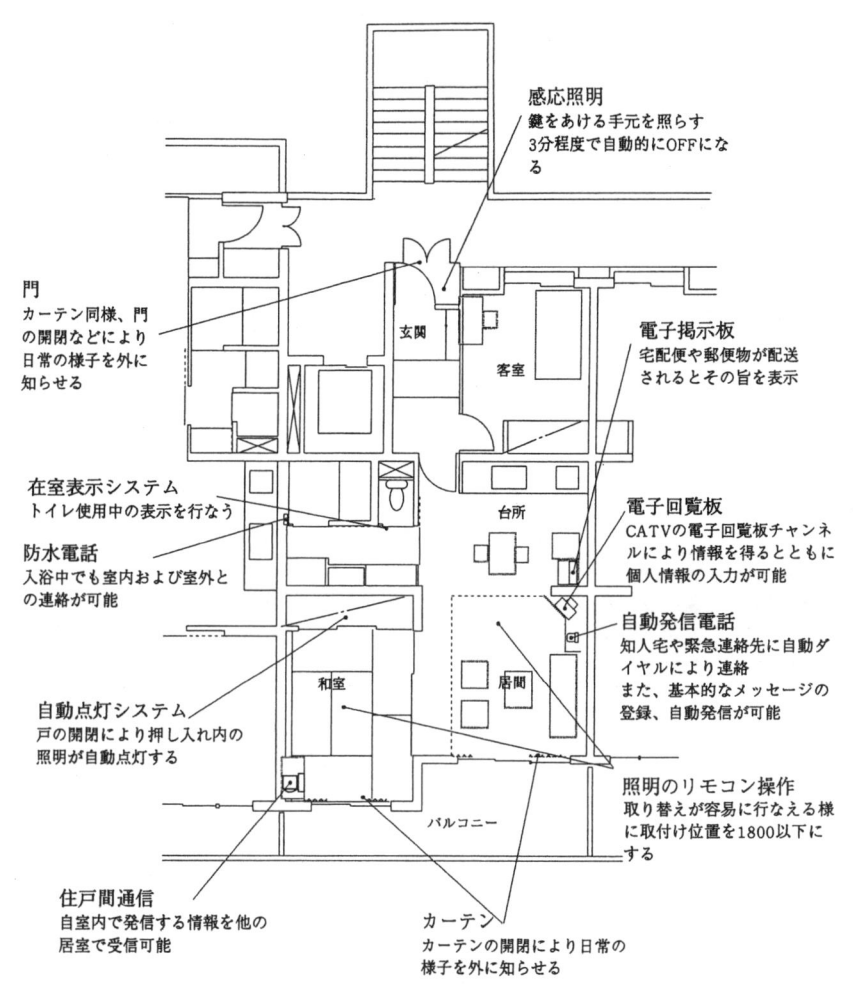

図 11-7　基本水準の導入例（日常時）

れら機器相互の連係やインタフェースなどシステムとして備えるべき性能は確保したい（図 11-7）。

　非常時には、住戸内の配偶者や医師、救急センター等に非常を伝える他、近隣住民にも助けを求める、あるいは異常が起きたことを知らせることが出来るシステムが望ましい。例えば、それらの機器に頼らず、玄関先の門やカーテン

門
カーテン同様、門の開閉などにより日常の様子を外に知らせる

防水電話
入浴中でも室内および室外との連絡が可能

自動発信電話
知人宅や緊急連絡先に自動ダイヤルにより連絡
また、基本的なメッセージの登録、自動発信が可能

カーテン
カーテンの開閉により日常の様子を外に知らせる

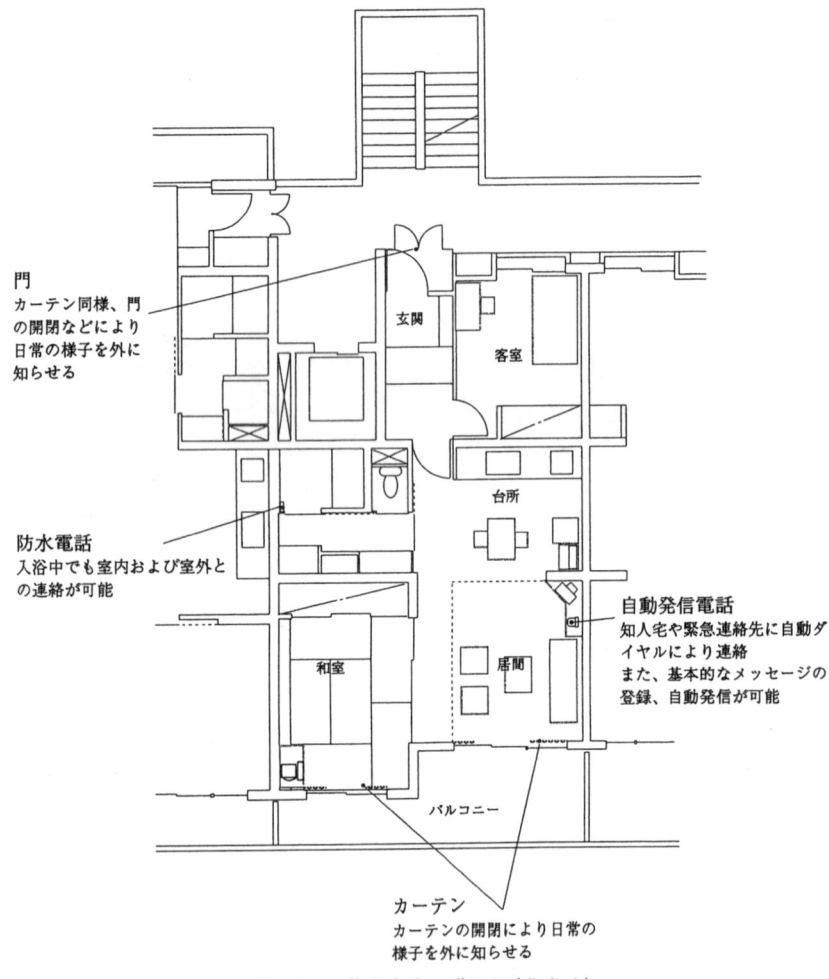

図 11-8　基本水準の導入例（非常時）

の開閉によって日常の様子を外に知らせておくことで，逆に様子が変わった場合には非常事態であることを判断してもらう助けになる（図11-8）。

　この基本水準でのシステムの導入により，これまでの住宅では居住者に重度の異常や不都合のないかぎり設備されることのなかった性能が確保されることになる。特に，セキュリティとコミュニケーションという高齢者に欠かすことのできない機能が充足されることで，自立を大きく助けることにつながるもの

と考えられる。

　また，通信・情報システムを導入した理想的な生活の例として，大型機器が導入され，様々な作業を支援するシステムにより家事の簡略化や生活を維持するだけでなく，住宅内での生活を楽しくする環境作りが実現されると考えられるレベルである推奨水準についても検討を行った。そこには，高齢者の関心が高い健康に関しては，日頃から健康を管理，維持していくためのシステムが組み込まれている。この推奨水準においては，様々な機能を持った大型スクリーンの導入により，家に居ながらにしてショッピングや映画，絵画鑑賞が出来，TV電話での他者との会話など外出しなくとも（出来なくとも）外界との接点が途絶えることがない。また健康管理システムや在宅検診システムなどにより，よりよい生活環境のアドバイスや在宅ケアも今以上に安心して行うことが出来る。さらにこの水準は高齢者に限ったものではなく，21世紀に対応した居住環境を確保しようと望む人々にも対応出来るものと考えられる。

おわりに

　本章では，高齢者にとって住みやすい住環境の実現と通信・情報システムの利用について，情報化，高齢化の動向と共に検討した。ここで対象としている通信・情報システムは，現在も急速に発展している。また，それを利用する高齢者のライフスタイルも多様化し，さらに加齢による活動能力の変化に大きな個人差があることなどから，必ずしも十分な将来像を描くことは困難であった。しかしながら，住宅の供給面からの状況を考えると，これからの長寿社会においては高齢者に配慮しながらも，年齢を問わずあらゆる人が快適な住生活を送ることができる住環境の整備が必要であり，よりフレキシブルな対応が求められていることは明らかである。来るべき高齢社会の生活資本の充実に資する，さらなる研究が進められることを願うものである。

参考文献

1)　総務省編『情報通信白書』（平成14年度版），大蔵省印刷局，2002
2)　建設省建築研究所編『長寿社会における居住環境形成技術の開発』報告書，建設省建築研究所，1993

■ 第12章 ■

ユニバーサルデザインの新局面

山鹿　眞紀夫

1. バリアフリーからユニバーサルデザインへ
(1) バリアフリーとは？

　バリアフリーという単語は，近年非常に流行りの言葉になり，色々な場面で使われるようになってきた。しかし，ほんの10年位前には殆ど認知されておらず，マスコミで取り上げられる時にも必ず「障壁の除去」という日本語訳が添えられていた。

　バリアフリーの浸透は，わが国における急速な高齢社会の進行に伴い居住環境を中心とした都市環境の変革が求められたこと(障害者や高齢者にやさしいまちづくり推進事業，人にやさしいまちづくり事業等)，WHOの国際障害者年(1981年)を契機とした啓蒙と障害者の社会参加など幾つかの要因が挙げられる。そして，長寿社会対応住宅設計指針(1994年)の通達を受け，1995年住宅金融公庫の最優遇融資条件の一つに'バリアフリー'が取り上げられたことから，猫も杓子もバリアフリーということになり，TVや新聞のCMを通して認知されてきた。

　しかし，では「一体バリアフリーとは何なのか?」，「何をもってバリアフリーなのか?」と考えると，ある意味で非常に曖昧な言葉でもある。米国においてバリアフリーという言葉が使われるようになった流れをみると，1960〜1970年代にかけての戦傷者の社会復帰，大流行したポリオ罹患者の成長と社会参加，増大する交通災害・労働災害者の社会復帰のための施策〔1968年建築障壁法(Architectural Barriers Act)，1973年リハビリテーション法(Rehabilitation Act)等〕が進められ，建築物や労働環境における物的なバリアが大きな問題となり，バリアフリーという言葉が広がった。つまり，元来ハード面の色彩の強

い言葉であったわけであるが，現在では「障害のある人が社会生活をしていく上で障壁(バリア)となるものを除去すること。もともと段差解消などハード面(施設)の色彩が強いが，広義には障害者の社会参加を困難にする障害の除去(ソフト面の思いやり，気持ち)を含む」(総理府; 障害者白書)とその概念が膨らんできた。

　これまでは，例えばドアの幅を広げるにも特別注文が必要であり，バリアフリーは手間がかかり割高であったのが，バリアフリーの浸透によりそれが当たり前(規格品)の時代となってきた。しかし，手すりをつけても高さや場所が適切でなければ邪魔なだけに終わる。つまり，個別対応が必要であり，ある面では非常にオーダーメードに近いわけで，それを出来るだけレディーメードに近づける努力が必要と考えられる。最近，「バリアフリーの住宅を建てたい」，「将来を見込んでバリアフリーにしたい」という相談がよくある。しかし，その一般的な解答は難しく，正解は存在しないのかも知れない。また，いくら建物・施設をバリアフリーにしても，アクセスが悪くそこにたどり着けなければ無意味である。今後は，「点」から「線」へと発想を変えた町づくりが必要である。

(2)　バリアフリーからユニバーサルデザインへ

　ユニバーサルデザイン(UD)は，Universal(普遍的な，万人の，万能の)とDesign(設計，構想，計画)という2つの単語の組み合わせであり，「みんなのためのデザイン(Design for All)」とも言われている。自身がポリオ罹患者であり後遺障害のため電動車椅子と酸素ボンベの使用を余儀なくされていた故ロン・メイス氏(米国ノースカロライナ州立大学)が1985年に提唱した。そして，1990年障害をもつアメリカ人法(ADA法; Americans with Disabilities Act)が制定され，差別を具体的に規定(物理的差別，社会的差別，心理的差別)し技術規定が定められ急速に広がっていった。わが国でも1990年代半ばから，企業理念や製品開発のコンセプト，国や自治体の施策に取り入れられ，使われるようになってきた。

　ユニバーサルデザインは，「改善または特殊化された設計なしで，能力あるいは障害のレベルにかかわらず，最大限可能な限り，全ての人々に利用しやすい環境と製品のデザイン(byロン・メイス)」と定義されている。年齢，性別，国籍，言語や障害の有無に関係なく，最初から誰でもが利用できるような製品，

建物や環境のデザインをという意味で，現在では，情報，サービスやコミュニケーションも含む「全ての人々が生活しやすい社会のデザイン」というより広い概念として使われている。

バリアフリーは，もともとあるバリアを取り除くという考え方であり，ユニバーサルデザインは，最初からそれが取り除かれているということになる。現在の流れは，「ユニバーサルデザイン」を理想としつつ，「バリアフリー」の観点でいろいろな実績が積み上げられている。

(3) ユニバーサルデザインの7原則

ユニバーサルデザインの原則が，ロン・メイス氏を含んだ建築家，工業デザイナー，技術者や環境デザインの研究者等のグループにより示されている。

原則1: 誰にでも利用できるように作られており，かつ，容易に入手できること。

 指針1a 誰もが同じ方法で使えるようにすること。それができない時は同等の手段を提供すること。
 指針1b 使用者に差別感や屈辱感が生じないようにすること。
 指針1c 誰もがプライバシーや安心感，安全性を得られるようにすること。
 指針1d 使い手にとって魅力あるデザインにすること。

原則2: 使う上で自由度が高いこと(柔軟に使えること)。

 指針2a その人に応じた使い方が選べること。
 指針2b 右利き，左利きどちらでも使えるようにすること。
 指針2c 使い手が正確に使えるようになっていること。
 指針2d 使い手のペースに合わせられること。

原則3: 使い方が簡単ですぐ分かること。

 指針3a 不必要に複雑にしないこと。
 指針3b 直感的にすぐ使えるようにすること。
 指針3c 使い手の理解力や言語能力の違いが問題にならないこと。
 指針3d 情報は重要度の高い順にまとめること。
 指針3e 操作のためのガイダンスや操作確認を効果的に提供すること。

原則4: 必要な情報がすぐに理解できること。

 指針4a 視覚，聴覚，触覚など多様な手段で必要な情報が十分に提供され

ること。
- 指針 4b　必要な情報を可能な限り識別しやすくすること。
- 指針 4c　情報をできるだけ整理して説明を分かりやすくすること。
- 指針 4d　視覚，聴覚などに障害をもつ人が補助器具や補助手段を利用して使用できること。

原則 5：間違えても重大な結果にならないこと。
- 指針 5a　危険やミスをできる限り防ぐ配慮をすること。頻繁に使う部分は最も使いやすく，危険なものは取り除いたり，手を届きにくくしたり，防護したりすること。
- 指針 5b　危険な時やミスをしたときは警告すること。
- 指針 5c　間違えても安全なように配慮すること(フェイル・セーフ)。
- 指針 5d　注意が必要なものについて不注意な操作を誘発しないこと。

原則 6：少ない労力で効率的に楽に使用できること。
- 指針 6a　自然な姿勢のままで使えるようにすること。
- 指針 6b　無理のない力で操作できること。
- 指針 6c　繰り返しの動作を最小限にすること。
- 指針 6d　体に無理な負担が持続的にかかることを最小限にすること。

原則 7：アクセスしやすいスペースと大きさを確保すること。
- 指針 7a　立っていても座っていても重要なものは見えるようにすること。
- 指針 7b　立っていても座っていても容易に手が届くようにすること。
- 指針 7c　さまざまの手や握りの大きさに対応すること。
- 指針 7d　補助器具や介助者のためのスペースを十分に確保すること。

この 7 原則は，特に難しいことを求めているわけではなく，当然考えるべき事柄である。それでは，この 7 原則を全て満足しなければユニバーサルデザインではないのか？　全てを満たせばユニバーサルデザインなのか？　ユニバーサルデザインとは，あくまで 7 原則で示された理念・特徴を可能な限り実現していく努力目標と考えられる。また，その実現のためには，進めていく過程(プロセス)が非常に重要である。熊本県では，くまもとユニバーサルデザイン宣言を発表し，その振興指針 (http://ud-kumamoto.rkk.ne.jp/index_main.asp) の中で SUCCESS (サクセス：Systemic；システム的なアプローチ，User Oriented；

徹底した利用者(ユーザー)志向，Communication；コミュニケーションの重視，Comfortable；快適，Easy；簡単，Safe；安全，Sustainable & Flexible；柔軟)を円滑に進めるためのポイントとして掲げている[1]。

2. 暮らしの中でのバリアフリー，ユニバーサルデザイン
　　―意識されていない偏見，盲点，勘違い―
(1) 一般品―共用品―福祉用品

古瀬氏[2]は，良いデザインが満たすべき要件として，安全性，アクセシビリティー(バリアフリー性能)，使い勝手，価格妥当性，持続可能性，審美性を挙げている。

日常使われるものは，見た目が良く，日本の普通の生活の中で浮き上がらず，馴染む必要がある。そして，耐久性があって，維持・管理がしやすく，掃除しやすくきれいに保て，価格も妥当であることが望まれる。このようなものが必要なわけであるが，特に，高齢者や障害がある人が使うものに関しては，日本では実際にはなかなか見当たらない。わが国では，障害のない人が使う「一般品」があって，別に障害のある人や高齢者のための「福祉用品」があるという固定観念が強い。障害のある人や高齢者のためだけではなくて，むしろ共用の部分を広げていく必要がある。高齢者が使いやすいものは普通の人も使いやすく，障害のある人が使いやすいものは普通の人も使いやすいわけである。この「共用品」といわれるものがまだまだ少なく，ある意味でこれがまさにユニバーサルデザインである。しかし，これまでの固定観念のため，多くの福祉用品は特殊な人が使うものと勘違いされ，決してユニバーサルデザインの品物造りはされていない。また，流通経路も整備されておらず，必然的に売上数の少ない福祉用品は，不格好でお世辞にも美しいとは言えず，びっくりするような高価な物が出回るという悪循環になっている。逆に，こういう部分がうまくいっている家電製品は，デザインも洗練されており，操作性や安全性などもかなり配慮されている。大企業では開発費もあり，工業デザイナーなど多くのスタッフが関与できる。しかし，大企業は福祉用品には進出しておらず，携わるのは殆どが中小企業や地場の小規模の会社である。最近になって，やっとわが国でもユニバーサルデザインをうたった品物が開発・発売され，雑誌等でも特集され

るようになってきた。今後，いろいろな分野の沢山の「共用品」が「一般品」に取って代わる社会が望まれる。

(2) 情報の重要性

欧米では，見た目もきれいで，価格も手頃で(日本では輸入品となりかなり割高になるが)，実用的な品物が数多く見られる。例えば，手にケガをしたり関節リウマチや神経・筋疾患の患者さんで，関節の動きが悪かったり握力が弱かったりしても使用可能な，色々な握りの太さや角度が選択できるフォークやスプーン，片手で切れるパン切り(図12-1)，簡単に歯磨きを絞るもの，片手でコップを洗えるものなどの台所用品(図12-2)，各種のタイプの瓶，缶，パックのオープナー(図12-3)などの様々な生活用品が豊富である。しかも，デパートなどで実物をみて購入でき，通信販売等の流通システムもかなり整備されている。せっかく良い物があっても，情報がなくその存在を知らなければ利用できない。医療・福祉関係者でさえも，こういう品物に関する知識が非常に不足しているのが現状である。以前は，こういう品物を患者さんに紹介したくても輸入待ちで時間や手間がかかっていたが，現在では代理店に注文すればすぐに入ってくるようになり，また，日本製の品物も少しずつ増えて利用しやすくなってきている。実際に，外来に来られて相談を受け，このような品物を紹介するだけでも，永年介助を受けていた動作が自立される(こぼさずに食べれるようになる，靴下が履けるようになる，ボタンがかけれるようになる等)(図12-4)こともある。特に医療・福祉関係者は，こういう分野にも日頃から十分アンテナを張っておくことが重要である。

ユニバーサルデザインが広がり良い品物ができても，なかなかその恩恵にあずかれないのが現状であり，情報システムや流通システムの整備が急務である。図12-5は，熊本で開発されたレインボーという有田焼の食器である。作業療法士の方が作られ，食器の縁に返しの部分がつけられ片手ですくえ，全ての食器が一つに収まるものである。図12-6も熊本で開発されたベストである。1997年九州福祉用具発明・工夫コンテストの最優秀作品であり，脳卒中片麻痺の方が動かなくなった手を保持するのに三角巾で吊る位しかなく相談され開発されたベストである。全国的に病院や施設で使われているが，熊本発なのに熊本であまり知られていない。また，このコンテストでは，片手で切れるトイレット

第 12 章 ユニバーサルデザインの新局面 253

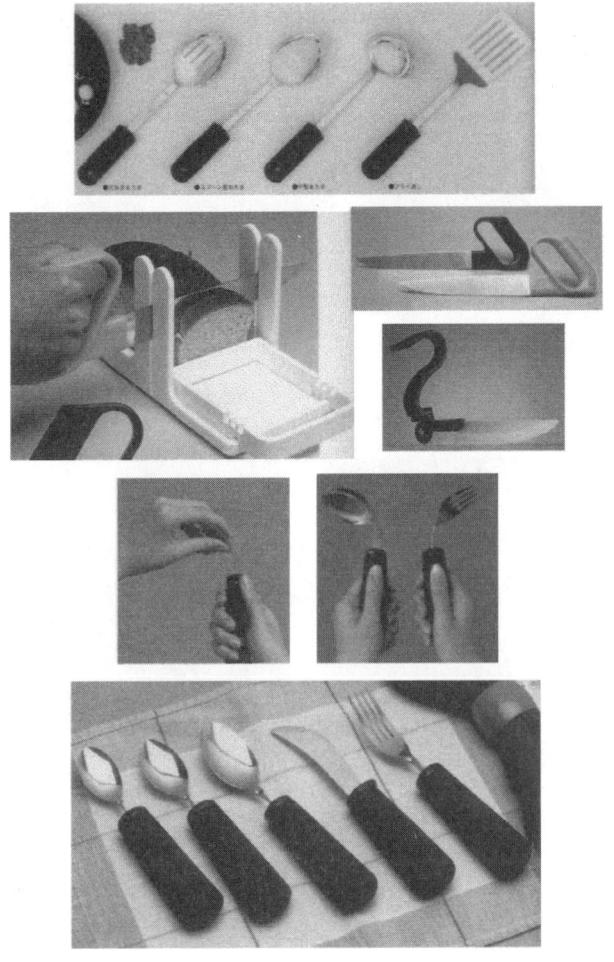

図 12–1 各種のスプーン，ナイフ，フォーク

ペーパーのホルダーも発表されている。脳卒中の片麻痺の方がトイレットペーパーを切るという動作は非常に難しく，便利な品物であるが，手を怪我した場合でもやはり片手では上手く切れないわけであり，これもユニバーサルデザインの品物であるが，広く認知されているとは言い難い。結局，こういう品物を開発する方だけに労力をかたむけても，利用者の所へは届きにくく，多くの人

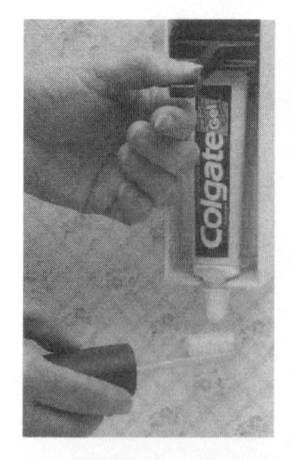

図 12-2 台所用品,歯みがきしぼり

に使われるための情報網がないことが非常に大きな問題である。

(3) 盲点,勘違いと心のバリアフリー

盲点,勘違いというのも大きな問題であり,それがあるため決してバリアがフリーにならず,デザインがユニバーサルなものになっていかない面がある。ユニバーサルデザインの推進者の一人であるダイアン・ハウザーマン・ピルグリム女史(米国スミソニアン協会国立クーパーヒューイットデザイン博物館館長)の経験談である。多発性硬化症のため車椅子を使用されている女史は,介助者と一緒に外出されるが,街で会う人は介助者にしか話し掛けてこない。車椅子に座って

第 12 章　ユニバーサルデザインの新局面　　　　　　　　　　255

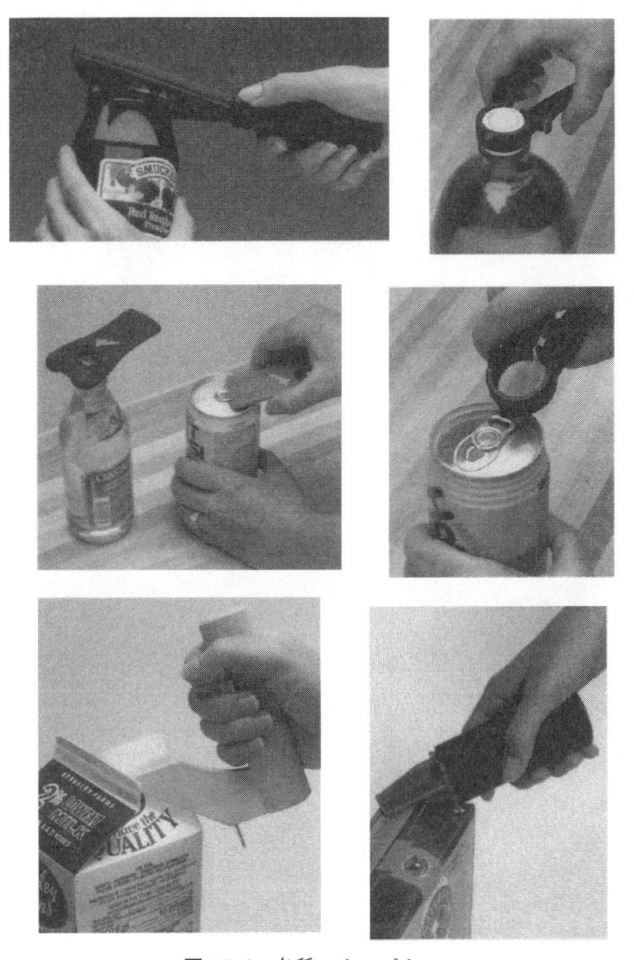

図 12-3　各種のオープナー

いるだけで言葉が分からない・理解できないと思われているみたいだとジョークながらに話された。米国でさえしかりである。一番重要なことは，心のバリアフリーが進まないと，いくらユニバーサルデザインを進めても駄目だろうという点である。心のバリアフリー，自分で意識しない所にどうしてもバリアがあり，無意識の中に差別をしてしまう危険がある。

　車の通行量の多い横断歩道で待つ時，ちょっとしゃがんでみると，立ってい

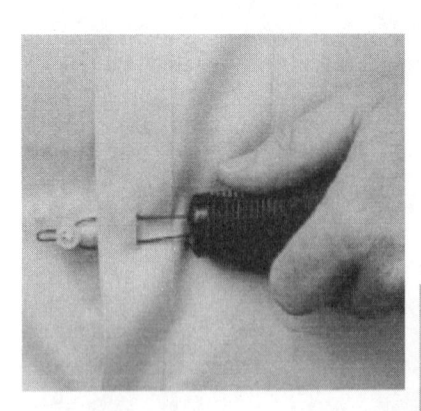

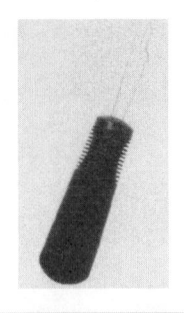

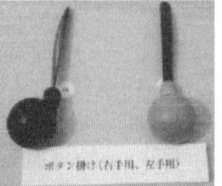

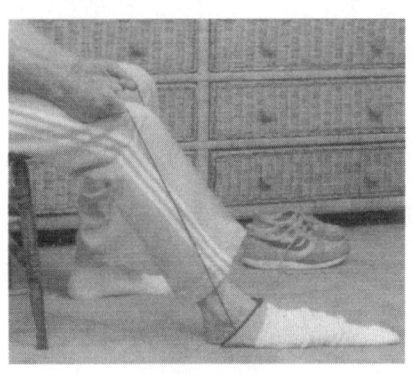

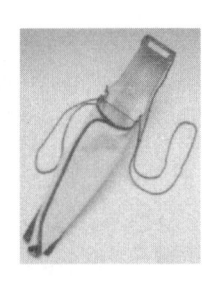

図 12-4 ボタンエイド，ソックスエイド

る時はどうもなかったのに急に恐くなってくる。小さい子供や車椅子の人は，いつもこの恐さを感じているわけで，こういうことも頭の中で考えていては見過ごしてしまう盲点である。

　『僕は，僕に「障害」があるとは思っていなかった。僕が生きにくい世の中に「障害」があると思っていた。でも，人は僕のことを「障害」がある人という。僕は僕自身であって，「障害」ではない』。これは，ハートウィーク展で展示された詩である。日本では障害者という言葉が使われている。しかし，考えてみると，障害者という単語はその人のすべてが障害という意味にとられかねない。

第 12 章　ユニバーサルデザインの新局面

図 12-5　片手ですくえる食器

英語では，people with disability，即ち障害を持った人という言い方になる。障害者と障害のある人とは全然違う意味合いになってしまうわけであり，また，「生きにくい世の中に障害がある」という社会をユニバーサルデザインへ構造改革を進めていく必要がある。

　高齢者や障害のある人が使いやすいものは普通の人も使いやすく，自分が使いやすいものは他の人も使いやすいというのがユニバーサルデザインというものの出発点だと思う。テレビのリモコンチャンネルは非常に立派なユニバーサ

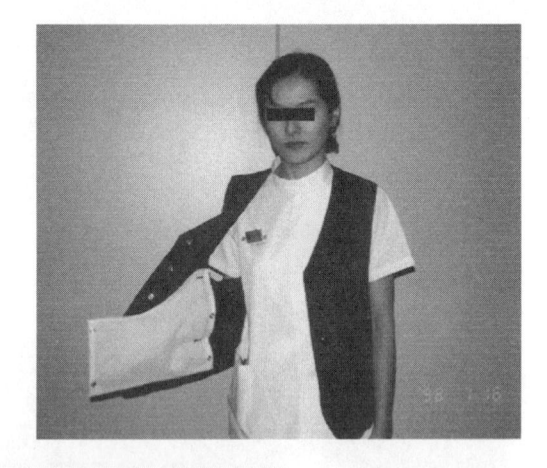

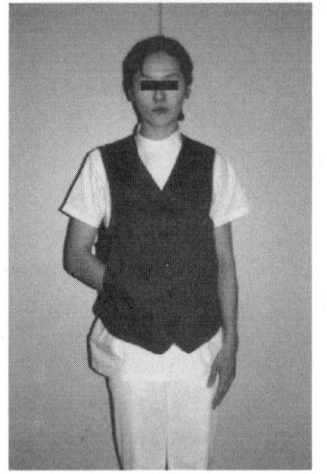

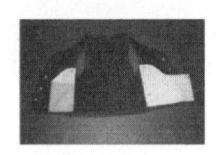

図 12-6 片麻痺用ベスト

ルデザインの商品である。障害のある人も，簡単にテレビのチャンネルを切り換えられるし，リモコンチャンネルを使うことにより，ベッドを起こしたり，カーテンを開けたり，電話をかけたりということが自分で出来る(環境制御装置)。眠たい時には寝転がったまま操作でき，一般の人にも非常に優しいわけである。眼鏡も立派なユニバーサルデザインの商品である。医学的には視力を補うという障害を代用するための装具である。しかも，一般の人に普通に受け入

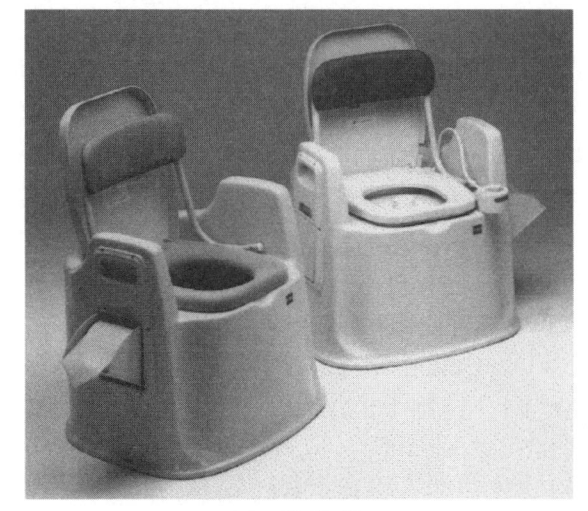

第 12 章　ユニバーサルデザインの新局面　　　　　　　　　　259

(a) 従来型

(b) 家具調

図 12-7　ポータブルトイレ

れられて，ファッションとあわせたりなどデザインも豊富である。使いやすい靴べらは，腰が悪かったりしゃがみ込みの動作が制限されている人には非常に重宝である。最近ではユニバーサルデザインの品物として，視覚障害の方のために作られたシャンプーとリンスを区別するための容器の側に溝を切ったもの

がある。これは目の不自由な人にも便利であるが，普通の人もシャンプーをしていて目に泡が入っても区別でき やはり便利である。紙幣の大きさの違いやプリペイドカードの切り込みの違いも，視覚に障害のある人だけでなく，普通の人でも暗い場所でも区別でき便利である。品物の受け取り口を真ん中に作ってある自動販売機も，ユニバーサルデザインである。かがみ込まなくて済み，車椅子でも使いやすく，高齢者にも楽でありみんなに優しい品物である。高齢者や障害のある人が使いやすいものは普通の人も使いやすく，自分が使いやすいものは他の人も使いやすいわけである。

　それでは，少し特殊な品物であるポータブルトイレ(図12-7)を考えてみよう。従来のポータブルトイレ(図12-7(a))がベッドの横に置いてある時，お客さんを部屋の中に入れたいとはまず思えない。この結果，人との接触が制限され，社会性を損なうことになりかねない。しかし，外観が椅子タイプの違和感がない家具調のポータブルトイレ(図12-7(b))であったらどうであろうか。以前は，従来のポータブルトイレしか国の基準で認められていなかったが，現在は福祉施設においては椅子タイプを置くように基準が変わってきた。しかし，医療施設ではまだ従来型が使用されており，患者さんの退院時にこのタイプを持たせたら，人との接触を制限し，心理的に抑圧がかかることになりかねない。

　車椅子も，最近非常にいろいろなタイプのものが手に入るようになった。しかし，車椅子で問題になる点として，決して居住性が良くはないこと，畳の上では使いにくいこと，砂利道や砂の上は難しいことなどがある。最近では，自動車のシートに準じた座面を組み込んだ車椅子や電動自転車のアシスト機構を組み込んだ車椅子も手に入るようになった。以前は，車椅子の人が海に行きたくても，そういう車椅子はなかったが，現在は砂浜で使用できるタイプが開発されている(ランディーズ®)。海外のある程度のリゾートホテルには，お客さん用に置いてあるが，日本ではまず置いてあるところはないと思われる。

　入浴関係の品物では，車椅子に座ったまま洗えるようにという発想で，自動車の洗車機のようなものが開発された。これは，おそらく手間をかけずに短時間で沢山の人を洗おうというコンセプトであったと思われるが，殆ど需要はなかったようである。自分がそうなったら，決してそういう形での入浴はしたくないはずである。それでは，非常に介護度の強い人の入浴はというと，人的介

助やリフターという移乗機器を使って浴槽に入るか，シャワーチェアーに座ってシャワー浴で済ませることになる。しかし，毎日の入浴は難しく，また，日本人は肩までつからないと風呂に入った気がしないという人が多い。このような要望から，シャワーチェアーの周りに枠を組み立てて，風呂の湯をポンプを使ってお湯を汲み出して移して入る比較的安価なタイプも開発されている（前佐賀医科大学渡辺教授開発）。利用者志向を重視すべきであることをよく示している事例と考えられる。

(4) 寝たきりと寝かせきり老人と介護

同様な偏見，勘違いに，老人イコール寝たきりという感覚がある。年寄りは，頭がぼけて，頑固で，耳が遠くてという先入観があり，その中の一つに寝たきりがあるわけである。いろいろな分野に名人芸といわれる技術を発揮し若い者を指導している「お年寄り」があり，芸術家は年輪を重ねさらに進歩し，国会議員にも沢山の高齢者がおり，ちょっと考えてみると世の中かくしゃくとした老人の方が多いことがわかる。

「寝たきり老人」という言葉はある意味で日本特有であり，欧米では殆どない。日本では，管理上の問題で寝かせきりにするため局所及び全身の廃用がおこり，結果的に寝たきりになってしまうわけである。介助力がないために寝かせきりに，管理がしやすいから寝かせきりにしてしまう。また，よく経験するのが，入院治療により病院の中では自分で歩けるようになって退院された後，歩けなくなって再び病院へ来られる人が決して少なくない。家へ帰った後，家の中で動かない，動けなかったため悪くなる。その原因の一つとして，建物が手かせ足かせとなり動けなくなる事実がある。和式住宅は，バリアが多く動作を制限し，活動量の低下により廃用をきたしやすい。靴を脱いで畳にあがる日本の住環境は欧米とは大きく異なっており，様々なバリアを除去していかなければならず，日本の生活習慣にあったユニバーサルデザインの住宅を模索していく必要がある。これまでの視点は，建物にしろ品物にしろ，介護がいるからその介護を減らすという省介護を視点にした物が非常に多い。しかし，むしろまず一番に考えるべきは，省介護より自立して生活できることであり，自立した生活を視点においた物を開発していく発想の転換が必要であるように思われる。

3. 地域社会の中でのバリアフリー，ユニバーサルデザイン
(1) 国際障害者年～国際高齢者年と私達の生活～

1981年の国連の国際障害者年を契機として，確実にバリアフリー化が進んだ。啓蒙活動により社会の意識も変化し，道路の段差がかなり解消され，繁華街を電動車椅子で動く方を随分みかけるようになった。道路の段差がなくなったことで車椅子の人は楽になった。しかし，それだけではなく，普通の人も，例えば妊婦さんやベビーカーを押す人，膝の悪い人も足を怪我している人も，沢山の人が恩恵を受けた。同じようなことで，家の中の段差がなくなることで，車椅子が使いやすくなるだけでなく，夜飲んで帰って暗くて敷居の桟に足をぶつけて痛い思いをすることもなくなる。

しかし，1999年の国連の国際高齢者年では，期待した割にはまだあまり大きな社会変化はみられていない。「国際障害者年」で社会のバリアフリー化が進行したように，今後「国際高齢者年」を契機として社会のユニバーサルデザイン化が一段と進んでいくことを期待したい。

(2) 高齢者の歩行の特徴

次に，歩くということを考えてみる。歩行は，バランスを崩しながら動くわけであり，基本的に非常に高度な動作である。歩行が実用的であるためには，当然のことながら転んだりせず安定していること，ある程度スピードをもって動けること，長時間耐久性をもって動けることという三つの要素が必要である。

年をとることによって，当然若い人と比べて姿勢が変わる。また，筋力も弱くなり，関節が硬くなり柔軟性も低下し，それが歩く姿勢の違い・スピードの違いにつながる。若い人と比較した高齢者の歩行の特徴は，体が硬くなり関節の運動範囲が小さくなることから，腕の振りが小さく歩幅も狭くなり，また，筋力が弱くなることから蹴る力が落ち，歩くスピードが遅くなる。さらに，バランスが悪くなり重心の動揺が大きくなる。バランスが悪くなると，それを補い立て直すために余分な筋活動が増える。重心の動揺が大きく筋活動量が増えることは，よりエネルギーを要するわけで，同じ距離を歩いても若い人より疲れるわけである。また，加齢による変化は筋力が落ちるという量的な変化だけでなく質的にも変化してくる。筋肉は大きく分けると速筋（白筋）と遅筋（赤筋）という二つのタイプに分けられる。遅筋は，ミトコンドリアに富んだ赤みを帯

びた筋肉で，エアロビック(有酸素性)な代謝を行い持久力に関係する。この遅筋は，年をとっても若いときに比べてそう低下しない。一方，速筋は，白っぽい筋肉でアンエアロビック(無酸素性)の代謝を行い瞬発力に関係し，スプリンターが主に使う筋肉である。加齢により，特にこの速筋が低下する。このため，高齢者はある程度ゆっくり長い距離を歩くことは可能でも，瞬間的に素早く動いたり速く走ったりという動作は難しくなってくる。楽に歩ける自由歩行(Comfortable speed)での違いをみると，若年者に比べて歩行スピードは50～60%になり，同じ距離を歩く際の酸素摂取量(ある運動に対してどれだけ酸素をとる必要があるのか。この値が大きいほどよりきつい動作である)は逆に増加してくる。意識してスピードを上げて歩こうとすると，若い人は脚の回転数を上げるだけではなく歩幅を広げることによって代償する。一方，高齢者は，同様に回転数を上げるが歩幅の方はそう広がらず意識の割にスピードは上がってこない。つまり，若い人は二つの要素で対応できるのが，高齢者は一つの要素でしか対応出来ないために，普通に歩くスピードが遅くなるだけでなく，速く歩こうとしても速く歩けなくなるわけである。これは，老化により必然的に起こってくる体の特性・生理的な変化である。しかし，同じ年齢でも，普段の運動・活動性によって大きな差がみられるのも事実である。比較的活動的な社会生活を送っている方と比べ，ほとんど家の中の生活を送っている方では極端に歩くスピードが遅くなり，歩幅も狭くなる。最近，パワーリハビリテーションの効用が強調されてきているが，活動的な社会生活を送り生理的な変化以上に低下していくことを防がなければならず，それが可能な社会を作っていかなければならない。

(3) 横断歩道と信号の長さ

次に歩行と社会生活の関係を考えてみる。佐直は，歩行速度と家庭・地域社会での生活活動を調査し，最大歩行速度で10 mを30秒以内で歩ける能力があれば活動的な家庭生活が可能で，歩行速度が速い人程活動遂行頻度も高く活動範囲が拡大していることを報告している(30秒以上；ラジオを聞く・買物・屋内の掃除・旅行・研修・スポーツ見学・親族会・趣味，15秒以上；政治講演会・博物館・美術館・創作活動・各種会合，10秒以上；政党，組合の集会に出席，7.5秒以上；病人や老人の世話)。

普通に歩くスピードは，若年者では1.20～1.25 m / 秒の速さで正規分布をとり，一方，正常な高齢者では，1.0 m / 秒の速さで正規分布をとる。活動的な生活を送るためには，地域社会の中で不自由なく動ける必要がある。横断歩道の信号の基準をみてみると，一般に1.0 m / 秒の速さが青信号の点灯時間の基準である。言い換えると，正常な高齢者の半分は普通に歩くスピードでは渡りきれない速さが，一般的な横断歩道の基準となっているわけである。正常な高齢者でさえそうなのだから，障害がある人はとても渡れないことになる。これが，例えばフランスやイギリスでは0.8 m / 秒であり，ほとんどの人が渡れる，より優しいものになっている。また，信号が青だったら普通の人は躊躇なく渡りはじめ，点滅しだしたら走って対応する。しかし，歩行スピードの遅い高齢者や障害のある人は，青信号では絶対渡らず待ち，信号が赤になって青になった瞬間に渡りはじめる。つまり，途中で変わったら早く動けないから青信号では渡れないわけである。道路の段差がなくなり，建物もずいぶんバリアフリー化された。しかし，自宅に帰った後の患者さんと話をすると，よく「信号が渡れません」といわれる。行きたい所になかなか行けない。建物と建物，点と点はバリアフリーになっても，それをつなぐ動線にバリアがあるため，結局そのバリアフリーの所へ行けない，利用できないという現実があるわけである。

　熊本市の電車通りとバイパスの青信号の点灯時間を再調査したところ，11～25秒 / 10 m とかなり幅があるものの，多くは11～15秒 / 10 m であり10秒 / 10 m の歩行速度があれば殆どの横断歩道が渡れ，点灯時間は郊外では長く町中では短かった。つまり，青信号の点灯時間は，渡る人の数や利便よりも通行する車両の数に応じたものであった。では，この状況は障害のある人ではどうなのであろうか？　脳卒中による片麻痺の患者さんで，自力歩行が可能で外来通院されている50名の結果を示す。信号のある横断歩道の使用経験者は78％（頻繁に利用しているのは64%）で，71%の方が横断時に緊張感を感じ，幸い事故の経験者はいなかった。これをより条件が厳しい市電をまたぐ横断歩道に限ってみると，42%に減少し，全員が横断時に緊張すると回答した。そして，10秒 / 10 m 以内で歩ける人は，わずか16% に過ぎなかった。つまり，調査した横断歩道の6割は，脳卒中後の片麻痺患者さんは渡れなかったわけである[3]。北九州での調査でも，青信号の長さは通行人とは全く関係なく，車両通行量と

関係していたことが報告されている。しかし，ただでさえ渋滞が社会問題となっており，これ以上渋滞をまねく処置は排気ガスによる大気汚染も増長することになり，その解決方法は必ずしも簡単ではない。町中への自家用車の乗り入れの規制や公共交通網の整備等，根本的な町づくりの中で考えていくことが必要である。なお，以前の調査結果を踏まえて，青信号点灯時間を可能な中で調整されたり，信号点灯時間を視覚的に示す機器が取り付けられたり，かなり改善措置が行われていることを申し添えて置く。

(4) 公共施設の整備

1994年の9月にハートビル法という法律が施行されたが，一般的にはあまり馴染みのない法律であると考えられる。ハートビル法は，正確には「高齢者・身体障害者等が円滑に利用できる特定建築物の建築の促進に関する法律」という非常に長い名称であり，基本的には多くの人が利用する建物($2,000 m^2$ 以上)をバリアフリー化していく法律であり，支援措置として「ひとにやさしいまちづくり事業」がある。具体的には，エレベーターの設置や幅の広い廊下，勾配が緩やかで手すりのついた幅の広い階段，障害者の利用に配慮したトイレの設置等を行うことに対して補助制度があり，適合したらハートビル法認定マークを交付する。但し，強制的に整備を求める法律ではなく，全く罰則規定はついていないことが問題である。

熊本市近郊の公共施設の屋外スロープの調査結果を示す。熊本市の車椅子ガイドブックに掲載されている23施設・56屋外スロープの結果であり，ハートフル国体の会場も含まれており，ハートビル法施行前後で検討した。ハートビル法によるスロープ設置基準(順守規定・基礎基準)は，屋内では勾配1/12 ($5°$弱)で，屋外では1/15 ($4°$弱)とされ，高さが75 cm 毎に踊り場を設けることになっている。この基準を満たしているかどうかで分けてみると，勾配では屋外基準である1/15以上の急なスロープが70%を占めており，最も急なものは$8°$と基準値の2倍もあった。しかも，ハートビル法施行前後を比較しても，基準を満たしている割合に殆ど変化はなかった(73%と68%)。踊り場の設置状況でも46%で，ハートビル法施行前後でも基準を満たしている割合に殆ど変化はなく，最も長い距離のスロープは勾配角$1°$で94.4 mもあったが踊り場は設けられていなかった。結局7割が基準外で，しかもハートビル法の施行によって

もその状況は改善されておらず，罰則規定のない法律の弱点が示された結果であった[3]。何故改善されないのかと考えると，基本的に誰も高い建設費を使ってわざわざ使えない・使いにくい施設を作ろうとは考えないわけでこういった点が認識されていない結果である。しかも，罰則規定がないから知らないでも済むわけである。しかし，2000年に施行された「交通バリアフリー法」では罰則規定が設けられており，今後は公共交通機関の駅にエレベーターやエスカレーター，スロープ等の設置が進んでいくことが予想される。

公共施設の結果を提示したが，もっとバリアフリー化が進んでいないのは医療施設であるのも事実である[3]。高齢者や障害がある人がアクセスする機会が多くて，本当は一番バリアフリー化が進んでいないといけない施設である筈である。今後は，公共施設や大規模施設だけでなく，高齢者や障害がある人がアクセスする機会が多い施設，そして，地域社会の全ての施設がバリアフリー化・ユニバーサルデザイン化していく施策が望まれる。

(5) ユニ・ハウス(自立生活住宅)研究会の取り組み

前述したように，和式住宅はいろいろなバリアも多く，ある意味で危険な場所とも言える。東京消防庁の発表では，65歳以上の高齢者が交通事故のため救急車で病院に担ぎ込まれるのと，家庭内事故で救急車で運ばれる数は同じなのである。それ位家庭内事故は多いわけである。では，どこで事故に遭うのかというと，一番多いのは過ごす時間が長い居室で，次は階段である。ここで注目しておきたいのは，家庭内での死亡事故に関してである。階段での転落，転倒よりずっと多いのが，お風呂での溺死である。その原因・詳細は殆どまだ分かっていないが，虚血性心疾患や虚血性脳疾患で意識障害を起こし溺死する機序が考えられている。CMや住宅展示場で見るような若い人向けのいわゆる洋式の風呂では，意識がなくなったりツルッと滑ったりしたら溺れてしまう。和式か和洋折衷式の浴槽なら，足がつかえて溺れる危険も少ない。

仕事上，患者さんが退院して自宅に帰る場合，最低限寝るところ，トイレ，風呂はどうだろうかと考える。この3つがクリアできれば，自宅で生活していけると考えられ，この点にしっかり対処しておかないと前述したように悪化して再入院ということになりかねない。退院にあたって，住宅の新築や改造の相談を受ける機会も少なくない。しかし，設計図や写真を見てもなかなか素人に

第 12 章　ユニバーサルデザインの新局面

は分かりづらく，実際に患者さんが新築あるいは改造した住宅を，次の人に見せてもらっていた．しかし，ある程度時間が経つと，その方の生活が始まっており，なかなか見せて下さいと言い難くなる．そこで，実際に見てもらって，改造したり新築したりする時にはその材料となる数値や情報が手に入るような家を一軒作れないかと，医療・福祉関係者，建築士・建設関係者，研究者が集まり，1996 年ユニ・ハウス（自立生活住宅）研究会を設立し，モデル住宅を建設した．

ユニ・ハウス（http://ud-kumamoto.rkk.ne.jp/index_main.asp）には，玄関，トイレ，お風呂など全て 2 つあり，バリアフリーのものと従来からのバリアのあるタイプを提示し，バリアフリーは新築する時のモデルとして，そして，一方はバリアがあるものにどう対応するか，改造の目安として提示している．手すりの位置・高さや壁の位置が変えられる「可変型住宅」でもある．将来の体や生活様式の変化に対応して変えられるということが重要だと考えられる．いつでもホームエレベーターが付けられるように十分スペースをとって柱を抜けるように作っておくと，必要な時にすぐ設置でき，費用も安くて済む．建物のバリアフリーというのはある時点で終了するのではなく，後から色々と変えられるように配慮しておく考え方も必要である．

また，ユニハウスは家族と一緒に泊まってもらいそこで生活してもらい，指導が必要ならそこで指導をするため宿泊ができる．そして，このような家は見た目には普通の家であることも重要である．普通の住宅街の中に建って，見た目に浮き上がるような家はいくらバリアフリーといっても誰も建てはしない．また，値段も重要な要件である．これまでの全国にあるバリアフリー住宅は，価格が 1 億 5 千万円から 2 億円というものもあり，こんな住宅が本当に参考になるのだろうかと疑問を感じていた．ユニハウスは，木造で普通の外観であり，風呂やトイレの水廻りが 2 つあるが，平屋で 2500〜2600 万円と普通の家である[4]．つまり，バリアフリーの住宅は決して高いことはないわけである．

いつか，必要になるときのために，使いやすいものを準備しておくか，いざというときにあわてて改造するか，答えは自明ではないだろうか．

おわりに

バリアフリーからユニバーサルデザインへの流れを概説するとともに，私見を述べた。

ともに，理想であり，目指すべきものであるが，決して答えが一つになるものではなく，個人差・個体差に対する対応，成長から老化に至る対応，生活習慣・嗜好に対する対応等々を考えていくと，可変性，オプション（選択性）を考えていかざるをえなくなる。

ユニバーサルデザインを目指す努力と心のバリアフリーが進むと，暮らしやすい，人に優しい社会が築かれていくものと期待される。

参考文献

1) 『くまもとユニバーサルデザイン振興指針』熊本県企画開発部企画調整課パートナーシップ企画室，2002
2) 古瀬敏『ユニバーサルデザインへの挑戦』ネオ書房，2002
3) 『日本福祉のまちづくり学会第5回全国大会概要集』日本福祉のまちづくり学会，2002
4) 『熊本大学高齢社会総合研究（Gerontology）年報』（創刊号）熊本大学高齢社会総合研究プロジェクト，2001

第4編

高齢社会の医療の課題

■ 第13章 ■

老人医療と介護保険

二　塚　　信

　厚生省では介護保険制度を社会保障構造改革具体化の第一歩と位置づけている。介護保険は年金保険，医療保険と並ぶ第3の保険として今回施行された。既に年金保険も，医療保険制度も危機的な状態になっており，本来，2000年度に厚生省としては抜本的な改革を行う予定であった。そのような状況の中で，介護保険制度をスタートさせたのは，政策的な意図のもと，将来を睨んだ社会保障構造改革具体化の第一歩とみることも可能である。

1. 介護保険制度の社会保障に与えるインパクト
(1) 経済的負担の所得階層による差

　第1は，介護保険制度の措置制度から契約制度への変更に伴う負担の問題である。従来は老人福祉制度の措置制の中で，資産調査に基づく応能負担により施行されてきた。現実の問題として熊本市などでは，ホームヘルパーのサービスの受給者の約80％は，無料で受けることが可能であった。つまり，低所得者にとってはある種アクセスしやすい制度であったという一面があったことは疑いをいれない。

　平成10年度の熊本市の高齢者の実態調査によると，熊本市では65歳以上の高齢者は約10万人，その中で在宅の要援護者が約5千人，5％，特別養護老人ホーム，老人保健施設等の施設入所者がほぼ同数の5千人，5％，病院に入院中はなかなか実態把握が難しく，正確ではないが，約3千人，3％と言われている。つまり65歳以上で，介護保険の適用を受けるであろうと推定される方が合わせて1万3千人，約13％になっている。私が関係している水俣の近くの農村でも同様のレベルであり，非常に先進的な高齢者を中心とした町づくりで実績

表 13-1 保険料の算定に関する基準について

段 階	対 象 者	保険料率の設定方法
第 1 段階	・生活保護受給者等[1] ・市町村民税世帯非課税[2] かつ老齢福祉年金受給者	基準額×0.5
第 2 段階	市町村民税世帯非課税[2] 等[1]	基準額×0.75
第 3 段階	市町村民税世帯非課税等[1]	基準額×1
第 4 段階	市町村民税世帯非課税等[1] (被保険者本人の合計所得金額が 250 万円未満)	基準額×1.25
第 5 段階	市町村民税世帯非課税 (被保険者本人の合計所得金額が 250 万円以上)	基準額×1.5

注 1)「等」は，第 2 段階から第 5 段階の保険料を適用すれば，生活保護法上の保護が必要となる者であって，それより低い段階の保険料を適用することにより保護を必要としなくなる者
 2) 市町村民税世帯非課税：第 1 号被保険者の属する世帯の全員については，市町村民税が非課税
 3) 各市町村の実情に応じ，各段階の基準額に対する割合を変更することや，市町村民税本人課税者を 3 段階に区分しての 6 段階による区分設定も可能

をあげている蘇陽町も要介護状態が約 15% という状況で，熊本県内では概ね高齢人口の 10% から 15% と推定される。一方，介護保険料が平成 12 年 10 月 1 日から徴収されることになり，熊本市などでは，2 千件を上回る相談等が寄せられたと聞く。

介護保険料の第 1 号被保険者では，表 13-1 のように介護保険料を経済的な状態によって第 1 段階から第 5 段階までに分けて徴収する。

熊本市で生活保護の受給者，市町村民税非課税の世帯，そして老齢福祉年金の受給者で，保険料の 2 分の 1 を徴収する第 1 段階の該当者は，約 4% である。第 2 段階，市町村民税の世帯としての非課税世帯，保険料が 4 分の 3 の徴収に該当する方が 35%，第 3 段階の市町村民税の本人非課税は 34%，第 4 段階の市町村民税の本人課税，所得が 250 万円未満に該当する方が 17%，第 5 段階の市町村民税の本人課税，所得額が 250 万円以上に該当する方が 10% である。

このうち第 1 段階の 4%，約 4 千人の従来はほとんどフリーであった方々への負担，第 2 段階の市町村民税非課税世帯の 35%，合わせて約 40% の保険料の負担の問題が生じている。更にこの介護サービスを受けると，利用料を 10% は自

己負担していただくというような形になる。ここに未利用の問題が生じる。低所得層の今まで福祉の対象であった階層から負担を頂くことについての，不満・苦情が社会的にクローズアップされている。これに対して現在の段階で約300の市町村が，何らかのセフティネットを設けているが，基本的には国の原則からみればこれは望ましいことではない。応能負担から一律の定率の負担へということになったのである。一方，中所得階層にとっては，例えば特別養護老人ホームに入所する場合の負担が従来20数万円という方々にとっては，この介護保険法の施行によって，本人負担が4万円位に，大変軽くなったという側面がある。つまり介護保険が施行されたことによる経済的な圧力が，所得の階層によって非常に大きく異なってくることになった。この介護保険によって低所得者優先の措置制度から，応能負担から定率負担により中所得者中心の社会保険制度に，再編成されたとみて良いのではないかと考える。

(2) 二階建ての再編成の方向

第2に，社会保障の二階建ての再編成ということである。介護保険によって，表13-2のようにメニューがオーダーメイドとなり，標準的サービス給付の制度化が進んだ。例えば居宅サービスの場合には要支援で6,150単位，それから要介護の5では35,830単位という上限額が決まっている。従来の医療保険制度では，高額医療費については，特定療養費の支給が制度化し，個人負担の上限額が決まっているが，サービス内容は基本的にはこの上限額が青天井の形になっている。それに対して介護保険の場合には，標準的なサービス給付の上限額が決まっていて，その上限額に応じて一週間の基準単位，サービス基準が決まっている。厚生省の介護保険の利用状況調査によれば，現在の介護保険の利用の割合は42％，つまり実際に受給できる支給限度基準額に比べて，4割しか利用していない状況にある。これは先述の，応能負担から定率負担になったということが影響している。他方，ある程度経済的に余裕のあるケースの場合，例えば要介護の4,5では，定まったメニューでは充分ではないという不満感を持つ者が出る可能性があり，それに上乗せした自由契約サービスということになる。保険の枠外で自由に事業者との契約により，サービスを受給できる形になる。すなわち，今までの医療保険制度の中では無かった標準的なサービス給付の制度化にプラスして，自由契約サービス，保険の枠外の自由契約サービスが，広

表 13-2-1　在宅サービスにおける区分支給限度基準額

	区分に含まれる サービスの種類	限度額の 管理機関	区分支給限度基準額
訪問通所 サービス	訪問介護，訪問入浴介護，訪問リハビリ，通所介護，通所リハビリ，福祉用具貸与	1ヵ月 (歴月単位)	要支援　　　　6,150 単位 要介護 1　　 16,580 単位 要介護 2　　 19,480 単位 要介護 3　　 26,750 単位 要介護 4　　 30,600 単位 要介護 5　　 35,830 単位
短期入所 サービス	短期入所生活介護，短期入所療養介護	認定の有効期間に対応した期間(原則6ヵ月，歴月単位)	要支援　　　　　　　　 7 日 要介護 1 または 2　　14 日 要介護 3 または 4　　21 日 要介護 5　　　　　　 42 日 (注1: 管理期間が 6ヵ月の場合) (注2: 上記に加えて，一定の要件下で，限度日数の拡大措置及び訪問通所サービスからの振り替え措置がある)

表 13-2-2　各施設サービスの支給額[1]

施設の種類	単位数[3] (　)内は，円(月額)への換算[4]	
介護老人福祉施設 (特別養護老人ホーム) (人員配置 3:1 の場合)[2]	要介護 1　　796 要介護 2　　841 要介護 3　　885 要介護 4　　930 要介護 5　　974	(24.2 万円) (25.6 万円) (26.9 万円) (28.3 万円) (29.6 万円)
介護老人保健施設 (人員配置 3:1 の場合)	要介護 1　　880 要介護 2　　930 要介護 3　　980 要介護 4　1,030 要介護 5　1,080	(26.8 万円) (28.3 万円) (29.8 万円) (31.3 万円) (32.9 万円)
介護療養型医療施設 (療養型病床群を有する病院で， 人員配置が看護 6:1，介護 4:1 の場合)	要介護 1　1,126 要介護 2　1,170 要介護 3　1,213 要介護 4　1,256 要介護 5　1,299	(34.2 万円) (35.6 万円) (36.9 万円) (38.2 万円) (39.5 万円)

注 1) 食事の提供に係る部分を除く．
　 2) 人員配置 3:1 とは，介護職員・看護職員の人員配置が，入所者 3 人に対し 1 人であること．以下，同じ．
　 3) 1 単位の円への換算は，地域区分(5 区分)により異なり，「その他」地域においては，1 単位 = 10 円である．
　 4) 「その他」地域についての計算例として，単位数 × 10 × 30.4 日の算式による計算．

く認められるようになったということである。

2. 介護保険の医療保険制度にない特徴

　介護保険の医療保険制度にない特徴として，これがある意味では医療保険制度の抜本改革のモデルになるのではないかと見る向きもあるが，財源の面で個人単位で保険料を徴収するということである。医療保険の場合の保険料は世帯単位，被用者保険の場合には，働いている本人から徴収し，扶養者からは徴収しないということであった。介護保険の場合には，第1号被保険者の場合には個人単位で保険料を頂く。第1号被保険者については，年金の給付から保険料を拠出するということになった。今までの医療保険の場合，年金給付から徴収するということは可能ではなかったのである。介護保険では，年額が18万円以上の年金受給者からは保険料を天引きする形が特徴である。第2の特徴は，上述のように給付面でいえばサービスの標準化と給付の上限額が設定されており，それを超えるサービスについては，自由におやりなさいという形の，いわゆる公私混合化，二階建て化が公認されたということである。従来の医療保険ではなかったことで，最近マスコミに取り上げられている例として，医療行為の標準化ということがある。これに対して日本医師会などは反発をしている。アメリカの医療保険制度の中に，マネージドケアがある。アメリカの保険者団体が，疾患ごとに医療サービスのメニューを策定し，これに基づいて定額の前払い方式によるヘルスケアパッケージを提供するヘルス・メンテナンス・オーガニゼーション（HMO）という，非常に厳しいコントロールを行うという型である。これについては日本でも一部のマスコミが高く評価したが，現実には破産しつつあるといわれている。

　3番目には，在宅サービスに対して，民間の営利企業の参入が自由化したということである。周知のように医療の世界では，この営利企業の参入というのは厳しく禁止されている。それに対して介護保険の施行に伴い，少なくとも在宅サービスについては，営利企業が参入してきている。これはやはり医療保険制度にとっては，非常にインパクトが大きいと思われる。

　ここで述べた3点が，介護保険の医療保険制度にない特徴と思われる。このような観点から，この介護保険制度は将来の社会保障改革の第一歩として見ら

れる側面がある。

3. 介護保険が医療の世界に与える影響
(1) 医療と福祉の統合

　介護保険が医療や福祉の世界に与える影響として，次の3点があげられる。その内の1つは，医療施設と福祉施設の競争が激化する可能性があるということである。医療の世界で，従来の福祉サービスの時代は，医療と福祉には非常に強い断絶があった。それが，必ずしもそうではなくなってきた。福祉の世界にも医療が大幅に入ってくる。医師会でも医療を抜きにした福祉というのはあり得ないということを強調している。そのような状況でクローズアップされているのはいわゆる医療福祉複合体である。つまり医療機関が，自分の経営の母体の中に，特別養護老人ホームを福祉法人として作る。あるいは医療機関を中核に老人保健施設を作るという形で，この競争の中でかなり優位になったとみなされている。医療サービスから保健サービス，それから福祉サービスの全体の流れを複合的にカバーしており，サービス受給者にとって安心感があるということが大きい。

　さらには，今まで福祉法人を経営していた医療機関では，介護保険に関するノウハウが蓄積されており，このようなサービスについても，アクセスの余力が充分にあるという側面もある。熊本市内でも中小病院で療養型病床群に切り替えが行われているが，療養型病床群だけ単独である場合には，苦戦が予想されるといわれている。療養型病床群に切り替えても，それを介護型にするのか，医療型にするのか決断に躊躇する部分は大きく，結果として介護型の病床群に切り替えられた数は，予想したほど大きくはなかったという現実がある。いずれにしても，今回の介護保険によって，医療法人ができる福祉サービスの枠は拡大したわけで，そういう意味では医療福祉施設に与える影響は大きいということが言える。

(2) 病院の機能分化と医師の役割

　第2は，病院の機能分化の促進ということである。第4次の医療法改正が迫っているが，その焦点の一つは，いわゆる一般病棟と療養病棟，急性期の病院と慢性期の病院との機能分化を図ることを目指している。従来，療養型病床

表 13-3 介護保険と医師との関わり

- 居宅要介護者に対しては在宅医療を提供し，居宅療養管理指導を行う。
- 訪問看護や訪問リハビリテーションの指示書を発行する。
- かかりつけ医として，要介護認定に必要な意見書(≠診断書)を記載する。
- 介護認定審査会の委員として，要介護認定に従事する。
- 介護支援専門員になり，面接調査やケアマネジメントに従事する。
- 介護保険は，訪問介護のような医療サービスと訪問介護のような福祉サービスの両方が対象となる。医療サービスを受ける場合には医師の意見を求め，医師の指示を得ることを要す。福祉サービスでは医師の指示は必要ではないが，医師により医学的観点からの留意事項が示されれば，ケアマネージャーはそれを尊重しなければならないと定められている。

群と特定機能病院が類型化されたが，それによる影響はそれほど大きいものではなかった。急性期の病院と慢性期の病院，そして慢性期病院については，いわゆる定額の療養費払いという機能分化が，医療法人ができる福祉サービスの枠を拡大することによって，更に進むのではないかと言われている。ただ，それが医療のあり方として，良いかどうかということについては，医師会の中でも議論がある。比較的大規模な総合病院，公的な総合病院が急性期病院のかなりの部分をカバーするとすれば，少なくとも今の医療保険制度のままでは医療費がかなり増えてくる可能性がある。従って，これは国の至上命題である医療費の増加をくい止めようという流れには沿い難い面がある。

他の側面として，ある部分，医師ないし医師会の権限がこの介護保険によって評価されたという面がある。表 13-3 のようにまず介護の認定の段階で主治医の意見書が，一次調査と並んで重視されることになる。一面では主治医によっては負担になる，しかも報酬が少ないということはあるが，権限が評価された側面といえよう。次に医療と福祉サービスの面で医師の働く分野の広がりについて積極的に対応する必要があると考える。認定審査会に医師がリーダーシップをとる雰囲気もある。

他面，介護保険のもとで医師の権限が制約される側面もみられる。すなわち，療養型病床群の医療行為，入・退院の決定が介護保険の枠のなかで行われるので，医師の裁量権が制限を受けることになる。さらに，上述のように，サービスのメニュー化，類型化と上限の設定による制約は実際的にも，心理的にも制約となる。これは，既述のように将来の医療保険の現実を映している可能性が

ある。
(3) 在宅介護への営利企業の参入

　第3は，上述のように在宅サービスの営利企業の参入の自由化である。現実には，介護保険スタート初期の段階で，ホームヘルプの38%，訪問による介護の30%，福祉用具貸与の86%が，営利企業によって占められていた。しかし，営利企業が参入することによって，一部の全国企業が介護市場を独占する，介護市場に大きな支配力を持つという危惧は現実にはなくなりつつある。一つは介護というものが，きわめて労働集約型の産業スタイルである。こうした介護産業では，人件費が全体の経費の中に占める割合は70～80%ときわめて大きく，スケールメリットがない。もう一つは，介護の密室性に関連する恐れである。つまり介護というものが，非常に個別的に，特に在宅の場合には一戸の家の中で行われる。第三者がいないところで介護が行われるとなると，医療訴訟の例を考えれば，トラブルが起こったときに，それを第三者的に保証する何の担保もない。そういう意味では，介護に関するトラブルが起こって，仮に訴訟が提起されたときには，非常に厳しくなる側面が大きい。日本でも代表的な企業が10兆円といわれる介護市場の中に入って来る可能性は乏しいだろうと言われている。さらには，介護保険下の福祉というのは，オープンマーケットではない。上述のように，サービスが標準化され，給付上限額が設定され，自由契約によるサービスはそれほどポピュラーに広がる話ではない。自由契約の受給可能性のある人達は既に有料老人ホームや病院を利用している。有料老人ホームに大企業が参入してくる可能性は，熊本でも話題の1, 2の例を除いては必ずしも潮流にはなっていない。介護保険が医療保健福祉に与える影響として営利企業の参入が，与えるインパクトは，ある意味では一定程度あるが，大きな影響を与えることにはならないのではないかと受けとめられている。

4. 介護保険の問題点と見直しの方向
(1) 介護保険の問題点

　保険料及び利用料の低所得層の減免については既述の通りで，特に第2段階の住民税非課税世帯の該当者の割合は高く，実質的な家計は第1段階に等しい人々についての減免は現実的な課題である。

また，在宅サービスが利用限度額の40%程度にとどまっている現状は，経費が施設サービスに大きく偏っている傾向と併せて，在宅サービス重視の政策と現実とに大きな乖離があることの表れである。ことに，在宅サービスにおいて従前通りの家族介護への依存，社会サービス介入への拒否感も少なくないといわれている。先ずは，この現状を行政的にきちんと把握し，在宅サービスの持つ限界，ウィークポイントを明らかにし，その枠を越える工夫が必要である。

　さらには，ホームヘルパーやケア・マネージャーの質の向上と確保の問題がある。ケアプラン作成の作業がケア・マネージャー個人に委ねられ，しかも多量の作業を負担し，数をこなすのが精一杯という話を聞く。本事業の当初強調されていたケアカンファレンスを実質化する必要があり，そのためにもケアチームとして円滑に動くことが求められる。特にそのなかで主治医の果たす役割は重要で，医師会等には職能団体として医師に対する自立的な指導・監査が求められる。また，ホームヘルパーに関しては，個人単位の努力に委ねるのではなく，事業所単位での現任教育の充実が必要であり，関連職種の非正規雇用化の動きの中で，業務にみあった処遇改善が必要であろう。

　サービス事業(者)を評価する仕組みを作ることは重要である。密室性が強く人間関係で成り立つ介護サービスにおいて，円滑な評価システムを作ることは容易ではない。しかし，告発型ではなく，現場改善型，利用者参加型の評価の仕組み，福祉オンブズマン制度をこの機会にきちんと立ち上げ，制度化する必要がある。

　併せて，介護情報の効率的な流れを作る必要がある。そのためには地域における介護福祉情報のネットワークを作り，相談窓口を一本化する必要がある。熊本には基幹型在宅介護支援センターが，各保健福祉センターに併設される型で5ヵ所，すなわち高齢人口2万人に1ヵ所があり，これが各地域のネットワークの核となって，事業所の支援センターと連携する地域福祉ネットワークの形成が求められる。

　最後に施設サービスの問題である。施設サービス利用者のなかには介護度の低い人も少なからず存在する。また，施設サービス待機者のなかには現在の緊急性が低い人が少なくないといわれている。このような絶対的な需給のアンバランスのなかで，緊急度，必要性と現実のギャップの問題を行政的に解消する

必要がある。これに関連して利用度が未だ少ないショートステイを活用する方策の検討も課題である。

(2) 将来の方向

介護保障や福祉は医療と同じく人間の命とくらしを守り，地域づくりを進める中心課題として捉える必要がある。

その際の取り組みのポイントとして，次の点が挙げられる。

第1「利用者主体」：利用者がともすればなおざりにされる現実を変え，介護の中心に利用者をおくことである。

第2「地域を基盤に」：プライマリ・ケアやヘルスプロモーションの理念としても強調されているように，地域づくりの視点の重要性である。

第3「在宅・施設・病院の連携」：病院からつながる地域リハビリテーションと在宅生活への継続性の重視である。

第4「医療・福祉・教育のネットワーク」：高齢者との世代を超えた関係づくりと教育の再生である。

第5「介護予防の重視」：住宅改修，食事サービスなど重介護にしない取り組み，地域生活支援，地域ケア体制の確立である。

1991年に高齢者のための国連原則が提唱され，1999年の WHO 国際高齢者年に受けつがれた。最後にこの5原則を紹介する。

尊厳の原則，自己実現の原則，参画の原則，自立独立の原則，ケアの原則である。

5. 介護保険制度の将来予測

最後に介護保険制度の将来予測であるが，自・自・公の連立政権を作るときに年金・介護，75歳以上の後期高齢者の医療を包摂した総合的な仕組みを構築するというのが，政策合意の中に含まれている。日本医師会でも医療の将来，21世紀の医療について後期高齢者の医療保険については，介護と併せた総合的な保険制度でいくのが望ましいというような提言をしている。2002年12月厚生労働省の改革案が提示されたが，今後10年で高齢者の医療保険制度はかなり大幅な組み直しが行われるだろうと予想される。介護保険というのはある意味では，長期的には過渡的な仕組みかもしれないというようなことが言われてい

る。この介護保険制度が，社会保障改革の第一歩として位置づけられるならば，将来の改革された形の社会保障は，まだ見えていないが，特に後期高齢者について医療と介護との保障制度はかなり統合されたような形で出てくる可能性があると考えられる。

参考文献

1) 二木立「小泉政権の医療制度改革を読む」『社会保険旬報』2101 号，2001
2) 二木立『介護保険と医療保険改革』勁草書房，2000
3) 広井良典「経済社会における社会福祉のグランドデザイン」『月刊福祉』2000 年 1 月号
4) 李啓充『アメリカ医療の光と影』医学書院，2000
5) 池上直己，J.C. キャンベル『日本の医療』中央公論社，1996
6) 二宮厚美，二木立，伊藤周平，後藤道夫「21 世紀の社会保障と福祉国家」『ポリティーク』2 号，2001
7) 池上直己「2010 年の医療保険と介護保険」『月刊/保険診療』2001 年 1 月号
8) 里見賢治，二木立，伊東敬文『公的介護保険に異議あり』ミネルヴァ書房，1996
9) 岡本祐三『デンマークに学ぶ豊かな老後』朝日新聞社，1990
10) 二木立『21 世紀初頭の医療と介護』勁草書房，2001

第14章

長生きの秘訣──熟年老年者の検査基準値の設定

岡 部 紘 明

プロローグ

　年をとる中で「老化」と「加齢」という言葉が使われます。この二つの言葉の意味は違います。一般に「老化」と言う時は，形態の変化，機能の変化，代謝の変化などが起きています。臓器，組織，器官は細胞の集合体で，小さな環境の変化では，生体には急激な変化は起きません。細胞での変化は，徐々に進行して，臓器の変化としては気がつきません。「老化」の概念は成長が完成した後，衰退していく過程を意味しています。「加齢」は成長を含め死に至るまでの過程が含まれます。老化は形態や機能の変化が先に現れますが，生体内の変化としては，徐々に衰えるという形で現れます。年をとると言う時，形態や機能の変化が現れる前に，その異常を感じています。健全な高齢化社会を生き抜くためには，この異常を早く見つけ出す必要があります。高齢者の生理機能の低下が現れるのには個人差があります。ADLは低下し，筋肉の廃用萎縮，生理的予備能の低下などで，ADLは疾患や死に対する重要な指標ともなり，障害の程度が高度になるに従い死亡危険率が高くなります。これには，個人差があり，この個人差が個々の生命維持には重要です。個人差としての生体成分濃度の変動幅を利用して，質の高い検査情報を提供するには，より厳密な検査値の判断基準値(域)が必要となります。この基準値(域)の設定に影響を与えるものとして，年齢や性別は勿論，居住環境，地域，食習慣なども関係します。これを母集団と呼んでいます。この母集団の共通性を求める，つまり，変動幅を求める必要があります。

　人口問題研究所からの統計報告では日本の人口は減少しています。しかし，日本は世界一の高齢化社会です。65歳以上の高齢者は総人口に比べると増加

し，また女性の占める割合も増加しています。高齢者や老人という年齢を60歳や65歳以上とする根拠はないのですが，定年制など社会環境や行政上の約束によっています。高齢者も75歳以下の前期高齢者とそれ以上の後期高齢者に分けられるようになりました。非常に広域な領域を一括することは難しいので，高齢者全体としての基準値，ADLによる変動，個人の基準値の変動幅を含めて，基準値を求め，その中で潜在的疾患を発見することに対する試みについて述べてみます。

1. 老化の機序と定義
（1） 老化による機能の低下

老化の起きやすい臓器というものがあります。これらの臓器の変化を発端として，全体としての機能の低下が起きます。老化に伴う身体的な変化を「老化現象」と言います。見て分かる外観的な変化が最初に見られます。次に無理が

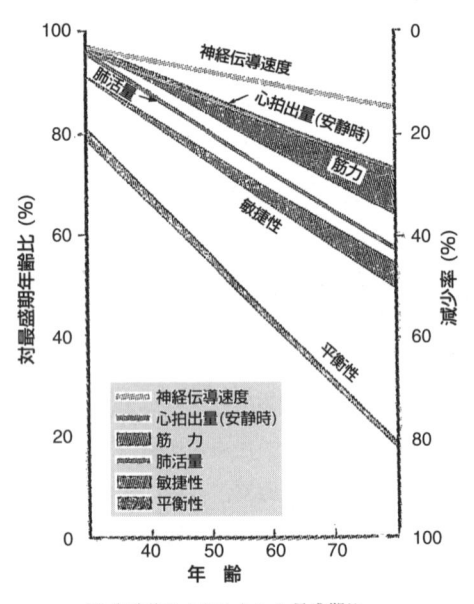

30歳前後を100%とした最盛期比

図 14–1 加齢による生理的，身体的機能の低下

できなくなります。そして，ホメオスターシスが働かなくなり，代謝機能が変化します。最後に免疫力の低下，生体防御能の低下が起きます。25–30歳位の機能を 100% とした時の加齢による機能の変化を図 14–1 に示しました。老化現象には誰にでもみられる「生理的な老化」と長い年月の間に，環境により発生した，病的な変化である「病的老化現象」があります。加齢とともに機能は低下していきます。低下率の強い方が速く機能低下が起きます。幅が広くなる程その機能の低下の個人差が大きくなることをしめしています。また幅の狭いものは個人差が少なく，誰にでも起きて来ます。平衡感覚は神経系と共調しますが，若い時期から老化の兆しとして認められます。神経伝導系の速度，心拍量の減少や反射神経速度が低下します。神経細胞は変性してしまうと，その機能は元に戻りません。急激な変化は起きませんが，最終的には，生死に関係します。神経伝導系の速度の低下の一つに，瞬きや瞳孔反射があります。瞳孔反射は生死の判定の検査にも使われます。心拍出量の低下は個人差は少ないのですが，心機能を反映します。血圧の調整も関与しています。日常運動を支える筋力は加齢とともに急速に低下します。高齢者でも常に運動していると，比較的筋力の低下率は少ないとされています。肺活量は加齢により，肋軟骨の化骨化により固くなります。その結果胸腔内の可動性が制限され，また肺組織の線維化により弾力性が低下します。これはエラスチンやコラーゲンという組織を支えている蛋白の変化のためです。肺は拡大収縮を行う非常に弾力性のある臓器です。肺の線維化が進むと酸素呼吸が不十分となり，血液の酸素運搬能が低下します。反射運動の低下は敏捷性の低下を招きます。これは筋力と神経反射の低下も連動しています。見て，聞いて判断する視聴覚などの感覚器官も神経の働きです。同じ神経でもそれぞれの働きが違います。耳が遠くなる，老眼や視力の衰えなどのように，全体的な機能の低下が起きます。代謝系の老化は臓器機能の変化が現れる前に，既に発生しています。若い時の細胞は細胞分裂も旺盛で，多くのエネルギーを使い，基礎代謝の増加も起きますが，老化すると運動量も少なくなり，細胞数も減少します。従って，代謝系の機能も低下します。基礎代謝は甲状腺ホルモンなどによって調節されています。老化すると甲状腺ホルモンの代謝経路が変化します。生理的老化は精神的にも肉体的にも疾病に罹患しないで年を取ることです。病的老化は生理的老化に加えて環境因子

がストレスとなり，高齢者で頻度の高い病的状態を引き起こし，寿命を短縮することです。一部分の高齢者にしか発生しないもので，可逆的に治療が可能です。生体内の水分は，細胞内水分と細胞外または間隙水分とで構成されています。細胞には再生力の強い細胞と，弱い細胞があります。細胞分裂の速度が遅くなり，細胞数も少なくなります。細胞間隙を満たしている水分の変動が大きくなり，脱水症状や浮腫を起こしやすい状態になります。更に細胞内外の水分調節が順調でないと，心臓や腎臓の機能低下と連携します。心係数の拡大は胸腔内の弾力性の低下と心収縮能の低下によるものです。心不全に陥りやすく，体内に送り出す動脈血圧の低下と静脈血の鬱滞を起こすことになります。また腎臓の機能は，糸球体での血液の濾過能の低下，腎動脈硬化も関係し，腎機能と血流量の低下が原因となります。肝臓は比較的長く，健常な状態を維持しますが，細胞分裂の速度は遅くなって来ます。傷の修復が遅くなります。骨折などでも骨粗鬆症による場合があります。臓器機能の低下はストレスを受けやすい状態にあり，脳血管障害や骨折等の合併症が加わり，白内障，慢性関節炎，糖尿病，高血圧，肺線維症など，相互作用により強く現れる慢性疾患や合併症が多くなります。

　老化による機能の変化を纏めますと，
　① 神経伝導速度の低下，② 基礎代謝率の低下，③ 細胞内水分量の減少，④ 心係数の増大，⑤ 肺活量の低下，⑥ 最大呼吸量の低下，⑦ 糸球体濾過率の低下，⑧ 腎血漿流量の減少などがあげられます。
　(2) 老化とはどんな状態を言うのでしょうか？　―老化の定義―
　今までは高齢者の形態的な変化，機能的変化と細胞，器官，臓器の代謝について述べてきましたが，「老化」という言葉の意味に，色々な考え方があります。定義としては「年齢とともに身体の諸機能が非可逆的に低下し，生体の恒常性を維持する能力が失われ，死に至る過程」とされています。古典的な老化学説には，消耗説，代謝率説，中毒説などがありました。しかし，最近ではプログラム説，細胞障害説，機能衰退説，変性生体物質説などがあります。これらを纏めますと，プログラム説とエラー説になります。生きているという時間を重視して，生あるものの寿命を決定する変化を重視する考え方ですが，生物組織の中で起こる時間に関係する変化過程です。それぞれ細胞自体には役割が

あり，一つ一つの細胞，それらにより構成される組織，臓器というまとまった形態，それから体全体として見た場合の変化など色々あります。その中である組織の細胞は何回も分裂して臓器機能を維持しますが，またある組織では分裂再生が低下，減少してきます。時間の経過と共に機能が変化するという考え方で，高齢者でないと当てはまらないことになります。老化というのは，40, 50から60歳までの老化と60から，70, 80歳までの老化など，それぞれの年齢(過程)で違って来ます。一方子供が大人になる時は「成長」するといっていますが，加齢という表現になります。加齢も時とともに機能が変化します。大体20, 30歳代から老化は始まり機能の変化(老化現象)が始まります。生体またはその一部の環境に適応する能力が遺伝的に規定され進行性不可逆性に時間とともに減少するという考え方です。体，組織，臓器，細胞は環境に適応する能力があります。細胞培養などでは長生き出来る細胞でも，体の一部としての細胞は，一つの臓器，組織として，生体を形成しています。個々の細胞の機能も遺伝的に規定されているという遺伝説もあります。老化は進行性不可逆性であるという考えは，進行しますが，元に戻らないということです。現在のところ，神経細胞のように再生の難しいものがあります。死を起こす因子に対する感受性が増加します。年をとると死ぬ確率が高くなることも老化という定義に含められています。DNAの合成にテロメアが関与しているという説が(図14-2)有力です。プログラム説は細胞分裂の回数に限度があり，老化や寿命が決まっているという説です。分裂は染色体の末端にあるテロメア(染色体末端粒)という特殊な部分で，DNAの端に，反復繰り返し配列している部分です。細胞が分裂することにより，テロメアが短くなり，一定の長さになると分裂できなくなります。しかし，癌細胞にはテロメアを長くするテロメラーゼという酵素があります。この酵素が，テロメアの長さを修復するため，永久に分裂を繰り返します。これが癌化です。このことからテロメアが細胞の老化を決める遺伝子とも言われています。これに対して，遺伝子に放射線やフリーラジカルが作用して損傷が起きると，寿命が短くなります。これは環境因子によっても影響されることを示しています。細胞には一定の回数だけ細胞分裂をすると，死ぬという遺伝設計がされているという考えです。細胞分裂の回数に限界があるということです。老化とは癌との命の駆け引きであると言われています。細胞は加齢ととも

図14-2 老化の諸因子

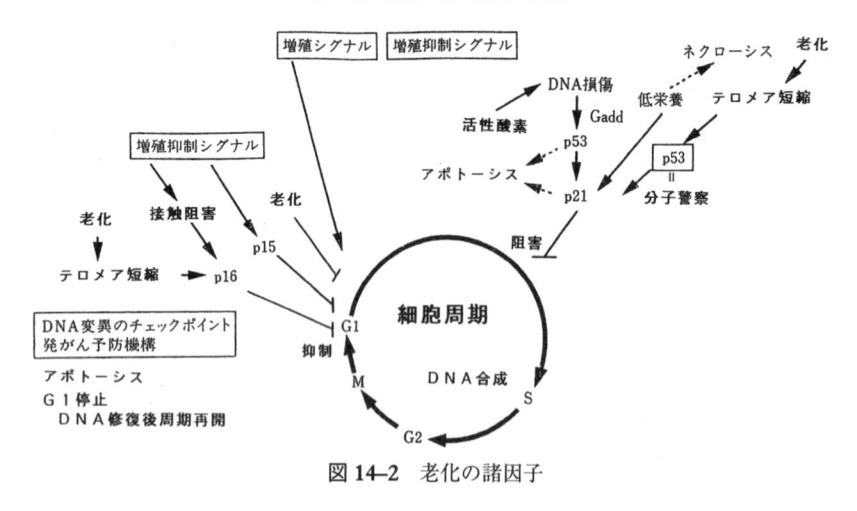

に死んでいきます。古い細胞は新しい細胞に代わり，自ら死を選んで，消滅する機構があります。個々の細胞の生死はアポトーシスとネクローシスというプログラムされた細胞死になります。ネクローシスとは，外的，内的因子によって細胞が死んでしまいますが，アポトーシスは細胞自体の機能が限界に来た時自殺すると言われるものです。生体にとって不要になった細胞やウィルスなどに感染した細胞を除去する機構によって捨てていくシステムがあります。細胞が自らの細胞機能の終了を悟り，身を引き，細胞死を起こす現象です。

2. 老化を診る
(1) 老化による生体内構成成分の変動

皮膚は表皮，真皮からなり，この下を動脈，静脈が走行しています。ヒトの顔色が青白いとか紅潮しているのは真皮の下にある血液の流れをみているからです。動脈は新しい酸素や栄養物質を組織に運びます。静脈は種々の細胞の代謝産物，廃用物質の運び出しをします。皮下組織を支えているのはコラーゲンやエラスチンですが，これらに変化が起きて，顔が浮腫んで見えたり，表情が硬くなってきます(仮面状顔貌)。細胞内外の水分は加齢により変動します。細胞内の水分と細胞間隙を満たしている水分の変動が大きく，これらの水分は栄養分や不用物の運搬をしています。脂質は水に不溶で，エネルギー源ですが，

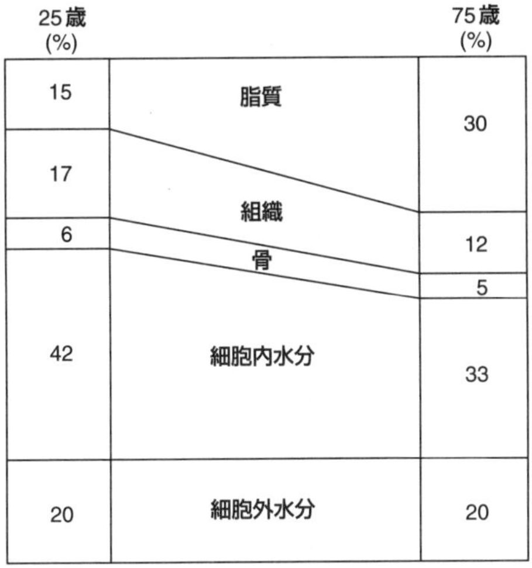

第 14 章　長生きの秘訣——熟年老年者の検査基準値の設定　　289

25歳(%)		75歳(%)
15	脂質	30
17	組織	12
6	骨	5
42	細胞内水分	33
20	細胞外水分	20

図 14–3　加齢による生体構成成分の変化

　その使用量は低下するので蓄積されます。図 14–3 のように 25 歳と 75 歳の比較では脂質成分は増加し，細胞内水分は細胞数の減少に伴い減少します。血液の赤い色はヘモグロビン（Hb）の色です。この Hb は酸素（酸化 Hb）を末梢組織に運ぶ働きをします。この酸素を運ぶ Hb，つまり血液が十分に末梢まで行かないため，手足が冷たくなり，末梢動脈硬化が促進します。血液は骨髄の中の造血細胞で作られます。赤血球の寿命は約 120 日です。赤血球が出来た時は網状赤血球として，核を持っていますが，血流中に出て，数日で核はなくなり，赤血球となります。老化するとこの骨髄の一部が脂肪化します。若い時は 100% 骨髄で血液を作る能力がありますが，高齢者では体構成成分の脂肪の占める割合が増加します。それが骨髄に反映して，脂肪髄となり，血液を作る部分が脂肪に置換します。高齢者に多い老人性貧血はこれらの現象を反映しているのかも知れません。血液は血漿成分と血球成分に分けられます。赤血球の中にある Hb は赤血球が老化して死ぬ過程で Hb に分解します。Hb は鉄を成分として持っています。最終的にビリルビンという物質になって，胆汁となり，腸内に排泄され，腸内細菌によって分解され，腸で再吸収されて，血液を介して，腎臓からウロビリノーゲンとして尿に出ます。肝臓が悪い時はビリルビンが過

剰となり，黄疸になります。溶血性貧血が強いとビリルビンが血中で高値を示します。高齢者では腸内細菌叢の変化も起きます。人の腸内には種々の細菌が共生していますが，高齢になるに従い，腸内の細菌の種類が変わってきます。細菌には有害で，病原性のあるものもあります。ビタミン合成，消化，吸収の促進，感染防御，免疫刺激による健康の維持など利点もあります。逆に下痢，便秘，腸内腐敗や細菌毒素や発癌物質の産生，また肝障害や動脈硬化の誘発，自己免疫疾患や免疫抑制作用が生じるという有害な点もあります。病原性には日和見感染や各臓器の炎症，膿瘍や敗血症の誘因ともなります。抗生物質，ステロイド，免疫抑制剤の使用や放射線治療，大手術後や高齢者では特に病原性の強い細菌が増加し易くなります。腸内細菌の分布は加齢とともに変化し，善玉菌の乳酸菌（ビフィズス菌）などは減少して悪玉菌であるウェルシュ菌が増えてきます。

（2） 健全な高齢者は健康診断から

　生体成分の変動を見つけるには，血液成分の分析（測定）が必要です。血液の中の成分は常に変動しています。これらの変化を監視するのが健康診断です。特に体内での変化を把握するためには，臨床検査が重要な役割を占めています。臨床検査の役割としては，①病気の患者の現状を正しく診断する，②患者の病態が今後どうなるか，予測する情報を提供する，③現在の病態が，初期なのか，かなり悪い段階なのかの情報を提供する，④病態に合わせて治療薬の量やその効果についての情報を提供する，⑤現在症状はないけれど，将来起きる可能性のある危険因子の情報を提供する。コレステロールが高いと若年でも動脈硬化を起こす頻度が高いとか，血糖値が高いと，糖尿病になる可能性が強いというような，未だ発症していない段階で，検査データに異常が見られたら，その情報を迅速に伝える役割が臨床検査です。この検査では，現状の体内の状態を反映している血液や尿からの検査が有効です。肝臓の機能や腎臓の機能など，それぞれの臓器の機能を反映する物質を測定して，健康か，病気かの判定を下す基準が必要となります。この判断をする値を基準値と言います。例として一般的に使われている血液検査の基準値を表 14–1 に示しました。前述しましたように，血液は固形（細胞）成分として，赤血球，白血球，血小板があり，決められた，一定単位内での個数で表現したり，量で表します。一方液体成分の血漿

表 14-1　血液の基準値

老年者の血液検査値の加齢による変動					
赤血球数 ($\times 10^4/mm^3$)	男	女	Ht (%) 男		女
20〜59 歳	499±36	462±41	44.5±2.9		39.7±2.6
60〜69	445±37	413±39	42.0±2.8		37.6±3.1
70〜79	438±34	399±35	40.9±3.6		36.9±2.9
80〜89	405±40	391±38	37.5±3.1		36.0±3.0
90〜	324±45	387±42	29.8±5.0		34.5±3.2
白血球数 ($\times 10^3/mm^3$)			Hb (g/dl)		
20〜59	7.5±1.4	7.6±1.1	14.8±1.2		13.1±0.9
60〜69	6.4±1.2	5.9±1.3	13.8±0.9		12.5±1.0
70〜79	6.2±1.3	5.9±1.2	13.5±1.2		12.2±0.9
80〜89	5.8±1.1	5.9±1.0	12.4±0.9		11.9±1.0
90〜	4.3±3.1	5.7±1.5	9.7±1.6		11.5±1.0

加齢による血液生化学成分の変化								酵素
年代	性	AST (IU)	ALT (IU)	LDH (IU)	ALP (IU)	ChE (IU)	AMS (IU)	Lipase (U/l)	PAP (μg/L)
60 歳代	男	15±10	10±8	57±12	50±15	605±95	185±48	65±39	0.45±0.07
	女	12±4	8±5	62±9	50±13	551±93	134±61	45±21	—
70 歳代	男	14±6	10±11	58±12	50±13	578±110	157±68	54±34	0.49±0.05
	女	12±4	8±9	63±12	51±13	523±73	132±37	55±29	—
80 歳代	男	14±8	8±10	61±12	46±14	563±92	144±32	32±18	0.45±0.08
	女	12±4	9±12	67±14	55±17	524±103	141±46	46±25	—
90 歳代	男	14±4	7±3	62±11	49±17	402±113	127±12	31±16	0.46±0.25
	女	12±3	5±3	68±13	56±16	83±53	112±38	65±59	—

血清含窒素成分基準値							
年齢・性別		60 歳		70 歳		80 歳	
成分名		男	女	男	女	男	女
血清総蛋白 (g/dl)		7.1±0.5	7.3±0.5	6.9±0.6	7.0±0.6	6.6±0.6	6.5±0.7
血清蛋白分画 (%)							
アルブミン		53.4±4.0	54.2±3.4	52.3±4.2	53.3±3.4	51.5±4.1	51.1±4.0
$\alpha_1$gl		3.7±0.8	3.5±0.8	3.6±0.8	3.7±0.9	3.7±0.8	4.0±0.9
$\alpha_2$gl		10.0±1.2	10.0±1.3	10.2±1.3	10.3±1.2	10.1±1.5	10.3±1.2
βgl		13.1±1.1	13.5±1.2	12.8±1.2	13.3±1.2	12.6±1.2	12.2±1.2
γgl		18.7±2.7	17.9±3.1	19.6±2.8	18.1±2.8	20.3±3.0	20.3±3.3
尿素窒素 (mg/dl)		15.2±3.4	15.9±3.2	18.5±4.1	16.1±3.3	18.8±4.5	17.9±4.1
尿酸 (mg/dl)		5.7±1.2	4.8±1.1	5.4±1.0	4.8±1.1	5.0±1.4	4.6
ビリルビン (mg/dl)		0.39±0.13	0.36±0.12	0.39±0.13	0.37±0.11	0.39±0.13	0.37±0.13
クレアチニン (mg/dl)		1.3±0.3	1.1±0.3	1.3±0.2	1.1±0.3	1.3±0.2	1.2±0.5
β_2-ミクログロブリン (μg/ml)		2,360±520	2,050±810	2,300±630	2,150±630	2,620±620	2,760±730

血清総コレステロールおよびリポ蛋白コレステロールの加齢による変動

性	年齢	例数	総コレステロール (mg/dl)	HDL・コレステロール (mg/dl)	LDL・コレステロール (mg/dl)	(HDL・コレステロール LDL・コレステロール) (×10)
男	20歳代	67	179±37	47.4±9.2	117.6±26.5	4.24±1.25
	30歳代	67	174±27	48.7±9.9	113.6±26.6	4.60±1.73
	40歳代	47	182±32	47.5±10.4	121.1±27.1	4.19±1.57
	50歳代	24	181±28	48.4±7.5	122.5±25.6	4.27±1.34
	60歳代	88	176±36	46.4±12.0	121.4±40.2	4.24±1.96
	70歳代	184	174±30	47.4±10.5	119.1±27.5	4.26±1.61
	80歳以上	87	178±28	47.6±9.2	124.9±32.2	4.19±1.45
女	20歳代	196	177±32	56.8±10.9	104.0±20.7	5.69±1.65
	30歳代	108	184±35	55.4±12.7	107.9±23.6	5.31±1.63
	40歳代	126	187±35	54.3±11.5	114.4±27.2	5.07±1.83
	50歳代	18	193±29	54.2±11.9	123.1±25.7	4.60±1.36
	60歳代	89	185±27	52.8±10.2	124.2±20.1	4.53±1.28
	70歳代	285	183±24	52.9±8.7	125.1±21.8	4.40±1.34
	80歳以上	206	179±29	52.5±8.3	122.2±22.4	4.49±1.35

にはアルブミン，グロブリンなどに分類され，その中にリポ蛋白や酵素，免疫蛋白などが含まれています。固形成分と液体成分の比率を Ht（ヘマトクリット）と言います。また赤血球の場合，基準値には男女差があります。貧血の診断に重要なヘモグロビン（Hb）量は男性で高値を示し，年齢差もあり，高齢者では低下します。これらの検査から貧血の種類を診断することも出来ます。血液成分の基準値も示しましたが，項目数が多いため，詳細は専門書にゆずります。

3. 高齢者の基準値の決め方

　高齢者の基準値の設定は大変難しい問題があります。それは真の高齢健康者が少なく，老人特有の慢性疾患や合併症を持つ高齢者が多く，個人差が大きくなるためです。一般的な基準値の測定方法は，統計学的方法で行い，平均値±2×標準偏差（Standard Deviation; SD, 95%±5%）から外れる部分を除外して，更に同じ手法で除外していき，95%以内を基準内と設定します(図14-4)。この幅から外れる正常の人が5%はいるということです。しかし，この考え方は全ての検査項目には当てはまりません。実際には，真の健康な高齢者は存在するかという疑問があります。健常者として扱われている高齢者の中には，潜

健常者の5%は異常パターン

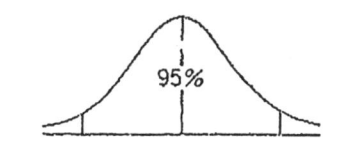

疾患群にも健常者はいる

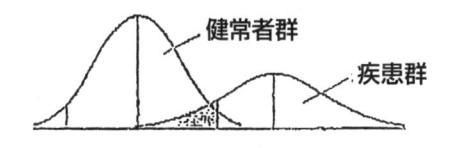

健常者群
疾患群

集団と個人の基準値は一致しない

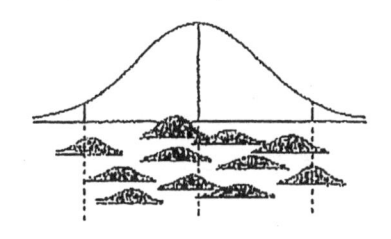

測定精度により基準値幅は変わる

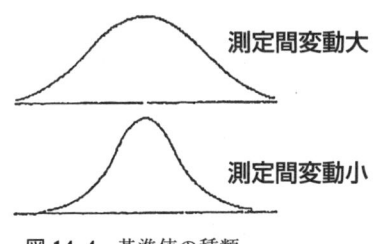

測定間変動大

測定間変動小

図14-4　基準値の種類

在的な疾患を持っている人が多数含まれています。症状が出ますと分かりますが，前段階では健常者として扱うしかありません。従来の高齢者の健康診断では病気の判定に健康成人の値を用いています。高齢者の占める割合の多くなった現在，この点を検討し直す必要が出ています。臨床診断を下す基準値を設定するのに，どの程度まで健常者として取り扱ったらよいかということです。一

般的に基準範囲を求める際に生理的変動が検査値に影響を与えますが，検査検体採取の際に注意を払う必要があります．検査値に影響を与えるものに，年齢，性は別として，人種，食習慣，飲酒の量，喫煙，運動量，地域，遺伝などがあります．

(1) 母集団による基準値の違い

高齢者の人口密度が平均的で，地域差に関係ない，全日本的に扱えれば良いのですが，現実は過疎地域に多いとか，医療体制の整っている地域に多いという偏りがあります．また，一般家庭在住者，老人ホーム在住者などがあります．従って，そのようなグループから得た基準値には偏りが出てきます．血清総蛋白（TP）を例に取りますと，病院の検査室で測定した検査値には，該当する疾患に関係のない検査や，異常でない外来や入院患者の検査値が多くあります．このような患者の検査値は基準値を得るために利用出来ます．老人ホーム在住者にも余り疾病を持っていない，僅か血圧が高いような高齢者は多くいます．また在宅で外来通院している慢性疾患患者や風邪などで体調を崩して通院している患者，入院患者でも，検査入院などで異常がない例では同様に扱えるデータが，病院検査室のデータに多く含まれています．健康な値としてどの段階までを基準値設定用に利用できるか，それによる基準幅はどの位違うか，真の健常者群を基準にすると，一般高齢者の大部分が，異常者になります．ここでは，① 健常家庭在住者群，② 健常老人ホーム在住者群，③ 外来通院者で異常値を示さない群，④ 病院入院者で異常値を示さない群，で比較してみると(図14-5)，各群平均値は異なり，また標準偏差値が大きくなります．全体的にみると在宅老人と老人ホーム在住者が健常域値に入りますが，この群だけで，基準値を設定すると，50%以上は異常者になります．つまり，健常老人の多くが，検査の上で病人として扱われ，老人ホームの大部分が病人と診断されてしまいます．

(2) 個人差による基準値の違い

健康な60歳以上の高齢者を年代別，男女別に5年間追跡して，一人一人の検査値の変動について，コレステロール（CH）の例ですが，CHは虚血性心疾患の指標になりますが，栄養状態の指標でもあり，加齢とともに変化します．しかし，90歳代の元気な高齢者は全高齢者の平均値内に位置しています．全高

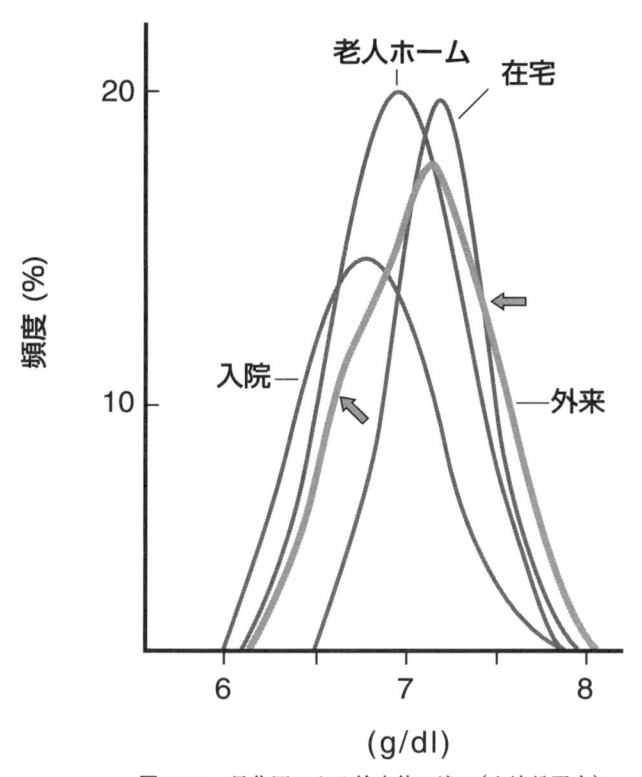

第 14 章 長生きの秘訣——熟年老年者の検査基準値の設定　　295

図 14–5　母集団による検査値の違い（血清総蛋白）

齢者集団の平均値とその標準偏差値から上限，下限を決めます。図 14–6 のように総コレステロール（TC）では 150 mg/dl-230 mg/dl が全体としての基準域値です。個人の中では基準上限から 100 mg/dl も外れる人もいれば，30 mg/dl 位しか変動しない人もいます。集団の中で，個人を 5 年間，年 3 回以上測定した結果からは，個人でも変動の少ない状態の人と変動の大きい状態があります。高いレベルや低いレベルで変動している人が多く，このような人は，たとえ全体の基準域値から外れていても，異常とは言い切れません。血清総蛋白（TP）は加齢に従って，個人の 5 年間の平均値は全高齢者（60 歳以上）の基準値の下限から低値に位置し，尿酸（UA）では 70 歳代で 5 年間の個人のバラツキが大きい。尿素窒素（BUN）は全体としての基準域は比較的安定しているにもかかわらず，高齢者個々の変動は全体の平均値の変動幅から大きく外れ，

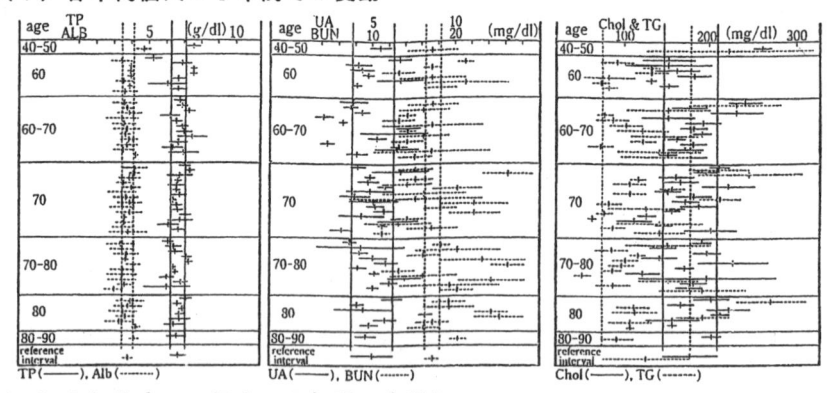

(I) 各年代個人の5年間での変動

(II) 各年代内での個人の5年間の変動幅

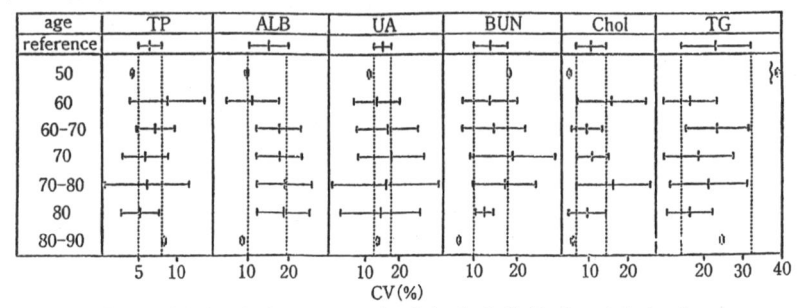

Variation of serum biochemical components levels in the individual aged during 5 years expressed as mean ± SD (g or mg/dl) (I) and variation of coefficient (CV) in the individual ages during 5 years (II).

図14-6　個人内の血清化学成分の加齢変化

個人差が大きい。生理的にも，測定上でも変動の大きい中性脂肪（TG）は年をとるに従って小さくなり，TCでは個人の変動幅は大きいのですが，TGほどではありません。

(3) ADL (Activity of daily living) による基準値の違い

高齢者の中で虚弱，要介護，寝たきり老人などで，介護を要する老人の比率が増加しています。寝たきりになる原因の背景には，脳卒中後遺症，骨粗鬆症（骨折）後遺症，アルツハイマーやパーキンソン病を含む精神障害や感覚障害を持つ高齢者が多くを占めています。また1995年の日本の長寿及び自立期間の

表 14-2　都道府県別(上下位 5 県)の 65 歳時平均余命と平均自立期間(寿命の質)

	平均余命				自立期間*		割合**	
	(男) 順位	年数	(女) 順位	年数	(男) 年数	(女) 年数	(男) 順位	(女) 順位
全国平均	—	16.48	—	20.94	14.93	18.29	—	—
九州・沖縄								
熊本	3	17.22	3	22.27	15.42	18.81	35	44
沖縄	1	18.22	1	24.82	16.26	20.44	40	47
中国・四国								
島根	4	17.20	2	22.54	15.59	19.58	20	25
岡山	5	17.08	5	22.10	15.17	18.75	45	38
高知	12	16.93	4	22.17	15.04	18.46	44	46
愛媛	13	16.91	10	21.78	15.00	18.46	47	41
関西								
大阪	46	15.87	47	20.41	14.34	17.79	26	22
中部								
静岡	6	17.04	12	21.75	15.71	19.43	3	3
関東・甲・信越								
長野	2	17.39	9	21.85	15.92	19.44	4	4
山梨	11	16.94	10	21.78	15.69	19.57	1	2
東京	17	16.78	24	21.33	15.35	18.74	5	15
千葉	18	16.77	28	21.30	15.51	19.15	2	1
茨城	29	16.59	41	20.88	15.16	18.56	6	5
東北								
青森	47	15.80	43	20.86	14.05	17.62	43	43

*65 歳以後の平均自立期間(厚生省研究 1995 年)：介護を必要とせずに生きられる期間
**平均余命の中で自立できる期間の割合

　上位及び下位 5 県のデータの抜粋 (表 14-2) ですが，長寿と自立期間が一致していないことが問題です。高齢になっても健康な生活が出来ない期間が長ければ，寿命の質 (Quality of Life) が悪いことになります。寝たきり状態を早く改善することが必要です。ADL の状態と生体内成分の変化について見るには，ADL の運動量を数値化する必要があります。この数値化には，色々な方法がありますが，聞き取り調査による方法が主で活動エネルギーとして現す方法は未だありません。ADL の数値化の試みとして，老研式活動能力指標があります。肉体活動を表現する項目が多いため，数値化しやすく，筋肉運動を中心とした臨床検査値が反映しやすいので検討してみました。本来 ADL には精神活動も含まれ，評価が困難です。老研式活動能力指標の原法を表 14-3 に示しま

表 14–3 老研式日常生活活動能力指導表

毎日の生活についてうかがいます。以下の質問のそれぞれについて，「はい」「いいえ」のいずれかに○をつけて，お答え下さい。質問が多くなっていますが，ごめんどうでも全部の質問にお答え下さい。

（1）バスや電車を使って一人で外出できますか ・・・・・1.	はい	2. いいえ
（2）日用品の買い物ができますか ・・・・・・・・・・1.	はい	2. いいえ
（3）自分で食事の用意ができますか ・・・・・・・・・1.	はい	2. いいえ
（4）請求書の支払いができますか ・・・・・・・・・・1.	はい	2. いいえ
（5）銀行預金・郵便貯金の出し入れが自分でできますか 1.	はい	2. いいえ
（6）年金などの書類が書けますか ・・・・・・・・・・1.	はい	2. いいえ
（7）新聞を読んでいますか ・・・・・・・・・・・・・1.	はい	2. いいえ
（8）本や雑誌を読んでいますか ・・・・・・・・・・・1.	はい	2. いいえ
（9）健康についての記事や番組に関心がありますか ・・1.	はい	2. いいえ
（10）友達の家を訪ねることがありますか ・・・・・・・1.	はい	2. いいえ
（11）家族や友達の相談にのることがありますか ・・・・1.	はい	2. いいえ
（12）病人を見舞うことができますか ・・・・・・・・・1.	はい	2. いいえ
（13）若い人に自分から話しかけることがありますか ・・1.	はい	2. いいえ

注:「はい」と回答した質問項目の数を数えて合計得点とする。
一般の ADL の点数化は以上の様式で行うが，本例の点数化は実用的時間内に出来るか，出来ないかの判定を原則として，エネルギー消費を重視した，起居移動，身の回りの動作，手段的活動に絞り，(1) ベッド上での寝返り，(2) 床からの立ち上がり，腰降ろし，(3) 10 m の室内歩行，(4) 階段昇降，(5) 戸外歩行，(6) 摂食，(7) 更衣，(8) トイレ歩行，(9) 入浴，(10) 食事の準備，(11) 買い物，(12) 外出，(13) 補助具の使用，の 13 項目について出来るものを 1 点，出来ないものを 0 点として点数化し，13 点を日常生活活動能が正常とした。年齢的な差，男女差は少なく，点数の分布は高値側(9 点台)と低値側(5 点台)の二峰性を示したので 7 点以上を高値，6 点以下を低値とした。

したが，総点を 0～13 点，ここに示した活動能指標の表とは逆に点数を「はい」を 1 点，「いいえ」を 0 点として，ADL が高いと点数が高くなるようにしました。点数の 1–5 を低 ADL 群，9–13 を高 ADL 群に分け，分布図では中央の 6–8 は占める率が少なく，二峰性を示しました。60 歳以上での年齢差や男女差は小さいのですが，女性が男性よりも若干高い ADL 値を示しました。多くの検査項目がありますので，一部老人健診や住民健診で用いられている項目について示します(表 14–4，図 14–7)。TC は動脈硬化や女性の場合は閉経期以後大きく変動しますが，ADL の高い方が高値を示しています。ADL により差のある項目としてヘモグロビン（Hb）があります。Hb は組織に酸素を供給する運搬体です。性差があり，男性は女性より高値を示しますが，男女ともADL が高いと Hb 値も高値を示します。TP は栄養状態を反映しますが，余

第14章 長生きの秘訣——熟年老年者の検査基準値の設定

表14-4 ADLと臨床検査値の変動

項目	ADL 低値群 男	ADL 低値群 女	ADL 高値群 男	ADL 高値群 女
Ht (%)	38.3±4.4	36.2±4.1	40.0±4.5	35.6±4.5
Hb (G/L)	123±16	115±13	129±17	114±14
Fe (G/L×10^{-3})	(0.71)	(0.67)	(0.88)	(0.73)
TP (G/L)	6.6±0.5	6.8±0.7	6.8±0.7	6.6±0.5
A/G 比	1.2±0.2	1.2±0.2*	1.2±0.2	1.3±0.2
Alb (G/L)	(40)	(40)	(44)	(44)
TC (G/L)	1.62±0.30**	1.87±0.45***	1.79±0.34	2.06±0.51
HDL-C (G/L)	(0.43)	(0.46)	(0.49)	(0.50)
UA (G/L×10^{-3})	48±13	40±9***	49±14	45±13
BUN (G/L)	(0.20)	(0.19)	(0.19)	(0.19)
Cr (G/L×10^{-3})	(12)	(9)	(12)	(10)
Glu (G/L)	(0.95)	(0.98)	(1.11)	(1.07)

( ):88歳以上を対象とした時の平均値。*$p<0.05$,**$p<0.01$,***$p<0.001$

り大きな影響が出ません。アルブミン（Alb）は血液の中で，一番多く含まれる蛋白です。Alb 濃度が低いと将来的に死亡する確率が高くなると報告されています。Alb の変動は栄養状態や疾患の予後の判定に有効な検査でもあります。Alb は CH と同様，肝臓で合成されるものです。5年間の健康老人の追跡結果では，肝機能は余り変化しなくても，総合的には生合成能力が低下しています。年代別に Alb と TC を追跡しますと，70歳代から以後は，Alb と TC が低下して来て，ADL の低下を伴うと，死への危険性が高くなると考えられます。ADL の高い群では男女共に，生命維持に重要な酸素供給に関与する成分，栄養状態が関与する成分が高値を示しています。ADL の年齢による検査値の変動は Hb, Ht, TP, Alb, Glu, LDL-C や HDL-C が高値を示し，一方 ADL 低値群では蛋白代謝の最終産物である BUN, UA などが高値になります。60–70歳代では ADL の高い高齢者は Hb 値も高値を示します。また男性は女性よりも高値を示す傾向があります。血液の濃さを反映する Ht は 80 歳代で，ADL の高い群での変動は，むしろ小さく，また男性は女性よりも高値になります。TP は加齢と共に低下しますが，ADL が高い高齢者では ADL の悪い高齢者よりも，高値を示しています。UA は男性では年をとるに従い，低下傾向を，逆に，女性では増加傾向がみられますが，ADL の低い高齢者は，高値

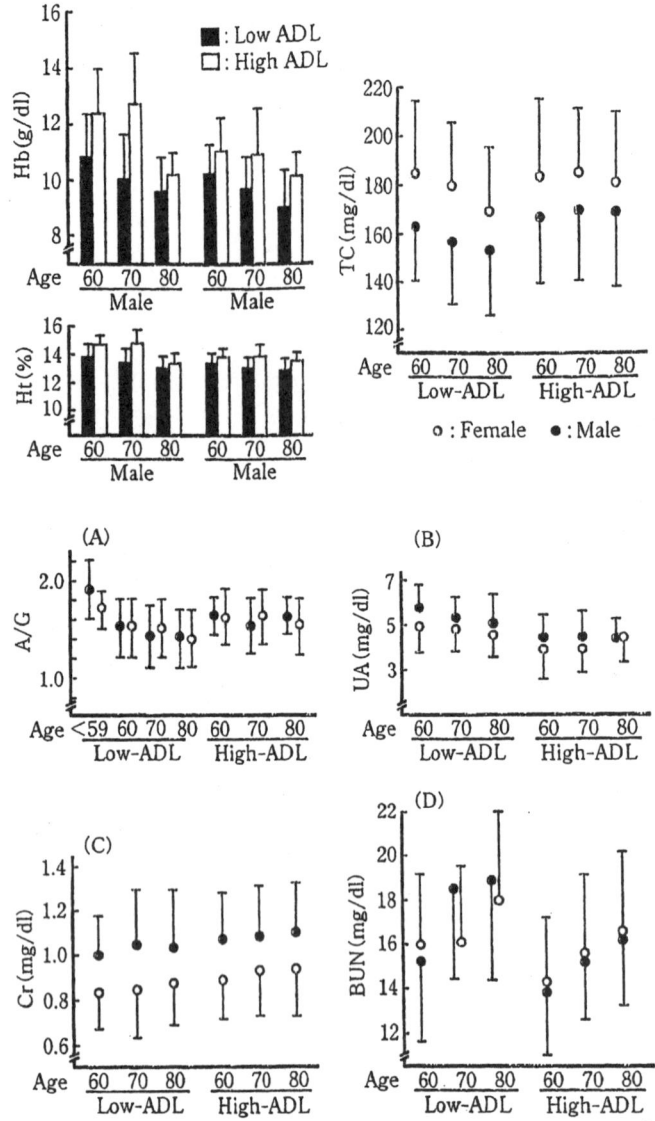

Changes of serum biochemical components by the function of activity of daily living (ADL) and ages. Definition of Low and High ADL was according to the method of reference.
■: Low ADL, □: High ADL, ○: Female, ●: Male

図 14-7 加齢と ADL による血清成分の影響

表 14–5 加齢と 60 歳以上での血清総蛋白の変動分類

A) Ageing	B) The aged over 60 years old
I. Increasing Type IgG, IgA, Hp, βLP II. Decreasing Type Alb, Tf, α-LP, α_2HS III. Mountain Type (Increase & Decrease) pre Alb, RBP, GC, Pmg, C_3, C_4, C_5, C_{1q}, IgM, IgD IV. U-Type (Decrease & Increase) α_1AT, α_1AG, α_1X, α_2Mc, C_9 V. M-Type (Increase & Decrease; Two peaks) Cp, Hx, β_2III, Fbg, ATIII	I. Increasing Type α_1AT, α_1AG, α_1X, Hp, Cp, β_2III, IgA, C_9, C_5 II. Decreasing Type Alb, pre Alb, Tf, α_2Mc, α-LP, IgM, IgD III. Stable Type α_2HS, βLP, Fbg, C_3, C_4, IgG, Pmg, ATIII, GC, RBP, C_{1q}, Hx

になります。筋肉量を反映する Cr では ADL が高いと高値を示し，男性の方が女性よりも高値となります。蛋白代謝の採取産物である BUN は性差はないが，加齢とともに上昇し，ADL が低いと高値を示しています。

(4) 加齢による血清蛋白の変動

血清蛋白の大部分は肝臓で生合成され，環境順応型，生活基本型，輸送系，制御系，初期，後期防御系蛋白などに分類されています。小児からの年齢層別に見ると，加齢による血清蛋白分画の変動は，大きく，5 型に分類されています(表 14–5)。

(i) 漸減型: 加齢に伴い減少する。(ii) 山型: 青壮年期にピークとなる。(iii) 漸増型: 加齢に伴い増加する。(iv) U 字型: 青壮年期に減少する。(v) M 字型: 青年期と老年期に減少する。小児から高齢者になるまでに，変化の認められない項目は血液検査をした 32 項目の蛋白質の中では認められません。しかし，60 歳以上だけをまとめると，表 14–5 のように，3 型に分類できます。

① 加齢とともに，増加傾向を示す蛋白があります。これには，(iii) と (iv) に属している蛋白で，これらの蛋白は男女差が小さくなり，急性相蛋白など環境順応型蛋白と後期防御系蛋白が主になります。

② 減少傾向を示す蛋白には，(i), (ii), (v) に属している，年をとると，減少傾向を示す蛋白で，輸送系蛋白や初期防御系の免疫グロブリンを含む，生

活基本系蛋白が主になります.

③　変動の少ない蛋白として，二次的な性格を持つ制御蛋白が主になります．血清蛋白は幼児期と老年期で大きく変動します．個人差を含めて，血液中の蛋白は，年をとるとともに何故変化するのか，その意義は重要です．

4. 高齢者の健康状態の予測

多項目血清蛋白分析で変化のあった高齢者をレトロスペクティブに見ると，Albのような量的に多い主要蛋白と α1-AT のように量的に少ない蛋白の増減を同じレベルで評価できません．基準域内での増減を生理的変動とし，TPの変動と増加傾向を示す蛋白の度合いを，予後の指標としてみました．生体内で潜在的な変化が起きている場合に，幾つかの血清蛋白の変化が認められています．1年後に発症が認められた前年度に潜在的な変化が起きています．1年間で増加傾向を示す蛋白は増加の程度が更に増し，また，より重症になると逆に減少します．一方本来加齢により減少する蛋白でも潜在的に病的変化が起きていると，逆に増加したり，更に重症になるとまた減少したりします．1年間での各蛋白の増減を絶対値の総和と増加傾向を示す蛋白のみの和の変動の両者を同時に評価する方法があります(図14–8)．健康な30–50歳代の1年間のTPの絶対値での変動(増加蛋白，減少蛋白の絶対値での変動)は20%以下で，増加傾

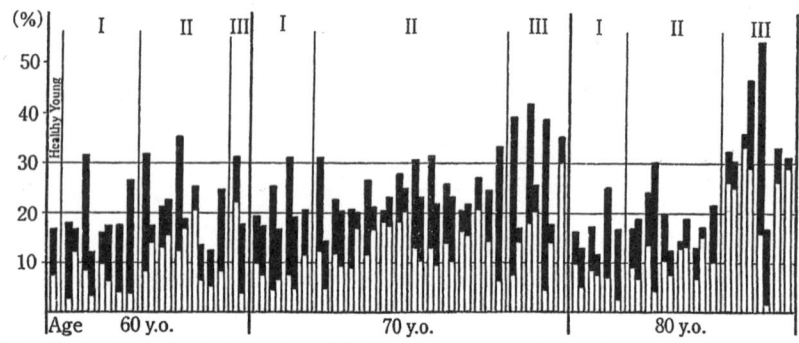

Classification by individual variations (%) of total proteins and increasing proteins. Variation of TPs includes an increasing proteins. The levels of classes are defined in the Table.
☐: Variation of increasing proteins, ■: Variation of total proteins.

図 14–8　加齢による個人内総蛋白，増加傾向蛋白の変動と分類

表 14–6 年代相別血清蛋白の変動と分類

(A) 総蛋白及び増加傾向蛋白の変動と型分類

Class	I	II	III
Variation of total protein (%)	20 >	20〜30	30 <
Variation of increasing protein (%)	10 >	10〜20	20 <

(B) 年齢別発生頻度 (%)

Age	Class	I	II	III
60 years old		40	50	10
70 years old		25	60	15
80 years old		20	40	40

(C) 加齢による α_1-AT/β_2-III 比の変動

Age	Class	α_1AT			β_2III			α_1AT/β_2III		
		I	II	III	I	II	III	I	II	III
60 years old		110	112	148	108	107	108	1.02	1.05	1.37
70 years old		116	137	149	111	114	119	1.05	1.20	1.25
80 years old		110	130	189	104	112	113	1.06	1.16	1.68
90 years old		126	—	—	124	—	—	1.02	—	—

(A) Variation of serum proteins are classified into 3 classes by rate expressed as absolute variations and increase of increasing protein.
(B) Changes of classes by the function of age over 60 years old, respectively. Results are expressed by percentage in each age group.
(C) Changes of classes and α_1AT/β_2III compared with control serum as 100%.

向を示す蛋白の変動も 10% 以下です。これは生理的範囲内の変動ですので、この変動基準を I 群とした場合、表 14–6 に示したように潜在的変動があると考えられます。1 年間の変動が総変動で 20–30%、増加傾向を示す蛋白の変動は 10–20% 以内を II 群、総変動 30% 以上で、増加蛋白の変動が 20% 以上でより重症な疾患が発症した群を III 群とし、更に 60, 70, 80 歳以上の年齢層と組み合わせると、I 群の 60 歳代では殆ど異常をみない健常者が多く、加齢とともに I 群に属する率が減少します。発症した疾患を考慮しないで、健常と思われている、発症前の検査値を基準に分類すると、II 群は不安定な内部環境を示し、変動が激しく、外見は健康に見えても、翌年の健康診断までに入院や死亡する

という潜在的異常者が多く含まれている群です。I 群から II 群，III 群と移行する中で，増加傾向を示す蛋白には α1-AT や β2-III など，減少傾向を示す蛋白として Alb, IgM 等があります。60 歳代から 80 歳代へと高齢になるに従い，I, II 群から III 群への移行が大きく，予後が悪くなります。前年度と当年度の総蛋白の変動率と，加齢により増加傾向を示す蛋白の変動率の和により，III 群に分類して，予後の推定や，潜在性の異常を早期に発見することが出来ます。これらのように多数の蛋白を測定しないでも，II 群の中で，潜在的に変動する蛋白に注目しますと，一度の血清蛋白の測定で予後の推定ができます。各年代とも I 群から II 群への増加が大きく認められますが，II 群から III 群への変動は寧ろ少なくなります。I 群から II 群への不均衡な移行の際に α1-AT と β2-III 蛋白が注目されます。これらの蛋白は加齢により低下し，また，一般状態が悪くなるに従い増加する急性相蛋白で潜在性疾患の存在を調べるのに良い方法と思われます。

5. 健康日本 21

高齢者は健康そうに見えても多くの疾患を持っています。高齢者が障害に悩まされることなく，活力のある生活をするには高齢期に起きる病気の予防が重要です。その原因は若い頃の生活習慣です。高齢者では，この生活習慣が長く続いたために起こる疾患が生活習慣病です。これを防ぐための運動が健康日本 21 という国民健康づくり運動です。内容は栄養・食生活，運動・身体活動，心の健康・休養，歯の健康，タバコ，アルコール，循環器病(高血圧，高脂血症，脳卒中，虚血性心疾患)，糖尿病，癌などから構成されています。この中身は今までの成人病といわれていたものです。成人病の概念には加齢という要素を含んでいます。食事，運動，喫煙，酒，休養などが生活習慣に入ります。生活習慣病の死因の 6 割は心臓疾患，脳血管障害，感染症，癌などです。一番頻度の高い高脂血症や糖尿病は動脈硬化の基礎疾患にもなります。食事の偏りとか飲酒の度が過ぎたり，ストレス，運動不足は肥満，糖尿病，高脂血症などの原因になり，これが長く続くと動脈硬化症になります。一次予防に重点を置いた，健康寿命の延長と QOL の向上を考えた政策です。血中には TC や TG が，LDL（Low Density Lipoprotein: 低比重リポ蛋白）や HDL（High Density

Lipoprotein: 高比重リポ蛋白）というリポ蛋白として存在しています。TC の大部分は LDL ですので，TC が高いということは LDL-C が高いということになります。LDL-C は正常では細胞の構成成分として，生きていくためには，非常に重要な役割を持ちます。またステロイドホルモンや胆汁の原料でもあります。しかし，高 TC 血症になりますと，LDL-C は過酸化物をも含み，血管内皮細胞障害を来します。過酸化脂質は色々な要因で出来ます。放射線障害，大気汚染，喫煙などにより作られ，細胞の遺伝子障害を起こし，細胞膜を破壊し，動脈硬化の原因になります。HDL-C はこれらの傷つけられた細胞を修復するために，LDL によって運ばれた CH が過剰になった場合，運びだす役割をしていますが，HDL-C が少ないと障害部位にある CH を運びだせないことになり粥状動脈硬化になり，心筋梗塞や脳血管障害を起こします。動脈硬化の危険因子（リスクファクター）と言われている所以です。LDL-C を悪玉 CH，HDL-C を善玉 CH と言っています。健康に生きるための血中 TC の理想値は 150–199 mg/dl 位といわれています。しかし，学問的には健康な成人が TC 240 mg/dl 以上，LDL-C が 160 mg/dl 以上あれば高 CH 血症と診断し，治療を始めることにしています。また HDL-C は 40 mg/dl 以下を低 HDL-C 血症ということにしています。TG は 150 mg/dl 以上を高 TG 血症として高脂血症の仲間にいれています。しかし，危険因子としての糖尿病，高血圧，喫煙など 1–2 個あると TC 220 mg/dl，LDL-C140 mg/dl，3–4 個あると，TC200 mg/dl，LDL-C120 mg/dl 以上，心筋梗塞の既往歴があれば，TC180 mg/dl，LDL-C 100 mg/dl 以上でも治療の対象とすることにしました。ここでの危険因子とは，LDL-C 以外は男性 45 歳以上，女性 55 歳以上，高血圧，糖尿病，喫煙，冠動脈疾患の家族歴，低 HDL-C 血症で，脳梗塞，閉塞性動脈硬化症の合併や糖尿病があれば，TC200 mg/dl，LDL-C 120 mg/dl から治療の対象になります。70 歳以上では 70% が高血圧，40% が高血糖，30–50 歳の男性の 30% が，60 歳代の女性の 30% が肥満です。糖尿病は高齢者に多くなります。糖質など甘いものを食べると腸から吸収されて 1 時間位で血中濃度が最高になり，2 時間位で正常に戻ります。高齢者では徐々に糖分を分解する能力が低下して，耐糖能が低下します。糖をエネルギーに変えるホルモンである膵臓から分泌されるインスリンの調節が不均衡になり高血糖となります。空

腹時の血糖が 126 mg/dl 以上では糖尿病の治療を開始しますが，それ以下の 110–120 mg/dl 位から 140 mg/dl の間は糖尿病が疑わしいので，75 g のグルコースを飲んで，血液中の血糖濃度の変化を見て，2 時間後に空腹時に近い 200 mg/dl 以上を糖尿病型とします．しかし，高齢者のこのような耐糖能異常を成人と同様に扱って，糖尿病としてよいかという問題があります．一般的には空腹時血糖値が 126 mg/dl 以上続く時は，神経，腎臓，血管に障害を与えることが知られています．初期は症状がハッキリとしませんので，まだ糖尿病とは言えなくても運動や食事療法により治療を開始することにしています．糖尿病性網膜症，眼底出血，糖尿病性腎症，神経障害などの症状がでます．また動脈硬化の進行も速く，心臓病になりやすくなります．高齢者はエネルギー消費が低下していますから，過剰な糖質や中性脂肪を処理しきれなくて，血管壁つまり，内皮細胞に障害を起こし，動脈硬化，高血圧，肥満になりやすい状態にあります．糖尿病の中にはインスリンが分泌されていてもインスリンに対する抗体が出来て，インスリンの働きの弱い人もいます．症状として，高脂血症，低 HDL-C，高血圧，肥満，血液凝固能異常などを備えている状態を「死の四重奏」とか，「X 症候群」と言っています．多くの場合，肥満があり，暴飲暴食，運動不足があります．糖尿病で上半身肥満型は内臓脂肪症候群とよばれ，高血圧，高脂血症を合併して，動脈硬化の進行を速めます．高血圧は正常は収縮期圧 120–139 mmHg，拡張期圧 80 mmHg 以下で，それ以上を高血圧と判定します．高血圧では心臓が収縮して血液を動脈に送り出す時の圧力(最高血圧，収縮期圧)と心臓が拡張した時の血液が蓄った時の圧力(最低血圧，拡張期圧)の値を測定して判定します．血圧は朝，昼，夜や食事，ストレスなどにより微妙に変化します．動脈硬化，脳出血，心臓病，腎不全，大動脈瘤などになる場合があります．塩分の取り過ぎや，加齢により変動します．高血圧学会では至適血圧を 120/80 (mmHg) 以下，正常血圧 130/85 以下，正常高値 140/90 以下，軽症高血圧 160/110 以下，中等度高血圧 180/110 以下，重症高血圧 180/110 以上としています．

エピローグ

　高齢者は個人差が大きく，年齢は実質的な老化の程度を反映していません．

第14章 長生きの秘訣——熟年老年者の検査基準値の設定

一見健康そうに見える高齢者で、急に発病して死亡することが多いため、このような危険性を健康そうに見える段階で認知できないか、検査を通して、健康な時の検査とその後の検査を比較し、今後の健康状態を予測したり、発症前に疾患原因を取り除き、健康に過ごす時間を長くできます。自立期間を長くするのに役に立てるものです。そのためには、正確性と特異性の高い、信頼性のある検査方法を選び、これらの方法により測定された、基準値が必要となります。この基準値は、健常高齢者集団から得られた検査値を基準としますが、統計上500名以上の母集団を必要とします。しかし、完全に健常な高齢者集団を求めることは非常に困難です。老人ホーム、病院患者の中から選択しても有意義な結果が得られます。健常高齢者の検査データを、老人ホーム、外来通院患者、入院患者などの母集団と比較すると、全群の中に、共通する部分が多くあります。健常域を広く採用するには、在宅健常高齢者、老人ホーム在住者、外来通院患者を含めた群で、高齢者の基準域を求める方が合理的と思います。また在宅健常高齢者や老人ホーム在住者の日常生活活動能（ADL）と検査値との関係では、寝たきり状態や、心身状態の低下したADLの低い状態では、検査値は正常状態を示すことが多く、正常と評価されることがあります。臨床検査上では血液成分の微妙な変化を反映するため、衰弱度を知る実用的な指標として有効です。個人の基準値は、過去の生活環境、ADL、経済状態、教養、食生活、職業、気候風土など個人差として現れ、良い人生の中で培われたもので、個人の生命基盤となっています。一定の地域内だけでの基準値は、個人差が平均化されているように見えますが、母集団別にみると、その違いが現れてきます。高齢者で個人差の大きい検査項目には、TG, Fe, HDL-C, BUNなどが顕著です。潜在性の疾患の有無とその予後を推定するには、加齢に伴い増加傾向を示す蛋白が更に増加し、減少傾向を示す蛋白の低下も大きくなります。しかし、これらの総蛋白の変動を絶対値として見ると、基準幅が大きくなりすぎて、予後の判定が困難となります。一般状態が悪くなるに従い増加するような、炎症性蛋白でもある、急性相蛋白として α_1-AT と β_2-III がありました。この二種類の蛋白は発症前に、並行して増加することがわかりました。健常高齢者では α_1-AT/β_2-III 比が1.0に近いが、潜在的に健康状態に異常が生じていると考えられる群への移行段階ではこの二種の蛋白の増加率が不均衡となり、その

比が大きくなります。この二項目比の異常から予後の推定が可能な結果が得られましたが，更にその背景にある，インターロイキン等のサイトカインの機能の働きとの関係の検討が必要とされています。検査の上から異常を検出して，迅速に治療をして健康状態を維持して，質の高い（QOL）長生きをする方法が必要なのです。

参考文献

1) 松崎俊久編『寿命——どこまで伸びる?』女子栄養大学出版部，1984
2) 『図説 国民衛生の動向 2001』財団法人 厚生統計協会編集・発行，2001
3) 茂手木晧喜監修『臨床検査マーカーの開発』CMC テクニカルライブラリー，2001
4) 折茂肇『「老い」を自覚したら読む本——心豊かに生き抜く知恵』三修社，2000
5) 『熊本大学高齢社会総合研究年報』第 2 号第 II 篇，熊本大学高齢社会総合研究プロジェクト，熊本大学地域連携フォーラム・プロジェクト B，2001
6) 日本老年医学会編『老年医学テキスト(改定版)』メジカルビュー社，2002
7) Hoffmann, R.G., *Establishing Quality Control and Normal Range in the Clinical Laboratory*. Exposition Press, N.Y., 1971
8) Okabe, H., Inayama, S., et al., *Variation of human serum acute phase proteins*. The 4th Asia/Oceania Regional Congress of Gelontology, 1991, Abstracts, B-219-4, p. 375
9) Okabe, H., Inayama, S., et al., *A Screening of latent diseases in the elderly by measurement of serum acute phase proteins*. The 2nd Asian Conference of Clinical Pathology, Program & Abstracts, 1992, p. 73, p. 109
10) Okabe, H., Uji, Y., *Geriatric Clinical Chemistry Reference Values*. Ed. Faulkner, R. AACC Inc., Washington DC, 1994
11) Okabe, H., *Current Trends in Laboratory Medicine in 21st Century. Variation of Laboratory Tests in the Elderly Population*. 9th Asian Pacific Congress of Clinical Biochemistry. 2002, Abstracts & Souvenir p. 13, p. 81
12) Okabe, H., *Intra-personal, Inter-personal Variations in the Elderly and Influence of Chronic Diseases*. 18th International Congress of Clinical Chemistry and Laboratory Medicine, 2002, S-3-5, S26
13) 岡部紘明「老年者の正常値，検査値——生化学(含む血清)検査の正常値」村上元孝監『新老年医学』南江堂，1984，74-78 頁
14) 岡部紘明「X. 正常値」村上元孝，太田邦夫，今堀和友監『臨床老年医学大系 2. 臨床老年医学総論』(株)情報開発研究所，1984，399-416 頁
15) 岡部紘明「老年者における検査・検査値の特徴」折茂肇編『図説老年医学講座 2』メジカルビュー社，東京，1986，65-81 頁
16) 岡部紘明他「高齢者の検査値の年齢的変化」『臨床検査 MOOK』金原出版，1988，

6–29 頁
17) 岡部紘明「生化学検査」,「免疫血清検査」日野原重明監, 福島保喜編『図説臨床看護医学 13』同朋出版, 1994, 86–88, 128–133 頁
18) 岡部紘明「高齢者の検査値の特徴——ADL による違い」『日医誌』1995; 114: 659–664
19) 岡部紘明「高齢化社会と臨床検査」『臨床病理』2000; 48: 783–796
20) 岡部紘明「高齢化社会の臨床検査」『日本臨床検査医会』Lab CP 2002; 20: 102–109

■ 第 15 章 ■

高齢社会における医薬品の開発と適正使用

大塚雅巳・大塚洋子

1. 社会の高齢化と疾病構造の変化

わが国では社会の高齢化がかつてない速さで進行している。65歳以上の者が高齢者と呼ばれるが，1970（昭和45）年には高齢者の人口の割合が7%を超え，「高齢化社会」と呼ばれる状態になった。それ以降，高齢化率は急速に上昇を続け1985（昭和60）年には10%，1995（平成7）年には14%を突破して「高齢社会」に突入した。国民の4人に1人が65歳以上になる日も近いといわれている。こうした社会の高齢化の要因として平均寿命の延びと少子化があげられる。生物としてのヒトの生きられる期間には限界があり，最長でも115歳程度といわれており，80歳代に死亡が集中する[1]。2000（平成12）年の統計では日本における女性の平均寿命は84.62歳，男性の平均寿命は77.64歳である。平均寿命の延びは人生における「老後」と呼ばれる期間の長期化をもたらし，人は65歳の高齢者になってから20年におよぶ老後を過ごすこととなった。高齢者にとっては長期化している余生をいかに生きるかということが生活，健康，生きがいなどの面で重要な課題となってきた。社会的にみると高齢者の長期化している老後を相対的に少ない人数の若年層で支えなければならない状況になっている。高齢者が単に長期間生存していればよいというだけではなく，尊厳ある老年期を支えるための社会や医療のあり方を模索する時代になってきたということができる。

日本社会において高齢化が進行した時期は高度経済成長期から高齢社会への転換期であった。この時期は家族形態，家族機能，女性，福祉のあり方などに変化をもたらした。高度経済成長期は女性が専業主婦として家を守り男性が外で働くという性別役割分業にもとづく家族形態によって支えられた。今日では

核家族化の進行や高齢者のみ世帯の増加による家族形態の変化，および夫婦共働き世帯の増加，意図的に子供を作らない働く男女のみの家族や，夫の単身赴任により遠隔地に居住する家族など，価値観の多様化にともない家族形態も多様化している。女性についてみると，産業構造や家電製品の普及に伴うライフスタイルの変化，女性の高学歴化などにより社会進出が促進され，出産年齢の高齢化と出産児数の減少という出産行動の変化がもたらされ，社会の高齢化に拍車をかけた。これらにより家事，育児，扶養などの家族の機能が弱化衰退し，外部機関による代行が促進された。すなわち高齢者人口は増加しているにもかかわらず，家族による扶養機能は衰退をきたしているとみることができよう。

社会福祉についてみると，高度経済成長期には医療保険制度と年金制度が導入され，老人福祉法をはじめとする福祉六法が整備された。1972年には老人福祉法の改正により70歳以上の者に対する医療費の無料化が行われ，1980年には老人保健法が制定された。しかし石油ショックにはじまる低成長期になると緊縮財政のもとで，社会保障制度が全面的に見直され，「『自助・互助・公助の役割分担』。『健全な社会』とは，個人の自立・自助が基本で，それを家庭，地域社会が支え，さらに公的部門が支援する『三重構造』の社会である，という理念にもとづく」(『厚生白書』昭和61年版)国民の自助を基本とし，国家による保障を抑えた「日本型福祉」が提唱された。

昭和60年代以降国民医療費のなかで老人医療費は25％から30％を上回る大きな割合を占めてきた(図15-1)。平成11年についてみると国民医療費は30.9兆円，そのうち老人医療費は11.8兆円である。厚生労働省の推計では，2025年には国民医療費は100兆円を突破し，老人医療費は国民医療費の半分を占めるようになるとされている。現在では社会保障は給付と負担が経済成長を大きく上回って増大することが見込まれており，高齢者も応分の負担を分かち合うという考え方が導入されつつある。

このような現状で，いかにして高齢者が尊厳ある幸福な老後を送ることが実現されるのだろうか。福島県の過疎地域金山町に在住する独居高齢者を対象に最近行った調査の結果では，高齢者のさまざまな生活課題の解決のためには公的サービスに加えて，高齢者自身のもつ資源としての家族・親族，および近隣関係や友人などの社会的ネットワークが重要であることが明らかになった。ケ

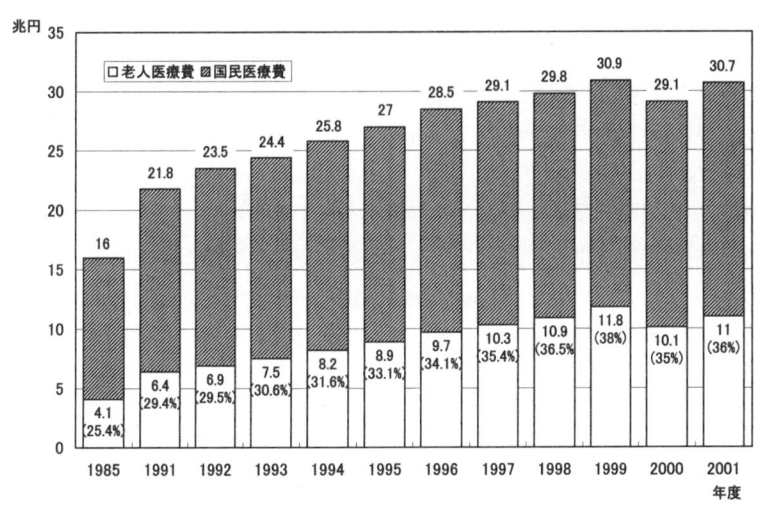

第 15 章　高齢社会における医薬品の開発と適正使用　　313

出典：『厚生労働白書』平成 13 年版．
注：2000 年度以降は介護保険の創設により老人医療費の一部が介護保険へ移行している．

図 15-1　国民医療費および老人医療費の推移

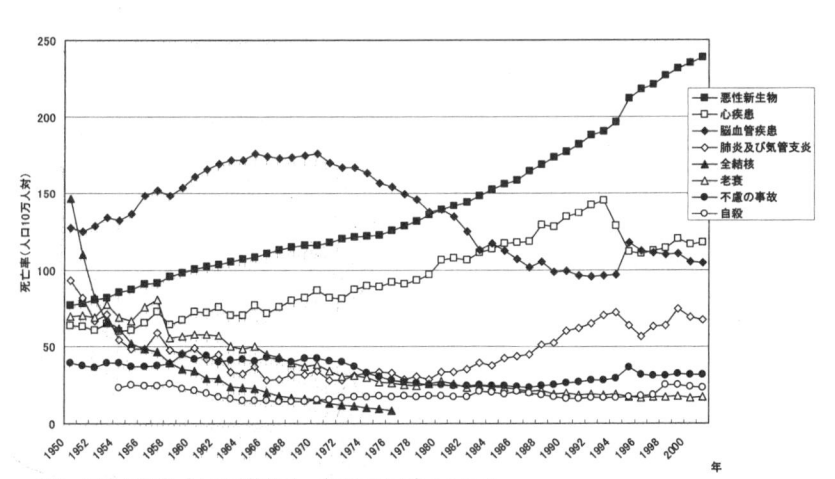

出典：厚生労働省「人口動態統計」（平成 13 年）より作成

図 15-2　わが国における主な死因の推移

アマネージャーや保健婦などが公的サービスと高齢者のとり結び役になっているが，今後は高齢者の健康を支える地域医療体制としてのかかりつけ医院，か

かかりつけ薬局の役割もいっそう重要となろう。

かつては日本人の死因の首位は結核などの感染症であったが，悪性新生物（癌）や慢性疾患がとってかわった（図15-2）。近年では癌，心臓病，脳卒中で亡くなる人が，全体の60%を超えている。こうした日本人の疾病構造の変化を考えると，長期的な慢性疾患への対応がますます重要になってくる。慢性疾患の治療においては，患者と薬との付き合いが長期にわたって続くため，副作用の出る可能性をいっそう考慮しなければならない。在宅医療を望む高齢者が多いことを考えると，かかりつけ薬局による薬歴の管理や適切な服薬指導が大切であろう。

2. 高齢者のための医薬品の適正使用

我々は年をとるにつれて皮膚に皺ができ頭髪に白髪が混じり，体の機能が低下してゆく。これは不可逆的に進行する生理的な現象であって，老化は病的なものではない。しかし老化が進行してゆくと，それが生理的な老化によるものなのか病的症状なのか，明らかでなくなることもある。

高齢者に対して医薬品を使用する際には，高齢者の特徴をよく理解し，若年者に処方する場合とは異なった注意が必要である。厚生省（当時）と日本医師会が1995年に示した手引きに従い，高齢者における薬物使用について以下に述べる[1]。

薬物を生体に投与すると，まずそれは吸収されて血液で作用部位に運ばれる（図15-3）。作用部位に到達した薬物は生体に作用して効き目をあらわす。薬物の作用は薬物が作用部位へ到達するまでと，作用部位に到達した薬物が生体と反応する段階とに分けて考える。前者をファーマコキネティクス（薬物動態学），後者をファーマコダイナミクス（薬力学）とよぶ。

薬物を服用するとそれは吸収され血液に入り，体内に分布し，作用部位に運ばれて薬効を発揮する。薬物はその使命を終えると肝臓に運ばれて代謝による不活化を受け，尿中に排泄される。薬物が効果をあらわすためにはある一定以上の血中濃度が必要であるが，使命を終えたあとはすみやかに代謝排泄されるのが好ましい。吸収，分布，代謝，排泄のうち加齢によって大きく変化するのは肝における代謝と腎における排泄である。肝臓は加齢により細胞数が減少し，

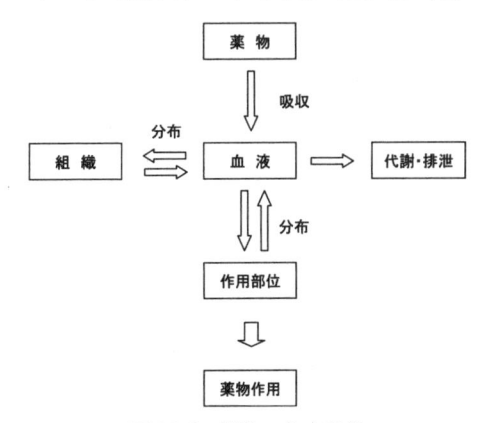

第 15 章　高齢社会における医薬品の開発と適正使用　　　315

図 15-3　薬物の体内動態

薬物を酸化代謝する酵素チトクローム P450 の活性も減少するために，薬物を代謝する機能が低下する。従って，高齢者においてはその薬物の肝臓での代謝が減るために，投与後の時間経過とともに減ってゆくべき薬物の血中濃度が通常より高いままに維持される。薬物の排泄器官である腎臓は加齢とともにネフロン数，腎血流量が減少し糸球体濾過速度が低下し，薬物の尿中排泄速度が低下する。薬物の主作用の現れかたが強すぎたり，副作用が出たりしないように，高齢者の薬物療法にあたっては，薬物の代謝，排泄を考慮して行う必要がある。そのため，必要に応じて薬物の血中濃度をモニターすることなどが行われる。

　高齢者においては加齢にともない合併症数が増加し内用薬剤数も増加しているので，薬物間相互作用とそれに伴う副作用発現の可能性が高くなる。薬物の副作用は，薬物が作用部位へ到達するまでの過程で相互作用を起こす薬物動態学的相互作用と，作用部位に到達した薬物と生体との反応の段階で併用薬の影響が見られる薬力学的相互作用とがある。高齢者の場合いったん副作用が発現すると重篤化する場合が多いので，必要最小限の薬物療法を心がける必要がある。

　高齢患者の特徴をまとめると以下のようである[1,3]。
- 高齢者は一般に多くの臓器に加齢にともなう機能低下をきたしており，種々の生理機能が衰えている。
- 高齢者においては特に心臓，肺，腎臓，肝臓の機能低下が顕著で，薬物の

体内動態に影響を及ぼしている。薬を投与し体内に入った薬の動きや作用の仕方が変化する。そのため薬物の作用が増大して現れる。

- 高齢者においては薬の副作用が出やすいので，副作用による症候を疾病と誤認しないようにすることが重要である。
- 高齢者はストレスに対する抵抗や免疫能力が低下し，インフルエンザ，肺結核，MRSAなどの感染症，急性心筋梗塞，脳卒中，骨折，急性腹症，発作性不整脈，心不全などの急性疾患にかかりやすく治りにくい。
- 高齢者においては，高血圧，糖尿病，骨粗鬆症，慢性気管支炎，脳梗塞，不整脈，腎不全，前立腺肥大，白内障，難聴，関節炎，貧血など，多臓器に慢性疾患が併発する。
- 高齢者においては痴呆患者が増加する。
- 高齢者の急性疾患は症状が非定型的になる。例えば急性心筋梗塞では通常の胸部の激痛発作ではなく呼吸困難，意識障害などで発症する高齢患者が増加する。急性肺炎も発熱より倦怠感，食欲不振で発現する例がある。また意識障害，錯乱などの精神症状を起こしやすい。
- 高齢者の疾病の発現には退職，伴侶との死別，住居の移転，施設入所，入院，家族との軋轢などの事件や社会的要因が契機となることがある。
- 高齢患者においては日常生活機能が阻害され，介護を必要とするようになる障害が増加する。

医療用医薬品添付文書には平成4年から「高齢者への投与」の項が新設された。高齢者薬物療法の注意点をまとめると以下のようである[1]。

- 高齢者は多臓器に疾患があることが多いため，複数の診療科を受診し，多種の薬剤が投与される場合が多い。薬剤の種類が増加すると薬剤間の相互作用をきたす場合があるので，与薬は必要不可欠のものとし5種以内とするのが望ましい。同一処方薬ばかりでなく，他科の処方薬，他施設の処方薬，大衆薬などに注意を配る必要がある。
- 薬用量の問題。高齢者の薬の用量は成人の場合とは区別して考える必要があるが，一律に高齢者用の用量基準を出すことはできない。年齢，体位，腎機能，低栄養，低アルブミン血症，介護を要するかなどを考慮して用量を加減する。薬物の体内動態や薬力学上の変動を考慮して，少量から始め

表 15-1 老年医学的総合評価法

日常生活機能の評価	ADL (activity of daily living): 起居動作, 食事, 排泄, 更衣, 整容, 入浴 IADL (instrumental ADL): 買物, 家計, 電話, 薬の管理, 旅行, 社会活動
精神的機能の評価	認知機能, 情緒
社会的因子の調査	家族との同別居, 家族との交流頻度, 経済状況, 配偶者との離別

定期的に必要性をチェックする。薬物の血中濃度モニタリングを利用して最適な薬物濃度範囲を維持する。

- 相互作用および副作用を十分にチェックする。副作用を老人病の症状と誤認しないように注意が必要である。
- 高齢者の場合, 薬の飲み忘れ, 飲みすぎ, 飲み間違えなどの過誤から症状や異常検査値が出現することがある。処方を単純化するとともに服用回数, 飲み方, ラベルなどをわかりやすくし, 患者と家族によく説明する。服用状況をチェックする。

2000年4月から要介護者を対象とした介護保険が導入された。介護保険が対象とするのは疾患ではなく, 起居, 歩行, 認知, 排泄, コミュニケーションなどの生活機能における障害である。

一般に医療の目的は診断と治療により疾病を治癒したり救命したりすることであるが, 高齢者の医療では, これに加えて障害への対策が重要な課題となる。障害をもった患者の ADL (activity of daily living) を改善し自立できるようにし, いかにして生きているかという QOL (quality of life) を達成することが高齢者医療における重要な目標である。

高齢者の障害を評価する手法として, 日常生活機能, 精神的機能, 社会的因子を総合的に評価する表 15-1 のような老年医学的総合評価法 (comprehensive geriatric assessment: CGA) が提唱されている[1,3]。75歳以上の高齢患者の診療においては CGA を実施することで, ともすれば見逃しがちな問題点を明らかにすることができ有用である。的確な診断と CGA による評価がそれぞれの患者に最適な医療とケアをもたらすということができよう。

3. 高齢者向きの医薬——アルツハイマー病治療薬の開発

　老人性痴呆は高齢者に特有の疾病として，高齢者自身のみならず，高齢者を介護する者にとっても大きな問題である。これに対する有効な治療薬を創製することは高齢社会における薬学者の重要課題のひとつといえよう。ここでは日本において開発されたアルツハイマー病治療薬である塩酸ドネペジルについて紹介する[2]。

　老人性痴呆としてはアルツハイマー病と脳血管性痴呆が知られている。脳梗塞，脳内出血，くも膜下出血のような脳血管障害により起こる痴呆が脳血管性痴呆である。アルツハイマー病は1907年にアルツハイマーにより見いだされたもので，大脳皮質のニューロンが崩壊し神経細胞数が減少し，多数のアルツハイマー原繊維変化と老人斑が認められることが特徴である。アルツハイマー型痴呆の症状は記憶障害，認知障害，判断力低下があげられる。記憶障害は新しい事柄に関する記憶の障害であり，場所や時間の見当識の障害がみられるようになり，さらには精神混乱，幻覚，妄想状態を呈し，高度の認知障害に至る。

　アルツハイマー病の周辺症状の改善に対しては脳循環代謝改善薬や向精神薬が用いられ，介護者の負担軽減に寄与してきたが，記憶障害，認知障害といった中核症状に有効な薬物はなかった。アルツハイマー病患者の脳を検査してみると神経伝達物質であるアセチルコリンが関わる神経伝達系に障害がみられることが認められる。例えばアセチルコリンを合成する酵素であるコリンアセチル転移酵素に活性の低下がみられることが1970年代から知られていた。またアセチルコリンエステラーゼはアセチルコリンをコリンと酢酸に加水分解する酵素である。アセチルコリンエステラーゼの作用を阻害する薬物としてフィゾスチグミンやタクリンが知られており，アルツハイマー型の記憶障害が回復することが知られていた。これはアセチルコリンエステラーゼを阻害することによりアセチルコリンの分解が抑えられ，コリン作動性神経が活性化されたためである。しかし，フィゾスチグミンは経口投与した場合の吸収性が悪く，また吸収されて血中に移行しても半減期が短く十分な効果が得られず，また末梢性の副作用などの問題点があるため，実用化されていない。タクリンはアルツハイマー病患者の知的機能を顕著に改善することが明らかになり1993年に米国で承認されたが，肝機能障害の副作用が高率であらわれるため，使用が制限されて

いる。

　これらの結果はアセチルコリンエステラーゼを阻害すればアルツハイマー型痴呆の症状には有効であることを示している。すなわち，アセチルコリンエステラーゼはアルツハイマー病の治療薬の標的として適切であるといえる。ただこれまでの薬物は薬物動態的な特性が十分でなかったり，副作用があったりするために医薬品として実用化されなかったり，使用が制限されたりしていたのである。この点を改善することができれば，すぐれた薬物に到達する可能性はあると考えられた。エーザイ株式会社では1983年にアセチルコリンエステラーゼを阻害するアルツハイマー病の医薬の開発をめざして探索研究を開始した。

　高齢社会において緊急性，社会的要請の高いアルツハイマー病治療薬の開発は競争の激しい分野である。従来のものより優れた医薬を開発しないと勝ち抜いてゆくことができない。エーザイ株式会社では，上述のような従来の薬物について知られているデータをもとに，単にアセチルコリンエステラーゼを阻害するだけではなく，吸収性が良いこと，脳移行性が良いこと，末梢性の副作用が少ないこと，血中での半減期が長いこと，といった目標を設定して新薬の候補化合物の探索を行っていった。一般に製薬企業で新薬を開発しようとする場合，膨大な数の化合物を合成してその薬効を調べることが必要である。何百，何千もの候補化合物のなかから1つの医薬品が生まれれば幸運であり，成功である。

　試行錯誤の日々が数年間も続いた末，偶然に，高脂血症の治療薬を目的として合成された化合物 1 が弱いながらもアセチルコリンエステラーゼ阻害作用をもつことが分かった(図15-4)。IC_{50} とは，アセチルコリンエステラーゼの酵素活性を50％に抑える薬物の濃度のことで，その薬物の効き目の強さの指標となる数値である。数値が小さいほど効き目が強いことになる。化合物 1 は 12600 nM という IC_{50} 値を示したが，この程度の微弱な活性では薬として実用化することはできない。しかし研究チームではこの化合物の活性を見逃さずに，この基本骨格にさらに改良を加えていった。はじめに見いだされた化合物の活性は微弱でも，それを改良して商品化に結びついた例は多いからである。実際，化合物 1 の窒素原子を炭素に変えた化合物 2 の IC_{50} 値は飛躍的に向上した。さらにいくつかの構造修飾をほどこして IC_{50} が 0.60 nM の化合物 6 に到達す

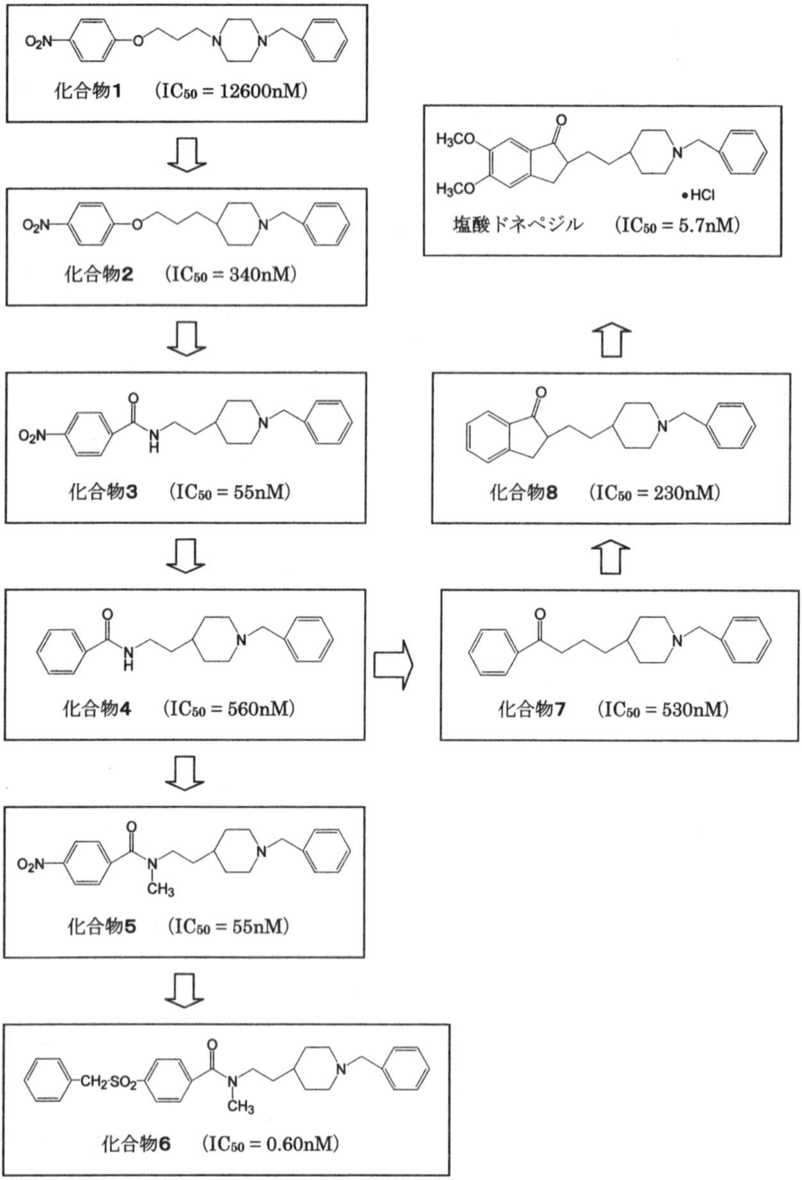

化合物1　（IC$_{50}$ = 12600nM）

化合物2　（IC$_{50}$ = 340nM）

化合物3　（IC$_{50}$ = 55nM）

化合物4　（IC$_{50}$ = 560nM）

化合物5　（IC$_{50}$ = 55nM）

化合物6　（IC$_{50}$ = 0.60nM）

化合物7　（IC$_{50}$ = 530nM）

化合物8　（IC$_{50}$ = 230nM）

塩酸ドネペジル　（IC$_{50}$ = 5.7nM）

図 15–4　塩酸ドネペジルの分子設計

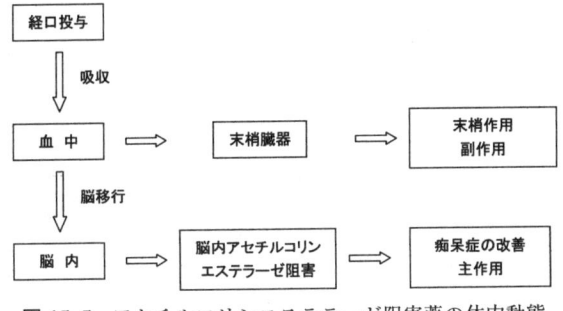

第 15 章　高齢社会における医薬品の開発と適正使用　　　　　　　　　321

```
経口投与
   │吸収
   ↓
  血中  ⇒  末梢臓器  ⇒  末梢作用
                      副作用
   │脳移行
   ↓
  脳内  ⇒  脳内アセチルコリン  ⇒  痴呆症の改善
          エステラーゼ阻害       主作用
```

図 15-5　アセチルコリンエステラーゼ阻害薬の体内動態

ることができた。はじめの化合物 1 からみると活性が約 2 万倍増強したことになる。活性が 2 万倍ということは，単純計算でいうと，もとの化合物 1 と同じ薬理活性をあらわすためには 2 万分の 1 の投与量ですむということになり，副作用の可能性を減らすためには大変有利である。しかし，化合物 6 は生体内での利用率や血中での半減期といったはじめに設定した目標の薬物動態に関するものをクリアーすることができず，途中で新薬候補のなかから姿を消すことを余儀なくされた。しかしそこで挫折することなく，化合物 6 の薬物動態を改良するために更なる分子設計が行われ，塩酸ドネペジルに到達した。塩酸ドネペジルのアセチルコリンエステラーゼの阻害活性は IC_{50} 値が 5.7 nM で化合物 6 の 10 分の 1 程度であるが，薬物動態，安全性など，所期の目標をバランスよくクリアーした化合物であった。

　さきに述べたように，高齢者に対しては薬物動態や副作用を考慮して薬物治療を行わなければならない。従って，高齢者向けの薬物は高齢者に適した薬物動態上の特性を備えており副作用も低いものでなければならない。アルツハイマー病治療薬は経口投与した後，吸収されて血中に移行し，さらに薬物の標的器官である脳内に移行してはじめて所期の薬効をあらわす(図 15-5)。薬物の脳移行性が十分でなく，血中にとどまり体内をめぐる過程で末梢の臓器に作用すると末梢作用としての副作用があらわれる。塩酸ドネペジルはこうした薬物動態上のバランスの良いすぐれた化合物であることが，種々の薬理試験で証明された。

　かくして 1989 年から塩酸ドネペジルの臨床試験が行われることとなったが，

日本ではアルツハイマー病治療薬の臨床評価法が十分確立されていなかったので，臨床試験の進捗は遅かった．しかし米国で1991年から行われた臨床試験は順調に進行した．薬効の評価には臨床心理士の評価するADAS-cog（Alzheimer's disease assessment scale cognitive subscale）と主治医の評価するCIBIC plus（clinician's interview-based impression of change plus caregiver assessment）の2つの評価尺度が用いられた．統計学的に有意な改善効果を示し，副作用も少なく腎毒性もほとんどみられなかった．

塩酸ドネペジルはアセチルコリンエステラーゼを阻害することによって記憶障害などの症状を軽減させる，対症療法のための薬物であって，アルツハイマー病そのものを治癒させるものではない．しかし，高齢社会において高齢者のQOLの向上や介護者の負担軽減のために価値の高いものであるということができる．

参考文献

1) 厚生省・日本医師会編『高齢者における薬物療法のてびき』薬業時報社，1995
2) 山西嘉晴，小倉博雄，小笹貴史「アルツハイマー病治療薬塩酸ドネペジル（Aricept）の開発研究」『蛋白質核酸酵素』2000; 45: 1047
3) 小澤利男「高齢社会における医療——高齢者総合診療科のすすめ」『医学のあゆみ』2000; 195: 1060

第 16 章

高齢者在宅医療の課題
―終末期医療も含めて―

清 田 武 俊

はじめに

　昭和 62 年，まだ私が麻酔科医として熊本大学医学部附属病院に勤務し，麻酔科外来を担当していた時の話である．その当時，麻酔科外来ではペインクリニックの他，リスクの高い手術症例の術前検討を行う麻酔相談という業務があった．

　ある時，82 歳男性の食道癌手術について外科から相談を受けた．癌はかなり進行しており，開胸開腹という大きな侵襲の手術で，術後は ICU 入室が予定されていた．限界に挑戦するという大学病院の使命を考えても，かなり問題があると思った．その老人は，当然のことながら病名も手術の大変さもよくわかっていなかった．ただ，私に向かって真剣に懇願した．「私は入院するまで，毎日朝夕散歩して足を鍛えていたのでたいていのことは自分でやれる自信がありました．でも検査の時，2 日間ずっとベッドに寝かされ動けずにいたら，もうトイレに行くにも足がふらついて，我ながら情けなかった．先生に聞いたら，手術をしたら 1 ヵ月くらいベッドに寝とかんといかんらしい．こんなに長いこと動かなかったら，私は寝たきりになる．そんなにしてまで長生きをしたくないので，手術はしたくない．先生からも外科の先生にそう言って下さい」と．今風に言えば，QOL を大切にしたいという老人の希望は誠に的を射たものであった．おそらく家族は手術をしないと死ぬといった説明を受け，少しでも望みがあるならと手術を承諾したのだろう．私は手術のリスクの大きさと年齢，本人の意思を考慮すれば，再検討が必要ではないかと返事を書いた．結局手術は行われなかった．

　私はこのケースをきっかけに，患者の生活を守り，意思を代弁できる医療を

目指そうと，大学を辞めた。現在開業して 11 年目を迎え，在宅ホスピスや老人の在宅医療に取り組んでいる。今回，先程の癌と診断され，手術をしなかった老人のようなケースをどのように支えていったらいいのか，高齢者の在宅医療・終末期医療について考えてみたい。

1. なぜ在宅医療か

(1) かけがえのない「終り」

　平成 9 年 6 月 15 日，母を胆管癌で亡くした。66 歳であった。自分のことより周りに気を遣い，甘えられるのは好きなくせに自分は甘えるのがヘタという，典型的な昭和の母であった。癌が見つかった時は，すでにかなり進行しており，膵頭十二指腸切除術という大きな手術を行ったが再発は免れず，術後しばらくして肝転移が見つかった。残された期間はあと 1 年余りと思われた。もともと気丈で陽気な性格であったし，医療的な知識もそれなりに持ち合わせていたので，母には告知しようと考えていた。たまたまそんな時，偶然にも一緒に見ていたテレビで告知をする場面があった。「こんな時，自分なら本当のこと言われたいか」と冗談まじりに尋ねたところ，急に真顔になり「私は絶対に言われたくない」とびっくりするくらいはっきり断言した。その語気の強さから，これは私に言うなという母からのメッセージだと確信し，以後そのことに直接触れることはしなかった。60 キロ近くあった体重が 40 キロまで落ち，見るからに弱ってきた 4 月の下旬，私が上京した際，使おうとした電気カミソリのバッグから小さな紙切れが出てきた。母からの手紙だった。

> 天気が悪いので　注意して　行ってらっしゃい
> 恵子も今晩は　県立劇場　コンサート
> 明日は真理子の尾ノ小音楽会ですので
> 祖父母　恵子と見に行きます(午後)
> 皆　元気で　毎日過してます
> 毎日毎日　大切に　やさしく　して頂き
> とても感謝してます
> 16 日　夕食会　ありがた過ぎます
> 申し訳なく　しみじみ　思います
> 私なり　人生のしめくくり　したいと考え
> てますけど　よろしく　決して

第 16 章 高齢者在宅医療の課題

> おみやげは　いりませんよ
> 笑顔が　一番　うれしい　です
> 毎日　ありがとう　ありがとうです
> 母
>
> 武俊　様

　読みながら涙が出た。もうその日も近いと思っていた頃だったので，余計辛かった。家族みんなで精一杯のことをしてやろう，できる限り家で一緒にいてやろうとあらためて思った。体は日に日に弱っていたが，なんとなく元気のない家族を，むしろ励ますくらい明るく振舞っていた。私は頭のどこかでいつも，奇跡がおこらないかと願っていた。たぶんこの頃書いたと思われる，料理のやり方や家事の秘訣を記したノートがあとで見つかっている。

　いよいよ亡くなる 10 時間位前，40°C 近くの高熱が出て，意識が混濁した。このまま逝ってしまうのかと思ったが，熱を下げる処置を行ったところ，突然「ああこんなに気持ちがいいのは久しぶり」と大きな声を上げて目を覚ました。そして死ぬ直前まで，家族一人ひとりとことばを交わした。どこからあんなエネルギーが出るのかと思われるくらい，強いインパクトがあった。死にゆく人の言葉は，これからも生きていく者には，一言一句重く，かけがえのないものであった。おそらく自分の家という本人にとっても，家族にとっても安らげる場があったからこそ，この時間が持てたと思っている。写真はその時の一枚である。

　私は，家族が最愛の人を失うことは耐えがたく悲しいことだけれども，その死を通して伝えられたメッセージは確実に心に刻まれ，ずっと生き続けるものだと，今しみじみ実感している。私は自分も家で死にたいし，できる限り多くの人に家での看取りを経験してもらいたいと思っている。在宅医療はそのためにあるといっても過言ではない。

(2) 終末期医療と老人の在宅医療の共通点

　死に目を向けると，終末期の患者だけでなく，死を意識しながら死に向かって生活している実感の強い老人も，同じターミナル期だと言える。医療・介護を受ける期間が著しく違うが，その人らしい生活を継続させるために支援する内容は，大変似たものである。

また，医療については積極的な治療は行わないが，静かで安らかな死を迎えるために必要な緩和ケアを行うという点で共通である。
　自分の死を自分で決めることは，自立の基本と言われるが，本人の死に対する準備が十分でないために，まだ家族の意見が中心の医療が行われる傾向が強い。医療関係者は，本人の意思を重視し QOL を意識した，いわゆるホスピスマインドを持って取り組む必要性を求められている。
　いずれにせよ，本人自身がしっかりとした死生観を持ち，元気な時からターミナル期の対処法について，自分の意思を明らかにしておくとともに，それを実現するための環境作りをしておくことが大切である。

(3) 病院主治医の現状──医師と患者の関係

　病院の中では，主治医というのは，患者に対し大きな影響力を持っている。なぜかと言うと，患者は最終的に面倒をみてくれるのは主治医だとわかっているからである。治療方針を決める際に，患者家族にいくつかの選択肢が示される。意見を述べることはできるが，実際治療となるとなかなか自分たちでは判断がつかず，医療者が主導権をもって決めることが多い。長年の医者と患者の

関係の中で確立されたものである。本来，選択するのは医療側ではなく患者側である，といくら言ったところで，病気を治すという目的のためには，主体は医師にならざるを得ず，今のところ大きな権限が医師に与えられているのが現状である。

　では，治療の方法がなく，治らない状態になった場合はどうか。

　現在，在宅ホスピスをやっている開業医に病院から相談があるケースは多そうで実は大変少ない。一番大きな原因として，主治医が検査・診断・治療といういわば治すための医療に追われ，治せない治らないケースに対しては，極端に対応が悪くなることが挙げられる。これは具体的にどうやっていいのかわからないことも原因のようで，実際在宅ホスピス，訪問看護ステーション，介護保険等の内容については，在宅医療をやっている者にとっては常識的な事柄であるが，全く認識がないことに驚かされることがしばしばである。主治医に在宅ホスピスという選択肢がない以上，紹介されるわけがない。ただ，最近は緩和ケアに関心の高い看護師が主治医に上申し，患者への対応に苦慮していた主治医がおそるおそる連絡してくるケースが出てきた。

　それに，もうひとつ大きな問題は，もともとかかっていた開業医の存在である。現在の病診連携のあり方では，病院は紹介先の開業医に必ず患者を戻すことが原則になっており，たとえ在宅ケアに対応してもらえない場合でも病院が勝手に患者を別の病院に紹介できないのだ。患者にとっては理不尽な制度だが，実際このようなルールがあることを知っている患者家族は少ないので，あまり問題になっていない。今後は問題になるのかもしれない。また，患者側が医師に対する義理を感じすぎて，自分たちの利益を損ねることがないよう，普段から指導しておく必要がある。

　一般的に主治医は，病気を治せる時期か治せない時期に入ったのか判断しながら対応を変えていくべきと思われるが，実際は多忙すぎて混乱し，区別がうまくついていない状況があるのではないか。このことを明確にした記述があるので紹介する。

本来の医療は2種類に大別されるべきものである（表1）。第1の医療は病気それ自体を完治させるための医療である。第2の医療とは，現時点では完治し得ない病気を抱えながらも人間としての尊厳性を失うことなく，QOLの維持・向上を追求する医療である。

　この第2の医療には終末医療も含まれるが，その意味は「生命の諦め」を伴った消極的な暗い概念ではなく，むしろ積極的に命ある限り楽しく，立派に，充実していきるための「明るい医療」である。第1の医療と第2の医療には共通する部分も有するが，目的とする医療の視点は明確に区別されるべきである。現在わが国で行われている医療は内容的にも制度的にも，その本流は診断学と治療医学に集中した第1の医療である。この医療を医学として徹底的に教育されている現在の医師・看護婦たち，さらに医療活動全般を細目にわたって規制する現行の医療制度，それに沿った病院の経営と運営方針のすべては「治るか否か」に集約され，治らない疾患，治らない症状，余命の短い病状に対しては，なす術を持たないのが医療の現実である。「治らない病状」に対して第1の医療は「治し得ない」という敗北感と無力感に浸りながら，なるべくならそのような患者を避けたいと思いつつ，仕方なしに，多忙をきわめる第1の医療の合間を縫って，片手間に，やや無神経に，時としては粗暴に行われるのが現実である。

　　　　　表1　本来の医療
　1. 第1の医療: 病気を完治させるための医療
　　　　　　　　　　（診断学，治療医学）
　2. 第2の医療: 完治し得ない患者を支えるための医療
　　　　　　　　　　（緩和ケア，在宅医療）

　　　　　　　　　（『がん患者の在宅医療』柳田　尚 著）

　もし，患者側に在宅ホスピスに移行したいという意思があれば，病院側に遠慮なく伝える勇気が必要である。在宅で過ごせる大切な時間を，手続きに手間取ってムダにしてしまい，対応が遅れてしまうことが多いので，治療方針が治せないという結論を出した時点で，じっくり主治医と相談することが大切である。

2. 死を学ぶ

　「今の時代，どういう死に方をしたいですか」と尋ねると，「ポックリ死にたい」という人が大変多い。これは大きな問題である。死と隔絶された社会で生活している人たちは死のイメージが希薄で，自分が死ぬ時どうしたいかと問わ

れても頭に浮かばない。死の体験がないのである。そこで様々な不安が生じ，それならいっそのこと何も考えず死ねたらいい，ポックリがいいということになる。面倒なことに煩わされたくない，他の人に迷惑をかけたくない，みじめな姿をさらしたくない，なども理由となるだろう。

現在の医療・介護のしくみだと，末期癌患者や老人が，こうしたい，こういう死に方をしたいということを事前にしっかり意思表示していなければ，おそらく思い通りにはならない可能性が高い。

もし自分らしく死にたいなら，老いのプロセス，死に至る経過を真近にみること，死にゆく人の経過を体験することが必要である。家族としてそういう経験をされたケースを3例紹介する。

(1) H. J さんの場合

「自分は身分の高い家の出身で普通の人とは違う」と，全く嫁との交流はせず，夫の死後も一人暮らしを続けていた83歳のH. J さん。全く他の人も寄せ付けず，病院にも行ったことがなかった。しかし，年齢的な衰えは隠せず，必要最小限のことは息子に頼むようになったが，その息子から痩せが目立ち元気がないと往診の依頼があった。医療関係者には比較的穏やかに対応し受け入れもよかったが，嫁には相変わらず厳しい様子であった。

結局，進行し手術も出来ないほどの直腸癌が見つかり，人工肛門造設のみ行われて退院ということになった。重介護の状態になることは明らかで，家族(嫁)で対応できるのか，本人の受け入れは大丈夫か心配されたが，自分で面倒見ますという嫁の熱心な思いが在宅での看取りにつながった。ほとんど一人で身の回りの世話をやっていた嫁に対し，最初こそ表情が硬かったが徐々に心を開き，最期には今までの自分の仕打ちを心からわび，何度もありがとうという感謝のことばが聞かれた。もし，あの時入院を継続していたらこの時間はなかった。安らかな死であった。亡くなった時，「介護の大変さなど問題にならない，貴重なものをもらった」とお嫁さんは大粒の涙を流し，晴れ晴れとした表情であった。

人が亡くなる時の人間同士の心の交流は，是非必要である。それができる場所は，自分の家でしかないと実感したケースである。退院後ずっと見守っていた孫たちは，自分の母が一生懸命介護を行っていた姿をみて，「私も必ずお母さ

んの面倒は見てやろう」と思ったに違いない。在宅ターミナルケアは，世代間の大切な学びの場でもある。

(2) Y.K さんの場合

　養子の息子夫婦と同居。97歳という超高齢ながら，どうにか身の回りのことは自分でできていた。生来のわがままと身勝手さに加え，お金に執着した言動は家族の大きなストレスになっていた。ただ，昔ながらの「親の面倒は子どもが見る」という義務感だけが気持ちを支えている状況であった。施設に行くことは拒否。いやいやながらの在宅介護で，共倒れになることが心配されるほどであった。

　その Y.K さんが，誤嚥性の肺炎をおこし緊急入院。一時は生命も危ぶまれたがどうにか持ち直し，しきりに家に帰ることを望み，家族に懇願した。そのまま入院していてもおかしくない状況(中心静脈栄養中)であったが，自分で食事が摂れるようになったら連れて帰るという息子の言葉に，見違えるように元気が出て，食事も摂れるようになってしまった。実はその息子さん自身，肝臓癌の告知を受けており，「当分大丈夫と言われているもののいつ自分も死ぬかわからない。死を意識した毎日を送っている。母親の死に方を考えた時，もう一度家に帰りたいという希望をかなえてやらず，病院で点滴をしながら死んでいかせたのでは自分もいい死に方ができないのではと思い，腹をくくって自分で看取りをしてやろうと思ったんです」と語ってくれた。心から看てやろうという気持ちが通じたのか，家に帰って Y.K さんは穏やかな表情になり，嫁にも感謝のことばが聞かれるようになった。

　息子夫婦も自らの病気のことがあり，介護に対し万全の体制をとれる状態ではなかった。今後どうなるのか心配していたが，以前から申請していた特別養護老人ホームの空きができ入所となった。入所に際し，まったく抵抗はなく，息子夫婦に感謝のことばさえ聞かれ，この間の気持ちの変化は何だったのだろうとびっくりする位であった。今までいやいやながらやっていた介護が，心から本気で看てやろうという気持ちになり，はじめてお互いの気持ちが通じあったのではないかと思った。人の心の不思議さを感じたが，息子夫婦もやっかい払いができたという気持ちはなく，できるだけのことはやったという達成感の中で，足繁く見舞いに通っている。

(3) S. K さんの場合

娘の勤める病院に，ずっと循環器疾患でかかっていた 78 歳の S. K さん。平成 13 年 11 月に，検査で前立腺癌が見つかった。すでに肺と骨に転移が見つかり，ホルモン抵抗性でこれ以上治療は難しいと宣告された。

看護師である三女が，「それなら自分が自宅で看ます」とさっさと退院を決めてしまった。介護者としては，リウマチで関節痛が強く十分な介護ができる状態でない妻と，近くに住む長女がいたが，全く介護の経験はなかった。相談に来院した時も，自分たちでは看れないので入院を勧めて欲しいという内容であった。家族の足並みが揃っていない状態で在宅ケアを始めるのは困難であるので，家族とスタッフで緊急にカンファレンスを開いた。幸い，痛みは MS コンチン(モルヒネ徐放剤)で落ち着いており，今のところ介護負担も大きい状態ではなかったので，家に居たいという本人の希望にそって在宅で過ごすことになった。

昼間は長女と妻，それに訪問看護師で介護し，夜間と休日(土・日)は看護師である三女が看るという体制がスタートした。次第に経口摂取もできない状態になったが，点滴が大嫌いという本人の意思と，この時期の医療的判断から点滴等の医療的な処置は行わず，静かに見守りを続けた。この間，これから死に至る変化を，北海道からかけつけた二女や孫も含めて全員に説明し，死にゆく人との関わりをしっかり持ち，みんなで看取って欲しい旨伝えた。

亡くなるまで 20 日余りであったが，まさに静かな死であった。泣き笑いの表情には，みんなで最期まで看ることができたというさわやかな達成感があった。「お蔭様で家族全員で看取ることができました。ほとんどの家族にとって初めての死の経験でした。こんな死に方もあるのですね。病院で死ぬのと違い，本当に家族みんなで一つになって見守っていたので，きっと父も安心して死ねたと思います。子どもたちにも良い勉強になったと思います」と看護師の三女が語ってくれた。

今の時代は，「人の死」が自分たちの生活の中から消え，現実離れしたものになっている。身近な家族の死は，人が死ぬことを学び，生きることを実感できる大切な節目と思われる。医療者は人の死に対し，医療的管理をするためではなく，初めて経験する家族のために，あらゆるサポートをする立場にあると考

える。

3. 死への準備
（1） かかりつけ医

　生活習慣病を中心とした慢性疾患の時代にあっては，インフォームドコンセントという手続きの中で，患者に治療法の選択肢を与え選んでもらうという形をとっている。こうした自己選択の医療という風潮の中で，終末期医療や老人の在宅医療だけが本人の主体性に乏しく，家族の意思に左右されやすいのは何故だろう。両者とも共通しているのは死に向かっている人々であり，問題が発生した時点では，すでに本人の意思を確認するのが大変難しいことがその理由の一つと思われる。

　そこで重要なことは，健康状態の時にこそ，かかりつけ医の存在に大きな意味があるということである。そのためにかかりつけ医とは，普段からいろいろ相談ができるような関係を作っておくことは言うまでもない。

　まず癌の場合。今や3人に1人は癌で死ぬ時代である。日常の会話の中で，癌になったら告知をするかどうか十分話をしておく。問題がおこってから考えても遅い。なぜなら，突然自分や家族が癌と言われた時，冷静に聞けといっても聞けるわけがない。たくさんの情報を集めて落ち着いて判断するためには，自分が心身とも健康な状態であることが必要で，それなら客観的に対応できる。かかりつけ医は，どういう問題を家族で協議しておくべきかアドバイスをして，話し合う機会を作らせる。最近，毎年誕生日や結婚記念日に，必ずその話をするという人も出てきた。子どもの場合，現実的な死と直面したことがないので，ゲーム感覚で見てしまうことが多い。具体的に父親が死んだら収入がなくなり，学校へ行くことができなくなるかもしれない，母親が代わりに働くことになるかもしれないなど，具体的に分かりやすく話をしておくことだ。その結果を聞けば，かかりつけ医はあらかじめ家族の状況を把握しておくことができる。

　健康診断や人間ドックを受ける時は，癌が見つかる可能性がないともいえないので，もし見つかった場合どうするのか意思を確認しておく。若い年齢で癌が見つかると，そのショックも大きいが，会社や家族のことを考えたら，やり残しがないよう，自分なりのけじめをつけて死にたいという人がほとんどであ

る。こういう状況では，はっきり告知をした方がいい。いきなり死ぬわけではないのだから時間もそれなりにある。世の中に対し，けじめをつけて死ねるという点から言えば，癌というのは一番いい死に方かもしれない。

　数多くの人に死について講演し，死ぬときはこうなんですよと教育的に話すことも大切だが，あなたの場合こうなんだと一人ずつ話をすることに意味がある。なぜなら，「死」というものは人により全く状況が違う，個別的なものだからである。

　老人の場合，本当に自己選択できる時期，判断能力がある時でないと，実際ボケてしまってからでは遅い。機能が保たれている状態の時に，自分の考えや思いを明らかにしておくことが大切である。託す人は，家族でも医療関係者でも構わないが，自分のことを一番わかっており自分のQOLを大切にしてくれる人が望ましい。特に医療に関しては，自分が意思表示できなくなった時のために，どのような処置や治療を望むか伝えておくとよい。できれば，まだ介護保険の対象になる前から，かかりつけ医，ケアマネージャー(将来世話になる人をあらかじめ決めておく)，家族，本人の4者で，老いの準備のための協議をしておく。今の状態から今後起こり得ることを予測して，どのような準備が必要かアドバイスしてもらう。さらに自分がどこで最期を迎えるか，さまざまな情報を得て決めておき，かかりつけ医にその内容を伝えておくと理想的である。かかりつけ医は，その人が自分の人生をどう生きたいのか，どういうことを1番やりたいのか確認して，早い時期からそのシナリオを考えておくことができる。そしてそれを実現するための準備を，家族やケアマネージャーと協力して始めるのである。

(2)　かかりつけ医は医療弁護士

　病院における医師と患者側との間に残る上下関係，強者弱者の関係を是正し，患者の望む医療を実現するための支援は，かかりつけ医が取り組むべきことと思っている。例えば，癌を宣告された場合，病状の説明や治療方法の選択など，どんなに詳しく説明されてもなかなか一般の人は理解できるものではない。まして，身内の一大事とあれば冷静にものごとを判断できる状況ではない。そんな時，普段から本人や家族のことをよく知っている，信頼できる医師(かかりつけ医)に病院側の主治医からの説明の際，立ち会ってもらう。

あらかじめ本人家族の希望を聞いているかかりつけ医は、客観的な立場で話を聞き、妥当なものであるか、本人の希望に沿うものかどうか判断し、対応する。説明が不十分であったり、不明な点があれば代わって質問をする。家族の理解不足や主治医が話しづらい点があればフォローする。特に、主治医は経験が浅いことも多く、不十分な点があれば後に主治医にアドバイスすることもできる。さらに大きな問題があれば、上司の医師に直接伝え善処してもらうことも可能である。

今の時点では、まだかかりつけ医のボランティア的な要素が強いが、開放型病院では医療保険が適用されることもある。実際に現在行っているが、病院の一方的な治療に対する抑止力があり、よりインフォームドコンセントを意識した対応をしてもらえる。更に、治療方針の変更や病状の変化などについて細かい報告があったり、またこちらからも尋ねやすくなって有用である。患者のかかりつけ医への信頼が増し、病院の主治医と一貫して対応してもらえる安心感を与えることができる。患者家族の自己決定が求められる時代になれば、必ず必要なことになるだろう。

(3) ボランティア

今の世の中、核家族化して世帯を構成する人数が減り家庭内介護力が落ちてきているので、将来在宅医療は難しくなると予測する人もいる。しかし我々は、同じような状況の人たちがお互い様の精神でともに助け合い、支えあうしくみが地域でできるのではないかと期待し、取り組んでいる。家族はいなくても「家族に代わって家族のような」仲間や友人たちが居れば可能だと考えている。ある特殊な疾患でとても一人暮らしなどできそうにない人が、数多くのボランティアの人たちに支えられて生きていく様子が報道され、多くの人の感動を呼んだことがある。老人の在宅医療や終末期の場合、それほど多くの人は必要とせず、気心の知れた数人の人さえいれば大抵のことはできる。仲間が協力しあえば、家庭内介護力の低下を補うことは可能だ。

我々は、現在ナルクというボランティアグループを組織し(熊本支部)活動している。

> **核家族の時代に対応したボランティア組織　NPO法人　ナルク**
> （ニッポン・アクティブライフ・クラブ）
>
> 　大阪に事務局があり，全国に約50を超える活動拠点と1万人の会員がいる（わが国唯一の全国組織）。
> 　会長に松下電器の元常務取締役の高畑敬一氏，顧問はさわやか福祉財団理事長の堀田力氏が務める。
>
> ナルクの理念：　『自立・奉仕・助け合い』
> 　　　　　　　　温かい思いやりの心とふれあいで，高齢社会に相応しい地域社会作りを推進することで会員の生きがいを追求する。
> 　　　　　　　　"元気な今，誰かのために。そして老後は自分のために"
> 　　　　　　　　定年後のたっぷりある時間の中で，自分ができることを，できる方法で，できる時間にボランティアを行う。
> 　　　　　　　　活動1時間につき1点で委託しておき，自分にサービスが必要になった時，委託した点数分サービスを受けることができるいわば老後への備えを時間でためておく制度をとっている。
> 　　　　　　　　全国どこにいても利用することができ，遠く離れている両親のために自分が預託した時間を使うこともできる。

　それからもう一つの大切な意味がある。お互いに支えあうしくみは，「老い」や「死」を学ぶ大切な教育の場となることである。

　ボランティアでお互い支えあう中で経験する仲間の死は，貴重な体験として自分が死ぬときに活かされるはずである。自分が死ぬ時は，こうなるかもしれないという場面を現実的にみせてもらうことができるとなれば，ボランティアの取り組みそのものもひと事ではなくなり，より熱が入る。いい死に方をするための自分なりの死に方のイメージを持っているとして，もし家族がいなければ実現は困難だろう。家族に代わる仲間を作っておかなければならない。元気

なうちにできる限り，死にゆく人を助けてみよう，協力してみよう，介護してみよう，最期まで一緒にいてあげようなどと思う人が増えたら地域で「死」を看取れる。みんなで協力し合うお互いさまの循環の仕組みだからお金もかからない。これがナルクの唱えている時間預託の考え方なのである。ただ，人が死ぬ，家で死ぬという場合，普段の付き合い方が大切で，誰でもというわけにはいかない。仲間に入って普段の活動を行う中でお互い信頼できると確信できる人を見つけるのである。そしてその人がいいということであれば「死」に立ち会うことができるだろう。

　人が亡くなることを実際に経験してみると，自分が死ぬときに良い取り組みができるはずだ。いきなり本番を迎えるよりリハーサルがあった方が良い。そのうちに価値観もおそらく変わってくるかもしれない。今の時代，お金中心の価値観が幅を利かせているが，死ぬ人の状況をみればそうではないことに気付く。

　日本の国が，ターミナルケアを，医療保険や介護保険のような公的なものですべて処遇しようとすれば，とてつもなくお金がかかる。たとえ資金を湯水のごとく投入したとしても，心の問題だけでも満足がいくものは得られないだろう。ましてや，今の経済状況からして不可能な話である。

　このようなお互い様の仕組み，循環の仕組みを社会で根付かせるためには，ボランティア活動とそれをリードするコーディネーターの存在が不可欠となってくる。今それを我々が目指しているのである。

　もともと日本には，農村を中心とした共同社会の中で協力し合う仕組みがあった。戦後50年以上経って社会環境は激変し，昔に戻りたくても戻れないほど日本人の心のあり方はすさんできている。自己中心的な人たちは，社会で何か共通のものを持つことは煩わしく，協力し合うありがたみさえないがしろにしてきた。こんな風潮の中で，お互い助け合う仕組みを再構築することは大変難しいと思われるが，こうしたささやかなボランティア活動が突破口になって，思いやりのある地域づくりができるのではないか。人は死に接するとやさしくなれる。自分が多くの人に支えられて生きていることを実感できる。これがまたボランティアの原動力となって，輪が広がっていくことを期待したい。

4. 目標をもち責任ある老後へ向けて
(1) 費用負担の問題

在宅医療をする場合，意外と問題になるのが費用のことである。訪問系の医療費は外来診療に比べると当然高いし，回数も多くなると相当の額になることもある。今まで医療側がお金のことはあまり気にせずやれてこれたのは，自己負担が安かったからである。特に老人は無料の時代もあった位に負担は少なく，安くて大きなサービスを受けることに慣れてしまっている。平成14年10月に老人医療費の1割負担が始まったが，今後もいろいろな形で上乗せされていくことが予想される。少子高齢化の進行は，若年層が高齢者を支える現在の制度が維持できなくなることを意味し，老人にも応分の負担を求める時代が来たのだ。負担の面でも自己責任が問われる上に，患者（利用者）の状態や年齢的な問題とか客観的な事実が厳しくチェックされ，一人よがりの本人や家族の希望で医療や介護を受けることは困難になるだろう。大切な社会資源を利用するわけだから，聞けるわがままと聞けないわがままがある。「やってもいいですが，その分負担も増えますよ」という，必要以上の依存に歯止めをきかせることが自己負担増の目的でもある。ただ高くなったら，サービスを受けられないと過剰な抑制がかからないよう，具体的にかかる費用について事前に説明することが必要である。介護保険の場合，受けるサービスにはそれぞれ単位がついており，ケアプランそのものが見積書的な意味がある。医療保険の場合，今のところそういうものがないので，今後は診療内容の説明に際し費用のこともつけ加えることが望まれる。我々は在宅医療開始の際，説明するとともに書面で伝えるようにしている。

在宅医療・在宅介護は，数多くの人が自宅を訪問して行うサービスということを考えれば，応分の負担が発生することは分かってもらいたい。特に臨死期には，訪問回数が増え在宅の看取りはそれなりに費用がかかることは知っておくべきだ。毎年豪華になっていく葬式を見るにつけ，その内幾分でも死ぬプロセスに投資したら，いい死に方ができたのにと思うケースも多い。きちんとした説明を行い，納得できる質の提供を行えば費用面でのトラブルは回避できる。そのためにはきちんとした費用モデルを今後も呈示していく必要がある。

(2) ケアマネージャー独立

　民間の介護保険に加入しておけば，将来介護状態になった時にその保険会社から直接介護サービスを受けられるというものがある。現在，介護サービスを受けている人たちの意見を聞くと，かなり担当者への不満があり，気に入った特定の人にだけ依頼したいという希望が強い。それならば，自分の老後を任せる特定の人(会社)を見つけ，その人に毎月の保険の掛金と同じような投資をしておいたらどうか。在宅で医療・介護を展開している看護師たちの働きは目覚しいものがある。特にできるケアマネージャーは，介護を受ける老人達にとってなくてはならない存在である。しかし，現行の制度の中では自立できるほどの報酬はなく，訪問看護等の仕事を兼ねることでどうにか成り立っているのが現状である。平成15年4月の介護報酬の見直しを機に，これから民間が多数参入することが予想される。そこで，まだサービス提供者の質の評価も十分できない利用者を守り，安心できる生活を継続させるためには，ケアマネージャーの独立・居宅介護支援事業所の自立が重要である。会社組織できちんとした体制を作り投資する人のリスクを回避した上で，是非実現してもらいたい。今は医療とか介護とか決められた枠にとらわれない本当の生活支援をコーディネートしてくれる人が必要な時であり，その人達がかかりつけ医としっかり手を組んでいけば，患者・利用者側に立ったサービス提供者のチェック機構としての働きも期待できる。自由市場の介護の世界だからこそ，長年医療の世界で培われた良心を持つコーディネーターが国民を守る役割をすべきである。

(3) これからの取り組みのために

　80歳を超えた人達は余生2～3年を想定してきた世代なのに，もはや余生とは呼べない20年以上の老後の生活を送っている。どう生きていいのかわからない，自分の意思ではなく生かされてしまっているから仕方なく生きている。長生きしすぎたなどのことばに象徴されるように，何の心積もりもしていなかったわけである。したがって，周囲からは何のために生きているのだろうと思うくらい無気力に見える人もいる。

　ところがこれから老人になっていく世代の中に，しっかりと目標を持って長生きしたいという人達が出てきた。この人達の目から見ると，今の高齢者の姿は，ああはなりたくない，ああいう生き方をしてはいけない，自分たちはもっ

と有意義な生き方をしたいなどと思わせる反面教師的な意味があり，次世代の人のためによい教訓を与えている面がある。年齢的な衰えが進み，痴呆もあればその人達の生活パターンを今更変えることは困難だが，次世代の老人の生き方は変えられる。あの人達の生き方をムダではないと思わせるためにも，今の高齢者の現状をしっかりと参考にすべきだ。

右肩上がりの高度成長期に，「すべての面倒をみます，何もしないでいいですよ」という間違った老人福祉政策が生んだマイナスの遺産かもしれないが，だからといって，またこの人達を世の中から隔絶してしまったのでは，せっかくの貴重な教訓が生かされなくなる。

この現実をしっかり地域で受け止め，若い世代が協力して最後まで安心して生活ができるよう支えていく必要がある。医療や介護に当たっている人達は特に，今までの問題点・反省点を抽出し変えていく努力が求められている。そして，次世代の人に夢のある老後の生活の仕組みを提案していくべきである。

おわりに

60歳代以下の人達の中に，医療に対して厳しい見方を持ち医療消費者としての目が養われている人が増えてきた。大変いいことだ。本当に正しい目が育っていくように，医療者側も自ら襟を正し必要な情報はどんどん公開し，サービスを提供する側とされる側がお互い十分な意見交換をして，より良い制度を作っていく時代が来た。

終末期医療や老人の在宅医療のあり方についても，我々がしっかり提言していかないと，これまでと同じように机上で国の施策が決められてしまう。現場の声を生かし創意工夫をし，地域に根ざした日本風の制度が作れないか。検討する際に必ず問題になる財源も，できるだけ費用のかからない方法を提案することで採択されやすくできるのではないか。老人の自己負担については，もう一度冷静に考えてみる必要がある。医療保険も介護保険も，基本的には1割である。今の世の中，1割で買えるものなどあり得ない。ありがたい制度だということをあらためて理解してもらうことが大切である。

一方，終末期や老人の在宅医療ということを，制度的な面ではなく，生き方という面で見直していく必要がある。現実的に，今の日本の経済状況から考え

て制度に期待することは不可能であろう。意識を変え生活パターンを変えて，自分たちの生き方は自分で決めるといった気概，本当の意味での国民の自立がない限り，どんな制度を提案されても満足するものには至らないだろう。

とは言え，一人ひとりの力は弱い。現場の医療関係者が，地域住民の思いをしっかりサポートすることだ。地域の人達の声を聞き，地域のニーズをしっかり把握してその中から出てくる根拠にもとづく仕組みを提案できたら，最高である。医師会や看護協会などは地域や現場の代弁者として，これらの声を集約し現実的に政策を立案できる潜在的能力を持っている。国を批判する団体ではなく，国を創造する団体として力強く動き出せば日本の医療が再構築でき，本当に国民の信頼を得ることにつながっていくのではないか。

参考文献

1) 柳田尚『がん患者の在宅医療』真興交易医書出版部，1998
2) 川越厚『在宅ホスピスケアを始める人のために』医学書院，1996
3) 柏木哲夫『死を看取る医学』日本放送出版協会，1997
4) 厚生省健康政策局監修『21世紀の末期医療』中央法規，2000
5) 厚生統計協会『国民福祉の動向』2002
6) 医療経済研究機構監修『医療白書　2001年度版』日本医療企画，2001
7) 特集「ギアチェンジ」『ターミナルケア』三輪書店，2001年3号
8) 特集「がん終末期患者が在宅へ移行する時」『ターミナルケア』三輪書店，2000年4号
9) 大野竜三『自分で選ぶ終末期医療』朝日新聞社，2001
10) 尾崎雄『人間らしく死にたい』日本経済新聞社，1994
11) 二木立『21世紀初頭の医療と介護』勁草書房，2001

高齢社会──どう変わる，どう生きる──		
2003 年 5 月 15 日　初版発行		
編著者	二　塚　　　信	
	嵯　峨　　　忠	
発行者	福　留　久　大	
発行所	（財）九州大学出版会	
	〒812-0053　福岡市東区箱崎 7-1-146	
	九州大学構内	
	電話　092-641-0515（直　通）	
	振替　01710-6-3677	
	印刷・製本　研究社印刷株式会社	

© 2003 Printed in Japan　　　　　　ISBN 4-87378-784-X

柊山幸志郎 編
長寿の要因
――沖縄社会のライフスタイルと疾病――

B5 判 406 頁 8,000 円

沖縄には長寿者が多く，平均寿命も日本で最も長い。一般に世界の長寿地は気候の寒い地方であるが，沖縄は亜熱帯に属する。本書は，沖縄の長寿を生活，風土，食生活，疾病の面からそれぞれの専門家が独自に研究を進めた3年間の研究成果をまとめたものである。

北川慶子
高齢期最後の生活課題と葬送の生前契約

B5 判 316 頁 7,000 円

社会の近代化の進行が，同時に社会的，文化的現象としての葬送に変化をもたらしたために，自己意思による，死と葬送への備えが必要となってきつつあることを，日米の現実から直視し，死生観の確立を図る。

九州家政学総合研究会 編
高齢者生活文化の創造
――人生100年を生きる――

A5 判 236 頁 3,500 円

超高齢社会に生きるこれからの高齢者が，それぞれに生きて在る社会的責任を果たしながら，いかに積極的に生き抜くか。この変動期における生活文化創造の視点から，九州地区における実態調査に基づいた種々の提言を行なう。

E. パルモア，前田大作 著／片多 順 訳
お年寄り
――比較文化からみた日本の老人――

四六判 240 頁 2,000 円

人はだれでも長生きすれば老人になるが，文化が異なれば同じようには年をとらない。本書は日米を代表する老年学者によって書かれた高齢者に関する比較文化の書であり，まさに「ジャパン・アズ・ナンバーワン」の"老人版"ともいうべき啓蒙の書である。

安立清史・小川全夫 編
ニューエイジング
――日米の挑戦と課題――

A5 判 128 頁 1,400 円

ニューエイジングとは新しい高齢化の動向であり，それに対する新しい発想の取り組みを意味する。本書は日米の研究者，ジャーナリスト，行政官がその課題と挑戦を論じあったワークショップとシンポジウムの総括である。

熊本大学生命倫理研究会論集

生命倫理研究とは，現実の諸問題の本質を解明するとともに，問題解決に向けての具体的指針を模索するものである。それには倫理学をその任に堪えうるように鍛え上げることと多くの分野にわたる共同作業が不可欠である。本論集は日常的な共同研究を基礎にして，徹底した討議をへて成った論文集である（全5巻）。

① 遺伝子の時代の倫理
高橋隆雄 編

A5 判 260 頁 2,800 円

② ケア論の射程
中山 將・高橋隆雄 編

A5 判 320 頁 3,000 円

③ ヒトの生命と人間の尊厳
高橋隆雄 編

A5 判 300 頁 3,000 円

④ よき死の作法
高橋隆雄・田口宏昭 編

A5 判 320 頁 3,200 円

（表示価格は本体価格です。）

九州大学出版会